江西方言、文学与区域文化研究丛书

主编 ◎ 胡松柏

江西玉山紫湖闽南话研究

胡松柏 彭水琴 丁月香 张邦群 ◎ 著

—闽南话—

中国社会科学出版社

图书在版编目（CIP）数据

江西玉山紫湖闽南话研究 / 胡松柏等著. —北京：中国社会科学出版社，2021.8

（江西方言、文学与区域文化研究丛书）

ISBN 978-7-5203-9050-7

Ⅰ.①江⋯　Ⅱ.①胡⋯　Ⅲ.①闽南话–方言研究–玉山县　Ⅳ.①H177.2

中国版本图书馆 CIP 数据核字（2021）第 176214 号

出 版 人	赵剑英
责任编辑	任　明　周怡冰
责任校对	韩天炜
责任印制	郝美娜

出　　版	中国社会科学出版社
社　　址	北京鼓楼西大街甲 158 号
邮　　编	100720
网　　址	http://www.csspw.cn
发 行 部	010-84083685
门 市 部	010-84029450
经　　销	新华书店及其他书店
印刷装订	北京君升印刷有限公司
版　　次	2021 年 8 月第 1 版
印　　次	2021 年 8 月第 1 次印刷
开　　本	710×1000　1/16
印　　张	22.5
插　　页	2
字　　数	414 千字
定　　价	128.00 元

凡购买中国社会科学出版社图书，如有质量问题请与本社营销中心联系调换

电话：010-84083683

版权所有　侵权必究

《江西方言、文学与区域文化研究丛书》序

南昌大学客赣方言与语言应用研究中心于2002年整合学科力量组建，2003年批准为江西省普通高校人文社会科学重点研究基地。2006年，通过省教育厅的首轮评审验收。2010年，遴选进入"优秀重点研究基地"行列。

作为学校内独立建制的实体研究单位，南昌大学客赣方言与语言应用研究中心一直以其所凝练的学科方向参与并承担南昌大学"211工程"重点学科的建设任务。2003年，"客赣方言研究"列为南昌大学"211工程"第二期建设重点项目"赣学"的子项目之一。2008年，"赣学"重点项目第三期建设启动，根据"赣学"学科的发展构想和所依托的学科力量情况，本研究中心所承担的研究方向拓展为"江西方言、文学与区域文化"，再次确定纳入南昌大学"211工程""赣学"重点项目的子项目之列。

已经获得国家立项批准的"赣学"重点项目的"'211工程'三期重点学科建设项目申报书"关于"江西方言、文学与区域文化"方向有如下表述：

> 本方向包括方言与区域文化、文学与区域文化两个方面的研究。
>
> 江西方言与区域文化研究是在"十五"项目赣客方言研究基础上的拓展。从时间和空间上，由研究赣客方言的现状拓展到对赣客方言历史开展研究，由研究江西省境内的赣客方言拓展到对由江西向省境外发展的赣客方言开展研究，同时也对文化生存状态融入赣地主流文化的江西省境内的其他方言开展研究。从研究对象和研究方法上，由单纯研究赣客方言拓展到对与方言密切联系的经济社会和文化相结合开展研究，由主要采用描写语言学方法拓展到与社会语言学方法相结合开展研究。
>
> 江西文学与区域文化的研究，立足于江西历史上颇具特色的地域性文学流派、文艺形式、家族文学研究，将其置于区域社会文化变迁的大背景下进行探讨，把文献整理与区域文化相结合，从大量的史料中梳理、提炼带规律性的理论观点，立足江西区域特色，坚持考证求实的学风，开阔视野，力求创新。

围绕上述目标，近年来我们所着力开展研究的项目主要有：赣客方言单点的深入研究，赣客方言的地理语言学研究，近代江西赣客方言方言史研究、近代赣客方言历史文献资料整理，江西畲族语言研究、江西闽方言研究、江西吴方言研究、江西徽州方言研究，江西省境内社区语言状况调查研究、江西省境内普通话现状调查研究；江西诗派与区域文化研究，宋以来江西家族文化研究，明清江西文人别集文献研究，江西地方戏曲（赣剧、采茶戏、傩戏等）的全方位和新角度（如舞台音韵）研究等。

在"211工程"第二期建设阶段，本研究中心曾组织编纂出版了《客赣方言研究系列丛书》（一套十二种，中国社会科学出版社出版）。进入第三期建设阶段以来，我们继续以"凝聚力量、锻炼队伍、多出成果、提高水平"为宗旨，组织本研究中心的专职和兼职研究人员，以项目组队伍，以项目促成果，从上述研究项目成果中择优编成本研究中心所组织编写的第二套系列研究丛书《江西方言、文学与区域文化研究丛书》。这套丛书的编纂出版，体现了各位著者的辛勤劳动，得到了中国社会科学出版社的大力支持，也得到了江西省高校人文社会科学重点研究基地和南昌大学"211工程"重点学科"赣学"的基金资助，我们在此表示衷心的感谢。

胡松柏
二〇一一年十月六日

序

周长楫

还是在上个世纪 90 年代，已在高校担任讲师教职的胡松柏教授考入厦门大学中文系，攻读汉语方言方向的硕士学位。记得我们第一次见面交谈，他说自己是赣东北上饶地区广丰县人，并说赣东北多个县的不少乡镇都有人讲闽南话，他也会说闽南话，他的祖辈中即有清初从福建泉州地区移民到赣东北去的。我听了很感兴趣，想起我的老师黄典诚教授曾跟我讲过他最崇敬的明清先贤黄道周的一段历史。黄道周是福建漳州府漳浦县（今福建省东山县铜陵镇）人，明代曾历官翰林院修撰、詹事府少詹事，南明弘光时（1644 年）任吏部尚书兼兵部尚书、武英殿大学士（首辅）。南明隆武元年（1645 年），黄道周在闽南家乡筹集军粮，募兵数千人，率军北上至广信府（今上饶市），分兵三路向清军发起进攻。后不幸兵败被俘，遭处死。我当时曾想，赣东北有闽南话分布，是不是跟黄道周这次抗清失败后，那些来自闽南的士兵溃散流落在赣东北的一些地方有关。因为汉语方言的形成，跟汉民族移民迁徙的历史有着密切关系。如果能弄清楚赣东北地区的闽南话的来源及其现今的面貌应该是很有价值的。后来，松柏师提出要把调研自己家乡的闽南话作为他的学位论文选题，我是很赞同的。二十余年来，松柏师除了做好教学工作和江西的赣客方言和吴徽方言的调查研究外，还花费不少时间与精力，对赣东北闽南话作了较多的专项考察，先后在《方言》、《语言研究》等学术刊物上发表了十余篇有关赣东北闽南话的论文。这本《江西玉山紫湖闽南话研究》新作，可以说是松柏师在总结和利用他多年调研成果的基础上，进一步深入到玉山县紫湖镇这个地方，做更加深入全面的考察，取得比既往研究更有代表性和更有价值的成果。

纵观《江西玉山紫湖闽南话研究》一书，我认为它有下面三个比较突出的特点。

第一，该书选准了反映赣东北闽南话面貌和特点的方言代表点，多次深入实地开展认真细致的田野调查。赣东北闽南话分布的地点比较分散。松柏师早期写就的《赣东北闽南方言铜山话研究》是选择自己家乡广丰县枧底镇铜山村作为调查点的。经过多年的考察与比较，松柏师认为"就赣东北闽语的整体情况来看，铜山'福建话'显然还不甚适宜作为赣东北闽语的典型代表"，而玉山县紫湖镇在赣东北闽语通行区域中是"唯一的全境域通行闽语的乡镇"，紫湖镇的闽南话"在现时仍然发挥着积极的区域交际功用"。结合其他情况分析，松柏师认为对紫湖闽南话作深入考察并作全面记录描写，可以比较完整地反映赣东北闽南话的面貌和特点，较好地保存方言所承载的文化信息。找准方言点后，松柏师就带着他的学生深入当地作调查。根据书中介绍，他们对紫湖闽南话的调研，从2006年开始到2015年，先后5次到实地做田野调查。2016年7月到2017年，又做了4次补充调查。选好发音合作人是获得真实可靠方言材料的关键，他们选择了5个发音合作人。不但有了老中青搭配，还注意到不同的经历和文化程度。这为调查研究紫湖闽南话奠定了好的基础。

第二，该书作为单点方言的调查研究成果，内容全面，材料丰富，在方法上，注意通过多角度的观察来反映紫湖闽南话的全貌。例如对紫湖闽南话音系的描写，词汇的记录，语法的分析和谚语、成语、歇后语、谜语、歌谣及民间故事、传说等语料的举例等。这是对一个方言的语音、词汇和语法系统用共时的方法所做的描绘和分析，是全面而详尽的。书中第二章第三节的语音比较，则通过对紫湖闽南话语音跟普通话语音的比较以及紫湖闽南话语音跟以《广韵》为代表的中古音系的比较，也就是从横向和纵向两个不同角度的比较来观察紫湖闽南话的语音特点。这种比较是很重要的。总之，该书对紫湖闽南话所作的描写和比较，显示作者是很下了一番功夫的。

第三，该书由师生合作完成，是一部既出人才又出成果的力作。方言调查研究是一项系统工程。就调查工作而言，从开始时调查计划的制定，方言语音、词汇和语法调查表的设计，一直到如何选准调查点，找准发音合作人，以及用什么方法进行调查，甚至是经费的筹措等，都要有一套科学的方法，都需要做好认真的研究和准备。对承担方言调查工作的调查人来说，他们必须具备有一定的音韵学、训诂学、文字学和方言调查与研究等语言学的知识和技能，调查人还要有认真、耐心的态度，这样才能调查、收集到丰富的方言材料并科学地判断和识别所获得的方言材料是否正确可靠。松柏师先后获得语言学科的硕士学位和博士学位，又长期在高校从事语言的教学和研究，完成了国家、省部级有关汉语方言调研的多项课题，语言学理论基础坚实，在方言调研方面历练丰富，积累了许多经验。为写好这本书，他带领学生多次深入实地开展田野调查，以自己长期积累的知识、经验对弟子进行传帮带，还亲自执笔写了本书大部分的书稿。他跟弟子一起，经过好几年的努力，完成了这部30余万字的方言学专著，可以说是获得了既出了好书又培养了人才的双丰收。

  闽南话是汉语一个重要的方言。它除了通行于福建闽南地区以及散播在福建其他地区外，还随着闽南地区的移民先后流传到台湾省和广东潮汕地区、海南省以及粤西、浙江、江西、广西等部分地区，甚至远涉重洋流传到东南亚许多国家和日本、欧美、澳洲等国家的一些地区。它是汉语诸方言中流播地域较广的一个方言。流传到福建闽南地区以外的各地闽南话，不但有地域的不同，也有流传前后时间的不同。这些流传在闽南本土以外地区的闽南话，经历时间的变化，今天它们的面貌究竟怎样，它们跟今天闽南本土的闽南话有没有什么差异，等等，都是很值得研究的课题。现在，由胡松柏教授主撰的《江西玉山紫湖闽南话研究》一书，为我们提供了赣东北闽南话一个地点方言的语音、词汇、语法和相关方面的详细情况，这是十分宝贵的。它是对闽南话以及汉语方言研究的一个贡献。值此《江西玉山紫湖闽南话研究》一书出版，我谨表示热烈的祝贺和衷心的感谢。

周长楫
辛丑年春于厦门大学西村

前　言

　　闽语是《中国语言地图集》所划分的汉语十种大方言之一。①

　　闽语是语言学上的专门名称。在居民语用中，不管是用于自称还是用于他称，则一般没有"闽语"的说法，而只说"福建话"（或"福建腔"）。不过要注意通常所说的"福建话"并不完全等同于闽语，即称为"福建话"的方言不能都归于闽语②。

　　方言是语言的地域变体，是语言呈地域分布的表现形式。方言命名多以地理方位或地理域名为理据。福建省简称"闽"，闽语是福建省大部分境域主要通行的汉语方言。福建省还有部分境域分布客家话等其他种类的方言。同时闽语的分布区域还超出福建省境域。与福建省毗邻的江西省就有通行闽语的区域。

　　闽语在江西主要分布于省域东北部上饶市（设区市）境内，所分布的闽语基本上属于闽语闽南片。赣南赣州市（设区市）和赣西吉安市（设区市）辖境也有较小区域分布着闽语③。

　　本书作者做方言调研，通常对较大范围的区域方言在总体上称作"语"，对具体的地点方言称作"话"。关于江西境内闽语的称名，《赣东北方言调查》④一书将赣东北地区的闽语称作"赣东北闽语"，其具体闽语点称"姚家话""紫湖话"等；《赣文化通典·方言卷》⑤一书将江西省的闽语

---

　　①《中国语言地图集》（中国社会科学院、澳大利亚人文科学院合编，（香港）朗文出版（远东）有限公司，1987年）把汉语方言分为官话、晋语、吴语、徽语、赣语、湘语、闽语、粤语、平话、客家话10区。

　　② 例如江西省德兴市境内黄柏乡和龙头山乡都有说"福建话"的村落，黄柏乡的"福建话"属于闽语（闽南片），而龙头山乡由福建上杭县古田移民带来的"福建话"则属于客家话。参见胡松柏、钟兰兰：《江西德兴市"古田福建话"记略》（《客家方言调查与研究——第十一届客家方言国际学术研讨会论文集》，世界图书出版公司，2016年）。

　　③ 本书作者对赣州市赣县区和兴国县的闽语曾作调研并有论文发表。

　　④ 胡松柏等：《赣东北方言调查研究》，江西人民出版社2009年版。

　　⑤ 胡松柏：《赣文化通典·方言卷》，江西人民出版社2014年版。

称作"江西闽语",赣东北具体的闽语方言岛称作"赣东北福建话""铜山福建话"等。

对江西省境内闽语分布有所反映的既有研究成果有：

颜森所著《江西方言的分区》①一文,提到江西的"福建话","分散在赣东北的几个县。"

《江西省方言志》②概述江西汉语方言的分布,提到赣东北8县市区的闽南方言岛和赣州、吉安的闽南方言岛。

《中国语言地图集》1987年初版中关于闽语的分布未涉及江西省的闽语,2012年出版的《中国语言地图集》第2版③依据胡松柏提供的信息④作出了新的表述,在闽语闽南片下设"赣东北小片"。

1994年,胡松柏发表了考察赣东北闽语中入声演变的论文,是有关赣东北闽语的最早的语言学专业论文⑤。1998年,胡松柏发表《赣东北闽南方言略说》一文⑥,对赣东北闽语概况作了首次报道。其稍后完成的硕士学位论文《赣东北闽南方言铜山话研究》⑦对赣东北闽语的一个方言点铜山的"福建话"⑧作了初步的全面考察。2000年,胡松柏以赣东北方言为题申报国家社会科学基金项目获准立项⑨,项目选择横峰县姚家乡、广丰县⑩横山镇廿四都村、玉山县紫湖镇三个地点的"福建话"列入项目所全部考察的31个方言点之中作系统调研。2002年,胡松柏参加香港中文大学、厦门大学合

---

① 颜森：《江西方言的分区》，《方言》1986年第1期。

② 陈昌仪：《江西省方言志》，方志出版社2005年版。

③ 中国社会科学院语言研究所、中国社会科学院民族学与人类学研究所、香港城市大学语言资讯科学研究中心：《中国语言地图集》，商务印书馆2012年版。

④ 作为新编《中国语言地图集》文字说明稿的谢留文所著《江西省的汉语方言》(《方言》2008年第2期)一文附注："南昌大学文学院胡松柏先生为本文提供了闽语方言岛的资料,谨致谢忱。"

⑤ 胡松柏：《汉语入声消失过程在赣东北闽南话中的表现》，《语言研究》增刊,华中理工大学出版社1994年版。

⑥ 胡松柏：《赣东北闽南方言略说》，《方言》1998年第2期。

⑦ 胡松柏：《赣东北闽南方言铜山话研究》，厦门大学硕士学位论文,1999年。

⑧ 铜山,江西省上饶市广丰区枧底镇下辖的行政村,村中居民先祖于清初来自福建省永春县。

⑨ 2000年度国家社会科学基金项目："赣语、吴语、徽语、闽语、客家话在赣东北的交接与相互影响"(00BYY004)。2003年结项。

⑩ 广丰县于2015年撤销县建制,设置为上饶市广丰区。

作的一项研究计划[①]，承担并完成了玉山县紫湖镇的闽语的较详细调查。后该研究计划因故未能执行完毕。2005年，胡松柏以"江西省闽语"为题申报江西省社会科学规划研究项目获准立项[②]，后该研究项目也因故未能付诸实施。2006年，胡松柏参加南昌大学国家211重点学科"赣学"的研究计划，撰成并出版10卷本研究丛书《赣文化通典》之一卷《赣文化通典·方言卷》[③]，广丰县枧底镇铜山的"福建话"列入书中所考察的32个方言点之中作系统调研。2010年，胡松柏以"江西徽语"为题申报国家社会科学基金项目获准立项[④]，在江西徽语区域婺源县、德兴市（县级市）作田野调查中对赣东北闽语在其境域内的分布有新的发现。

2015年，胡松柏在基本结束国家社科基金项目最终成果书稿的撰写之后即着手对江西闽语重开调研安排。然而因为在下半年又旋即承担了中国语言资源保护工程的项目任务，且临近退休，对江西全省境内的闽语乃至对赣东北的闽语作全面调研已经难有时间上的保障。考虑再三，觉得只有作一个地点方言的单点研究才是相对可行的。计划既定，那么选择哪一个方言点呢？本拟选择铜山点，因为广丰区枧底镇是胡松柏的家乡，"福建话"是其第二母语，且已完成以铜山"福建话"为题的硕士学位论文。但就赣东北闽语的整体情况来看，铜山"福建话"显然还不甚适宜作为赣东北闽语的典型代表。基于这些考虑，决定以玉山县紫湖镇的"福建话"作为赣东北闽语单点研究的考察对象。

玉山县位于赣东北边缘，下辖11个镇、5个乡。紫湖镇位于县域北部，三清山[⑤]东南麓，西北距三清山核心景区仅7公里。三清山旅游开发以来，紫湖镇成为重要的旅游依托发展区域，[⑥]而有"信江源头第一镇，三清山下闽南人"之称。

从语言学角度来看，在赣东北闽语通行区域中，紫湖是唯一的全境域通行闽语的乡镇。《赣东北方言调查研究》一书中考察赣东北闽语选择了姚

[①] 香港中文大学、厦门大学合作课题："中国六省区及东南亚闽方言调查研究"。
[②] 江西省社会科学规划研究项目：项目名称："江西省闽语综合研究"，项目编号：05WX203。
[③] 胡松柏：《赣文化通典·方言卷》，江西人民出版社2014年版。
[④] 2010年度国家社会科学基金项目："语言地理学视角下江西徽语现状及历史调查研究"（批准号：10BYY021）。2016年结项。
[⑤] 三清山，位于玉山县与德兴市交界处，1988年列为国家重点风景名胜区，2008年列为世界自然遗产地，现为世界自然遗产、世界地质公园、国家5A级风景旅游区、国家自然遗产、国家地质公园。
[⑥] 2005年上饶市确定紫湖镇为三清山二级旅游服务区。

家、廿四都、紫湖三个调查点。姚家是为横峰县本地方言赣语横峰话所包围的蜕变较严重的闽语方言岛，通行区域小，使用人口少；廿四都是上饶市广丰区横山镇人民政府驻地，虽属于方言岛而为本地方言吴语广丰话所包围，通行区域不大，但人口较多且集中，还具有较大的影响和活力；而紫湖则位于玉山、德兴两县市交界处，北为徽语德兴话，南为吴语玉山话，并不为哪一种方言完全包围，且紫湖镇全境以及相邻三清、南山、双明三个乡镇的部分村落构成一个相对较大区域的闽语大本营。选择调研这三个代表点，正是考虑能够反映赣东北不同类型的闽语方言岛的面貌和特点。作单点方言的深入考察并以专著的形式作全面记录描写，选择具有闽语完整面貌和特点、较好保存了方言所承载的文化信息、在现时仍然发挥着积极的区域交际功用的紫湖的"福建话"作为考察对象，应该是比较适宜的。

　　本书作者对紫湖的"福建话"作调研，已经有较长时间。在 2016 年以前，本书作者先后数次赴紫湖作方言实地田野调查，2002 年一次，2006 一次，2014 年一次。2015 年，4 月一次，8 月一次。

　　胡松柏负责本书的调查研究和书稿写作，承担主要的撰稿任务和全书的统稿、定稿。参加本书调研和撰稿的还有彭水琴、丁月香、张邦群，其中彭水琴执笔第四章、第五章，丁月香执笔第二章，张邦群协助组织调查、审订核对语料并执笔第一章部分内容。

胡松柏
2018 年 8 月 26 日

目　录

第一章　导论 ………………………………………………………… 1
　　一　赣东北闽语概况 ……………………………………………… 1
　　二　紫湖闽南话的分布与源流 …………………………………… 4
　　三　紫湖闽南话的形成与语用现状 …………………………… 10
　　四　与本书研究相关的既往研究概况 ………………………… 14
　　五　本书调研情况 ……………………………………………… 15
　　六　本书中音标符号及其他 …………………………………… 15

第二章　紫湖闽南话语音 ………………………………………… 20
　　第一节　语音系统 ……………………………………………… 20
　　　　一　声韵调分析 ……………………………………………… 20
　　　　二　声韵调配合关系 ………………………………………… 24
　　第二节　同音字汇 ……………………………………………… 41
　　第三节　语音比较 ……………………………………………… 63
　　　　一　声母比较和声母特点 …………………………………… 64
　　　　二　韵母比较和韵母特点 …………………………………… 75
　　　　三　声调比较和声调特点 ………………………………… 107
　　第四节　语音变化 ……………………………………………… 112
　　　　一　连读变调 ……………………………………………… 112
　　　　二　轻声 …………………………………………………… 118
　　　　三　合音 …………………………………………………… 120
　　　　四　文白异读 ……………………………………………… 122

第三章　紫湖闽南话词汇 ………………………………………… 128
　　体例说明 ………………………………………………………… 128
　　　　一　天文 …………………………………………………… 130
　　　　二　地理 …………………………………………………… 133
　　　　三　时令时间 ……………………………………………… 138
　　　　四　农业 …………………………………………………… 142
　　　　五　植物 …………………………………………………… 146

六　动物······153
　　七　房舍······159
　　八　器具用品······163
　　九　称谓······170
　　十　亲属······174
　　十一　身体······179
　　十二　疾病医疗······184
　　十三　服饰······189
　　十四　饮食······192
　　十五　婚丧宗教······197
　　十六　日常生活······202
　　十七　交际······206
　　十八　商业交通······209
　　十九　文化教育······213
　　二十　文体活动······215
　　二十一　动作行为······217
　　二十二　形容修饰······229
　　二十三　位置方向······236
　　二十四　代词······238
　　二十五　副、介、连词······240
　　二十六　数量词······245
　　二十七　附加成分等······249
第四章　紫湖闽南话语法······253
　第一节　词法特点······253
　　一　名词词缀和表性动物名称以及方位词的构成······253
　　二　动词的体······260
　　三　形容词的构成格式和程度表达······269
　　四　代词的构成和运用······275
　　五　否定副词······281
　　六　介词"佮"······286
　　七　结构助词"嘅/呃"和"得/叻""噅"······287
　第二节　句法特点······289
　　一　句式······289
　　二　语序和结构······296
　第三节　语法例句······298

第五章　紫湖闽南话标音语料……307
　第一节　谚语、歇后语、成语……307
　　一　谚语……307
　　二　歇后语……311
　　三　成语……313
　第二节　谜语、歌谣……315
　　一　谜语……315
　　二　歌谣……317
　第三节　故事、传说……324
　　一　箱咯呃铜钱……324
　　二　汪状元呃故事……326
　　三　女神峰呃传说……329
　　四　紫湖闽南侬呃来历……332
主要参考文献……336
后记……339

第一章　导论

一　赣东北闽语概况

江西省简称"赣",其东北部在行政区域上包括上饶、鹰潭、景德镇 3 个设区市所辖的 19 个县、市(县级市)和区(市辖区),境域总面积 31613 平方公里,居民人口约 1010 万(截至 2010 年末)。

上饶市辖 3 区、1 市、8 县:

信州区　广信区　广丰区　德兴市　玉山县　铅山县
横峰县　弋阳县　万年县　余干县　鄱阳县　婺源县

景德镇市辖 2 区、1 市、1 县:

珠山区　昌江区　乐平市　浮梁县

鹰潭市辖 2 区、1 市:

月湖区　余江区　贵溪市

赣东北地区北连安徽,东接浙江,南临福建,方言情况非常复杂。其中多数县市区属于赣语区,浮梁县、婺源县、德兴市 3 县市属于徽语区,上饶市信州区、广信区、广丰区和玉山县 4 区县属于吴语区。此外,赣东北各地还分布有分别为属于赣语、吴语、徽语的本地方言所包围的方言岛。这些方言岛当地称名复杂多种,有"福建话""汀州话""广东话""麻山话""南丰话""建宁话""浙江话""徽州话""淳安话""官话"等等。从方言系属来说,这些方言岛分别属于闽语、客家话和赣语、徽语、官话,具体方言点所归系属,往往需作深入的调研才能确定。

赣东北地区的方言岛方言种类多,分布范围广,使用人口多,是江西省境内分布方言岛的重要区域。

由于历史移民以及地理形势等方面的原因,赣东北的各种方言岛主要分布在东部的上饶市信州区、广信区、广丰区和玉山县、铅山县、横峰县、德兴市、婺源县 8 个区县市。

闽语方言岛是赣东北诸方言岛中最主要的一种。

赣东北的闽语在赣东北当地一般称为"福建话(腔)"。本书在总体上称赣东北的闽语为"赣东北闽语"。由于赣东北闽语基本上属于闽语闽南片，为了突出其方言系属性质，本书对各具体地点的闽语称"××闽南话"，例如本书主要考察的赣东北闽语地点方言即为"紫湖闽南话"。

方言岛的形成和分布直接与历史移民活动相关。赣东北说"福建话（腔）"的居民一般都称其先祖系从福建"下四府"（即闽南地区的旧兴化府、泉州府、漳州府、汀州府）迁来江西。据本书作者调查，历史上入迁赣东北的福建移民的移民源出地大多数属泉州府所辖各县[①]，例如：上饶市广信区花厅镇枫岭村杨姓祖籍同安县，上饶市广丰区横山镇廿四都社区吴姓祖籍安溪县，玉山县紫湖镇紫湖村林姓祖籍永春县，铅山县石塘镇尤田村蔡姓祖籍南安县。

赣东北地区从明代至清初，一直陆续有外来移民迁入。其历史背景有两方面的情况。一是棚民活动蓬勃开展。"清代初年，广信府属山区已有棚民的活动。"[②]长期未开发的赣东北东部山区在明末清初成为东南棚民活动的重要地区之一。二是"三藩之乱"[③]以后移民大量入迁。清初康熙十二、十三年（公元1673年、1674年）之交，"三藩之乱"作，给南方各省带来巨大损害，赣东北地区人口锐减。动乱平息后，清政府为恢复生产实行招垦政策，赣东北的大规模移民活动即因之发生。入迁赣东北的移民来自皖、浙、闽三省和江西省的其他一些地区，其中闽籍移民是主要的一支，而在闽籍移民中又以闽南移民为最多。

从移民源出地的情况看，与赣东北闽语分布有关的重要历史背景是清初朝廷"迁海令"的颁布。为了隔离沿海民众与郑成功及其他反清力量的联系，清廷强迫鲁、浙、闽、粤诸省沿海居民内迁。上饶市广丰区枧底镇铜山村陈姓《陈氏宗谱》（同治八年修）中所收《结隐长湖记》（题"中岳氏自记"）一文称："予于康熙乙巳（公元1665年）四月十八日携眷移寓江西，盖暂避闽氛而为苟全计也。""闽氛"一词所委婉反映的福建沿海地区处境的险恶、艰难，正是促使铜山陈姓先祖远离闽南故土永春北上千里迁入赣东北的根本原因。

闽籍移民北迁入赣，散居赣东北各地，从而形成了数量众多的闽语方言岛。这些方言岛呈群岛状分布在今上饶市信州区、广信区、广丰区、玉山县为主的东部8个区县。胡松柏根据田野调查获得的数据对赣东北闽语

---

① 清时泉州府辖南安、晋江、同安、永春、安溪、惠安、德化等县。
② 曹树基：《中国移民史》第六卷，福建人民出版社1984年版，第240页。
③ 三藩之乱，是清朝初期三个藩镇王发起的反清事件。三藩指平西王吴三桂、平南王尚可喜、靖南王耿精忠。

分布概况曾作简略的统计①。前述 8 个区县市中有闽语通行的乡镇共计 60 个，行政村共计 226 个，使用闽语的人口共约 22 万。下面是各区县市使用闽语的人口数和有闽语通行的乡镇的名称。

广信区　说闽语的人口约 77170 人，约占全县总人口（69.55 万）的 11.3%，有闽语通行的乡镇 18 个：

　　旭日镇　　枫岭头乡　董团乡　　大地乡　　茶亭乡
　　尊桥乡　　高泉乡　　皂头镇　　黄市乡　　田墩镇
　　花厅镇　　前程乡　　应家乡　　黄沙岭乡　上泸镇
　　四十八乡　煌固乡　　石人乡

广丰区　说闽语的人口约 59000 人，约占全县总人口（73.05 万）的 8.1%，有闽语通行的乡镇 12 个：

　　河北镇　　洋口镇　　鹤山乡　　枧底镇　　横山镇
　　关里乡　　少阳乡　　沙田乡　　桐畈镇　　二渡关乡
　　岭底镇　　大南镇

玉山县　说闽语的人口约 54540 人，约占全县总人口（52.04 万）的 10.5%，有闽语通行的乡镇 11 个：

　　三清乡　　紫湖镇　　怀玉乡　　童坊乡　　南山乡
　　少华乡　　双明镇　　文成镇　　四股桥乡　白云镇
　　横街镇

铅山县　说闽语的人口约 9760 人，约占全县总人口（40.62 万）的 2.4%，有闽语通行的乡镇 9 个：

　　青溪乡　　傍罗乡　　鹅湖乡　　五铜乡　　稼轩乡
　　石塘镇　　英将乡　　紫溪乡　　武夷山镇

横峰县　说闽语的人口约 7400 人，约占全县总人口（19.03 万）的 3.9%，有闽语通行的乡镇 4 个：

　　姚家乡　　铺前镇　　龙门畈乡　上坑源乡

德兴市　说闽语的人口约 3840 人，约占全市总人口（31.65 万）的 2.8%，有闽语通行的乡镇 4 个：

　　黄柏乡　　绕二镇　　龙头山乡　畈大乡

此外，上饶市信州区、弋阳县也有少数说闽语的居民。

赣东北闽语分布在上述 60 个乡镇中，这些方言岛大小不一。大的如玉山县紫湖镇，2 万多居民都说闽语，11 个行政村连片形成一处范围较大的

---

① 参见胡松柏《赣东北闽南方言铜山话研究》（厦门大学硕士学位论文，1999 年）,第 1 页。因受当时调查条件限制，分布区域与人口数字不够全面、精确，但尚能反映大致的基本情况。

闽语方言岛。有的则是在本地方言的大片地区中夹着一个说闽语的几十人的小自然村。因此，赣东北各地的闽语方言岛在与本地方言的关系上也表现出不同的情况。一些大的方言岛较少受周边的本地方言的影响，而较小的方言岛则往往受周边的本地方言的影响较大。影响的结果一方面是这些较小方言岛的闽语有着较多本地方言的成分，另一方面是这些方言岛的闽语正渐趋消失而为周边的本地方言所取代。

考察赣东北各闽语方言岛的居民用语，可分为两种情况。一种情况是方言岛只通行闽语一种用语，居民一般都不会说周边的本地方言。另一种情况是多数方言岛存在着"双方言"现象，即居民既说闽语，又会说周边的本地方言，一般是在方言岛内说闽语，而在方言岛外则因交际需要使用本地方言。就现状来看，绝大多数的闽语方言岛的居民都是既说闽语又说本地方言的双方言者。

二 紫湖闽南话的分布与源流

紫湖镇是玉山县下辖的镇。镇以政府驻地村落名称命名。《江西省玉山县地名志》载："紫湖口……〔林氏宗谱〕清初（1644—？）安徽林氏建村在山口，以东、西浆两地为坐标，正值子午线，取名曰子午口，方言谐音成现名。"[1]

玉山县位于赣东北边缘，是江西的东大门。东邻浙江省开化、常山、江山三县市，西邻上饶县和上饶市信州区，南邻上饶市广丰区，北邻德兴市。县域总面积1728平方公里，居民总人口约60万人（截至2011年末）。下辖11个镇、5个乡。玉山县县域内主要通行的方言是"玉山话"，以县城冰溪镇的方言为代表。玉山话属于吴语上丽片的上山小片。[2]

位于玉山县北部的紫湖镇，东北邻浙江省开化县桐村镇，东南邻县内双明镇，西南邻县内南山乡，西邻三清山风景名胜区的三清乡。镇域内群山起伏，地势向东南倾斜。金沙溪从三清乡西坑入境，在璞石口与贵人坑水、柘林坑水汇合，南流经紫湖、土城至张岭，与源出三清山南麓的仓畈水汇合，折向东南注入"七一"水库[3]。镇人民政府驻地徐家店，南距县城

---

[1] 玉山县地名办公室：《江西省玉山县地名志》（内部刊行，1983年），第15页。

[2] 参见中国社会科学院语言研究所、中国社会科学院民族学与人类学研究所、香港城市大学语言资讯科学研究中心编《中国语言地图集（第2版）》（商务印书馆，2012年版）。"上丽片"析"上饶"和"丽水"得名，"上山小片"析"上饶"和"玉山、常山、江山"得名。

[3] "七一"水库于1958年开工建设，1960年竣工，是玉山县最大的水利工程。水库系截流金沙溪而成。因金沙溪发源于三清山，故水库又称三清湖。

冰溪镇 42 公里。玉山县城至徐家店的公路从南边双明镇入紫湖境，往北经张岭、土城至徐家店，公路由徐家店往东北向经川桥、程村出紫湖进入开化县。三清山旅游公路横穿紫湖，使紫湖成为游览者前往三清山景区的必经之地。

从语用现状来看，紫湖镇居民虽然大部分或基本上也能说玉山话，但全镇境域内通行的方言则是闽语，居民自称作为母语并且主要使用的方言为"福建话（腔）"。本书以"紫湖闽南话"作为对紫湖镇所通行的闽语地点方言的专称。

关于紫湖闽南话的情况，第二版《中国语言地图集》依据胡松柏提供的资料作以下表述[①]：

> 赣东北闽语方言岛规模最大的是玉山县紫湖镇的"福建话"区域。紫湖在玉山县东北，位于国家级名胜风景区三清山东南麓，信江上游金沙溪中段，东北与浙江开化县相接。……
>
> 紫湖镇居民以闽南移民后裔为主，除了镇域南边少数村落说本地吴方言玉山话以外，全镇的主要通行方言是闽南话。一些村落居民本非闽籍（如枫叶村居民祖籍婺源县），现在也都说闽南话。
>
> 赣东北说"福建话"的居民一般都称其先祖是从福建"下四府"（兴化、泉州、漳州、汀州四府）迁过来的。……

方言岛是移民活动的结果。紫湖镇通行紫湖闽南话，主要决定于紫湖居民先祖来自闽南地区。不过考察紫湖居民先祖的移民源出地，还有较复杂的情况。以下是本书依据《江西省玉山县地名志》对紫湖全镇自然村的移民入迁建村情况的统计。

紫湖镇现辖 9 个行政村：紫湖、大举、程村、川桥、建设、土城、凤叶、张岭、仓畈。镇政府驻紫湖村徐家店。

地名志中记载紫湖人民公社（即相当于今乡镇一级的行政区划）有 15 个生产大队（即相当于今行政村一级的行政区划）。15 个大队（行政村）中，八仙洞、双溪口两个大队（行政村）于 2006 年划归三清乡[②]；另有 4 个大队（行政村）并入其他大队（行政村）：萍余并入大举，柘坑并入建设，提坞并入仓畈，干坑并入张岭。考虑到八仙洞、双溪口长期以来一直为紫湖所辖，同时原有相对多分的行政村设置能更细致反映村落之间的地理远近

[①] 中国社会科学院语言研究所、中国社会科学院民族学与人类学研究所、香港城市大学语言资讯科学研究中心：《中国语言地图集（第 2 版）》（商务印书馆 2012 年版），图"B2-9　江西省的汉语方言"文字说明（谢留文撰）。

[②] 1984 年设立三清山风景名胜区，以与紫湖紧邻的三清乡为管理区域，紫湖镇西南位于三清山南麓的八仙洞、双溪口两个行政村划入三清乡。

关系，本书以下对紫湖镇自然村移民历史信息的统计归纳，仍按照地名志中紫湖全镇（公社）下辖 15 个行政村（大队）的记录。由于缺乏准确的最新数据，自然村人数也使用地名志所记载的数字。①

地名志记载：紫湖公社总面积 163 平方公里，15 个大队，163 个自然村，19207 人。各大队的自然村数和人口数为：

紫湖：12 个自然村，1615 人　　程村：16 个自然村，1734 人
萍余：5 个自然村，489 人　　　大举：6 个自然村，1066 人
土城：15 个自然村，2417 人　　川桥：9 个自然村，1600 人
柘坑：5 个自然村，475 人　　　建设：14 个自然村，1357 人
凤叶：16 个自然村，1350 人　　干坑：6 个自然村，722 人
张岭：21 个自然村，1787 人　　提坞：10 个自然村，853 人
仓畈：10 个自然村，1545 人　　八仙洞：11 个自然村，1167 人
双溪口：7 个自然村，1030 人

紫湖全镇 163 个自然村中，除去 15 个自然村移民源出地不详②以外，148 个自然村都有确切的移民源出地信息。这 148 个自然村中，移民源出地的方言系属可以确定的自然村有 88 个。其中源出地为闽南话通行区域的闽南"下四府"中的泉州府和漳州府、兴化府的自然村有 73 个（9277 人），占源出地方言系属可以确定的自然村总数比例为 83%。具体自然村名和人口数见下。

源出地为泉州府永春县的有 42 自然村（4965 人）：

〖永春〗→

[紫湖]紫湖口 672③‖[紫湖]田坑源 80、花山底 85、水口亭里 13、九龙庙 10、安乐坑半岭 120、紫湖莲花山 3；[建设]茅秆山 76、小华阳 40、干坑岗 2、干坑口 141；[土城]流山坞 7、小长坞 7；[张岭]竹林湾 90；[双溪口]高畈 319‖[紫湖]大南冲 4；[八仙洞]潘堂 92；[建设]下柘坑田棚 11④

---

① 玉山县地名志印成于 1983 年，所记当为 1980 年左右的数字。地名志记录紫湖全公社时总人口为 19207 人。至 2010 年，紫湖镇人口已达 25739 人（行政区划网数据），30 年间增长率为 34%。

② 自然村移民源出地不详指地名志和宗谱材料中未见明确记录，而居民现有口传家族历史也语焉不详，难以印证确认。

③ 玉山县地名志载："紫湖口……〔林氏宗谱〕清初（1644—？）安徽林氏建村在山口……"，显系援引宗谱资料有误。紫湖林氏的移民源出地系福建永春县，见下文引用宗谱资料。

④ 右向箭头前为移民源出地，箭头后为移民迁入地。迁入地记录自然村名，自然村名前方括号中的为行政村名，自然村名后数字为人口数。粗单竖线之前的为移民首迁定居村，即移民自境外迁入紫湖最先定居所建自然村；粗单竖线之后的自然村为再迁定居村，即移民迁入紫湖后再次（可有多次）迁居所建自然村，细双竖线之后的自然村再迁在 3 次或 3 次以上。例如：永春张姓于清顺治间（公元 1644—1661 年）迁入花大门，历三代，其分支再迁张岭脚，历一代，其分支再迁大茗坑。

　　　　[土城]土城 1399‖[程村]上花山 87；[土城]东浆下棚、西浆岭脚 55、西浆源头 33；[张岭]冷水源 93

　　　　[张岭]花大门 369‖[张岭]垄头 135、青果寺大坞 35、张岭脚 238、高桥寺 89；[提坞]提坞张家 100‖[大举]茭塘岭 42；[凤叶]大茗坑 21；[双溪口]土库 86

　　　　[仓畈]十二亩 115、山底汪 217‖[干坑]梅树坞 105；[建设]下柘坑 26‖[川桥]田棚 7

　　　　[双溪口]大洪沙 30

　　　　[程村]田畈 72、湖口 103①‖[程村]小举 116

源出地为泉州府安溪县的有 9 个自然村（1627 人）：

　　〖安溪〗-→

　　　　[川桥]大桥头 582、大坝头 463‖[川桥]小流源 106、大坞 14；[建设]内岗 5、陈家岗 27

　　　　[双溪口]双溪口 150、山后陈家 243‖[双溪口]蛤蟆江 37

源出地为泉州府晋江县的有 3 个自然村（371 人）：

　　〖晋江〗-→[八仙洞]檀树坑 258‖[八仙洞]湾岭 28、小洋山 85

源出地记录为泉州的有 13 个自然村（1308 人）：

　　〖泉州〗-→

　　　　[大举]大举 157‖[大举]毛竹蓬 42；[柘坑]柘坑源头 56；[程村]水口 99、界头 13‖[程村]小举口 80

　　　　[建设]大垄 227、大垄口 283‖[柘坑]尤家棚 23；[建设]大垄岭脚 29、新村 72；[凤叶]栗木坑 62

　　　　[双溪口]张家 165

源出地记录为漳州的有 3 个自然村（549 人）：

　　〖漳州〗-→[萍余]上萍余 74‖[萍余]下萍余 160

　　〖龙岩〗②-→[川桥]南湖 315

源出地为兴化府莆田县的有 3 个自然村（457 人）：

　　〖莆田〗-→[程村]程村 349、石门底 86‖[大举]仙公 22

　　在玉山县北部，闽南话的通行区域还包括紫湖边邻的 3 个乡镇。紫湖镇西边三清乡（4 个行政村、33 个自然村）的方塘、岭头山、上西坑 3 个行政村中的 12 个自然村（799 人）通行闽南话：

----

① 玉山县地名志记载田畈、湖口两个自然村的移民源出地为"福建古田县"，有误。经调查，应为永春县。

② 清时龙岩县辖于漳州府。

[紫湖·紫湖]徐家店--→[上西坑]金沙 139、上西坑 134、黄茅岗 61；[方塘]长坞 2、东山源 45

[紫湖·大举]大举--→[方塘]平家源 30‖[方塘]小横坑 48‖[方塘]大横坑 68

[紫湖·建设]璞石口--→[方塘]朱章 88

[紫湖·土城]土城--→[岭头山]华眉山 91

[紫湖·土城]大垄口--→[岭头山]田畈 33

[紫湖·川桥]大桥头--→[上西坑]磜底 60

三清乡以上 12 个通行闽南话的自然村，都属于由紫湖外迁的闽南移民再迁定居地。

紫湖镇南边双明镇（18 个行政村、132 个自然村）的棠梨山、罗家、西坑、张源、陶家山、石城 6 个行政村[①]中的 11 个自然村（795 人）通行闽南话：

〖泉州〗--→[罗家]岭脚底 68；[西坑]大塘坞 21

〖漳州〗--→[张源]纸厂 56

[紫湖]--→[棠梨山]独山脚 43、瓦窑厂 44

[紫湖·凤叶]--→[陶家山]坪地 69；[石城]陶家山 171

[紫湖·凤叶]小叶--→[石城]二沟 42、大洞 84‖[石城]林家 8、小洞坞 8

[南山·枫林]枫林--→[陶家山]下陶家山 181

紫湖镇西边南山乡（20 个行政村、229 个自然村）主要集中在北部辖境的枫林、八磜、黄泥、柴门、玉坑、三关、中村、东坳、中蓬、双桂等 10 个行政村中的 45 个自然村（6204 人）通行闽南话：

〖福建〗--→[枫林]枫林 772、枫林岭 215、东山边 330、王公宅 20、李家坞 13、金丝吊 150‖[枫林]酒盏地 49、山后 22、周家畈 345、南岸 159、里坞 42、五堡 403；[八磜]八磜 389；[柴门]桥坞 60、枧头山 116、郭家 114；[三关]三关刘家 22；[中村]茗坑口 12、大茅坞 36‖[玉坑]桥亭 126、老鼠洞 154、卷桥坑 59、玉坑田棚 16、下步岭 100、深泥畈 20；[三关]詹家棚 7

〖永春〗--→[王坊]龚家 172

〖晋江〗--→[东坳]东坳 180

〖南安〗--→[中村]上姜坞 327、土库屋 92‖[中村]童家畈 136

〖德化〗--→[三关]三关 140‖茅岭头 1

〖泉州〗--→[三关]源头 171；[中村]姜坞口 256；[双桂]东南坑 583

---

① 这 5 个行政村位于双明镇北部，为旧少华乡（2001 年并入双明镇）所辖。

〖厦门〗-→[中蓬]吴家 47

[紫湖·仓畈]-→[黄泥]外李 38、内李 28、黄泥林家 15；[黄泥]大坞 151｜梨树湾 28

[紫湖·提坞]-→[黄泥]黄泥王家 59、坑尾 2

[紫湖·紫湖]高畈-→[黄泥]烂泥坞 27

南山乡通行闽南话的自然村，主要集中分布在乡辖境中部黄泥、玉坑、中村、枫林 4 个行政村，这一带 32 个自然村与紫湖镇构成了玉山县北部一处连片的闽南话通行区域。

紫湖作为玉山县北部最大最集中的移民迁入地，汇集了鲍、陈、程、戴、段、范、官、桂、郭、何、洪、黄、江、柯、李、廖、林、刘、鲁、吕、彭、单、邵、盛、苏、王、吴、肖、谢、徐、颜、杨、叶、尤、查、张、郑、周、邹等 30 余个姓氏的居民，其中林、张、颜、吴、陈 5 姓为紫湖主要姓氏。

本书收录紫湖部分姓氏宗谱中有关其姓氏先祖自移民源出地泉州府各地迁来紫湖定居的记载。

《江西玉山颜氏宗谱》（文藻堂　二〇一五乙未第十三届续修）载：

仕诩公在后唐庄宗同光年间（公元 923—926 年）任江西永新县令，而后携其子谌之字洎公从永新入闽肇基开祖。洎公三子：……三子仁贵为晋江少卿，迁至永春达理山下始安里（今永春达埔埔尾），为我永春一世祖。仁贵生六子：必敬、必大、必正……必敬公派下的天赐公于顺治年间（公元 1644—1661 年）从福建永春石鼓新园首迁江西上饶沙溪，尔后又于清康熙八年（公元 1669 年）其子日朗、日辉和日藩三公从沙溪迁至璞石口朱章、马岭底等地居住。……必正公派下的奇旭公于顺治十二年（公元 1655 年）从福建永春达埔迁至贵溪，住七年，又于顺治十八年（公元 1661 年）从贵溪迁至土城定居。

《张岭张氏宗谱》（1996 年续修）载：

据《大仑张氏宗谱》记载，张岭张氏先世本居河南固始，于唐光启年间（公元 885—888 年）迁福建龙岩，明宣德年间（公元 1426—1436 年）从龙岩迁入永春，又于清康熙年间（公元 1662—1722 年）由永春大仑（今福建永春县达埔镇伏溪村达仑）迁玉山定居。……在迁玉山各支派中，有一新公居二十四都徐家岭（今紫湖镇张岭村）……一敬公居二十五都茭塘岭（今紫湖镇大举村）……

紫湖《林氏宗谱》载：

长抒公……公刚毅自立，徐坞口林氏开先人也。国初（清初）顺治十二年（公元 1665 年）自福建永春大卿来江西广信侨居贵溪十六都六七载，康熙元年（公元1662年）来玉山土城侨居数载，于康熙甲申年（公元1664年）遂入徐坞口（今紫湖村）相阴阳建基定居。继怀弟亦自大卿而来此处。因归永奉母同事受命，三弟负父骸以来葬。始也几经盘错，乃谋开创而渐大。由是永之族人闻风而来，集者日众。

另简要摘录部分宗谱中关于移民历史的信息于下：

> 林长握、林长撰于清康熙甲申年（公元1664年）从福永春大卿迁至紫湖定居。林应国于清康熙癸丑年（公元1673年）从福建安溪迁至玉山北乡大徐坞（今属于张岭村）定居。——紫湖《林氏宗谱》

> 陈朝暮于清康熙三年（公元1664年）从福建泉州陈舍评迁至双溪口定居，尔后分支迁至八仙洞定居。——《怀玉陈氏宗谱》

> 张时夏于清康熙五年（公元1666年）从福建安溪县湖头镇公卿坊华美山脚迁至川桥定居。——《怀玉张氏宗谱》

> 吴一翀于清顺治丁酉年（公元1657年）从闽永八都莲坪（今永春县莲壶镇联星村刘坪）迁来，先在弋阳老鼠墩、玉山无里洋住过，后在土城东坑、大举定居。——《怀玉吴氏宗谱》

> 尤能信于明崇祯八年（公元1635年）从福建泉州永春县达埔莲蓬村迁至紫湖蒋坑（今建设大垅）定居。尤能佳于清康熙戊申年（公元1668年）从福建泉州永春县达埔莲蓬村迁至紫湖蒋坑（今建设大垅）定居。——《怀玉尤氏宗谱》

> 刘应洞于清康熙三年（公元1664年）奉母丁氏妈之命，偕叔伯兄弟从福建泉州永春、德化迁至枫林东山边定居。——《怀玉刘氏宗谱》

> 王子进派下于顺治、康熙年间（公元1644—1722年）从福建泉州永春达埔桃源章内迁至现址（枫林街头、安乐坑、璞石口）。——《桃源王氏八修宗谱》

三 紫湖闽南话的形成与语用现状

从地名志和宗谱资料来看，紫湖地方的居民历史最早开始于宋代。玉山县地名志记载：

> 汪坞……北宋（960—1127）汪姓建村，名汪坞。系状元汪应辰（端明）①故乡，后单、桂、查三姓迁入，沿用原名。②

---

① 汪应辰（1118—1176），初名洋，字圣锡，玉山县紫湖镇汪坞村人，世称"玉山先生"。宋绍兴五年（公元1135年）参加礼部会试，名列第八，殿试擢为第一，时年17岁，为中国科举历史上最年轻的状元之一。宋高宗赐其名为"应辰"。《宋史》有《汪应辰传》。本书第五章收《汪状元嗰故事》。

② 玉山县地名办公室：《江西省玉山县地名志》（内部刊行，1983年），第30页。

但地名志所载紫湖镇清代之前建村的自然村仅有汪坞1个，大规模的移民入迁发生在清初顺治、康熙年间（公元1644—1722年）。统计紫湖镇60个移民首迁定居村，有38个自然村建村于顺治、康熙年间这一时期（本书划分归为紫湖移民入迁的"早期"），最早的有张岭行政村花大门自然村由永春移民建村于顺治乙丑年（公元1649年）。建村于雍正至嘉庆年间（公元1723—1820年）的"中期"的有20个自然村。建村于清道光年间及之后（公元1821——）的"晚期"的仅有1个自然村：浙江开化县王姓迁入仓畈行政村的仓畈自然村是在同治年间（公元1862—1874年）。可见紫湖地方的方言分布在早期至迟在中期即已基本定型现代所见的地理态势。

本书前述统计表明，紫湖由闽南"下四府"中泉州和漳州、兴化三府的移民入迁建村的自然村有73个，占源出地方言系属可以确定的自然村总数（88个）五分之四强，确立了闽南话作为移民迁入地紫湖的主要通行方言的基础。同时，客家话、赣语、徽语和闽南以外的闽语也由移民携来进入紫湖，使紫湖历史上成为多方言分布区域。

紫湖镇源出地为非闽南话通行区域的自然村有15个（2256人）。具体自然村名和人口数见下。

"下四府"中的汀州府为客家话通行区域。源出地为汀州府下辖县的自然村有6个（1279人）：

〖上杭〗-→[仓畈]仓畈田坑源$_{219}$、内范$_{85}$、桐子排$_{17}$｜[仓畈]外官$_{199}$

〖长汀〗-→[柘坑]柘坑头$_{188}$

〖武平〗-→[仓畈]利金畈$_{256}$

江西瑞金县也属于客家话通行区域。源出地为瑞金县的有1个自然村（2人）：

〖瑞金〗-→[八仙洞]洞里$_{2}$

江西南丰县属于赣语通行区域。源出地为南丰县的自然村有4个（557人）：

〖南丰〗-→[干坑]中干坑$_{144}$、下干坑$_{136}$、上干坑$_{170}$；[大举]半岭$_{107}$

安徽徽州府属于徽语通行区域。源出地为徽州的自然村有2个（208人）：

〖徽州〗-→[紫湖]安乐坑$_{85}$

〖婺源〗①-→[提坞]十三亩$_{123}$

"上四府"中的福州府下辖的古田县属于闽语闽东片。源出地为古田县的自然村有2个（210人）：

〖古田〗-→[程村]程村陈家$_{92}$、柯家$_{118}$

---

① 婺源清时为徽州六县之一。

上述 15 个移民来自客家话、赣语、徽语和闽语闽东片等不同方言区域的自然村，合计仅为源出地方言系属可以确定的自然村总数（88 个）的 17%。这些自然村居民的先祖入迁建村之时，其所携来的移民源出地方言只在紫湖很小区域内通行，与分布于紫湖大部分区域处于强势方言地位的闽南话相比较属于弱势方言。

至于紫湖闽南话的强势除前述闽南移民所建自然村占源出地方言系属可以确定的自然村总数比例为 83%以外，还表现在前述源出地方言系属未能确定的自然村和移民源出地不详的自然村中有部分其实移民源出地方言也属于闽南话。

前述有确切的移民源出地信息但源出地方言系属未能确定的自然村共有 60 个自然村，其中源出地记录为福建的有 25 个自然村（2974 人），源出地为毗邻的浙江省开化县、常山县的有 25 个自然村（2099 人）。源出地记录为福建的，其中当会有部分自然村的移民源出地属于闽南话区域。浙江省开化、常山为吴语通行区，同时也有闽南话方言岛分布，开化、常山移民也会有部分系闽南迁出在浙江停留中转再迁入紫湖的。只是由于宗谱等文字资料和口传家族历史的缺轶，才使得源出地方言系属难以确定。

综上所述，可知在清初顺治康熙年间，闽南地区主要是泉州府的移民作为入迁移民的主体在紫湖定居，经历 300 余年的独立发展，形成了远离闽南本土移民源出地的闽南域外的闽南话区域，这一区域以紫湖为主体和中心，包括毗邻的南山乡和三清乡部分区域，成为玉山县北部一处现时人口超过 3 万的较大面积的闽南话方言岛。

从语言本体来看，紫湖闽南话既有闽南话的基本特点同时也与闽南本土的移民源出地方言有不少的差异。在方言发展演变过程中，紫湖闽南话在语言接触的背景下，通过语言融合，形成了现代紫湖闽南话的面貌。

紫湖闽南话的形成过程中，所发生的方言接触包括：来自闽南不同区域的闽南话之间的接触，即永春话、安溪话、晋江话、泉州府城话之间的接触；闽南移民带来的闽南话与其他非闽南籍移民带来的客家话、赣语、徽语以及吴语等其他移民方言的接触；紫湖闽南话与方言岛外围的县域主流方言吴语玉山话的接触。

方言接触的结果是方言融合和方言更替。紫湖的方言融合主要表现为泉州府永春、安溪、晋江以及泉州府城各地方言在紫湖彼此融汇演变为统一的紫湖闽南话（紫湖仅镇域东缘凤叶行政村与全镇大部分区域稍有差异）。这一融合过程在移民入迁早期即已开始，至移民入迁中期应已完成。

闽南话作为紫湖的主要通行方言在与其他非闽南话的移民方言接触的过程中，促使非闽南籍的居民发生放弃其作为母语的移民源出地方言而使用闽南话的方言更替。这一方言更替的演变应经历较长的时间并较晚完成。目前紫湖镇只有镇域南缘干坑行政村中干坑、下干坑、上干坑几个移民源出地方言为赣语"南丰话"的自然村和本来就说"玉山话"的"七一"水库移民村大叶①，因邻近双明镇而使用"玉山话"，由仓畈、张岭向北，山内全都为闽南话的通行区域。本书作者调查方言现状，发现紫湖边邻的三清、南山、双明三个乡镇除了有玉山县主流方言玉山话和闽南话分布以外，还有南丰话、汀州话、徽州话、官话等多种方言分布。然而在紫湖镇境内，尽管从居民历史来看也有多种移民源出地方言的自然村，但现时的语用状况只表现为紫湖闽南话的一统天下，这显然是闽南话在紫湖发生了最大强势影响的结果。

  闽南话与玉山话接触，使得紫湖闽南话的语言体系接受玉山话的一定影响，同时使紫湖闽南话居民成为闽南话和玉山话的双方言者。由于紫湖地处山区，较为封闭，在很长的时期内与玉山话接触并不多，紫湖闽南话受玉山话的影响并不很大。在 20 世纪 70 年代之前，相当部分的紫湖居民都还不能说玉山话。只是自改革开放以来，紫湖居民才随着对外交往的增多有更多的人学会玉山话。

  在方言从总体上趋于衰微的语言演变大背景下，方言岛往往比大区域方言呈现出更加显见的濒危发展态势。胡松柏考察了赣东北地区方言岛的濒危状况，把赣东北的各种方言岛分为"严重濒危方言"和"轻微濒危方言"两类。"畲话""官话""广东话""汀州话""浙江话"等属于严重濒危方言，而"福建话"（闽语方言岛，主要是闽南话）则和"麻山话""南丰话""建宁话"一样属于轻微濒危方言，"作为赣东北规模较大、人口较多、分布较广的方言岛，虽然也有发生显性濒危甚至已经消亡的情况，但总体上还处在隐性濒危阶段，未来还会长期存续"。②就赣东北闽语而言，这种濒危现状是针对闽语方言岛总体而言的。在一些区域，已经发生或正在发生较小的闽南话方言岛区域消亡的情况，但紫湖闽南话作为赣东北最大的闽语方言岛，依然具有很强的生命力。在紫湖镇范围内，闽南话还是作为母语为居民所主要使用。如果说有趋于濒危的表现，那就是闽南话母语者基本上也成为了闽南话和玉山话的双语者。据本书作者观察，在可以预见的未来，紫湖闽南话区域将会以这种居民兼说闽南话和玉山话的双方言区域的状态而长期存在。

---

  ① 地名志记载：大叶吴、谢等姓于 1960 年由原大叶村迁此（旧址淹没），沿用原村名。
  ② 胡松柏：《赣东北方言濒危现状述略》，《赣鄱语言学论坛（第一辑）》，中国社会科学出版社 2016 年版。

四　与本书研究相关的既往研究概况

与紫湖闽南话有关包括紫湖闽南话和赣东北闽南话整体以及其他闽南话地点方言的既往研究成果主要是本书作者所完成的论文和相关著作。目录见以下：

胡松柏：《汉语入声消失过程在赣东北闽南话中的表现》，《语言研究》增刊，华中理工大学出版社 1994 年版。

胡松柏：《赣东北闽南方言略说》，《方言》1998 年第 2 期。

胡松柏：《从赣东北吴语方音看吴语、闽语的历史联系》，《语言研究》音韵学研究专辑，华中理工大学出版社 1998 年版。

胡松柏：《赣东北铜山闽南话的语音特点》，《第五届国际闽方言研讨会论文集》，暨南大学出版社 1999 年版。

胡松柏：《〈汇音妙悟〉音系在赣东北闽南方言中的表现》，《中国音韵学研究会第十一届学术讨论会、汉语音韵学第六届国际学术讨论会论文集》（香港文化教育出版社有限公司，2000 年）。

胡松柏：《赣东北闽语与赣东北吴语的词汇联系》，《闽语研究及其与周边方言的关系》，（香港）中文大学出版社 2002 年版。

胡松柏：《江西横峰县姚家闽语中的赣语性成分》，《上饶师范学院学报》2002 年第 4 期。

胡松柏：《赣东北闽南方言动词体貌的考察》，"第十一届闽方言国际学术研讨会"宣读，漳州，2010 年。

胡松柏：《赣东北闽南语的文白异读及其演变》，《台湾语文研究》第五卷第一期，万卷楼图书股份有限公司 2010 年版。

胡松柏：《赣东北闽南方言的否定词及其与本土闽南方言的比较》，《第十一届闽方言国际学术研讨会论文集》，厦门大学出版社 2013 年版。

胡松柏：《赣东北方言濒危现状述略》，《赣鄱语言学论坛（第一辑）》（胡松柏主编，中国社会科学出版社 2016 年版。

胡松柏：《赣东北闽南方言铜山话研究》，厦门大学硕士学位论文（周长楫指导，1999 年）。

胡松柏：《赣东北汉语方言接触研究》，暨南大学博士学位论文（詹伯慧指导，2003 年）。

丁月香：《江西玉山县紫湖闽南话语音研究》，南昌大学硕士学位论文（胡松柏指导，2017 年）。

彭水琴：《江西玉山县紫湖闽南话语法研究》，南昌大学硕士学位论

（胡松柏指导，2017年）。

宋婕妤、胡松柏：《赣南闽南方言的分布与源流》，《赣南师范大学学报》2020年第2期。

胡松柏等：《赣东北方言调查研究》，江西人民出版社2009年版。

胡松柏：《赣文化通典·方言卷》，江西人民出版社2014年版。

五 本书调研情况

（一）发音人

本书调查紫湖闽南话，主要发音人有：

张恭罗：男，1945年生，紫湖镇仓畈行政村仓畈村人，初中文化程度，退休职工。

黄应树：男，1953年生，紫湖镇建设行政村下黄村人，初中文化程度，木匠。

张邦群：男，1975年生，紫湖镇张岭行政村垄头村人，大学文化程度，紫湖中学教师。

颜景居：男，1928年生，紫湖镇土城行政村土城村人，高中文化程度，紫湖中学退休教师。

陈彩銮：女，1939年生。紫湖镇建设行政村大垄口村人，小学文化程度，家庭妇女。

（二）调查过程

2016年7月19—23日，胡松柏携在读研究生丁月香、彭水琴前往紫湖做田野调查。

2016年9月16—18日，邀约张邦群前来南昌做异地调查。

2016年11月25—27日，胡松柏携在读研究生姜迎春赴紫湖做田野调查。

2017年3月3—6日，胡松柏携在读研究生姜迎春赴紫湖做田野调查。

张邦群作为本书作者之一，在承担发音任务之余还在紫湖当地广泛收集歌谣、谚语、故事等口头文化资料，并作遴选整理。

六 本书中音标符号及其他

（一）辅音字母和元音字母

本书采用国际音标和汉语方言研究通用符号标注汉字读音。所用辅音、元音见以下辅音表和元音表：

1. 辅音表

发音方法 \ 发音部位			双唇	唇齿	舌尖前	舌尖中	舌叶	舌面前	舌面中	舌根	喉
塞音	清	不送气	p			t			c	k	ʔ
		送气	pʰ			tʰ			cʰ	kʰ	
	浊	不送气	b			d			ɟ	g	
塞擦音	清	不送气			ts		tʃ	tɕ			
		送气			tsʰ		tʃʰ	tɕʰ			
	浊	不送气			dz		dʒ	dʑ			
鼻音			m			n		ȵ	ɲ	ŋ	
边音						l					
擦音	清			f	s		ʃ	ɕ	ç	x	h
	浊			v	z						

说明：零声母用[∅]表示。[m]、[n]、[ŋ]还可以自成音节，写作[m̩]、[n̩]、[ŋ̍]。

2. 元音表

	舌尖元音	舌面元音					
	前	前		央		后	
	不圆唇	不圆唇	圆唇	不圆唇		不圆唇	圆唇
高	ɿ	i	y			ɯ	u
半高		e				ɤ	o
中				ə			
半低		ɛ				ʌ	ɔ
次低		æ					
低		a		ᴀ			ɑ

（二）声调符号

调值符号采用五度制标记法，用 1、2、3、4、5 分别表示低音、半低音、中音、半高音、高音，记在音节音标的右上方。例如：

欺[kʰi³³]　　蚊[kʰi²⁴]　　启[kʰi³²]　　柿[[kʰi⁴⁵]　　器[kʰi²¹]　　缺[kʰi⁴²]

答[taʔ³²]　　　　　特[taʔ⁴⁵]　　　　　特殊[taʔ⁴⁵ᐟ²su²⁴]

[24]、[32]、[45]、[21]、[42]、[32]、[45]等两个数字记录调值表示声调有或升或降的音高变化，[32]、[45]与[32]、[45]不同在于前者音时较长，后

者音时短促。[33]是平延的长调，[2]是没有高低变化的短调。

（三）连读语音标注

在话语连续的语流中，两个或两个以上字连读，字音的声韵调会发生变化。记录音节时，声调有变化的，本调（单字所读声调）数字在前，变调（连读所读声调）数字在后，中间以斜线分隔。轻声调值数字标为 0。例如：

  日头[zeʔ$^{45/2}$tʰau^{24}]（太阳）

  认得着[zen^{21}təʔ^{0}tieu^{45}]（认识）

声母和韵母发生变化的，变读的声母、韵母在前，本读的声母、韵母在后，外加圆括号，并在本读的声母、韵母前加"＜"号，表示实际所读的声韵母由圆括号中"＜"号后的声母、韵母变化而来。例如：

  看叻起 kʰuã^{21}lə(＜təʔ)$^{32/0}$kʰi^{32}（看得起）

音节只有韵母发生变化的，实际所读的声母、韵母在前，其后圆括号中"＜"号之后只记本读的韵母，韵母前加短横"–"。例如：

  早起 tsaʔ(＜-a)$^{32/4}$kʰi^{32}（上午，早上）

音节只有声母发生变化的，变读的声母在前，其后圆括号中"＜"号之后记本读的声母。例如：

  今旦 ken^{33}n(＜t)uã^{21}（今天）

（四）其他符号

[ ]

大方括号（五号字体）。国际音标在专列表格中不加方括号，夹杂在正文中时外加大方括号表示，例如：

  囥[kʰən^{21}]（藏） 读书侬[tʰaʔ$^{45/2}$tsɯ$^{33/22}$lan^{24}]（读书人）

[ ]

小方括号（六号字体或七号字体）。表明汉字的古音类别的文字（六号字体或七号字体）外加小方括号，加在汉字之前或附在汉字之后。例如：

  [果开一]多 [端]多 [平]多

  多[果开一] 多[端] 多[平]

—

字下细单横线。表示字的读音为白读音（也称口语音）。例如：

  书 tsɯ^{33}（读~）

=

字下细双横线。表示字的读音为文读音（也称书面语音）。例如：

  书 su^{33}（~法）

﹋

字下细波浪线。有音无字的词语，以下加单浪线的同音字代替。一般都随注音标。例如：

　　楼徒 lau²⁴ᐟ²¹tɔ²⁴（顶托楼板的梁）

　　掣北神 tsʰua⁴²ᐟ³³paʔ⁴sen²⁴（打闪电）

□

　　方框号。有音无字的词语，特别是无合适同音字或近音字的，以方框号代替汉字。方框号后一般都随注音标。例如：

　　豆□tau²¹tsu³²（豆腐乳）　　　　　□han²¹（水肿）

　　由两个音节合成的音节，记写汉字时写出所由合成的两个音节的汉字，上加连线"⌒"表示。例如：

　　仟侬 sian²⁴（谁）　　"什侬"的合音：[siaʔ³²ᐟ⁴＋lan²⁴]

　　就是 tsi²⁴（就是）　　"就是"的合音：[tsiu²¹＋si⁴⁵]

~

　　省字符号。在词语的例子中代替词语所用的汉字，一个词语不论几个音节都只用一个省字符号。例如：

　　寒 kuã²⁴｜冷。△天~

　　落山 lo⁴⁵ᐟ²¹suã³³ᐟ²²｜下山。△日头~（太阳下山）

〔　〕中括号。加于句子中的词语或词语中的语素之外，表示括号内的成分可以略去。例如：

　　昨日〔晡〕（昨天）　　　　　〔先〕食酒〔起〕（先喝酒）

"昨天"可以说"昨日晡"，也可以说"昨日"；"先喝酒"可以说"先食酒起"，也可以说"先食酒""食酒起"。

／　∥

　　单斜线和双斜线。斜线把可供选择的语言片段隔开。单斜线"／"表示其前后词语可以互换（必要时在可以互换的词语下分别画单虚线"﹏﹏"），双斜线"∥"表示其前后句子可以互换。例如：

　　明日汝会／能够来吗？（明天你能不能来？）

　　即种事着照／按／按照规定处理。（这种事情要按规定处理。）

　　门俙伊关起来！∥俙门关起来！（把门关上！）

（四）有关的文字说明

小于正文字号（五号字或六号字）的小号字（六号字或七号字），表示对前面正文字号内容的注释，或作释义，或举出用例，或兼举例和释义，注释中的"~"代替被注字，例如："箸筷子""处~理""街~路：街道"。部分字以下画横线的"白""文""又"等字注明读音的性质（"<u>白</u>"为"白读音"，"<u>文</u>"为"文读音"，"<u>又</u>"为"又音"），例如：

sai[33]西白, ~边　　sue[33]西文, 东~：事物　　se[33]西文, ~餐
tsɯ[33]书白, 读~　　sɯ[33]书文、又, ~记　　su[33]书文、又, ~记

"西"字有 1 个白读音，2 个文读音。2 个文读音各出现于不同的词语语境，是一种异义异读。"书"字有 1 个白读音，2 个文读音。2 个文读音在同一语境中可以任读，互为又音。

注释的内容也可以在注释的文字外加圆括号附于被注释的文字之后。例如：

鸡囝呦（小鸡儿）　　伊有三个囝儿。（他有三个子女。）

第二章　紫湖闽南话语音

语音是表达意义的声音，是语言的物质外壳。方言语音是指方言中的语音，包括语音成分及其结构方式。本章描写紫湖闽南话的语音系统，录列紫湖闽南话的同音字汇，并从比较的角度考察紫湖闽南话语音的特点，分析紫湖闽南话中的语音变化情况。

第一节　语音系统

方言语音系统是方言中的音素以及它们的组合规则，包括全部声母、韵母、声调和声韵调相互配合构成音节的拼合关系以及音节的结构类型。以下从声韵调和它们之间的配合关系两方面对紫湖闽南话的语音系统作描述和分析。

一　声韵调分析

（一）声母

紫湖闽南话有 18 个声母，包括零声母在内：

声母	例字	声母	例字	声母	例字	声母	例字	声母	例字
p	边爬八房	p^h	普皮片扶	b	文毛米万	m	妈㧰命面		
t	地点竹茶	t^h	拖铁糖畅	l	柳路南列	n	奶闹年岭		
ts	争尖水财	ts^h	出草床饲	z	入认字热			s	时酸山事
k	求高急汗	k^h	气开口曲	g	语傲愿月	ŋ	鹅咬硬迎	h	喜好方雨
∅	英后爱冤								

说明：

1. 上述声母除[m]、[n]、[ŋ]外，15 个声母所举例字的第一个是泉州地方韵书《汇音妙悟》①中声母"十五音"的代表字②。紫湖闽南话的声母系

---

① 《汇音妙悟》，第一本闽南方言韵书，清代泉州籍学者黄谦著，成书于嘉庆五年（公元 1800 年）。
② 《汇音妙悟》归纳泉州方言的声母为"十五字头（声母）"：柳边求气地，普他争入时，英文语出喜。

统基本符合"十五音"的框架。

紫湖闽南话中有双唇鼻音声母[m]、舌尖鼻音声母[n]、舌根鼻音声母[ŋ]3 个鼻音韵母。[m]、[n]、[ŋ]分别与同发音部位的双唇浊塞音声母[b]、舌尖浊边音声母[l]、舌根浊塞音声母[g]构成 3 个音位，即[b]、[l]、[g]拼非鼻化韵母，[m]、[n]、[ŋ]拼鼻化韵母，依照音位原则，归纳声母时[m]、[n]、[ŋ]可以并入[b]、[l]、[g]之中。考虑到具有成系统的鼻化韵母并且因之形成声母的音值对立是闽南方言的突出特点，本书将[m]、[n]、[ŋ]列为独立的声母，在"十五音"的基础上构成 18 个声母的声母系统。

2．与普通话相比较，紫湖闽南话没有普通话中的唇齿音[f]和舌尖后音[tʂ]、[tʂʰ]、[ʂ]、[z]两组声母，有普通话中所没有的浊塞音声母[b]、[g]和浊塞擦音声母[z]，有普通话中所没有的舌根鼻音声母[ŋ]。

3．声母[ts]、[tsʰ]、[s]、[z]拼开口呼韵母和合口呼韵母时是纯粹的舌尖前音，拼齐齿呼韵母时基本颚化，音值接近舌面音[tɕ]、[tɕʰ]、[ɕ]、[ʑ]。因这种洪音、细音的声母音值对立没有突出的音系性质意义，本书依照音位原则将[tɕ]、[tɕʰ]、[ɕ]、[ʑ]归于[ts]、[tsʰ]、[s]、[z]声母中。

4．舌根音声母[k]、[kʰ]、[g]、[ŋ]和喉音声母[h]拼齐齿呼韵母时发音部位都有所前移，音值为舌面音[c]、[cʰ]、[ɟ]、[ɲ]、[ç]。

与塞音[k]、[kʰ]、[g]、[ŋ]相配套的[h]声母是一个清喉擦音，拼开口呼韵母时发音部位比普通话中的[x]靠后。只是在拼合口呼韵母时受元音[u]的影响舌根升高，发音接近舌根清擦音[x]，但也还没有明显的[x]的音值。

5．[ø]表示零声母，即音节没有辅音声母。紫湖闽南话的零声母和普通话的零声母不尽相同，较少有摩擦的色彩，发音时带轻微的喉塞音[ʔ]。

（二）韵母

紫湖闽南话有 51 个韵母，包括 2 个鼻辅音韵母。

韵母	例字	韵母	例字	韵母	例字
ɯ	猪女蛆鱼资裕	i	戴挤池移耳**铁**①	u	扶橱句帽久**嗍**
a	怕傻柴早巧**百**	ia	车写斜夜野**削**	ua	破大带挂屎**辣**
e	爬虾钗礼**客七**			ue	瓜做梳街杯八
ə	过皮飞胎吹月				
ɔ	布粗虎歌高亩				

---

① 为了显示古入声字的音类来历，本章收录字音语料以黑体字表示古入声字。

续表

韵母	例字	韵母	例字	韵母	例字
o	贺梭无刀好落				
ai	牌来婿里鞋使			uai	帅乖坏怀歪快
				ui	肥开梯堆水血
au	包劳交狗留臭	iau	超鸟消晓彪柱		
eu	谋陡愁够寇啄	ieu	票椒桥尿舀尺		
		iu	树丢酒绸揉纠		
an	班南针牵放钉	ian	变尖点欠严烟	uan	盘犯团全顽反
en	品真紧灯龙亲				
ən	文酸当床耕				
on	分稳拳寸匀军				
ɔŋ	旁党况撞矿碰	iɔŋ	中昌慌穷冲勇		
		ĩ	丸钱圆天坑婴		
ã	胆篮三敢衫麻	iã	囝命岭正兄听	uã	满单烂寒山碗
ẽ	嘿 mẽ⁰：疑问语气词				
ɔ̃	牡我老				
õ	喏 nõ⁰：语气词				
ãi	糜饭耐奶	iãi	□tsiãi⁴²：这样		
				uĩ	媒关先县横闲
ãu	毛脑咬	iãu	猫尿藕		
		iẽu	藕		
		iũ	张痒枪香羊腔		
m̩	茅梅伓不				
ŋ̍	黄央远				
aʔ	缚答十贼革读	iaʔ	灭贴接粒热食	uaʔ	夺劣法越获绝
eʔ	毕德立日实肉				
əʔ	得təʔ³²：助词				
ɔʔ	博毒陆速国复	iɔʔ	略祝俗局曲育		
oʔ	不出烙骨掘屋				

说明：

1．与普通话相比较，紫湖闽南话没有普通话中所有的撮口呼韵母，有普通话中所没有的鼻化韵母和塞音尾韵母。

2. 构成韵母的元音有[ɯ]、[i]、[u]、[e]、[o]、[ə]、[ɔ]、[a]共 8 个。8 个元音都可以作韵腹，其中[i]、[u]还可以作韵头和韵尾。作韵头和韵尾的[i]、[u]与其他元音之间的配合关系见下表（表中"＋"号表示有配合关系，"－"号表示没有配合关系）：

		ɯ	i	u	e	o	ə	ɔ	a
i	作韵头	−	/	+	+	−	−	+	+
	作韵尾	−	/	+	−	−	−	−	+
u	作韵头	−	+	/	+	−	−	+	+
	作韵尾	−	+	/	+	−	−	−	+

8 个元音的具体音值见下：

[ɯ] 比元音图上标准舌位略低、略前，与舌尖音声母[ts]、[tsʰ]、[s]相拼时舌位靠前，实际音值接近舌尖前韵母[ɿ]。

[i] 比元音图上标准舌位略低，只在鼻化韵母中才接近标准元音。

[u] 比元音图上标准舌位略低，作韵头时舌位更低，唇形不太圆。

[e] 单作韵母时和在韵母[en]中，比元音图上标准舌位略高；在韵母[eʔ]中，接近标准元音；在韵母[ue]中，带轻微的[i]尾。

[o] 接近标准元音，发音比普通话中的[o]更为闭合，舌位较高。

[ə] 单作韵母时比元音图上的中央位置略前。

[ɔ] 单作韵母时唇形不太圆，并带轻微的[u]尾；在韵母[ɔŋ]中比标准元音略低；在韵母[iɔŋ]中则相对高些。

[a] 比元音图上标准舌位略后，发音部位有时受韵尾[i]、[u]、[n]影响前后移动，一般在标准元音[a]和[ɑ]之间，与[k]、[kʰ]、[g]、[h]相拼时舌位靠后，实际音值接近[ɑ]。

3. 参与构成韵母的鼻辅音韵尾有[n]、[ŋ]2 个，带[n]尾的鼻音尾韵母较多，带[ŋ]尾的鼻音尾韵母只有[ɔŋ]、[iɔŋ]2 个。

参与构成韵母的塞音韵尾只有闭塞程度比较轻微的喉塞音尾[ʔ]1 个。

4. 部分元音韵母发音时气流同时从口腔和鼻腔呼出，称为鼻化韵母。紫湖闽南话中鼻化韵母的鼻化色彩突出，鼻化贯串整个元音音程（包括韵头、韵腹和韵尾）。标音时为方便起见，表鼻化的符号"～"只加在主要元音（韵腹）上。

5. [m]、[ŋ]2 个鼻辅音在紫湖闽南话中可单作韵母。[m]只能自成音节；[ŋ]可以自成音节，也可以前拼声母（只限拼[h]）。

6. 韵母[en]、[eʔ]在前拼舌尖音声母[ts]、[tsʰ]、[s]、[z]时带有轻微的韵头[i]，且影响声母，有颚化读舌面音[tɕ]、[tɕʰ]、[ɕ]、[ʑ]的趋势。

（三）声调

紫湖闽南话有 8 个单字声调[①]：

调类	调值	例字	调类	调值	例字
阴平	33	飞猪高尖帮三	阳平	24	茶平狂龙鹅文
阴上	32	古粉水讲米女	阳上	45	是近厚老五后月药
去声	21	对唱送步漏换社动			
阴入甲	32	急鸽擦	阴入乙	42	铁血尺歇
阳入	45	集热十六力			

说明：

1．紫湖闽南话 8 个声调中，平声、上声各分阴阳，去声只有 1 个。入声分阴阳，其中阴入还分为两类，分别记作阴入甲、阴入乙。

2．紫湖闽南话声调有平调、升调和降调 3 种调型，没有曲折调。

平调只有阴平 1 个，调值高度居中，记为 33。

升调有阳平、阳上 2 个，阳平升幅较大，调值高度居中，记为 24。阳上升幅较小，调值最高，上升过程较短，升至最高度后有一段平延过程，实际调值为 455，记为 45。

降调有阴上、去声和阴入乙 3 个。阴上和去声降幅都较小。去声高度最低，从半低度降至最低度后有一段平延的过程，实际调值为 211，记为 21。阴上高度居中，在一段平延过程后稍降，实际调值为 332，记为 32。阴入乙降幅较大，高度较高但尚不到最高，记为 42。

3．紫湖闽南话声调中有阴入甲和阳入 2 个促调，音程较短，不能延长。阴入甲高度居中，且有稍降的过程，记为 32（调值数字下面的短横线表示该调是短促调）。阳入调值最高，且有稍升的过程，记为 45。

4．紫湖闽南话的阴入乙是个舒声调，称其为阴入，是因为读此声调的字都是古入声清声母字。

除上述 8 个声调外，紫湖闽南话还有一类声调现象，即轻声。轻声一般本身并不单独出现，其调值常常随前后音节的声调而变，不作为独立的调类。[②]

二 声韵调配合关系

（一）音节表

以下是反映紫湖闽南话声母、韵母和声调三者配合关系的"紫湖闽南

[①] 单字声调也叫单字调，是一个字（也即音节）单说时所读的声调。几个字（音节）连读，字音的声调有可能发生变化而与单说时的不同。参见本章第四节"连读变调"部分。

[②] 关于轻声的性质和读音情况，参见本章第四节"轻声"部分。

话音节表"。表中上面第一、二行所列是韵母和声调，左起第一列所列是声母。每个声母、韵母、声调相拼合的音节以一个例字表示。例字下加画单横线"＿"的表示音节读音为例字的白读音，例字下加画双横线"＝"的表示音节读音为例字的文读音。无字可写的音节或所列例字需作音义说明的用数字表示，并在表下作注解。

紫湖闽南话音节表（01）

	ɯ						i						u					
	阴平33	阳平24	阴上32	阳上45	去声21	阴入乙42	阴平33	阳平24	阴上32	阳上45	去声21	阴入乙42	阴平33	阳平24	阴上32	阳上45	去声21	阴入乙42
p							悲	枇	比		闭	鳖	(08)		妇		菢	
pʰ							披	疲	痞	(04)	(05)		(09)	扶		殕	(10)	鹎
b							眯	迷	米	篾	味	(06)		无		舞	雾	
m																		
t	猪	除		(01)	箸		低	堤	抵	弟	戴	滴	蛛	厨		(11)		丢
tʰ				苎			梯		耻		剃	铁					(12)	
l	驴		女		虑		厘	理		裂	隶							
n																		
ts	资	薯	煮		自		芝	驰	止	舌	制	接	朱		主		住	
tsʰ	蛆	瓷	鼠		次		妻	持	齿		市	饲		雏	取		趣	
z		如								儿	二			儒		乳	愈	
s	私	祠	史		事		诗	时	死	是	视		输	殊		竖		嗍
k	居	渠	矩	巨	锯		饥	棋	己		记		鸹		久	舅	句	
kʰ	区	瞿			去		欺	其	起	柿	器	(07)	区		(13)	(14)	臼	
g		愚	语		御			疑			义			生			遇	
ŋ																		
h	虚	鱼	(02)				(03)	希		喜	耳	戏	肤	符	府	(15)	富	
ø	迁	余	予		预		衣	姨	椅		异		(16)		羽	有	芋	

注释：
(01) 伫 tɯ⁴⁵｜在
(02) 许 hɯ³²｜～愿
(03) 许 hɯ⁴²｜那
(04) 鼻 pʰi²¹｜鼻涕；嗅
(05) 殕 pʰi⁴²｜伏，覆
(06) 幂 bi⁴²｜紧趴
(07) 缺 kʰi⁴²｜～喙：豁唇子
(08) 鲍 pu²⁴｜瓠子
(09) 嗯 pʰu³³｜～～光：天蒙蒙亮
(10) □ pʰu⁴⁵｜从，一～草
(11) □ tu⁴⁵｜～死：淹死
(12) 揬 tʰu⁴²｜捅
(13) □ kʰu²⁴｜耳囝～：耳挖子
(14) 跍 kʰu³²｜在
(15) 父 hu⁴⁵｜师～
(16) □ u³³｜门～：门墩

紫湖闽南话音节表（02）

	a 阴平 33	a 阳平 24	a 阴上 32	a 阳上 45	a 去声 21	a 阴入乙 42	ia 阴平 33	ia 阳平 24	ia 阴上 32	ia 阳上 45	ia 去声 21	ia 阴入乙 42	ua 阴平 33	ua 阳平 24	ua 阴上 32	ua 阳上 45	ua 去声 21	ua 阴入乙 42
p	巴		饱		霸	亘						壁			簸	跛		钵
pʰ	抛	爬		(01)	怕	(02)						劈			破			泼
b		(03)	(04)		(05)							(17)				末		抹
m																		
t	(06)		打	踏	(07)	搭				籴		摘				大		
tʰ	他		查			塔				拆			拖					獭
l		拉		哪	镴	那					掠					辣	赖	
n																		
ts	楂	(08)	早	铡	炸	扎	遮		姐		蔗	脊	蛇		纸		(18)	(19)
tsʰ	杈	柴	炒		岔	插	车		斜			赤					蔡	(20)
z							遮		惹			迹						
s	沙		傻	(09)			赊	邪	写	匀	射	削	沙		洒			
k	嘉		铰	(10)	驾	甲		(12)			(13)	寄	瓜		(21)	刮	挂	割
kʰ	(11)		巧		敲					骑		(14)	夸			垮	跨	阔
g		衙	雅		研					(15)			我				外	
ŋ																		
h	哈	暇			下		靴			瓦			(22)	华			化	(23)
ø	鸦		哑		亚	鸭	鸦	爷	野	疫	夜	(16)	蛙	(24)		瓦	活	(25)

注释：

(01) 泡 pʰa⁴⁵ | 灯～
(02) 拍 pʰa⁴² | 打
(03) 猫 ba²⁴ | 猫～：野猫
(04) 妈 ba³² | 恁～：母亲
(05) 嘛 ba²¹ | 为什么
(06) 焦 ta³³ | 干（水分少）
(07) 丈 ta²¹ | ～夫：男子
(08) 查 tsa²⁴ | 调～
(09) 煠 sa⁴⁵ | 清水煮
(10) 齩 ka⁴⁵ | 咬
(11) 骹 kʰa³³ | 脚
(12) 揭 kia²⁴ | 举
(13) 崎 kia⁴⁵ | 陡
(14) 徛 kʰia⁴⁵ | 站
(15) 蜈 gia²⁴ | ～蚣
(16) 揞 ia⁴² | ～刺：挑刺
(17) 磨 mua²⁴ | ～刀
(18) □ tsua⁴⁵ | 齩～：蟑螂
(19) 笍 tsua⁴² | 篾～：篾箸
(20) 掣 tsʰua⁴² | 抢
(21) 荷 kua²⁴ | ～树
(22) 花 hua³³ | ～费
(23) 喝 hua⁴² | 喊
(24) 哞 ua²⁴ | 指令牛停步的口令
(25) 倚 ua²¹ | 倚靠

紫湖闽南话音节表（03）

	e						ue						ə					
	阴平33	阳平24	阴上32	阳上45	去声21	阴入乙42	阴平33	阳平24	阴上32	阳上45	去声21	阴入乙42	阴平33	阳平24	阴上32	阳上45	去声21	阴入乙42
p	(01)	爬	把	白		伯	杯	陪		拔	贝	八	飞	赔		倍	焙	剥
p^h					(02)	匹	批		(08)		配		胚	皮		(21)		配
b		迷	马	麦				(09)	买	(10)	卖			(22)	尾	袜	妹	
m																		
t		茶			帝	德		题	底	苎	地					短	袋	
t^h	推	提	体	宅	剃		(11)			(12)	替	(13)	胎				退	
l	(03)	黎	礼	丽				犁		笠	内		膈				(23)	
n																		
ts	渣	齐	挤		祭	叔		齐	罪	做	节					坐	座	
ts^h	钗	(04)				册	初		(14)		(15)		吹				脆	(24)
z																		
s	纱	(05)	洗		世	色	衰		洗		细	屑				(25)	税	雪
k	家	个	假	(06)	继	格	瓜		改	夹	界	锲			猓	(26)	过	郭
k^h	溪		启		契	客	溪				契	(16)		(27)				
g		芽		艺			(17)				艺					(18)		月
ŋ																		
h		虾		夏		(07)		花	蚵	悔	汇	(19)	灰	(28)	火		货	
ø		哑	下			一	挨	鞋	矮	狭	画	(20)						呃

注释：

(01) 爸 pe33 ｜ 后～：继父
(02) □ pʰe21 ｜ 裤～：裤裆
(03) □ le33 ｜ 树～：树枝
(04) 筅 tsʰe24 ｜ 火～：通条
(05) □ se24 ｜ 澜：围嘴
(06) □ ke45 ｜ 呛
(07) □ he42 ｜ 扔
(08) 䩗 pʰue32 ｜ 面～：脸颊
(09) 糜 bue24 ｜ 烂
(10) 勿会 bue45 ｜ 不会
(11) 推 tʰue33 ｜ 刨子
(12) 掃 tʰue45 ｜ 拿，给
(13) □ tʰue42 ｜ 垫
(14) 采 tsʰue32 ｜ 阿～：喷嚏
(15) 擦 tsʰue21 ｜ 蹭
(16) 睑 kʰue42 ｜ 闭（眼）
(17) □ gue33 ｜ ɲiã21～：螃蟹
(18) 挟 gue33 ｜ ～菜：夹菜
(19) 嗨 hue42 ｜ 指令牛前行的口令
(20) 挟 ue42 ｜ ～菜：夹菜
(21) 被 pʰə45 ｜ 被子
(22) 糜 bə24 ｜ 粥
(23) □ lə42 ｜ 提
(24) 啜 tsʰə42 ｜ 大口吃喝
(25) 踅 sə45 ｜ 旋、拧
(26) □ kə45 ｜ 喉结
(27) 葵 kʰə24 ｜ 大～扇：蒲扇
(28) 和 xə24 ｜ ～尚

紫湖闽南话音节表（04）

	ɔ					o					ai				
	阴平 33	阳平 24	阴上 32	阳上 45	去声 21	阴入乙 42	阴平 33	阳平 24	阴上 32	阳上 45	去声 21	阴入乙 42	阴平 33	阳平 24	阴上 32	阳上 45	去声 21	阴入乙 42
p	捕	补		布		菠	婆	保	薄	报	(07)		牌	摆		拜	
pʰ	蒲	谱	簿	破		颇	鏊		抱					庀		派	
b	摸	(03)	亩	墓		(08)	无		帽	(09)		(17)	埋	买		迈	
m																	
t	都	图	赌		度	多		朵	择	盗	桌		台			代	
tʰ	拖	屠	土		吐	滔	陶	讨		套			苔	(18)		太	忒
l		奴	鲁	卤	路	啰	罗	裸	落	糯			来	乃	(19)	赖	
n																	
ts	租	曹	祖		助	糟	槽	枣	凿	(10)	作		灾	财	宰	(20)	债
tsʰ	粗		楚		醋	搓			错	(11)			猜	裁	彩		菜
z																	
s	苏		所		素	梭		锁	镯	(12)	索		狮		屎	(21)	赛
k	孤	(04)	鼓	(05)	故	(06)	锅	果		过	(13)	该		解		戒	
kʰ	箍		苦		裤	棵		可	(14)	课			揩		楷	概	
g		吴	午	五	误		讹	我		饿				挨		碍	
ŋ																	
h	呼	狐	虎	雨	户		禾	火	鹤	贺	(15)		孩	海	亥	害	(22)
ø	乌	湖	坞		芋	窝			学		(16)		哀	癌	蔼		爱

注释：

(01) 夫 pɔ³³｜丈～：男人
(02) 铺 pʰɔ³³｜床
(03) 模 bɔ²⁴｜～子
(04) 糊 kɔ²⁴｜糨糊
(05) □ kɔ⁴⁵｜滚
(06) 姑 kɔ⁴²｜姑～
(07) 卜 pɔ⁴²｜～卦
(08) 无 bo³³｜南～阿弥陀佛
(09) 卜 bo⁴²｜要
(10) 昨 tso²¹｜～日
(11) 戳 tsʰo²¹｜交合
(12) □ so²¹｜～去：快去
(13) 哥 ko²¹｜哥～
(14) 寉 kʰo⁴⁵｜后脑～：后脑窝子
(15) □ ho²¹｜洒
(16) 恶 ɔ⁴²｜难，慢
(17) □ bai³³｜膣～：女阴
(18) 刣 tʰai²⁴｜杀
(19) 里 lai⁴⁵｜里，内
(20) 在 tsai⁴⁵｜所～：地方
(21) 在 sai⁴⁵｜什所～：哪里
(22) □ hai⁴²｜那里，"许里 hu⁴²lai⁰"的合音

紫湖闽南话音节表（05）

	uai						ui						au					
	阴平33	阳平24	阴上32	阳上45	去声21	阴入乙42	阴平33	阳平24	阴上32	阳上45	去声21	阴入乙42	阴平33	阳平24	阴上32	阳上45	去声21	阴入乙42
p								肥			吠		包	袍	饱		暴	
p^h											屁		抛	(03)	跑		炮	
b														矛	卯		貌	
m																		
t							堆	锤			对		投	(04)			豆	
t^h							梯	槌	腿		退		偷	逃	(05)		透	
l								雷	儡		类		捞	劳	篓	老	漏	
n																		
ts							追		水		醉		(06)	巢	走		灶	
ts^h							催	锤			翠		抄		吵		臭	
z								(01)			瑞							
s	摔		甩	帅			虽	谁	水		隧		骚				哨	
k	乖		拐	怪			归	葵	鬼		桂	刮	交	猴	搞	厚	窖	
k^h				快			亏	奎	傀		(02)		敲	口			(07)	
g							桅	危			魏			(08)			傲	
ŋ																		
h		怀		坏			辉	肥	匪		肺	血	看	(09)			效	
ø	歪						威	围	委		位	挖	坳	喉	沤	后	怄	

注释：

(01)蕊 zui³² ｜花～
(02)气 k^hui²¹ ｜～力
(03)刨 p^hau²⁴ ｜～木料
(04)斗 tau³² ｜升～
(05)敨 t^hau³² ｜～气：呼吸
(06)糟 tsau³³ ｜～糕
(07)□ k^hau²¹ ｜翼～：翅膀
(08)鳌 gau²⁴ ｜能干
(09)吼 hau³² ｜哭

紫湖闽南话音节表（06）

	iau						eu						ieu					
	阴平 33	阳平 24	阴上 32	阳上 45	去声 21	阴入乙 42	阴平 33	阳平 24	阴上 32	阳上 45	去声 21	阴入乙 42	阴平 33	阳平 24	阴上 32	阳上 45	去声 21	阴入乙 42
p	彪		婊										标		嫖			
pʰ	飘	瓢	(01)		(02)						剽		飘	藻	(09)		票	
b	喵	描	秒	妙			谋	牡			茂			苗			庙	
m																		
t	雕	条			吊		兜	投	陡		豆	啄		(10)		(11)		
tʰ	挑	迢	(03)	柱	跳		偷	头			透						巢	
l		聊	(04)		料			楼	搂		漏							
n																		
ts	招	(05)	沼		兆			走			奏		蕉	(12)	石		醮	借
tsʰ	锹	樵			俏			愁			凑			潮		席	笑	尺
z			挠	扰														尿
s	消	韶	小		绍		搜				瘦		烧		小	(13)		惜
k	娇	侨	缴	轿			勾		苟		购		勾	桥		藠	轿	脚
kʰ	跷		撬		翘		抠				叩		扣		缺			(14)
g		饶	(06)	(07)				偶								藕		
ŋ																		
h	嚣		(08)	晓				侯	吼		厚		烋		箵		歇	
ø	妖	摇			耀		欧		呕		沤		腰	摇	舀			药

注释：

(01) 漂 pʰiau³² ｜ 用水浸泡
(02) 漂 pʰiau²¹ ｜ ～亮
(03) 调 tʰiau³² ｜ 换
(04) 了 liau³² ｜ ～结
(05) 朝 tsiau²⁴ ｜ ～代
(06) 绕 giau³² ｜ 围～
(07) 绕 giau²¹ ｜ ～路
(08) 姣 hiau²⁴ ｜ 风骚
(09) 漂 pʰieu³² ｜ 用水浸泡
(10) 调 tieu²⁴ ｜ ～砂浆
(11) 着 tieu⁴⁵ ｜ ～去：得去
(12) 少 tsieu³² ｜ 不多
(13) 液 sieu⁴⁵ ｜ 手～：手汗
(14) 抾 kʰieu⁴² ｜ 捡、拾

紫湖闽南话音节表（07）

	iu						an						ian					
	阴平 33	阳平 24	阴上 32	阳上 45	去声 21	阴入乙 42	阴平 33	阳平 24	阴上 32	阳上 45	去声 21	阴入乙 42	阴平 33	阳平 24	阴上 32	阳上 45	去声 21	阴入乙 42
p							班	房	板		办		鞭	(14)	贬	辫	变	
pʰ							攀	庞	纺		盼		偏	骈			骗	
b			谬				蛮	(09)	网		慢		绵	免			(15)	
m																		
t	丢	绸	抖	(01)	宙		耽	铜	等	(10)	蛋		癫	田	点	簟	电	
tʰ	抽	(02)					贪	谈	毯		探		添	甜	舔		掭	
l	(03)	流	纽	(04)			(11)	南	揽	(12)	滥		黏	莲	脸		念	
n																		
ts	周	箒	酒		皱	(05)	簪	丛	斩		蘸	站	尖	前	剪		战	
tsʰ	秋		手		树		餐	蚕	铲		灿		签	潜	浅		呛	
z		柔												燃	染			
s	修	仇	首		秀		杉		伞		送		仙	蝉	陕		善	
k	鸠	球	久		救		甘	含	感		鉴		坚	咸	检	件	剑	
kʰ	丘	(06)					龛		砍		嵌		谦	虔		遣	欠	
g								颜	眼		雁			岩	研		验	
ŋ																		
h	休	(07)	朽		嗅		酣	韩	罕		限		掀	嫌	险		现	
ø	忧	油	友	(08)	右		庵	红	(13)		暗		烟	盐	掩		艳	

注释：

(01)䄴 tiu45｜稻子

(01)丑 tʰiu32｜～时

(03)溜 liu33｜～走

(04)溜 liu21｜滑

(05)□ tsiu42｜吻

(06)趨 kʰiu24｜～筋：抽筋

(07)裘 hiu24｜袄

(08)□ iu45｜仙～：仙人掌

(09)蠓 ban32｜蚊子

(10)重 tan45｜轻～

(11)宽 lan33｜～离：距离大

(12)卵 lan45｜男阴

(13)饮 an32｜米汤

(14)便 pian24｜～宜

(15)面 bian21｜方～

紫湖闽南话音节表（08）

	uan						en						ən					
	阴平33	阳平24	阴上32	阳上45	去声21	阴入乙42	阴平33	阳平24	阴上32	阳上45	去声21	阴入乙42	阴平33	阳平24	阴上32	阳上45	去声21	阴入乙42
p	般	(01)		伴	半		冰	贫	禀		殡						饭	
pʰ	(02)	(03)			判		拼	瓶	品		聘							
b		瞒	挽		漫		民	敏			(08)		门		吻		问	
m																		
t	端	(04)	短		段		灯	廷	顶		邓		(11)	堂	转	断	顿	
tʰ		团					汀	停	挺		(09)		汤	糖			烫	
l		鸾	软		乱			灵	冷		令		囊	软		(12)	(13)	
n																		
ts	专	全	纂		撰		真	臣	枕		进		装	层			状	
tsʰ	余	喘		(05)	窜		亲	情	寝		秤		仓	床			串	
z								仁	忍		认							
s	宣	(06)	选		(07)		心	神	审	怂	信		森		磙		算	
k	捐	权	馆		罐		金	穷	景	妗	敬		根		管	近	杠	
kʰ	宽	环	款		劝		轻	琴	肯	(10)	庆		糠	勤	垦		劝	
g		元	玩		愿			吟			硬			银				
ŋ																		
h	翻	烦	反		犯		欣	刑			幸		亨	痕	很		恨	
ø	弯	完	远		怨		音	荣	永		印		恩	(14)	允			

注释：

(01) 盘 puan²⁴ ｜～点

(02) 潘 pʰuan³³ ｜姓

(03) 盘 pʰuan²⁴ ｜～古

(04) 传 tuan²⁴ ｜～达

(05) 旋 tsʰuan⁴⁵ ｜拧

(06) 旋 suan²⁴ ｜～转

(07) 旋 suan²¹ ｜～涡

(08) 面 ben²¹ ｜脸

(09) 䟴 tʰen²¹ ｜两头～：担子的两头重量相称

(10) □ kʰen⁴⁵ ｜～树：乌桕树

(11) 当 tən³³ ｜～时

(12) 卵 lən⁴⁵ ｜蛋

(13) □ lən²¹ ｜～个什：哪些

(14) □ ən²⁴ ｜层

紫湖闽南话音节表（09）

	on					ɔŋ					iɔŋ				
	阴平 33	阳平 24	阴上 32	阳上 45	去声 21	阴入乙 42	阴平 33	阳平 24	阴上 32	阳上 45	去声 21	阴入乙 42	阴平 33	阳平 24	阴上 32	阳上 45	去声 21	阴入乙 42
p	奋	(01)	本	笨	粪		邦	旁	绑		谤							
pʰ	烹	盆			(02)		滂	篷	胖		棒							
b		萌			闷			亡	莽		忘							
m																		
t	蹲	唇	(03)	钝	盾		东	童	挡		洞		忠	(10)	(11)		(12)	
tʰ	吞	屯			褪		通	棠	统		荡			虫	宠		畅	
l		轮			嫩			狼	拢		弄			凉	两		谅	
n																		
ts	遵	存	准		俊		宗	(06)	总		状		终	场	奖		障	
tsʰ	春		蠢	旋	寸		囱	床	闯		创		冲	墙	抢		倡	
z					润									茸	嚷		酿	
s	孙	旬	笋		顺		孀	(07)	爽		宋		湘	尝	偿		橡	
k	君	群	滚		棍		刚	狂	广		贡		疆	穷	巩		共	
kʰ	坤		捆		困		康	狂	孔		抗		羌		恐		共	
g			(04)					昂			(08)			仰				
ŋ																		
h	婚	魂	粉		混		丰	皇	访		凤	(09)	凶	雄	享		向	
∅	温	匀	稳	(05)	运		汪	王	往		旺		殃	容	勇		样	

注释：

(01) 喰 pon²⁴丨吹
(02) 拼 pʰon²¹丨～命
(03) □ ton³²丨马～：马褂
(04) 阮 gon³²丨我们
(05) □ on⁴⁵丨浊
(06) 纵 tsɔŋ²⁴丨跳
(07) 崇 sɔŋ²⁴丨丑
(08) 戆 gɔŋ²¹丨傻
(09) □ hɔŋ⁴²丨非常，极其
(10) 长 tiɔŋ²⁴丨～处
(11) 长 tiɔŋ³²丨生～
(12) 仗 tiɔŋ²¹丨拐～

紫湖闽南话音节表（10）

	ĩ					ã					iã				
	阴平33	阳平24	阴上32	阳上45	去声21	阴入乙42	阴平33	阳平24	阴上32	阳上45	去声21	阴入乙42	阴平33	阳平24	阴上32	阳上45	去声21	阴入乙42
p	边	坪	扁	辫	病									平	饼		摒	
pʰ	篇	彭			片						(10)		(19)					
b																		
m	(01)	暝		(02)			(11)	(12)			骂		名				命	
t	甜	(03)			郑		(13)		胆		(14)		庭		鼎		定	
tʰ	天			樘						(15)			听	程			痛	
l																		
n	奶	年	(04)	捏		(05)	篮	哪	(16)	那	(17)			岭			(20)	
ts	争	钱	井	箭				(18)					精	情	整		正	
tsʰ	星	(06)	醒												请			
z																		
s	生			扇			衫						声	城			盛	什
k	更	舷	茧	见			柑				敢		京	行	团	件	镜	
kʰ	坑	钳		(07)														
g		蚁	硬															
ŋ														迎			(21)	
h				砚									兄				艾	(22)
∅		(08)	丸		院	(09)					馅		赢	影				

注释：

(01) 搣 mĩ33｜抓，攥（拳头）
(02) 面 mĩ21｜～粉
(03) □ tĩ24｜投～：故意
(04) 耳 nĩ32｜木～
(05) 眤 nĩ42｜～目：眨眼
(06) 寻 tsʰĩ24｜庹
(07) □ kʰĩ45｜掐
(08) □ ĩ33｜螣～：蜻蜓
(09) □ ĩ42｜扔
(10) 冇 pʰã21｜不结实
(11) 明 mã24｜～日
(12) 妈 mã32｜祖母
(13) 担 tã33｜挑（担）
(14) 担 tã21｜担子
(15) □ tʰã45｜叠
(16) 澜 nã45｜澜～pʰuən21：唾液
(17) □ nã42｜凹
(18) 蹔 tsã24｜立地望上跳
(19) 骲 pʰiã33｜～骨：肋骨
(20) □ niã42｜背（小孩儿）
(21) □ ŋiã21｜～gue22：螃蟹
(22) □ hiã42｜搂

紫湖闽南话音节表（11）

	uã						ẽ①	ɔ̃						ɔ̃②
	阴平33	阳平24	阴上32	阳上45	去声21	阴入乙42		阴平33	阳平24	阴上32	阳上45	去声21	阴入乙42	
p	搬	般		伴	半									
pʰ	潘	盘			判									
b														
m		鳗	满					(08)	魔			帽		
t	单	坛			旦									
tʰ	摊		剷		炭									
l														
n		拦	(01)	(02)	烂						老	糯		
ts	煎	泉	盏	(03)										
tsʰ					串									
z														
s	山		(04)		线									
k	肝	寒	赶		汗					(09)			(10)	
kʰ	(05)				看	阔				可		课		
g														
ŋ					岸					鹅	我	卧		
h	鼾			(06)	(07)									
∅	安		碗	旱	按									

注释：

(01)攤 nuã³² ｜ 揉　　　　(05)看 kʰuã⁵⁵ ｜ ～牛：放牛　　　(09)□kɔ̃³² ｜ 草燕～：蝗虫

(02)澜 nuã⁴⁵ ｜ 唾液　　　(06)□huã⁴⁵ ｜ 跨　　　　　　　(10)□kɔ̃⁴² ｜ 臭聋～：聋子

(03)鳝 tsuã⁴⁵ ｜ 塍～：鳝鱼　(07)岸 huã²¹ ｜ 塍～：田埂

(04)散 suã³² ｜ 鞋带～嘞　　(08)牤 mɔ̃³³ ｜ 牛～

---

① 读[ẽ]韵母的只有两个轻声音节："嘿 mẽ⁰" "呢 nẽ⁰"，句末语气词，表示疑问。

② 读[ɔ̃]韵母的只有一个轻声音节 "喏 nɔ̃⁰"，句末语气词，表示确认事实。

紫湖闽南话音节表（12）

	ãi						iãi						uĩ					
	阴平33	阳平24	阴上32	阳上45	去声21	阴入乙42	阴平33	阳平24	阴上32	阳上45	去声21	阴入乙42	阴平33	阳平24	阴上32	阳上45	去声21	阴入乙42
p													凸		(06)		耷	
pʰ																		
b																		
m	(01)	买	(02)	卖	(03)									煤		每	昧	
t														(07)			店	
tʰ																		
l																		
n		奶		耐													内	
ts											(05)			前				
tsʰ							千											
z																		
s							先											
k													关	悬	拣	跪	县	
kʰ																		
g																		
ŋ																		
h														横			苋	
ø					(04)									闲				

注释：

(01)糜 mãi³³｜饭

(02)□ mãi⁴⁵｜～手：左手

(03)□ mãi⁴²｜～去：手脚扭伤

(04)安 ãi⁴²｜这样

(05)即安 tsiãi⁴²｜这样。"即安 tsi⁴²ãi⁴²"的合音变读

(06)反 puĩ³²｜相～：抬杠

(07)模 tuĩ²⁴｜门～：门槛儿

紫湖闽南话音节表（13）

	ãu					iãu					iẽu				
	阴平33	阳平24	阴上32	阳上45	去声21	阴入乙42	阴平33	阳平24	阴上32	阳上45	去声21	阴入乙42	阴平33	阳平24	阴上32	阳上45	去声21	阴入乙42
p																		
pʰ																		
b																		
m	毛			冒		(01)	喵											
t																		
tʰ																		
l																		
n	挠		脑		闹		猫		鸟		尿							
ts																		
tsʰ																		
z																		
s							(02)											
k		猴																
kʰ																		
g																		
ŋ	熬	咬								藕						藕		
h																		
Ø																		

注释：

(01)□ mãu⁴² ｜ 无喙齿～：豁牙子　　(02)□ siãu²⁴ ｜ 精液

紫湖闽南话音节表（14）

	iũ						m̩						ŋ̍					
	阴平33	阳平24	阴上32	阳上45	去声21	阴入乙42	阴平33	阳平24	阴上32	阳上45	去声21	阴入乙42	阴平33	阳平24	阴上32	阳上45	去声21	阴入乙42
p																		
pʰ																		
b																		
m																		
t	张	场		丈	账													
tʰ																		
l																		
n	娘		纽		让													
ts	樟	(01)	奖	上	酱													
tsʰ	枪		抢	像	唱													
z																		
s	箱		赏	想	(02)													
k	姜																	
kʰ	腔																	
g																		
ŋ		生																
h	香							茅					荒	园		远		
ø		羊	养		样			梅	(03)		(04)		央	黄	(05)		(06)	

注释：
(01) □ tsiũ²⁴ ｜ ən³³/²² ~：衣服
(02) 尚 siũ²¹ ｜ 和~
(03) 姆 m̩³² ｜ 丈~姐：岳母
(04) 怀 m̩²¹ ｜ 不
(05) 袖 ŋ̍³² ｜ 手~：袖子
(06) □ ŋ̍²¹ ｜ ~竿：竹竿儿

紫湖闽南话音节表（15）

	aʔ		iaʔ		uaʔ		eʔ		əʔ①		ɔʔ		iɔʔ		oʔ	
	阴入甲32	阳入45	阴入甲32	阳入45	阴入甲32	阳入45	阴入甲32	阳入45	阴入甲32	阳入45	阴入甲32	阳入45	阴入甲32	阳入45	阴入甲32	阳入45
p	北	缚	憋	别	钵	拔	碧	罾			博	勃			不	
pʰ	魄	曝	撇	(02)	泼			匹			朴	雹				
b			密			灭	沫		密					没		
m																
t	答	特	哲	蝶	掇	夺	跌	敌	(03)		啄	独	筑	轴		
tʰ	塌	读	帖		脱		剔				托	读	(05)			
l		力		列		劣		立				乐		略	(06)	捋
n																
ts	责	泽	浙	捷		绝	质	集			作	族	足	轴	撮	卒
tsʰ	察	贼	妾					七			猝	凿	触		出	
z				热				入				速	术		弱	
s	煞	士		设		涉	刷		失	实				叔	属	蜇
k	甲	(01)	洁	杰	决		急	及			各		脚	局	骨	掘
kʰ	克		怯		阔			乞				扩	(04)	屈	窟	
g		岳		业		月		逆				鄂		玉		
ŋ																
h	瞎	学	蝎	协	发	罚	吸	肉			霍	伏	旭		(07)	
∅	压	匣	噎	叶			越	益	浴		恶		育	药	屋	物

注释：

(01) □ kaʔ45｜扔

(02) □ pʰiaʔ45｜山~：山坡

(03) 得 təʔ32｜助词

(04) □ kʰiɔʔ45｜挊~：抓子儿

(05) 畜 tʰiɔʔ32｜六~

(06) 烙 lɔʔ32｜灼烫

(07) 核 hoʔ45｜桃~

---

① 读[əʔ]韵母的只有助词"得 təʔ32"及其两个弱化变读音节"得 təʔ0"和"叻 ləʔ0"。

（二）声韵调配合主要规律

紫湖话中的18个声母可以按照声母的发音部位即发音器官形成气流通道阻碍的部位分为[p、pʰ、b、m]，[t、tʰ、l、n]，[ts、tsʰ、z、s]，[k、kʰ、g、ŋ、h]和[Ø]5组。51个韵母按照韵母开头音素的特点可以分为开口呼、齐齿呼及合口呼3类。5组声母与3类韵母的拼合关系见下表（"＋"号表示可以拼合）：

		开口呼	齐齿呼	合口呼
双唇音声母	p、pʰ、b、m	＋	＋	＋
舌尖中音声母	t、tʰ、l、n	＋	＋	＋
舌尖前音声母	ts、tsʰ、z、s	＋	＋	＋
舌根音（含喉音）声母	k、kʰ、g、ŋ、h	＋	＋	＋
零声母	Ø	＋	＋	＋

从大的类别来看，5组声母都可以和开口呼、齐齿呼、合口呼相拼。但从具体来看，有以下一些特点：

1. 从声母来看

（1）声母[b、l、g]只与非鼻化韵相拼，而声母[m、n、ŋ]只与鼻化韵相拼。具体搭配如下表所示：

声母 \ 韵母		鼻化韵	非鼻化韵
双唇浊塞音	b		i、u、ua、e、ue、ə、o、ɔ、ai、au、iau、eu、ieu、iu、an、ian、uan、en、ən、on、ɔŋ、aʔ、iaʔ、uaʔ、eʔ、ɔʔ
双唇鼻音	m	ĩ、ã、iã、uã、ẽ、ɔ̃、ãi、uĩ、ãu、iãu	
舌尖浊边音	l		i、a、ia、ua、e、ue、ə、o、ɔ、ai、ui、au、eu、iu、an、ian、uan、en、ən、on、ɔŋ、iɔŋ、aʔ、iaʔ、uaʔ、eʔ、əʔ、ɔʔ、iɔʔ、oʔ
舌尖鼻音	n	ĩ、ã、iã、uã、ɔ̃、ãi、uĩ、ãu、iãu	
舌根浊塞音	g		ɯ、i、u、a、ia、ua、e、ue、ə、o、ɔ、ai、ui、au、iau、eu、ieu、iu、an、ian、uan、en、ən、on、ɔŋ、iɔŋ、aʔ、iaʔ、uaʔ、eʔ、ɔʔ、iɔʔ
舌根鼻音	ŋ	ĩ、iã、ɔ̃、ãu、iãu、iẽu、iũ	

（2）声母[z]不与鼻化韵母[ĩ]、[ã]、[iã]、[uã]、[ẽ]、[ɔ̃]、[ãi]、[uĩ]、[ãu]、[iãu]、[iẽu]、[iũ]相拼。

（3）零声母[Ø]除不与韵母[ẽ]、[ɔ̃]、[ãu]、[iãu]、[iẽu]相拼外与其他韵母都能相拼。

2．从韵母来看

（1）韵母[ɯ]、[iɔŋ]、[iũ]不与双唇音声母[p、pʰ、b、m]相拼。

（2）韵母[uai]只与声母[s]、[k、kʰ、h]、[ø]相拼。

（3）韵母[iẽu]只与声母[ŋ]相拼。

（4）韵母[iãi]只与声母[ts]相拼。

（5）韵母[m̩]、[ŋ̍]只与声母[h]、[ø]相拼。

（6）韵母[əʔ]只与声母[t]、[l]相拼。

（7）韵母[ẽ]只与声母[m]、[n]相拼。

3．从声调来看

（1）韵母[uai]、[iau]、[en]、[ən]、[on]、[iɔŋ]、[ã]、[ẽ]、[ɔ̃]、[ãi]、[uĩ]、[iãu]、[iẽu]、[iũ]、[m̩]、[ŋ̍]没有阴入乙调。

（2）韵母[ẽ]只有轻声调。

（3）韵母[əʔ]只有阳入调，没有阴入甲调。

第二节　同音字汇

本节系紫湖闽南话同音字汇。字汇列表共收字5100多个（多音字以读音计数）。

字表中的字按韵母分类并按韵母次序（韵母次序见本章第一节"紫湖闽南话音系"所列韵母表）排列。同韵母的字按声母次序（声母次序见本章第一节"紫湖闽南话音系"所列声母表）排列。同韵母、声母的字按声调次序排列：阴平[33]、阳平[24]、阴上[32]、阳上[45]、去声[21]、阴入甲[32]、阴入乙[42]、阳入[45]、轻声[0]。

字表中的小号字是对前字的音义注释。注释或作意义简释，或举出用字词例，例如"箸_{筷子}""矩_{规~}""珠_{肥~：肥皂}"。所注"白""文""又"，表示字音的性质，"白"为白读音，"文"为文读音，"又"为字不具有文白异读性质的多个读音中的一个读音。

	ɯ
tɯ	[33]猪[24]锄除[45]伫在[21]著又箸筷子苎又
tʰɯ	[21]苎又
lɯ	[24]驴[32]女吕汝你旅屡缕[21]虑滤
tsɯ	[33]书白，读~珠又，肥~：肥皂资姿兹滋辎[24]薯白，番~：红薯[32]煮紫姊子文，~女梓滓纸文，笔墨~砚只~有[21]自字又，~典□油腻

续表

tsʰɯ	[33]蛆雌疵[24]徐慈磁瓷辞词[32]处~理鼠暑又,处~取白此[21]处~所刺文,~刀次牸寺又厕又
zɯ	[24]如
sɯ	[33]书文、又,~记舒[又师又,老~狮文斯厮私司丝文,~毫思[24]祠[32]暑又,假死文,生生~~使文驶史[21]序叙绪絮赐四文,~时肆巳似祀饲白,~料伺士事
kɯ	[33]居裾衣襟车~马炮拘驹[24]渠[32]举矩规~[45]巨[21]锯据拒距俱
kʰɯ	[33]区驱[24]瞿衢[21]去惧
gɯ	[24]鱼文,~肉百姓渔愚虞娱[32]语[21]御
hɯ	[33]墟~市虚嘘[24]鱼白[32]许~愿[42]许那
ɯ	[33]於淤吁迂[24]余俞于盂愉榆逾[32]予屿[21]誉预豫喻裕
	i
pi	[33]萆碑文卑悲[24]脾~气枇琵[32]彼比[21]闭箅痹算婢敝蔽币陛臂被~动避庇备毙文[42]鳖白□挽（衣袖）
pʰi	[33]批文披丕[24]皮文,~蛋疲脾拍~寒,患疟疾[32]疕坚:结痂痞文,地~鄙~削:取笑[21]被~告屁文,~股鼻白,~空:鼻子鼻文,嗅[42]甓伏,覆:指令牛右转的口令
bi	[33]眯[24]迷谜弥眉麋文,~烂微[32]米糜美尾文[45]篾[21]媚寐未味泡白潜水[42]幂白:紧趴
ti	[33]知白蜘低[24]堤又池迟苔白,青~[32]底文,到~抵[45]弟兄~碟文,碗~拄卜~:要,希望得到[21]戴白,~头帽弟文,又,~兄智致色:颜色地文治又稚又置又痔[42]滴白,一~水
tʰi	[33]梯文,又,~队[32]耻[21]剃[42]铁白
li	[24]离篱梨文,樊~花犁文狸厘[32]履里一~路里文,~通外国理鲤李鳢[45]裂白,~开[21]隶利文,~息厉白,~害痢吏腻
tsi	[33]知文脂之芝支文,开~枝文,荔~肢膣~bai²²;女阴[24]齐文芥尾[32]荠糙秋米~:糍粑鹡鸰~:池文驰迟文□散头 u²¹si⁴⁵:膝盖□tsi²⁴:"就是 tsi²¹si⁴⁵"的合音变读[32]纸文旨指文,~挥止趾址姊子白,种~紫白挤白[45]舐舌[21]祭际济荠~菜剂滞制~至致文渍志痣稚又置又治又[42]接白,~车摺又,~被即这
tsʰi	[33]妻嗤痴[24]持[32]齿文,~轮耻又[45]市城~[21]砌脐文翅刺白,鱼~试白,尝试饲白,~鸭
zi	[45]儿[21]二字白,写~
si	[33]西文施尸丝白,铁~诗[24]时匙始白,开~□胳:咯吱[32]豕矢屎文始文,~终死玺徙[45]市是白,折~本蚀白[21]世文,一~依:一辈子是文,实事求~氏豉豆~示视嗜势寺又柿文试文,考~恃侍文,~奉四白,~个细文□一个:那个
ki	[33]稽栀饥几茶~几,~乎基机支文,一~笔枝文,树~[24]奇崎文歧岐祁鳍棋旗期[32]己几文,~何杞麂指白,动词□豆~:连枷[21]计又继又系~鞋带髻文寄文,~托冀记既技妓忌白,家~自己痣白暨
kʰi	[33]欺[24]骑文,~兵其蜞蜞:水蛭[32]启~起齿白,喙~牙齿[45]柿[21]契文,又,~约气文,空~器弃雉~鸡:野鸡~杷:枇杷[42]缺白,~喙:豁唇子
gi	[24]倪疑宜[21]艺又义议
hi	[33]奚兮希[32]喜[45]耳又,~团:耳朵[21]戏系又
i	[33]伊他医衣依[24]夷姨胰移沂维[32]椅倚文以已[21]臀绺易异意亿忆

续表

	u
pu	[24]匏白，瓠子烰煨[45]妇白，新~：儿媳妇[21]䖬孵布又，~谷鸟
pʰu	[33]噗~~，光：蒙蒙亮[24]扶白浮白，~桥芙~蓉花[32]殕生~：发霉[45]□窝，一~蜂□丛，一~草[21]鹁~鸪
bu	[24]无文，~产阶级[32]舞母白，鸡~拇[21]雾帽白
tu	[33]蛛嘟[24]厨橱[45]拄到~□死，溺死[42]乿~眠：打瞌睡
tʰu	[42]搋捅，戳
tsu	[33]珠文，宝~朱株诛诸[32]主□豆~：豆腐乳[21]著又聚注~解柱文，砥~住蛀贮文铸
tsʰu	[24]雏[32]取文娶[21]厝房子趣
zu	[24]儒如又[32]乳[21]愈
su	[33]须白，~发书文、又，~记舒又输枢[24]殊薯文，~类[21]树文，~立署庶竖成[42]嗽吮
ku	[33]鸪鹆~龟车屎~：蜣螂谷又，布~鸟[32]久白，长~韭[45]舅白[21]贾商~句具旧白
kʰu	[33]丘块，一~朥区~：域躯身~：身体箍目珠~：眼眶[24]跍蹲□耳囝~：耳挖子[32]跍在[45]臼白，碓~
gu	[24]牛白[21]遇
hu	[33]夫肤麸文灰白、又，火~：火烬墟废~[24]符扶文浮文，~肿[32]府斧文，~正腐文，~败否文，~定[45]父白，师~[21]瓠文傅文，姓赴父文，~母腐白，豆~附富副负妇文阜
u	[33]□门~：门墩□手斗~：胳膊肘儿[32]雨文，谷~羽[21]敨头~：膝盖[45]有白，~钱[21]芋文
	a
pa	[33]巴疤爸叭八八~：八哥儿□鱼~：鱼干[32]把文，~握饱白[21]霸坝文背~脊豹□碓白~：碓杵[42]百白，五~斤
pʰa	[33]葩抛白脬鱼~：鱼鳔[24]爬文，~行[45]泡电灯~[21]怕耙文，犁~[42]拍白，打
ba	[24]猫猫~野猫子[32]妈嬷[21]嘛为什么
ta	[33]焦白，干[32]打[45]踏白[21]大~官：公公丈~夫：男人[42]搭白
tʰa	[33]他她它[45]沓白，摞[42]塔白
la	[33]拉[32]哪~在：哪里喇~叭抑粟~[45]纳镴白络白，~腮胡[21]那文□叫叫~：叫苦哭穷[0]啦句末语气词，依无看看~：人没看见啦
tsa	[33]查姓查查~某：女人抓渣文楂酸~山楂[24]茶文查调~[32]早[45]闸白钡[21]炸诈榨~油□挤[42]扎白
tsʰa	[33]差~不多叉文杈文[24]查又，调~柴豺白[32]炒白，~菜[21]岔[42]插白
sa	[33]沙文，~发纱文，~窗腮胡~[32]傻[45]煠清水煮
ka	[33]茄雪~家文，~庭加文，增~胶白，~水佳嘉交白[32]假文，~使贾搅白，纠缠铰[45]嗽咬[21]架文，~子驾价~，值嫁文，~接稼教~，~书较渀（粥）稀[42]夹白，~袭：夹袄甲白胛白，肩~□盖[0]咖句末语气词，无忖到伊依有即哇呆~：没有想到他人有这么傻的呀
kʰa	[33]拘掐骸脚[32]卡巧白，奇~□大~：大钹[21]敲白，~门

续表

ga	[24]牙文，~刷芽文，萌~衙[32]雅[21]砑轧
ha	[33]哈[24]虾文，~兵~将遐暇瑕霞文，人名蛤~蟆：青蛙[21]厦文，大~下文，~级夏文，~天孝白，戴~互表被动的介词"互"的变读
a	[33]阿~拉伯鸦丫桠[32]哑文，~铃[21]亚阿~姨，姨母[42]鸭押白压白

ia

pia	[42]壁白，隔~
pʰia	[42]劈白，~开僻白癖白壁白，石~礓：山崖
tia	[45]爹白[42]爹怎~：父亲摘白，~茶
tʰia	[42]拆白，~布：买布
lia	[45]掠白，捉粒白□头~：杆秤上称重量大的秤纽
tsia	[33]遮文[32]者姐[21]蔗借文，~贷借~口[42]脊白，背~只白，一~牛□饭~：饭桶
tsʰia	[33]车马~[24]斜[42]赤白，褪~体：光着身子
zia	[33]遮白[32]惹[42]迹白，敧~：脚印
sia	[33]赊奢佘[24]邪蛇文，~行[32]写[45]勺白，勺子[21]泻卸谢射麝赦舍社[42]锡白，~箔泄白，~腹肚：泻肚子削白，~皮
kia	[24]揭举□~棋：下棋[45]崎白，陡[21]寄白，~信□~娘：小旦
kʰia	[24]骑白，~马[45]徛站
gia	[24]蜈~蚣
hia	[33]靴白[45]瓦白，~厝：瓦房蚁白，白~桴粗：粪~额白，头~：额罅
ia	[33]鸦又丫又埃飏~：灰尘[24]爷[32]野也哑又[45]疫白，瘟~翼白，又：蝴蝶页白，车~：水车的叶片[21]夜掖撒亚又[42]揞~：刺，挑刺[0]呀句末语气词，即哇贵~：这么贵呀

ua

pua	[32]簸白，动词[45]跛白，跌[42]拨白，~饭钵白，敧~：一种大钵子
pʰua	[21]破白，~开[42]泼白，~水
bua	[24]磨白，~刀□"无法 bo²⁴/²¹hua?³²"的合音变读，不能够[45]末白，药~：药粉[42]抹白，~药
tua	[21]大白，~细：大小带白，布~
tʰua	[33]拖白，~车[42]屉汰清水漂洗獭
lua	[45]辣白，~椒[21]赖白，做死~偌~个：多少
tsua	[24]蛇白，一尾~[32]纸白笊[45]□敧~：蟑螂[42]笮隐~：隐簪~这么，"即哇tsi⁴²ua⁰"的合音
tsʰua	[21]曳带泄~尿：遗尿蔡白[42]掣抢夺，抽搐，发抖，抖动
sua	[33]沙白，~子纱[32]洒
kua	[33]柯姓瓜文，~分[24]荷~树[32]寡文，~欢剐[21]盖白，鼎~芥白，菜挂卦[42]割白，~麦葛白，~粉
kʰua	[33]夸[32]垮[21]跨[42]阔白，又

	续表
gua	[32]我白，自称[21]外又，~面
hua	[33]靴文花文，~费[24]华中~铧[21]化华姓画文，~家话文，~剧划白，~痕[42]法白喝喊，那么，"许哇 hu⁴²ua⁰"的合音
ua	[33]蛙[24]哗指令牛停步的口令□"有法 u⁴⁵/²¹hua?³²"的合音变读，能够[32]瓦文，~解[45]活白，死~滑白猾白划白，计~[21]倚白，倚靠
	e
pe	[33]爸后~：继父[24]爬白，~来~去[32]把白，一~刀[45]白白，~布帛白，散；裹脚布[21]爸~团老爹：爷儿俩耙，~地币毙白[42]伯白，大~柏，松~□猴~蟋蛄擘白，掰笔逼必白，裂
pʰe	[21]□裤，~裤裆[42]匹又僻又劈白撒又
be	[24]迷白[32]马白，骑~码[45]麦白脉白
te	[24]茶白[21]帝弟文，又，子~第文，门~地文，又，~主[42]砥压德白
tʰe	[33]梯文，又，~队推白，撑：~伞~船[24]堤又题文提蹄又啼文[32]体[45]扫文，拿，给宅白[21]替文剃白
le	[33]□树~：树枝[24]黎[32]礼[21]例厉文，严~励丽荔文泪
tse	[33]渣白[24]齐文，~备脐文，~带[32]挤[21]祭际制[42]叔白，叔叔烛白，又[0]□助词，表示短暂或尝试，"一下"的合音，记作"一下"，汝看~：你看一看
tsʰe	[33]钗白权白叉掐[21]筅火：通条[42]册白策白七又拭擦掣骨骨~：颤抖
se	[33]纱白，棉~西文，~餐鳃白犀[24]□啮：围嘴儿[32]洗文，~礼[21]世又，~界势誓细文，~心婿文，夫~[42]息白色白
ke	[33]家白，大~加白，~食：多吃枷鸡文[24]个两~嘅助词，我~书：我的书[32]假白，真~[45]□呛，嗟[21]架白，拍~：打架价白，~钱嫁白，~妆计又继白[42]格白阁隔白[0]嘅助词，"嘅 ke²⁴"的弱化变读
kʰe	[33]溪文[32]启[21]契文，又，~阔[42]客白刻白
ge	[24]牙白，象~芽白，豆~[21]艺文，又
he	[24]虾白，鱼~霞白，红~暇放[21]夏白，~至系又，关~[42]□扔
e	[32]哑白，~狗：哑巴[45]下白，~底厝白，~门[42]一白，十~[0]呃助词，"嘅 ke²⁴"的弱化变读
	ue
pue	[33]杯碑白□han²¹~：蚌□啡：竹鞭□爽~，烙铁[24]陪培又赔文，~偿辈白，大~：长辈[45]拔白，~草[21]佩辈文，~份倍文，~数背文，~负背文，~诵焙文贝[42]八白，~岁
pʰue	[33]批白[24]培又[32]酺面~：脸颊[21]配文稗白，~草
bue	[24]糜烂[32]买白[45]赡不会[21]卖白昧
tue	[24]题白啼白[32]底白，月~贮白，~糜、盛饭[45]苎白，~布：夏布[21]地白，土~第白、又，~一
tʰue	[33]推刨子□礁床[45]扫又，拿，给[21]替文，~身[42]□垫□新娘：伴娘
lue	[24]黎犁白[45]笠白，草~[21]内又
tsue	[24]齐白[45]罪白[21]做白，~工荠多[42]切白，~断节白，冬~：冬至
tsʰue	[33]初白，~六[32]采拍阿~：打喷嚏[21]蹙蹯

sue	[33]梳白，~头 疏衰西文，东~；物件，事物 梢竹~：竹鞭师~公：道士[32]洗白，~手 黍番~：高粱[21]岁文，太~ 税文，赋 ~细白，小[42]屑白 楔白
kue	[33]瓜白，西~ 鸡白街白，~路[32]解白，~释 改白，~名字[45]夹白[21]界白，满四~：到处 疥[42]鍥文，镰刀
kʰue	[33]魁恢溪白，~水口 蹛[21]契白，~母：干妈 会~计[42]晗~目：闭眼 嚣哨
gue	[33]口ɲiã²¹~：螃蟹[21]外又，~甥 艺白，手~[42]挟~菜：用筷子夹菜
hue	[33]花白，开~[24]回文，~答 茴蛔[32]悔[21]汇会开~[42]嗨指令牛前行的口令
ue	[33]挨白[24]鞋白[32]矮白[45]会能 狭白[21]画白，图~话白，哩~：说话[42]挟又，~菜
	ə
pə	[33]飞白[24]赔白，~钱[45]倍白，加~[21]坝白背白，~书包 焙白，~茶[42]剥白，~皮
pʰə	[33]胚坯[24]皮白，肉~[45]被~子[21]配白，~麋：下饭 柿瓦~：碎瓦
bə	[24]麋，稀饭[32]尾白[45]袜白[21]妹白，小~
tə	[32]短白，长~[21]袋白、又赵文带别~：别处 垛白屎~：尿布 座，一~山口块，一~砖 缀又，跟着[0]啲在，睏~铺 咯：睡在床上
tʰə	[33]胎白，头~推白，~辞[21]退白，~亲 褪文，~色口 搥~暴：栗暴
lə	[24]螺白，䁀~：螺蛳 腡白[42]口提[0]咯名词性后缀，路~：路上 嘞助词，来~依客：来了客人
tsə	[45]坐白，~车[21]座白，~位 晬做~：过周岁
tsʰə	[33]吹白，风~：风筝 炊白，蒸[21]脆 搥找[42]啜大口连喝带吃
sə	[45]揎旋、拧[21]税白，交~ 嗾口pʰon²²，勤快[21]雪白，落~ 说白，话~息白，声~：声音，声响
kə	[32]果白，~子 粿裹[45]口喉结[21]过白，~去 髻白，辫 锯~鱼：鲈鱼 鸡口鸡冠[42]郭白，姓~~子：结巴[0]嗝结构助词，食~了了：吃得光光的
kʰə	[24]葵大~扇：蒲扇
gə	[45]月白，正~
hə	[33]灰白，又，石~[24]和白，~尚 回白，~礼[32]火白，点~许~外：外面[21]货白岁白，九~口那里
ə	[42]呃
	ɔ
pɔ	[33]夫丈~：男人[24]捕脯[32]补斧白，~头 脯难头 ~：萝卜干儿[21]布佈怖部步哺嚼簸文，颠~爆文，~发
pʰɔ	[33]铺床麸白，麦~波文坡文[24]蒲菩[32]谱普埔浦[45]簿[21]铺店~破文，~坏
bɔ	[33]摸[24]模~子[32]某~依：某某 查~女人 亩母文，~亲[21]墓慕暮募戊
tɔ	[33]都首~[24]图涂又，涂抹 途徒[32]赌堵肚猪~口槌：扛竹木时放在另一边肩上助力的木棍 口~团：衣服口袋[21]妒杜肚文，~量度渡镀惰道文稻导
tʰɔ	[33]拖文，~拉机[24]涂又，泥土 屠驼文鸵文桃文逃文淘萄文涛[32]土妥讨文，~好[21]兔吐呕~舵文，~手套文，~取

续表

lɔ	[24]奴炉芦庐[32]努鲁橹捞房[45]卤[21]路露赂
tsɔ	[33]租[24]曹槽文[32]祖组阻左佐早文，~操[21]助做文，~作坐文座文
tsʰɔ	[33]粗初文，~中搓文操文，~作[32]楚草文，~书[21]醋糙文，粗~造文操文，曹~
sɔ	[33]苏梳，~理[32]所[21]素诉塑数～目膜文□siʔ¹：什么时候
kɔ	[33]姑孤歌文，~颂哥文高文膏文，民脂民~糕文篙文□～婆：蟾蜍[24]糊糨糊[32]古鼓牯鹽股榖车～：车轮果文，结～稿文，草～口罜，一～菜地[45]滚[21]故雇顾过文，～失告[42]姑文姑：姑妈
kʰɔ	[33]箍～桶枯骷，髋呼白，～鸡科口椅：方凳口根，一～甘蔗口外～：外屋[32]苦考烤口～毛：寒毛口～芒：芦苇[21]库裤课文靠文
gɔ	[24]吴蜈～蟆：水蛭梧吾熬文[32]午中～五文伍[45]五白，十～[21]误悟傲文
hɔ	[33]呼文，～吸[24]胡文湖文糊文，～涂狐壶河文何文，姓和文，～棋禾文豪壕毫文口打捞[32]虎浒否文，～定[45]雨白落～[21]户护互贺戽祸号好文，爱～耗浩
ɔ	[33]乌污鸦细～：乌鸦[24]胡白湖白糊白，米～口夹列：一种簸箕[32]坞袄呕白，抠抠[21]芋白恶文，可～拗澳懊[0]噢句末语气词，快团去～：快点去噢

o

po	[33]菠玻褒[24]婆白，姨～[32]簸文保堡宝[45]薄白，厚～[21]报[42]卜～卦
pʰo	[33]颇波白坡白[24]婆文[45]抱白
bo	[33]无南～阿弥陀佛[24]魔白磨文，～难无白，～钱[21]磨文，石～冒文帽文[42]卜要
to	[33]多刀[32]朵裸岛倒～去[45]着（火）燃择白，～菜袋白，～[21]舵白，掌～到倒～水盗[42]桌白[0]着动词后附成分
tʰo	[33]滔[24]驼白驮砣桃白萄白陶口tieʔ⁴～：玩儿[32]妥讨白，～糜：讨饭[21]套白，手～
lo	[33]啰[24]罗锣箩挪骡螺文，～纹胧文，手指纹牢白，坐～口草：草垫子[32]裸佬咾阿～：夸赞脑后～卵：后脑勺子[45]老～鼠落白，～雨[21]糯文
tso	[33]糟[24]槽白[32]枣白[45]卒白，～团：卒子昨白，～日：前天口射击[21]昨白，～日：昨天[42]作白，种～着穿
tsʰo	[33]搓白臊白，臭～：腥[21]错～误糙白，～米锉剉砍[42]戳白，交合
so	[33]梭织布～蓑文，～衣嗦娑[32]锁琐嫂[45]镯白[21]口～去[42]索白，绳子口扭
ko	[33]哥歌白，唱～锅戈高白膏白，～药蒿白糕白口～年：年份[32]果文裹稿，稻草～树：树干[21]个文过文，罪～[42]哥哥～
kʰo	[33]棵颗口团，一～涂：一团土块[32]洘裯可文[45]窟白，后脑：后脑窝[21]课文靠白
go	[24]俄文娥文蛾文讹[32]我文，文，自～[21]饿卧文
ho	[24]河文何白，奈～荷毫白和～气禾文[32]火文，文好文～坏[45]鹤白学文，～[21]贺货文，文祸号文好文，爱～[42]口洒
o	[33]阿～胶阿～弥陀佛窝倭[45]学白，～手艺越白，～头：回头[42]恶文，白，难，慢口扭

续表

	ai
pai	[24]排牌[32]摆[21]拜败稗<u>文</u>，~官
pʰai	[32]否<u>白</u>，坏，破痞<u>白</u>[21]派
bai	[33]□膛~：女明[24]埋[32]买<u>文</u>[21]卖<u>文</u>迈
tai	[24]台戏~□鸡~：鸡身上长的小虫子[21]大<u>文</u>，~方戴<u>文</u>，拥~殆怠贷代袋<u>文</u>待带<u>文</u>
tʰai	[33]胎<u>文</u>，轮~苔<u>文</u>□筛子[24]刣杀[21]太泰态[42]忒
lai	[24]来梨<u>白</u>[32]乃[45]里<u>白</u>，~面[21]耐<u>又</u>奈<u>又</u>赖<u>文</u>，依~利<u>白</u>，刀~
tsai	[33]灾栽斋[24]才财材脐<u>白</u>，腹肚~肚脐侪<u>文</u>[32]宰[45]在<u>白</u>，自~[21]再载债寨在<u>文</u>，现~
tsʰai	[33]猜差出~钗<u>文</u>[24]裁豺[32]采彩睬[21]菜蔡<u>文</u>
sai	[33]腮<u>文</u>师<u>又</u>，~傅狮<u>白</u>筛<u>文</u>，~选<u>白</u>，~边[32]屎<u>白</u>使<u>白</u>，会~得：可以[45]在什所：哪里[21]晒帅<u>又</u>赛侍<u>白</u>，服~婿<u>白</u>，团~：女婿姆同~：妯娌
kai	[33]该皆阶街<u>文</u>[32]改<u>文</u>，~革解<u>文</u>，~放[21]盖<u>文</u>，~世介疥界<u>文</u>，世~芥<u>文</u>，草~尬届戒
kʰai	[33]开<u>文</u>，公~揩[32]凯楷[21]概溉
gai	[24]涯崖捱呆[21]碍艾<u>文</u>，方兴未~
hai	[24]孩鞋<u>文</u>颏骸谐[32]海蟹[45]亥[21]害械骇解<u>文</u>，晓也懈[42]□那里，"许里 huɪ⁴²lai⁴⁵" 的合音
ai	[33]哀埃挨[24]癌[32]矮<u>文</u>蔼[21]爱隘

	uai
suai	[33]摔[32]甩[21]帅<u>又</u>
kuai	[33]乖[32]拐[21]怪
kʰuai	[21]会~计快块筷
huai	[24]怀淮槐[21]坏
uai	[33]歪

	ui
pui	[24]肥<u>白</u>，~肉[21]吠<u>白</u>，狗~痱<u>白</u>
pʰui	[21]屁<u>白</u>，放~配<u>又</u>
tui	[33]堆[24]锤<u>白</u>槌<u>又</u>[21]对碓队兑第<u>白</u>，~二坠<u>白</u>
tʰui	[33]梯<u>白</u>，楼~推<u>文</u>，~车[24]槌老骨：贬称老年人[32]腿[21]退<u>文</u>，~步蜕
lui	[24]雷[32]儡累~积蕊朵，一~花□拉、扯[21]内<u>又</u>累连~类
tsui	[33]追锥[32]嘴水<u>白</u>[21]罪<u>文</u>最醉缀<u>文</u>，点~赘坠<u>文</u>
tsʰui	[33]崔催吹<u>文</u>，~捧炊<u>文</u>，~事[24]锤槌<u>又</u>[21]碎<u>白</u>脆翠粹喙嘴
zui	[32]蕊<u>文</u>[21]锐瑞
sui	[33]蓑<u>白</u>，棕~虽绥[24]髓随垂谁[32]水<u>文</u>，~分[21]碎<u>文</u>岁税<u>文</u>睡瑞<u>又</u>遂隧穗

续表

kui	[33]鳜圭闺规龟乌~归[24]葵[32]诡轨癸几白,~个跪文鬼[21]劂桧桂愧季柜[42]刮白,~石灰
kʰui	[33]盔开白,~门亏窥[24]奎逵葵[32]傀[21]气白,~力
gui	[33]桅[24]危[21]魏
hui	[33]灰文,~色非飞文,~机妃麾挥辉徽[24]肥文,合~[32]贿悔毁匪[21]晦绘废肺吠文,~声惠慧秽瘅文费翡讳汇文[42]血白
ui	[33]煨威微[24]为行~维惟唯违围[32]伪委伟苇[21]卫为~什事;为什么位畏慰纬胃谓[42]挖白

au	
pau	[33]包胞[24]袍[32]饱文,~经风霜[21]暴爆白雹文鲍
pʰau	[33]抛枹柚子[24]袍又刨~推;刨子[32]跑[21]抱文,~负炮泡~茶
bau	[24]矛又[32]卯[21]貌贸文茂又
tau	[24]投白骰[32]肚腹~;肚子斗白;量器[21]豆白逗脰~uan³²;颈读句~窦罩又,鸡~
tʰau	[33]偷[24]逃白,~走头白,猪~[32]敨~气;呼吸[21]透白度~死;毒死
lau	[33]捞唠又[24]鸲~鹆劳牢文楼白,~顶流白硫刘白留白,~客[32]篓柳白抑搅动○鸡毛;蕨□狗~瓜;菜瓜[45]老白,~岁落交~枕;落枕唠文,ka?²~;掉[21]涝陋漏白,~雨昼白,日~;中午[0]唠助词,死~三只猪;死了三头猪
tsau	[33]糟文[24]巢[32]蚤澡爪文找走[21]灶躁造罩又,灯~
tsʰau	[33]操白,早~抄钞[32]草白,青~炒文,~作吵[21]凑白臭白扫~帚
sau	[33]骚臊梢筲[21]勺文,~药嗽白扫~涂敛;扫地哨
kau	[33]交郊胶文勾白钩白,鱼~沟白,水~镐阄[24]猴又,又[32]狡绞铰文搅~吵搞九白狗白[45]厚白[21]够白遘到教文,~育酵较文窖觉困~校~对
kʰau	[33]薅~草;耘禾敲文[32]巧白,~妙口[21]□冀;翅膀
gau	[24]骜能干婺慢傲熬又[21]傲又骜又
hau	[24]肴淆[32]吼哭[21]孝文,~顺效校文,学~后太~候白,时~□~勺;饭勺
au	[33]坳瓯[24]喉白,哄~[32]沤白,久浸水中[45]后白,门~[21]怄后文[0]吽助词,"唠 lauº"的弱化变读

iau	
piau	[33]膘标文,~准彪[32]表图~表手~婊
pʰiau	[33]飘,~扬漂文,~浮[24]瓢文嫖又[32]漂,用水浸泡[21]票文漂~亮
biau	[33]喵又[24]苗文描[32]藐渺秒[21]庙文妙文
tiau	[33]雕[24]朝~代条牢白,又牛~;牛圈调文,~解□~到;吃撑着[21]兆召钓吊调~动调音~
tʰiau	[33]挑[24]迢[32]调换[45]柱白[21]跳粜文
liau	[24]燎疗辽聊寮寥蹽慢[32]了~结十一~;六指儿[21]料廖
tsiau	[33]蕉文焦文,~急椒文朝今~召~开昭招[24]待文朝~,~代[32]剿沼鸟白[21]照文,执~赵白兆又召号~诏
tsʰiau	[33]锹繰~边;贴衣边悄超~~天;聊天[24]樵瞧潮文[21]俏

续表

ziau	[24]挠[32]扰爪散~：爪子
siau	[33]消宵霄硝销萧箫烧文[24]韶[32]少文，~数小文[21]数算~：算账笑文，见~少~年鞘绍邵
kiau	[33]骄娇浇搅混[24]侨桥文，~牌[32]缴觉白，~起：起床饺□puā²¹，赌博搅矫[21]轿文，~车叫文
kʰiau	[33]跷跻□刁难[32]撬[21]窍~门翘
giau	[24]饶尧[32]绕围[21]绕~路
hiau	[33]枵器又[24]姣风骚[32]晓
iau	[33]妖邀要~求腰文枵饿[24]摇文，~控谣窑又[21]要重~耀
eu	
pʰeu	[32]剖
beu	[24]谋矛又[32]某翁~，夫妻俩亩文牡母文，~亲[21]茂贸
teu	[33]兜文蔸又[24]投文，~降[32]斗文：量器陡[21]斗~争豆文[42]啄白，~依：啄人丑文~头：点头斗指令牛左转的口令
tʰeu	[33]偷文[24]头文，~目[21]透文
leu	[24]娄楼文喽骷骸~[32]搂[21]漏文
tseu	[32]走文，~狗[21]奏
tsʰeu	[24]愁文[21]凑文
seu	[33]搜[21]嗽文瘦
keu	[33]勾文钩文，~心斗角沟文，~通[32]狗文苟[21]够文，能~构购
kʰeu	[33]抠[32]口文叩[21]扣寇[42]缺白，~钱
geu	[32]偶藕文，又
heu	[24]侯喉文，~舌猴文，猿~[32]吼文[21]后太~后，~进厚文，忠~候文，等~
eu	[33]欧瓯[32]呕文[21]沤文沃文久浸水中~：水：烧水
ieu	
pieu	[33]标白，一支~[24]嫖瓢白
pʰieu	[33]飘白漂白，~浮[24]藻浮萍[32]漂白，用水浸泡[21]票白
bieu	[24]苗描白[21]庙白妙白
tieu	[24]调白~砂浆[45]着白，~去：得去
tʰieu	[21]粜白
tsieu	[33]蕉白椒白招白，~呼[32]少白，不多[45]石白，~头[21]醮照白，相~[42]借白，~钱白棉~：棉花胎
tsʰieu	[24]潮白[45]席白，草~[21]笑白[42]尺白，~寸口猪：猪胰脏
zieu	[21]尿白，放~：拉尿
sieu	[33]烧白[32]小白，~妹[45]液白，手~：手汗[42]惜白，可~
kieu	[33]勾文，又，~销钩文，又，~心斗角沟文，又，~通[24]茄柿子桥白[45]矗[21]轿白叫白[42]脚白，菜~：剩菜

第二章 紫湖闽南话语音

续表

kʰieu	[42]抾捡、拾
gieu	[45]藕文，又
hieu	[33]侥嚣又咻~kuᵘ²²，气喘[45]箸叶子[42]歇白，~气：休息
ieu	[33]腰[24]摇白谣又窑又[32]舀[45]药白
iu	
biu	[21]谬
tiu	[33]丢[24]绸稠又筹白[32]抖肘[45]釉稻子[21]昼文，~夜宙又
tʰiu	[33]抽[32]丑~时
liu	[33]溜~走[24]流文，~氓刘文留文，保~榴琉[32]柳文纽扭[21]溜滑馏
tsiu	[33]周州洲舟珠白，目~：眼睛[24]片，一~西瓜[24]稠又筹白[32]酒守白[21]就宙又纣皱绉骤咒蛀~齿：虫牙[42]□吻□"只有tsi⁴²u⁴⁵"的合音
tsʰiu	[33]秋~天秋~千须白喙~：胡子[32]丑美~手白帚[21]臭文树白
ziu	[24]柔揉
siu	[33]修羞收[24]囚泅游水仇酬愁白[32]手文，~册守文，保~首[21]秀绣锈宿袖岫鸟~：鸟窝兽受授寿售
kiu	[33]鸠纠[24]求球[32]九文，~牌~韭文久文，~远[21]救究灸舅文臼文旧文柩咎
kʰiu	[33]丘文，~陵[24]赳~筋：抽筋
hiu	[33]休[24]裘棉衣[32]朽[21]嗅
iu	[33]忧优悠幽[24]尤邮由油游犹[32]有文，私~友西莠[45]□仙~：仙人掌[21]又右佑诱柚釉幼□蚜虫
an	
pan	[33]班斑颁扳般文邦崩白，山~帮白，~侬：帮人[24]爿文房冯白瓶白[32]板版反白纺，又榜白，上~[21]扮办瓣放白，~学
pʰan	[33]攀芳白，香蜂白，蜜~[24]庞□端[32]纺白，~线[21]盼襻跘绊爿又缝白，一条~芳米：爆米花
ban	[24]蛮芒白忙[32]挽摘蠓白，蚊子[45]网白[21]慢万望白，指望梦白，做~命猜~：猜谜儿
tan	[33]耽担文，~任丹文单文，简~钉白，铁~东白，~边冬[24]檀文坛文澹湿弹文，~性陈白，姓亭白，~囝：亭子同白，~学铜白筒白巅~雷：打雷□~露[32]胆白，~量掸党白等白，~车[45]重白，轻~[21]担文淡文，冷~旦文，元~蛋诞但档白，椅~钉白，铁钉冻白，冰~弹子~
tʰan	[33]贪坍滩文摊文，~派通怀~别，不要窗白，~团：窗[24]潭谭谈痰檀文，~板坛文桐白虫白，生~：长虫子[32]毯坦桶白，鸡~：鸡嗉子[21]探炭文叹趁白，~钱：挣钱、赚钱烫白趟
lan	[33]㐃~离：距离大[24]南男蓝篮文，~球淋文，~雨难~易拦文，截栏兰鳞文，鱼~铃[45]零白聋，臭~：耳聋笼白磅涂~农白侬白，人脓白廊[32]搂览揽缆舰又懒侣们[45]卵白，~鸟男阴白刺pʰuᵘ²¹~荆棘丛□夹翼~：胳肢窝[21]滥难患~烂文灿~浪白水~晾弄白□四~团：蜥蜴
tsan	[33]簪针白，~线曾文，姓棕白，~树鬃[24]层丛白量词[32]斩盏文总菜头~萝卜缨儿[45]錾□摁□芒：芦苇□~齿：白齿[21]暂站赚文蘸赞绽栈钻文，木工用具钻~石棕白

续表

tsʰan	[33]参~军餐聪白葱白，洋~青蓝[24]蚕惭谗馋搀残松白，~柏：松树[32]惨铲产又[21]灿
san	[33]三文，~国杉衫文山文，~水珊删双白松白，~紧銛铁锈[32]散文，~文伞文，~兵产又瘗瘦[21]散文，解~疝送白，~客
kan	[33]甘柑文泔监~牢干文，~涉肝文，~脑涂地竿文，立~见影杆栏~艰间文，中~奸江工白，~夫[24]含白[32]感敢文，勇~减文，削~杆赶文，~快简祠柬拣㛠查某~：婢女讲港杭牛~：公牛[21]鉴舰又干~部间~接谏涧铜降下~杠白
kʰan	[33]堪龛勘看文，~守牵白，~手坩~钵：大缽子空白，~手□间，一~店文，~~好：刚好，恰巧[32]砍坎[21]嵌墈磡山~：山崖看文，观~□盖
gan	[24]颜严白，寒冷[32]眼[21]岸文雁
han	[33]蚶憨酣番~薯烘白，~火□赶快[24]含文，~笑函咸文，~阳衔寒文，大~韩闲文，休~行白，两~字杭白航白降文，投~横又，直~反正[32]撼喊罕[21]憾陷馅文汉焊旱文，~灾汗文，~青焊翰限苋项巷□~pue²²：蚌□水肿
an	[33]庵安文，平~鞍文，~前马后翁白，~某：夫妻[24]洪白，姓红白颔大~：大脖子[32]揞饮米汤[21]暗案文，~件按文晏文，晚瓮白，酒~

ian	
pian	[33]鞭文，~策编文，主~边文，~防蝙[24]便~宜[32]贬扁文匾[45]辫又[21]变辩辨便方~遍文，~地
pʰian	[33]篇文，诗~偏[24]骈搧摔[21]骗遍白，看一~片文，~面
bian	[24]绵棉文，木~眠[32]免勉娩缅[21]面文，方~
tian	[33]掂颠癫砧□：散：硌脚[24]缠又田填[32]点展文，~开典[45]簟[21]店文，商~电殿奠佃垫跕躲藏
tʰian	[33]添文，~丁天文，~才[24]甜文，~蜜[32]舔展白，~目䀹[21]掭
lian	[33]黏拈[24]廉镰文帘鲇连文，~续联年文，少~怜莲凉白[32]敛殓染文，传~冉脸碾辇撚撑两文，~响：二踢脚□撚[21]验念练链楝恋亮白
tsian	[33]尖沾粘瞻占~卜毡煎文，油~甑[24]钱文前文，~途[32]剪展文[21]暂又渐占~领箭文溅践贱践僭战颤荐帐军~胀文，膨~仗白，拍~：打仗
tsʰian	[33]歼签迁笺千文，~万扦[24]缠又潜[32]浅[21]呛
zian	[24]然燃[32]染文、又，传~
sian	[33]仙鲜新~膻髟偷看扇~风先文，优~厢白，邻~：邻居[24]涎蝉禅~宗？谁，"什侬 sia³²/lan²⁴"的合音[32]陕闪鲜~少癣搧[21]线文，~索羡扇文，~形善膳单姓禅~让
kian	[33]兼肩文，~负坚[24]咸白，~淡[32]减少~检捡茧趼笕，以竹通水[45]件文，~胘鸡~：鸡胗[21]剑建键健见文，意~劲厉害
kʰian	[33]谦腔白，~调牵文，~连□又，~~好：刚好，恰巧[24]钳文，~工乾~坤虔掮[32]俭谴[21]欠歉
gian	[24]岩严言[32]俨研~究[21]验谚砚文，又
hian	[33]轩掀[24]嫌贤弦玄又眩文，又悬文，~殊[32]险显响白[21]苋献宪现砚文县文

第二章　紫湖闽南话语音

续表

ian	[33]淹阉蔫焉燕~山烟姻胭[24]炎盐檐文阎延筵缘又铅沿[32]掩魇演[21]厌艳焰堰燕文,莺莺~~宴秧pʰã⁴⁵~；瘪谷
	uan
puan	[33]般搬文[24]盘文,~点[45]伴文[21]半文绊拌叛
pʰuan	[33]潘姓[24]盘文,~古[21]判文,~断
buan	[24]瞒文□"无通 bo²⁴tʰan³³/²²"的合音[32]满文,自~晚又挽文,~救[21]漫幔
tuan	[33]端文[24]传~达[32]短文,~期[21]断决~断文,~绝锻段缎传~记
tʰuan	[24]团
luan	[24]鸾[32]暖文卵文,以~击石软文,~弱[21]乱恋又
tsuan	[33]钻文,~研专砖文[24]全泉文船文[32]纂转文,~变[21]撰
tsʰuan	[33]佘拴文川文,四~穿文,~插[32]喘[45]旋拧[21]窜篡串文,~通拴白
suan	[33]酸文,寒~闩宣[24]旋文,~转[32]选[21]算文,计~机蒜文旋又,~涡
kuan	[33]官文,五~观参~冠衣~鳏关文,~口捐[24]拳文权颧[32]管文,~理馆卷文,~逃[21]贯灌罐观寺~冠文,军惯卷文,胶~眷绢倦圈猪~券
kʰuan	[33]宽圈圆~[24]环白,铁~[32]款犬[21]劝
guan	[24]顽元原源[32]玩阮[21]愿
huan	[33]帆欢文,联~藩翻番喧风白,起~[24]桓凡环文,连~画还~原还文,~有环烦藩繁矾玄又悬文[32]反文[21]泛范犯唤焕幻患宦贩饭文楦
uan	[33]豌剜弯湾冤渊□"有通 u⁴⁵/³³tʰan³³"的合音[24]完丸文顽圆文,团~员缘袁辕援园文[32]皖缓晚又挽文宛远文[21]腕万又院文怨苑
	en
pen	[33]彬宾槟~榔崩文,~溃冰兵[24]贫频朋又凭平文,和~评坪文瓶又屏萍[32]禀秉丙文饼文[21]鬓殡柄文,权~病文,~理并迸
pʰen	[33]拼姘[24]坪文彭文瓶文[32]品[21]聘
ben	[24]眠民明文,~白盟鸣名文,~称铭冥暝文[32]悯敏抿猛皿闽[21]命文,~令面脸
ten	[33]珍又灯登瞪丁钉文,~子户疔[24]沉白陈文,又尘藤誊腾澄廷庭文,法~蜓重白,~复[32]诊文等文,平~戥顶鼎文,~立点~团一点儿[21]阵又凳镫邓澄瞪钉文,~住订文定文,决~□隔水蒸煮,~鸡□踮（脚）
tʰen	[33]听文,倾~厅文,教育~汀[24]程文,~序亭文,~~停滕□~茶:倒茶[32]挺[21]腾两头~:担子的两头重量相称
len	[24]林文,姓~淋文,~漓临邻鳞又,~片磷能楞陵凌菱宁灵零文铃龙白笼白,~床研~槽镰白,~钩镰白莲白,~子[32]檩冷领文,~导岭文啉~酒:喝酒□拧、扭恁你们□~爹:父亲[21]吝赁令另□踮
tsen	[33]津针文,~灸珍又臻真斟增憎曾姓征~求蒸争文,斗~筝睁精文,~神睛晶贞侦正文,~月征长~钟白春白□~篮:箩筐升~斗牲文,~牲:牲口拍~身:翻跟头[24]沉文秦陈又尘臣曾~经层又澄~清惩~罚晴文,朗[32]尽~让枕姆~诊又疹拯井文,~然整文,~齐种白,留~肿又,~起~□团:手指[21]浸进晋尽~头镇阵又振震赠证症静靖净郑文,~重正文,公~政众白,~家种白,~树

续表

tsʰen	[33]侵参~差亲深<u>白</u>穿<u>白</u>，~针称~呼清<u>文</u>，~楚青<u>文</u>，~年蛏川~芎，小芹菜[24]寻岑橙情<u>文</u>，感~[32]寝请<u>文</u>，申~逞[21]趁<u>文</u>衬踏称相~秤清~糜，剩饭铳<u>白</u>□穿
zen	[24]壬任姓人仁仍扔[32]忍<u>文</u>，残~[21]任贲~纫饪认刃
sen	[33]心森参<u>又</u>，人~深辛新薪身生<u>文</u>，花~僧申升~级胜~任生<u>文</u>，学~牲<u>又</u>甥笙声<u>文</u>，~望星<u>文</u>，~期腥[24]寻<u>又</u>神辰晨乘绳塍承丞蝇<u>白</u>，胡~：苍蝇成城<u>文</u>，~市诚盛~满[32]沈审婶<u>文</u>省~长省节~省反~醒<u>文</u>，清~[45]怂[21]渗甚信讯肾慎剩胜~败性姓<u>文</u>，女~圣盛<u>文</u>，兴~惠娇惯、纵容
ken	[33]今金禁~怀起~禁不住更<u>文</u>，变~粳庚文羹耕京<u>文</u>，~都惊<u>文</u>，~蛰荆鲸经号<u>白</u>芎<u>又</u>，蒜团~：蒜苗[24]琼穷<u>白</u>[32]锦囧<u>又</u>，~囧：小孩紧仅谨哽埂梗耿茎景警颈径[45]妗[21]禁~止劲有~更~加敬竟镜<u>文</u>竞劲~敌径
kʰen	[33]钦襟筐<u>白</u>框门~卿轻倾顷[24]琴禽擒擎[32]犬<u>又</u>肯[45]□虹~树：乌桕树[21]撅庆磬
gen	[24]吟银<u>文</u>凝<u>文</u>~结迎<u>文</u>，欢~[21]硬<u>文</u>~性
hen	[33]欣<u>又</u>兴~旺馨兄~，~长胸[24]眩<u>白</u>，晕恒行<u>文</u>，为衡形型刑熊<u>白</u>横<u>文</u>，~行霸道[21]衅兴高~杏行品~幸
en	[33]音阴因姻湮殷应~当鹰蝇<u>文</u>，~头小字莺鹦樱英婴<u>文</u>缨飏~埃，灰尘薤~菜，空心菜□他们□~tsiũ²⁴：衣服[24]檐寅盈赢<u>文</u>，~利荣营<u>文</u>，~业萤<u>文</u>，~光[32]饮~料引隐<u>又</u>影<u>文</u>，~响永泳咏颖[21]荫窨印应~对孕映用<u>白</u>
	ən
pən	[21]饭<u>白</u>，~店
bən	[24]毛<u>白</u>，鸡~文闻蚊门<u>白</u>虻[32]吻[21]问~，~路**物**<u>白</u>，~件
tən	[33]当<u>白</u>，~时[24]堂<u>白</u>，学~唐塘<u>又</u>长<u>白</u>，~短肠<u>白</u>，大~[32]转<u>白</u>，~去[45]断<u>白</u>，切~烧~：暖和[21]顿<u>白</u>，一日三~当<u>白</u>，上~
tʰən	[33]汤<u>白</u>菜~[24]糖塘<u>又</u>[21]褪，脱烫<u>白</u>趟<u>又</u>
lən	[24]郎<u>白</u>瓢<u>白</u>，瓜~囊[32]软，心~忍~，~气[45]卵，蛋两<u>白</u>，~个[21]□~个什：哪些
tsən	[33]针<u>文</u>，~对钻<u>白</u>，~洞砖<u>白</u>庄<u>白</u>，~家装<u>白</u>，~死桩<u>白</u>[24]层<u>又</u>[21]钻，木用工具：车~旋头发旋儿状<u>白</u>，告~
tsʰən	[33]穿<u>白</u>伸仓<u>白</u>川<u>白</u>，尻~疮<u>白</u>，痔~窗<u>白</u>，开天~[24]床<u>白</u>，眠~[21]串<u>白</u>，一~
sən	[33]森参<u>又</u>，人~酸<u>白</u>，软~霜桑<u>白</u>□瓶~，瓶塞[32]磙搡[21]算<u>白</u>，~数蒜<u>白</u>牛母~：螳螂
kən	[33]跟根巾斤筋钢<u>白</u>缸<u>白</u>捆扛光<u>白</u>，天~[32]管<u>白</u>，水~卷<u>白</u>，~起来栱<u>又</u>，米~[45]近<u>白</u>[21]卷<u>白</u>，考~更<u>又</u>近<u>文</u>杠<u>白</u>，桥~
kʰən	[33]糠<u>白</u>，米~[24]勤芹[32]垦恳[21]劝<u>白</u>囷<u>白</u>，藏
gən	[24]银<u>白</u>龈
hən	[33]欣<u>又</u>亨[24]痕恒<u>又</u>衡<u>又</u>[32]很[21]恨
ən	[33]恩[24]□层[32]隐<u>又</u>允<u>又</u>

	续表
	on
pon	[33]奔~跑分白，~开奋[24]喷吹[32]本笨扁白，~担[45]笨[21]粪白，猪~进
pʰon	[33]潘泔水喷烹[24]盆彭又澎[21]拚~命喷溅□~sə²¹：勤快
bon	[24]门文萌[21]闷问文，学~
ton	[33]敦墩撉蹲[24]唇豚屯又饨囤臀[32]墩铁~□马~：马枻儿[45]钝[21]顿文，安~盾沌钝遁
tʰon	[33]吞[24]屯又[21]褪文□填
lon	[24]仑论~语轮[21]嫩论囵
tson	[33]尊遵[24]存前~年[32]准[21]俊甽水~：水渠
tsʰon	[33]村春椿[32]忖蠢[45]旋拧[21]寸搋拧
zon	[21]润闰
son	[33]孙[24]旬循巡纯醇[32]损笋榫[21]逊迅殉顺舜
kon	[33]均钧君军[24]拳白群裙□久煮[32]滚磙[21]窘棍郡□阵，一~雨
kʰon	[33]昆坤[32]捆菌[21]困~难困睡
gon	[32]阮我们
hon	[33]昏婚熏勋荤薰烟草分文，~数[24]魂馄浑坟焚云白[32]粉[21]混份粪文，~土训□~卵：松花蛋
on	[33]温瘟[24]匀云文[32]允尹稳蚓猴~：蚯蚓[45]㳙[21]熨韵运
	ɔŋ
pɔŋ	[33]帮文，~派邦崩文浜[24]旁螃朋又棚蓬又篷又房文[32]榜文，~样磅绑[21]谤傍蚌□~锣：轧棉被的圆木块
pʰɔŋ	[33]滂[24]蓬又篷又[32]胖捧[21]蚌棒
bɔŋ	[24]忙文亡芒盲文，~蒙[32]莽蟒网文懵蠓又[21]忘妄望文，希~梦文，~想
tɔŋ	[33]当文，应~桩东文，~家冬文中白，~央：中间[24]堂文，~~同文，~志铜筒文桐文童瞳[32]党挡董懂[21]当文，~作档荡放~撞冻~结栋动洞
tʰɔŋ	[33]汤文，金~通ζ~[24]堂文棠文螳唐文塘文糖文[32]倘躺捅桶文统[21]烫文荡宕痛文，~苦
lɔŋ	[24]囊郎文廊狼笼又聋文，~哑农文~业脓文，化~侬文隆浓龙文[32]㩰朗㩰垅[21]浪文，~费弄文
tsɔŋ	[33]脏不干净庄文，~严装文，服~桩文棕文，椆鬃文宗踪盅[24]从又崇又纵跳[32]总[21]葬藏西~脏内~壮状文，~元脏文，心~粽文纵~横重文，~要
tsʰɔŋ	[33]仓文苍窗文，~户疮文，~痍聪文囱葱，郁郁~~囟[24]藏躲床文，车~丛文~书重文，又，~复[32]闯宠[21]创
sɔŋ	[33]桑文丧婚~双文霜孀松文，~驰松文，~香嵩[24]崇又□丑[32]磉嗓挨推爽怂[21]丧~失送文，赠~宋诵讼
kɔŋ	[33]冈岗~位刚纲钢掆文缸文光文，~荣江豇公蚣工，~作功扛文□~锤围：钉锤[24]狂白[32]广讲文港文桄竹~□凸[21]杠文，单~岗山~逛降文，下~贡损汞

kʰɔŋ	[33]康糠文, 糟~之妻慷匡框眶筐文坑文, ~害空文, ~气[24]狂文诳[32]孔圹墓穴[21]抗炕囥文旷矿控空~闲□~囝: 鹧鸪□~杯: 碰杯
gɔŋ	[24]昂[21]戆傻□~蛤: 田鸡
hɔŋ	[33]方文, ~面芳文, 芬~枋荒文, 废慌文夯烘文, ~托风文, ~气枫疯文封丰锋蜂文, ~拥峰[24]行文, ~列航文杭文妨肪房文防黄文, ~色书刊癀发~: 发炎皇蝗降文, 投~弘轰宏红文, 分~洪文, ~水虹文, 霓灯鸿冯文逢缝文, 裁~[32]纺文, ~织访仿谎晃哄~骗讽□漂亮[21]放文, 下~项文巷文况讧哄起~凤奉俸缝文, ~隙[42]□非常, 极其
ɔŋ	[33]肮汪翁文, 老~[24]黄文, ~瓜簧王[32]往枉[21]旺瓮文, ~中捉鳖
iɔŋ	
tiɔŋ	[33]中文, ~国忠张文, 开~[24]长文, ~处重文, ~复[32]长生~[21]丈文, ~夫重文, ~视中射~仲杖拐~埋堤
tʰiɔŋ	[24]虫文, 害~[32]宠[21]畅
liɔŋ	[24]良凉粮文, ~草凉文梁文, 栋~量文, 丈~瓢文娘文, ~子笼文, 牢~隆龙文蓉芙~花[32]两文, ~全[21]酿亮文谅辆让文, 又量数~
tsiɔŋ	[33]将~来浆文张文樟文章文, 规~终钟文, ~爱忠文又终[24]场文, ~面肠文, 断~从又崇又[32]蒋文奖文桨文长文, ~大涨文掌文, ~握种文, ~族肿文, 瘤冢[21]将大~酱文账文胀文仗文, ~又障瘴众文, 群~种文, 播~
tsʰiɔŋ	[33]枪文昌菖鲳充冲春文冲□乌鳢: 黑鱼[24]墙文~冲[32]抢文厂[21]唱文, ~票倡铳文匠文, ~心独具像文, 图~
ziɔŋ	[24]瓤戎绒茸[32]嚷壤攘冗[21]酿让文, ~步
siɔŋ	[33]相互~箱文厢文湘襄镶文伤商□"什东 sia⁇³²/⁴tɔŋ³³"的合音, ~西: 什么[24]详祥常尝偿裳鬻大头~: 胖头鱼[32]想文, 思~鲞偿赏, 欣~晌饷[21]相~貌象橡文上文, ~山尚文, 高~上文, ~级颂文, 歌~
kiɔŋ	[33]疆僵缰姜文弓宫躬芎文, 川~: 小芹菜恭供~应[24]强~大穷[32]拱巩[21]供~养共白
kʰiɔŋ	[33]羌腔文, 唱~[32]强勉~恐[21]共文
giɔŋ	[32]仰
hiɔŋ	[33]香文, ~港乡文慌白胸凶[24]熊文雄[32]响文, ~应享[21]向文, 方~嗅
iɔŋ	[33]央文, 中~政府秧文, ~歌殃雍痈[24]羊文洋文, ~溢杨文炀化阳扬疡文融容蓉[32]养文, 培~痒文, 无关痛~拥勇甬涌[21]样文, ~板戏壅用文, 作~
ĩ	
pĩ	[33]鞭白, 马~编白, ~草帽边白, ~头[24]坪白平白, ~整彭白, 又[32]扁白[45]辫[21]柄白, 刀~病白, 生~
pʰĩ	[33]篇白, 量词[24]彭白, 又[21]片白, 刀~
mĩ	[33]搣抓, 搣(拳头)[24]媒又, 纸~棉白, ~花盲白, 青~: 青光眼暝夜晚[21]面~粉

续表

tĩ	[33]甜白,真~踭□~傻：装傻[24]□投~：故意[21]郑白,姓□针~：顶针儿
tʰĩ	[33]添白,~饭天白,~气[21]掌樘撑组~被：缝被子
nĩ	[33]奶又[24]泥尼连白,黄~年白,旧~[32]奶白,食~你文耳文,木~[45]染白,~布捏白[42]瞚~目：眨眼年白,前~
tsĩ	[33]争白,~气精白,狐狸~槻[24]钱白,有~□耳囷：耳垂[32]井白,水~□(菜)嫩[21]箭白□毛管~：寒毛眼儿
tsʰĩ	[33]生白,不熟清白,~明青白,绿色星白,金~[24]寻庹[32]醒白,困~
sĩ	[33]生白,~病牲又,牲~：牲畜先~生星白,~宿[21]盐腌制扇白,风~姓白,~王□~sɔ²¹：什么时候
kĩ	[33]更白,五~庚白[24]舷溪~：河岸[32]茧白[21]见白,~面
kʰĩ	[33]坑白,大~：地名[24]钳白,铁~[45]□掐
ŋĩ	[32]蚁文,蝼~[45]硬白
hĩ	[21]砚白
ĩ	[33]婴白□媵~：蜻蜓[24]楹檩丸白圆白,~扁[21]燕白,~囷：燕子院白[42]□扔
ã	
pʰã	[21]冇不结实,内部空虚,疏松
mã	[24]麻文,~烦明白,~日蟆蛤~：青蛙[32]马文,~上妈祖母[21]骂[0]吗句末语气词,表示疑问,即本书汝卜~：这本书你要吗
tã	[33]担白,~担：挑担[32]胆白,大~疸[21]担白,重~咀说
tʰã	[45]□叠
nã	[24]篮白,菜~林白,树~[32]榄橄哪[45]澜澜~,pʰuən²¹：唾液[21]□拿那□~莒,莒~在,正在[42]□凹
tsã	[24]蹬立地望上跳
sã	[33]三白,~岁衫白相白,~骂
kã	[33]柑白[32]敢白,~做橄~榄
ã	[21]馅白
iã	
piã	[24]平文,~仄[32]饼白丙白[21]拼
pʰiã	[33]骿~骨：肋骨
miã	[24]明,清~名白,~字[21]命白,生~
tiã	[24]庭白埕粟~：晒谷场[32]鼎白,铁锅[21]定白,~亲
tʰiã	[33]听白,~话厅白,大~[24]程白,工~[21]痛白
niã	[32]领白,一~被岭白[42]□背(小孩儿)~妈：外婆
tsiã	[33]精白睛白,肉正白,~月[24]情白,亲~晴白,天~[32]整白,齐~饔淡[21]正白,~手
tsʰiã	[32]请白,~酒

续表

siā	[33]声白，大~[24]城白，~里[21]盛白木盛粟~：装粮食的仓房[42]什什么
kiā	[33]京白，北~[24]惊白，害怕[24]行白，~路：走路[32]囝儿子[45]件白，买两~[21]镜白
ŋiā	[24]迎白，~佛公[21]□ₘgue²²螃蟹□砸
hiā	[33]兄白，大~[21]艾白，~棉[42]□矮(天色)暗
iā	[24]芽黄~菜：大白菜嬴白，输~营白，~长萤白，火~：萤火虫[32]影白眏稍看一下

uā

puā	[33]搬白[24]般白盘白，手~：手背[45]伴白[21]半白拌摔□~：缴：赌博
pʰuā	[33]潘白[24]盘白，茶~□溢[21]判白，~案
muā	[24]麻白，~油瞒白鳗[32]满白
tuā	[33]丹白单白，~身[24]弹白，~琴檀白，香坛[21]掸白旦白，小~
tʰuā	[33]滩白摊白，摆~[32]劐~草，锄草[45]炭白
nuā	[24]拦白[32]□揉[45]澜唾液[21]难白烂白旦今~：今天
tsuā	[33]煎白，~药[24]泉白[32]盏白，酒~[45]鳝鳝：鳝鱼
tsʰuā	[21]串白，门~：门闩
suā	[33]山白，~头[32]散白，鞋带~嘞[21]散白，分~伞白，雨~线白，针~
kuā	[33]干豆~肝白，猪~竿白，竹~官白，做~棺[24]寒白，~天[32]寡白，~妇妈：寡妇杆赶白，~路馆白[21]汗白□~肉：砍肉
kʰuā	[33]看白，~牛：放牛[21]看白，~戏[42]阔白，又，厝~：房子宽
ŋuā	[21]岸文
huā	[33]鼾欢白，~喜[45]伐跨[21]岸白，滕~：田埂□骸筒~：胫骨
uā	[33]安白，~电灯鞍白，马~垇山~沟：山坳[45]碗腕[21]旱白，天~[21]按白案白，香~晏白，晚换

ẽ

mẽ	[0]嚒句末语气词，表示疑问，有商询意味，即本书汝卜~：这本书你要吗
nẽ	[0]呢句末语气词，表示疑问，即是仵侬呃书~：这是谁的书呢

ɔ̃

mɔ̃	[33]牤牛~[24]魔文磨文，~擦[21]磨文，石~冒文帽文
nɔ̃	[32]老文，养~□鼻~梁：鼻梁[21]糯文
kɔ̃	[32]□草燕~：蝗虫[42]□臭声~：聋子
kʰɔ̃	[32]可文考文[21]课文
ŋɔ̃	[24]俄文娥文蛾文[32]我文，又：自~[21]饿文卧文
hɔ̃	[32]火文，又，~气文，~坏[21]货文号文又好文，爱~

õ

nõ	[0]喏句末语气词，相当于普通话的"呢"，汝看即是我买互汝呃手机~：你看这是我卖给你的手机呢

续表

	āi
māi	[33]糜饭[32]买文，~卖[45]□~手；左手□~tsien³³头指；小拇指[21]卖文，~国[42]□~去；手脚扭伤
nāi	[32]奶文，二~[21]耐奈
āi	[42]安这样

	iāi
tsiāi	[42]□这样。"即安 tsi⁴²āi⁴²" 的合音

	uĩ
puĩ	[24]爿白[32]反相~：抬杠[21]背文，~后爿白，大~：左边□堵，—~墙
muĩ	[24]眉梅文，~花媒又煤枚□芋：芋头梗[32]每[21]妹文昧文
tuĩ	[24]模门~：门槛儿[21]店白，开~第白、又、~一
nuĩ	[21]内又荔白，~枝
tsuĩ	[24]前白，头~
tsʰuĩ	[33]千白
suĩ	[33]先白，头~
kuĩ	[33]间白，房~关白，~门肩白，~头[24]悬白，高[32]拣白[45]跪[21]县白
huĩ	[24]横又[21]苋白
uĩ	[24]闲白，有~

	āu
māu	[24]毛文，~笔茅又矛[21]冒又[42]□无喙齿~：豁牙子
nāu	[24]挠喏只，~会；只会[32]脑恼[21]闹
kāu	[24]猴白，又，~狲
ŋāu	[24]熬又[32]咬

	iāu
miāu	[33]猫文，熊~喵拟声
niāu	[33]猫白，~囝；小猫[32]鸟文，~类[21]尿文，~素
siāu	[24]□精液
ŋiāu	[45]藕白□动

	iẽu
ŋiẽu	[45]藕文、又

	iũ
tiũ	[33]张白，一~纸[24]场白，广~[45]丈白，姑~[21]账又帐白，蟑~胀白，腹肚~
niũ	[24]娘白，~囝；蚕粮白，~食梁白，房梁量白，~布[32]纽又扭[22]两几~呦鸡囝□；小鸡儿[21]让白
tsiũ	[33]浆白章白，文~樟白，~树[24]□en³³/²²~；衣服[32]蒋奖白桨白掌白，巴~□中~；中指[45]上白痒白[21]酱白
tsʰiũ	[33]枪白[32]厂白抢白[45]像白，亲~匠白，木~[21]唱白，~歌

续表

siũ	[33]箱白厢镶白□畦，一~菜地[32]赏白，~钱鲨腊~：鱼干[45]想白，~去[21]尚白，和~
kiũ	[33]薑白姜白
kʰiũ	[33]腔白，~口：口音
ŋiũ	[24]牛文
hiũ	[33]香白，点~乡白
iũ	[24]羊白洋白，~油烊白杨白疡白[32]养白，饲~[21]样白，~子
ṃ	
hṃ	[24]茅~草
ṃ	[24]梅白，树~：杨梅莓花~：蓓蕾瘺出：出麻疹媒又□松柏：松球[32]姆文~：姐；岳母[21]怀不
ŋ̍	
hŋ̍	[33]荒白，~地方白，药~[24]园白，菜~[45]远白，~近
ŋ̍	[33]捂秧白，拍~央白，中~：中间[24]黄白，布[32]碗手~：袖子影阴~[21]□~竿：竹竿儿
aʔ	
paʔ	[32]八文，~路军剥文北白，又百文，又逼擘文擘腹白，~肚壁~堵：板墙[45]别白，~依：别人缚白，捆白文，~色恐怖帛文拔文，又
pʰaʔ	[32]拍文，球~魄覆趴[45]曝白，晒
baʔ	[45]抹文木白，~匠密白，~疏墨白，~汁默陌麦文目白，~珠：眼睛
taʔ	[32]答搭得文德文，又~国[45]达踏文，实值白，~价：值钱特逐白，~工：每天
tʰaʔ	[32]塔塌榻遢邋~：肮脏忒踢[45]沓拓读白，~书□冰雹□蛰
laʔ	[45]纳蜡腊镴文辣文，泼~猎白，拍~：打猎六白，十~栗白力白，用~□书：书包邋~遢：肮脏捺癞肋勒又
tsaʔ	[32]扎眨摘文，~要汁早~起：上午□鼻：擤鼻节白，截~~甘蔗则侧又窄责[45]杂闸铡又、又泽择文，选~宅十白，~斤
tsʰaʔ	[32]插，穿~擦察戳文，~穿漆白，油~测拆文圻策册文~屑：垃圾[45]凿白，~团：凿子贼白□~目：刺眼
saʔ	[32]撒萨杀虱煞塞阻~屑又色又[45]十文，~全~美
kaʔ	[32]合十~一升蛤~蜊恰白，~得好：关系好夹又筴甲文胛白笚角白桷椽子觉又文又结白，拍~：打结菊白虼家~己：自己夹革隔文[45]□扔
kʰaʔ	[32]磕嗑恰渴确又壳曲酒~较更刻文克客文
gaʔ	[45]岳乐音~额文
haʔ	[32]喝文，又狭文峡瞎辖黑文赫吓恐~[45]合~作学文，又，~习核~对
aʔ	[32]押文压白沃白，浇阿白，~哥扼折轭又抑又，还，~好[45]盒白匣
iaʔ	
piaʔ	[32]鳖拉~：吹牛憋□蹦，鱼~[45]别文，离~
pʰiaʔ	[32]撇又[45]□山~：山崖

续表

biaʔ	[45]灭篾_文_蔑袜_文_，又
tiaʔ	[32]哲[45]叠碟_文_蝶
tʰiaʔ	[32]帖贴彻撤铁_文_
liaʔ	[45]聂镊蹑猎_文_，涉~粒_白_，又，一~米裂_文_，分~列烈捏_文_，~造
tsiaʔ	[32]接_文_，~待摺褶浙折挓_文_节，~约蜇哲_又_怎~样[45]辙截捷食_白_，吃
tsʰiaʔ	[32]妾彻_又_撤_又_切_文_
ziaʔ	[45]热
siaʔ	[32]涩薛泄_文_屑_文_，不~一顾楔_文_设削_文_，剥~什为~事；为什么[45]摄涉舌_文_，喉~石_文_，~榴
kiaʔ	[32]劫髻_文_夹_文_，~继结洁鍥_又_[45]杰
kʰiaʔ	[32]怯揭屐_木~_缺䁖~
giaʔ	[45]孽业
hiaʔ	[32]歇_文_，~后语蝎血_文_，高~压[45]狭_文_，~隘洽胁协穴
iaʔ	[32]厣拽噎[45]叶_文_页阅_又_揲~手；招手
ua?	
puaʔ	[32]拨_文_，挑~钵_文_，衣~[45]拔_文_，海~钹跋_文_
pʰuaʔ	[32]泼_文_，活~
buaʔ	[45]末_文_沫抹_文_，涂~
tuaʔ	[32]掇[45]夺
tʰuaʔ	[32]脱
luaʔ	[45]劣
tsuaʔ	[45]绝
suaʔ	[32]刷_又_雪_文_，~耻说_文_，小~
kuaʔ	[32]割_文_，~据括刮_文_，搜~橛决□草鞋~：螳螂
kʰuaʔ	[32]阔_文_，宽~缺_文_，~点
guaʔ	[45]月_文_，又，~老
huaʔ	[32]法发喝_文_，~彩豁发~财发理~[45]乏伐筏罚
uaʔ	[45]活_文_，~泼滑_文_猾_文_悦阅_又_粤曰越袜_文_，又
eʔ	
peʔ	[32]百_文_，~货伯_文_，~父柏_文_，~树毕必~碧壁_文_，绝~[45]弼鼻_文_，~祖
pʰeʔ	[32]匹僻_又_癖_又_劈_文_，~面：对着脸撇_又_
beʔ	[45]墨，文~蜜密_文_，秘~觅
teʔ	[32]德_文_，又得_白_滴_文_，点~嫡竹_白_的目~跌[45]蛰侄直值_文_，~班择_文_，又笛敌狄籴_文_[0]得会食~：可以吃

续表

tʰeʔ	[32]畜白，~生剔惕踢文，~球□~tʰo²⁴：玩儿	
leʔ	[45]勒又立粒文笠文栗文绿白，~色立笠文粒文，颗~力文，~量律率效~溺历	
tseʔ	[32]执汁质即又鲫织职积执汁文迹文，古~脊文，椎只文，船~炙绩功~烛白、又□追赶[45]贼文集辑习又，学~袭疾秩籍藉夕掷寂□一：基数，~个	
tsʰeʔ	[32]厕又侧又测又辑~鞋口又漆文，~黑膝赤文，~壁斥尺文，~肤戚粟白：稻谷□~筀：笀笋	
zeʔ	[45]入日	
seʔ	[32]蟋~蟀涩湿什~物悉膝虱瑟失室息文熄媳色文，又啬识适释惜文，珍~锡，无~析粟白，黄~：粟 [45]十文，~分拾石文，结~实习又，惯食文，粮~蚀殖席文，主~熟白，煮~翼白、又，~kʰau²¹：翅膀	
keʔ	[32]革又急级给供~吉橘戟剧屐击激菊文[45]及极	
kʰeʔ	[32]抾柴~：木椿泣迄乞曲文，唱~吃~亏	
geʔ	[45]额又狱白玉白，~石逆月文，又	
heʔ	[32]隙黑文、又吸畜白，~种蓄白[45]获文或又肉白箸~婆：老鹰	
eʔ	[32]轭又揖乙一文抑~制益[45]逸域亦液文腋译翼文易交~疫文，防~役浴白，洗~	
ɔʔ		
təʔ	[32]得助词，好~很[0]得助词，"得 təʔ³²"的弱化变读	
ləʔ	[0]叻助词，"得 təʔ³²"的弱化变读	
ɔʔ		
pɔʔ	[32]博驳剥文北文卜文[45]勃渤佛白，~公：菩萨薄文，轻~泊停仆曝文，一~十寒	
pʰɔʔ	[32]泊梁山~朴仆扑瀑[45]雹又缚，束~曝文	
bɔʔ	[45]没沉~木文，麻~莫膜幕寞摸~量幕物文，文~末文目文，节~穆牧	
tɔʔ	[32]啄文，~木鸟乱督□~头：低头[45]突铎踱独犊犊毒	
tʰɔʔ	[32]托讬秃[45]读文，~音	
lɔʔ	[45]邋~水：趟水诺落文，~实洛络文，联~骆烙乐快~鹿禄陆	
tsɔʔ	[32]作文，工~桌文卓琢啄文捉[45]卒昨文，~是今非逐文、又族浊镯文	
tsʰɔʔ	[32]猝戳文，邮~拆~排[45]凿文，确~	
sɔʔ	[32]刷又索文，线~朔速肃又宿又束[45]术又秫文	
kɔʔ	[32]葛诸~亮各胳搁阁文胳郭文觉、又角国谷文砖~：碎砖□~番：玉米	
kʰɔʔ	[32]渴廓扩确又榷壳哭酷[45]□抂：抓子儿	
gɔʔ	[45]鄂	
hɔʔ	[32]喝文，吆~忽郝霍藿福幅蝠腹文，~部复~杂覆~即~个：这些[45]鹤文镬学文、又或又惑又获伏复~原服佛文，~教核审~划又，计~	
ɔʔ	[32]恶又、文，~霸握屋沃文，肥~	

续表

	iɔʔ
tiɔʔ	[32]桌文，~球竹文筑又[45]着文，附~轴白逐文、又
tʰiɔʔ	[32]畜文、又，六~
liɔʔ	[45]略掠文，~夺六文，~一节陆绿文，~林录
tsiɔʔ	[32]爵着文，穿酌筑又祝粥足烛文，~光嘱[45]镯文，~子轴文
tsʰiɔʔ	[32]促雀鹊绰畜文、又，六~促触
siɔʔ	[32]戌削宿又肃又缩粟文，姓叔文，伯仲~季淑[45]术述勺文芍俗续赎属蜀熟文，~悉塾
ziɔʔ	[45]若弱肉文褥辱
kiɔʔ	[32]脚文，~步菊文鞠掬[45]局
kʰiɔʔ	[32]却曲文，歌~屈
giɔʔ	[45]虐疟肉文玉文，~山县狱文
hiɔʔ	[32]旭畜~牧蓄文，储~恤
iɔʔ	[32]约跃钥郁育[45]药文浴文，沐~欲

	oʔ
poʔ	[32]不
loʔ	[32]烙烫[45]捋~袖子
tsoʔ	[32]撮[45]卒又术白~秫白，~米：糯米
tsʰoʔ	[32]出
soʔ	[32]戌又蟀蟋~
koʔ	[32]骨口~几，条案[45]掘倔搰挖滑白，~溜
kʰoʔ	[32]窟文
hoʔ	[45]核桃~
oʔ	[32]熨~斗屋[45]物文、又

第三节　语音比较

方言语音的特点可以通过比较来显示，这种比较主要包括纵向层面上方言与古汉语的比较，横向层面上方言与共同语及其他方言之间的比较。本节作紫湖闽南话语音的比较考察，分别作紫湖闽南话与普通话的语音比较，紫湖闽南话与以《广韵》为代表的中古汉语的语音比较，紫湖闽南话与本土闽南方言的语音（选择福建省永春县县城桃城镇的方言为代表点，材料见林连通、陈章太著《永春方言研究》[①]）比较，据此归纳紫湖闽南话语音的主要特点。

[①] 林连通、陈章太：《永春方言志》，语文出版社1989年版。

一 声母比较和声母特点

（一）声母比较

1. 紫湖闽南话声母与中古汉语声母的比较

以下是"紫湖闽南话与《广韵》声母比较表"，共有6个小表。每个表中上面第一行所列是《广韵》的声母，左起第一列所列是紫湖闽南话的声母。

紫湖闽南话声母与《广韵》声母比较表（1）

《广韵》 紫湖	帮	滂	并	明	非	敷	奉	微
p	比班		排病		飞白		妇白	
pʰ		普配	皮盆			芳白	浮白	
b				帽白米				万白
m				帽文棉				
h					府飞文	翻芳文	凡妇文	
∅								晚万文

说明：

（1）帮组字读双唇音[p]、[pʰ]、[b]、[m]声母；非组字文读音部分（微母字）读零声母，部分（非、敷、奉母字）读[h]声母，白读音读[p]、[pʰ]、[b]、[m]声母。

（2）并母字、奉母字（白读）有分别读送气声母和不送气声母的两类读音。

紫湖闽南话声母与《广韵》声母比较表（2）

《广韵》 紫湖	端	透	定	泥	来	日	知	彻	澄
t	底戴		题袋				猪竹白		除白
tʰ		吐偷	头痰					抽畅白	虫白
l				奴女	礼篮文	软染文			
n				泥耐	篮白	染白			
ts							镇竹文		住迟文
tsʰ								超畅文	持除白
z						二热 染文、又			
h						耳肉			

说明：

（1）端、透、定母字和部分知组字（白读）读舌尖塞音[t]、[tʰ]声母；部分知组字读舌尖塞擦音[ts]、[tsʰ]声母。定母字、澄母字（白读）有分别读不送气声母和送气声母的两类读音。

（2）泥母字、来母字声母合流，逢非鼻化韵的读舌尖边音[l]声母，逢鼻化韵的读舌尖鼻音[n]声母。

（3）日母字部分读舌尖浊擦音[z]声母；部分逢非鼻化韵的读舌尖边音[l]声母，逢鼻化韵的读舌尖鼻音[n]声母；少数读喉擦音[h]声母。

紫湖闽南话声母与《广韵》声母比较表（3）

《广韵》 紫湖	精	清	从	心	邪	知	彻	澄	日
ts	租尖		在全			镇竹<u>文</u>		住迟<u>文</u>	
tsʰ		粗浅	裁墙	醒<u>白</u>	斜饲		超畅<u>文</u>	持除<u>白</u>	
s				送醒<u>文</u>	谢俗				
z									二热

说明：
（1）精组字读舌尖塞擦音、擦音[ts]、[tsʰ]、[s]声母。
（2）从母字、澄母字有分别读不送气[ts]声母和送气[tsʰ]声母的两类读音。
（3）心母字、邪母字有分别读送气塞擦音[tsʰ]声母和擦音[s]声母的两类读音。
（4）知组字除表（2）所列读[t]、[tʰ]声母的以外与精组声母合流。日母字读[z]声母的也与精组字同发音部位。

紫湖闽南话声母与《广韵》声母比较表（4）

《广韵》 紫湖	庄	初	崇	生	章	昌	船	书	禅	以
ts	阻债		寨助		煮战		船蛇<u>白</u>	水<u>白</u>	十折	痒<u>白</u>
tsʰ		楚插	柴床			处春		鼠伸	市树<u>白</u>	
s			士事	纱霜			绳蛇<u>文</u>	收水<u>文</u>	是树<u>文</u>	蝇
z										锐

说明：
（1）庄组字和章组字声母合流，读舌尖塞擦音、擦音[ts]、[tsʰ]、[s]声母。
（2）崇母字有分别读不送气塞擦音[ts]声母、送气塞擦音[tsʰ]声母和擦音[s]声母的三类读音。
（3）船母字有分别读不送气塞擦音[ts]声母和擦音[s]声母的两类读音。
（4）书母字、禅母字分别读不送气塞擦音[ts]声母、送气塞擦音[tsʰ]声母和擦音[s]声母。
（5）以母字有少数读不送气塞擦音[ts]声母和擦音[s]、[z]声母。

紫湖闽南话声母与《广韵》声母比较表（5）

《广韵》 紫湖	见	溪	群	疑	晓	匣	非	敷	奉
k	歌见		奇舅			咸厚<u>白</u>			
kʰ		苦客	骑琴		蘑呼<u>白</u>	环			
g				颜我<u>白</u>					
ŋ				藕我<u>白</u>					
h					险呼<u>文</u>	航厚<u>文</u>	府法	肺翻	负凡
ø						换活			

说明：
（1）见、溪、群母字读舌根塞音[k]、[kʰ]声母；群母字有分别读不送气[k]声母和送气[kʰ]声母的两类读音。
（2）疑母字逢非鼻化韵的读舌根浊塞音[g]声母，逢鼻化韵的读舌根鼻音[ŋ]声母。
（3）晓母字、匣母字合流，大部分读喉擦音[h]声母，与非、敷、奉母字同声母。
（4）匣母字以及晓母字有少数读舌根塞音[k]、[kʰ]声母。

紫湖闽南话声母与《广韵》声母比较表（6）

《广韵》 紫湖	影	云	以	日	疑	晓	匣
ts			痒白				
s			蝇				
z			锐	二热			
h		雨雄		耳肉	瓦砚	险呼文	航厚文
∅	衣影	羽有	移样				换活

说明：

（1）影母字和大部分云母字、以母字读零声母；云母字有少数读喉擦音[h]声母，以母字有少数读不送气塞擦音[ts]声母和擦音[s]、[z]声母。

（2）疑母字除表（5）所列读舌根浊塞音[g]声母和舌根鼻音[ŋ]声母的以外有少数读喉擦音[h]声母，与少数日母字和大部分匣母字同。

2．紫湖闽南话声母与普通话声母的比较

以下是"紫湖闽南话与普通话声母比较表"。表中左起第一列所列是紫湖闽南话的声母，第二、四列所列是普通话的声母，第三、五列所列是例字。

紫湖闽南话与普通话声母比较表

紫湖 声母	普通话			
	声母	例 字	声母	例 字
p	p	[帮]比包边 [並]步备病	p^h	[並]陪牌嫖瓶萍瓶
			f	[非]夫白飞白　　[奉]吠白肥白
p^h	p^h	[滂]怕泡匹泼 [並]爬文	p	[並]伴蚌鼻雹
			f	[敷]麸白蜂白　　[奉]芙浮白
b	m	[明]米磨白码买妹白密	∅	[微]雾尾白望白袜白
m	m	[明]妹文棉白命白满白		
t	t	[端]带党德 [定]袋钝笛	t^h	[透]踏白　　　[定]涂条填特
			tʂ	[知]猪　　　　[澄]箸治赵召
			$tʂ^h$	[澄]除锤肠白　　[船]唇
			ts	[澄]择白，～菜
			tɕ	[精]焦白
t^h	t^h	[透]腿烫塔铁 [定]屠团	t	[定]待荡宕读
			tʂ	[知]展白　　　[澄]柱白
			$tʂ^h$	[徹]抽畅拆白　[澄]槌虫白
			[穿]窗白	

续表

紫湖声母	普通话			
	声母	例字	声母	例字
l	l	[来]离拉辣蓝乱鹿	n	[泥]女耐<u>又</u>奈南脓<u>白</u>嫩
			ʐ	[日]汝染<u>文</u>软<u>文</u>闰让
			∅	[疑]研~槽
n	n	[泥]奶难<u>白</u>耐内脑闹	l	[来]老<u>文</u>篮<u>白</u>岭<u>白</u>拦烂
			ʐ	[日]染<u>白</u>让<u>白</u>
			∅	[日]耳<u>文</u>
			m	[明]猫<u>白</u>,~囝
ts	ts	[精]祖再载资孳尊 [从]坐<u>白</u>座奏暂昨	tsʰ	[从]才槽存从层
			tʂ	[知]追　　　[澄]绽 [章]煮周准章证织
			tʂʰ	[澄]茶<u>文</u>池<u>文</u>稠<u>又</u> [崇]崇　　　[禅]臣
			ʂ	[船]蛇<u>白</u>　　[书]书<u>白</u>水<u>白</u> [禅]薯<u>白</u>石<u>白</u>
			tɕ	[精]酒尖接脊　[从]就
			tɕʰ	[清]切<u>白</u>　　[从]齐钱前泉
			ɕ	[邪]习袭夕
			∅	[以]痒<u>白</u>
tsʰ	tsʰ	[清]粗菜餐村寸苍猜 [从]慈瓷 [穿]册策	ts	[从]贼<u>白</u>凿
			s	[清]缲~边 [心]臊扫松<u>白</u>　[邪]寺
			tʂ	[章]帚　　　[以]曳带
			tʂʰ	[彻]痴超 [澄]持锥 [初]楚春 [崇]柴愁<u>文</u>　　　[审]翅
			ʂ	[书]鼠手<u>白</u>伸　[禅]树<u>白</u>市
			tɕ	[精]歼笺　　[从]匠<u>白</u>
			tɕʰ	[精]雀 [清]娶秋迁 [从]樵潜
			ɕ	[心]星醒<u>白</u>　[邪]斜席<u>白</u>笑
z	∅		∅	[日]儿二　　[以]愈
			ʐ	[日]如认润热入辱
			ts	[从]字<u>白</u>
			tʂ	[章]遮<u>白</u>　　[庄]爪
			tɕ	[精]迹<u>白</u>
			n	[泥]挠尿<u>白</u>酿

续表

紫湖声母	普通话			
	声母	例字	声母	例字
s	s	[心]锁私赛髓臊散 [生]洒所搜色	ʂ	[昌]枢　　　[崇]事射麝剩 [书]输帅杉闪　[禅]殊谁寿失
			tʂʰ	[崇]愁白　　　[禅]酬蝉纯尝
			tsʰ	[心]赐　　　　[邪]祠
			tɕ	[邪]囚
			ɕ	[心]写心雪　　[邪]邪谢巡
			∅	[以]盐腌制液手~：手汗
k	k	[见]歌瓜古盖归郭	kʰ	[溪]柯姓　　　[群]狂
			tɕ	[见]街交江　　[群]忌窘
			tɕʰ	[群]期求桥群裙茄
			ɕ	[匣]咸行悬白：高舷
			tʂ	[章]栀枝白指白
			x	[匣]猴白厚白寒白汗白
kʰ	kʰ	[溪]可裤凯坎科阔	k	[见]箍概溉
			tɕ	[见]较揭　　　[群]俭菌白白
			tɕʰ	[溪]区巧轻　　[群]其圈
			ɕ	[溪]溪
			tʂ	[澄]雉~鸡：野鸡
			tʂʰ	[昌]齿白　　　[溪]吃
			ʂ	[崇]柿白
			x	[溪]恢　[晓]呼白薅　[匣]环白
g			n	[泥]孽逆虐　　[疑]倪牛白
			ʐ	[日]饶绕肉文　[疑]阮我们
			∅	[疑]我牙文外熬危月
ŋ			∅	[疑]鹅蚁文硬白咬文藕
			n	[疑]牛文
h	x	[晓]火花海灰好喊 [匣]互孩坏惠恨航横	ɕ	[溪]墟　[晓]孝血　[匣]校形谐
			f	[非]废风　[敷]肺翻　[奉]浮凡
			ʐ	[日]箬叶子肉白
			s	[心]岁白
			tɕʰ	[溪]裘棉衣洽

续表

紫湖声母	普通话			
	声母	例字	声母	例字
h	x		∅	[日]耳　[疑]瓦鱼艾蚁砚 [云]雨远园云
			m	[明]茅
∅	∅	[影]阿矮衣医威乌袄 [云]芋位友炎旺永越 [以]爷夜榆姨游运育	x	[匣]画旱红**盒活滑**
			ɕ	[匣]下厦闲馅**狭**
			z̧	[以]容蓉融
			m	[明]梅莓媒姆

3. 紫湖闽南话声母与永春话声母的比较

永春话有 17 个声母，包括零声母在内：

声母	例字	声母	例字	声母	例字	声母	例字	声母	例字
p	边平备	pʰ	颇皮伴	b	门文物	m	麻骂毛		
t	地图阵	tʰ	他剃托	l	柳利男	n	篮挪泥		
ts	曾在酒	tsʰ	出参秋	(dz)	入而日			s	时四常
k	求狂古	kʰ	可靠去	g	语牛元	ŋ	我硬迎	h	喜虎方
∅	英勇野								

说明：

表中声母[dz]外加括号，《永春方言志》中注："[dz]只保存在湖阳、仙夹（老派）、蓬壶、一都等地，城关话已混同[l]。如'任'，读[lim²²]，不读[dzim²²]。[dz]因较多地区保存，所以在此列入，用括号加以区别。"[①]

以下是"紫湖闽南话与永春话声母比较表"。表中左起第一列所列标是紫湖闽南话的声母，第二、四列所列是永春话的声母，第三、五列所列是例字。

紫湖闽南话与永春话声母比较表

紫湖声母	永春			
	声母	例字	声母	例字
p	p	[帮]补疤霸报　[並]陪佩贫瓶 [非]飞　　　[奉]肥妇	pʰ	[帮]**博**　　[並]蓬
pʰ	pʰ	[滂]波谱　[滂]屁派　[並]皮鼻 [敷]殕芳　[奉]芙浮	p	[滂]滂

---

① 参见林连通、陈章太《永春方言志》，语文出版社 1989 年版，第 12 页。

续表

紫湖声母	永春			
	声母	例字	声母	例字
b	b	[明]马万密　[微]雾挽味		
m	m	[明]骂棉白满		
t	t	[端]朵赌刀　[定]图弟 [知]猪竹　[澄]厨治丈 [精]焦	tʰ	[定]田　[澄]除锤白坠白
tʰ	tʰ	[端]堤　[透]兔推贪 [定]待提桃　[彻]耻丑 [崇]锄	t	[定]谈
l	l	[泥]奴女脑　[来]炉郎力		
n	n	[泥]泥奶年　[来]篮烂领 [日]耳让		
ts	ts	[精]祖酒尖　[从]坐才齐 [庄]渣炸找 [章]珠招周　[书]书	t	[知]胀　[澄]驰纣 [庄]滓
tsʰ	tsʰ	[清]粗次秋　[心]笑臊臭~ [彻]痴　[初]楚初炒 [昌]吹臭车　[书]鼠试手	s	[心]扫~帚　[邪]词辞
			ts	[从]残
z	l	[从]字　[章]遮白 [日]惹润绒　[以]愈		
s	s	[心]四锁写　[邪]寺 [船]射示　[生]沙梳狮 [书]书税世　[禅]豉仇瑞	tsʰ	[邪]囚
			ts	[心]僧
k	k	[见]哥救官　[群]渠旗球 [章]痣	kʰ	[见]俱寡守~闽 [群]具柩
kʰ	kʰ	[崇]柿　[见]概箍 [溪]去靠康　[群]琴骑 [晓]呼白	k	[见]会~计　[溪]枯傀 [群]瞿其葵迹
			h	[见]迄
g	g	[疑]我牙牛藕颜银	h	[疑]渔
ŋ	ŋ	[疑]硬白迎白我文蚁文		
h	h	[非]肤废　[心]岁白 [疑]鱼　[晓]虎戏休 [匣]霞回豪和　[云]云文	kʰ	[晓]喊又, ~嗽
			k	[匣]绘
			s	[晓]喧

续表

紫湖声母	永 春			
	声母	例 字	声母	例 字
∅	∅	[匣]胡<u>白</u>厦<u>白</u>　[影]乌爱隐 [以]耀盐容　[云]雨<u>文</u>王	h	[匣]缓
			g	[以]誉
			l	[以]俞愉榆逾喻裕
			s	[云]屿

（二）声母特点

1. 紫湖闽南话声母与以《广韵》为代表的中古声母相比较，其声类对应和所读声母主要情况如下：

（1）紫湖闽南话中古全浊声母並、定、群、从、澄、崇诸母字读塞音、塞擦音清声母，大部分读不送气音，少部分读送气音。其声母送气与否，不显示与声调平仄的关联。例如：

　　[並]爬 pe²⁴　　　　[定]铜 tan²⁴　　　　[群]穷 ken²⁴
　　[並]盆 pʰon²⁴　　　[定]谈 tʰan²⁴　　　[群]骑 kʰia²⁴
　　[从]齐 tsue²⁴　　　[澄]直 teʔ⁴⁵　　　　[崇]查 tsa²⁴
　　[从]惭 tsʰan²⁴　　　[澄]橙 tsʰen²⁴　　　[崇]柴 tsʰa²⁴

紫湖闽南话中古全浊声母奉、邪、船、禅、匣诸母字读塞音、塞擦音清声母的，也分别读不送气音和送气音。其声母送气与否，也不显示与声调平仄的关联。例如：

　　[奉]肥 pui²⁴　　　　[奉]芙 pʰu²⁴　　　[邪]饲 tsʰi²¹　　　[邪]像 tsʰiũ⁴⁵
　　[船]蛇 tsua²⁴　　　[船]船 tson²⁴　　　[禅]十 tsaʔ⁴⁵　　　[禅]树 tsʰiu²¹
　　[匣]厚 kau⁴⁵　　　[匣]环 kʰuan²⁴

（2）紫湖闽南话中非组字有部分读双唇音声母，其中非、敷、奉母字读清塞音[p]、[pʰ]声母，微母字读浊塞音[b]声母（拼合非鼻化韵）或鼻音[m]声母（拼合鼻化韵）。例如：

　　[非]飞 pə³³　　　　[敷]芳 pʰan³³　　　[奉]饭 pən²¹
　　[微]雾 bu²¹　　　　[微]味 bi²¹　　　　[微]满 muã³²

其余的字中，非、敷、奉母字读喉擦音[h]声母，微母字读零声母。例如：

　　[非]法 huaʔ³²　　　[敷]翻 huan³³　　　[奉]凤 hɔŋ²¹　　　[微]晚 uan³²

非组字有文白异读的，白读音读[p]、[pʰ]、[b]声母，文读音读[[h]声母、零声母。例如：

[非]反白 pan³²   [敷]蜂白 pʰan³³   [奉]肥白 pui²⁴   [微]无白 bo²⁴

[非]反文 huan³²   [敷]蜂文 hɔŋ³³   [奉]肥文 hui²⁴   [微]无文 u²⁴

（3）紫湖闽南话中泥母、来母合流，泥母字和来母字同读舌尖中边音[l]声母（拼合非鼻化韵）或舌尖中鼻音[n]声母（拼合鼻化韵）。例如：

[泥]怒 lɔ²¹ ＝ [来]路 lɔ²¹   [泥]南 lan²⁴ ＝ [来]蓝 lan²⁴

[泥]年今~ nĩ²⁴ ＝ [来]连黄~ nĩ²⁴   [泥]娘 niũ²⁴ ＝ [来]粮 niũ²⁴

（4）紫湖闽南话中知组知、彻、澄母字有部分读舌尖中塞音[t]、[tʰ]声母，与端组端、透、定母字所读声母相同。例如：

[知]竹 teʔ³²   [彻]抽 tʰiu³³   [澄]池 ti²⁴   [澄]虫 tʰan²⁴

[知]竹 teʔ³² ＝ [端]德 teʔ³²   [澄]陈姓 tan²⁴ ＝ [定]铜 tan²⁴

（5）紫湖闽南话中精组声母与庄组声母、章组声母合流，精、庄、章组字同读舌尖音[ts]、[tsʰ]、[s]声母。知组字不读[t]、[tʰ]声母的，也与精、庄、章组字归并同读[ts]、[tsʰ]、[s]声母。例如：

[心]私 sɯ³³ ＝ [生]师 sɯ³³ ＝ [书]舒 sɯ³³

[精]津 tsen³³ ＝ [庄]臻 tsen³³ ＝ [章]真 tsen³³ ＝ [知]珍 tsen³³

（6）紫湖闽南话中见组见、溪、群母字和晓、匣母字逢细音读舌根音[k]、[kʰ]声母和喉擦音[h]声母，与精组、知庄章组字逢细音所读声母不相混同。例如：

[见]基 ki³³ ≠ [知]知 tsi³³   [溪]谦 kʰian³³ ≠ [清]签 tsʰian³³

[群]轿 kieu²¹ ≠ [精]醮 tsieu²¹   [晓]休 hiu³³ ≠ [心]修 siu³³

[匣]现 hian²¹ ≠ [禅]善 sian²¹

（7）紫湖闽南话中日母字大部分读舌尖浊擦音[z]声母，少数读舌尖边音[l]声母。例如：

[日]如 zu²⁴   [日]柔 ziu²⁴   [日]任 zen²¹   [日]弱 ziɔʔ⁴⁵

[日]汝 lɯ³²   [日]软 lən³²

读[z]声母的另外也有少数非日母字母。例如：

[精]迹 zia⁴²   [章]遮 zia³³   [庄]爪 ziau⁴²

[泥]尿 zieu²¹   [以]愈 zu²¹

（8）紫湖闽南话中匣母字有少数读舌根塞音[k]、[kʰ]声母。例如：

[匣]糊 kau²⁴   [匣]厚 kau⁴⁵   [匣]含 kau²⁴   [匣]猴 kau²⁴

（9）紫湖闽南话中有部分云母字和少数日母字读喉擦音声母[h]声母。例如：

[云]雨 hɔ⁴⁵   [云]云 hon²⁴   [云]远 hŋ⁴⁵

[云]熊 hen²⁴   [云]雄 hiɔn²⁴

[日]耳 hi⁴⁵   [日]肉 heʔ⁴⁵

（10）紫湖闽南话中有少数以母字读舌尖前擦音、塞擦音[s]、[ts]声母。例如：

[以]蝇 sen²⁴：胡～苍蝇　[以]翼 seʔ⁴⁵：～□kʰau²¹ 翅膀

[以]液 sen²⁴：手～手汗　[以]痒 tsiũ⁴⁵

2. 紫湖闽南话声母与普通话声母相比较，其声母系统和声母对应主要情况如下：

（1）声母系统的对应

紫湖闽南话 18 个声母（包括零声母），比普通话 22 个声母少了 4 个声母。

从声母系统所包括的声母类别来看，双唇音声母[p pʰ m]、舌尖中音声母[t tʰ n l]、舌尖前音声母[ts tsʰ s]、舌根（喉）音声母[k kʰ h]以及零声母[∅]5 组 14 个声母紫湖闽南话与普通话相同。

紫湖闽南话没有普通话中的唇齿音[f]声母和舌尖后音[tʂ tʂʰ ʂ z]声母。比普通话多了双唇浊塞音[b]声母、舌尖前浊擦音[z]声母和舌根浊塞音[g]声母和舌根鼻音[ŋ]声母。例如：

紫湖：　　[知]猪 tɯ³³　　[昌]充 tsʰiɔŋ³³　　[禅]熟 seʔ⁴⁵

普通话：　[知]猪 tʂu⁵⁵　　[昌]充 tʂʰuŋ⁵⁵　　[禅]熟 ʂu³⁵

紫湖：　　[非]法 huaʔ³²　　[日]热 ziaʔ⁴⁵

普通话：　[非]法 fa²¹⁴　　[日]热 ʐɤ⁵¹

紫湖：　　[明]买 bue³²　　[微]万 ban²¹　　[疑]颜 gan²⁴　　[疑]藕 ŋiãu⁴⁵

普通话：　[明]买 mai²¹⁴　　[微]万 uan⁵¹　　[疑]颜 iɛn²⁴　　[疑]我 uo²¹⁴

考虑闽南话研究中习惯记音做法，本书调研紫湖闽南话没有设立舌面音[tɕ tɕʰ ɕ]声母，与普通话[tɕ tɕʰ ɕ]声母相对应的是舌尖前音[ts tsʰ s]声母，即[ts tsʰ s]既拼合洪音开口呼韵母和合口呼韵母，也拼合细音齐齿呼韵母。[ts tsʰ s]拼合细音齐齿呼韵母时有舌面化趋势。

（2）声母的对应

紫湖闽南话的双唇音声母中，[p]、[pʰ]与普通话部分对应。有差异的是部分读[p]、[pʰ]声母的字在普通话中读唇齿擦音[f]声母，或读送气不送气情况与普通话不相一致。[b]、[m]声母合流互补（[b]拼合非鼻化韵，[m]拼合鼻化韵），与普通话的[m]声母完全对应。

紫湖闽南话的舌尖中音声母中，[t]、[tʰ]与普通话部分对应。有差异的是部分读[t]、[tʰ]声母的字或与普通话读送气不送气情况不一致，或在普通话中读舌尖后[tʂ]、[tʂʰ]声母，个别的读舌尖前音[ts]声母、舌面音[tɕ]声母。[n]、[l]声母合流互补（[n]拼合非鼻化韵，[l]拼合鼻化韵），主要对应普通话的[n]、[l]声母，少部分字普通话中读[z]声母。

紫湖闽南话的舌尖前塞擦音、擦音[ts]、[tsʰ]、[s]声母对应普通话的舌尖前音[ts tsʰ s]、舌尖后音[tʂ tʂʰ ʂ]和舌面音[tɕ tɕʰ ɕ]3组塞擦音、擦音声母。具体字音在读塞擦音送气与否、读塞擦音或擦音上有的与普通话不尽一致。紫湖闽南话中舌尖前音声母有一个浊擦音声母[z]，基本对应普通话的舌尖后浊擦音[z]声母，少数对应普通话的零声母。

紫湖闽南话的舌根音[k]、[kʰ]声母部分与普通话的[k]、[kʰ]声母对应，部分与普通话的[tɕ]、[tɕʰ]声母对应。有差异的是紫湖闽南话读[k]、[kʰ]声母的字与普通话中读[k]、[kʰ]声母或[tɕ]、[tɕʰ]声母的送气不送气情况不相一致。紫湖闽南话的喉擦音[h]声母主要对应普通话的舌根擦音[x]声母、舌面擦音[ɕ]声母，部分对应普通话的唇齿擦音[f]声母，少数对应舌尖后浊擦音[z]声母和零声母，个别字对应舌面送气塞擦音[tɕʰ]声母。紫湖闽南话中舌根浊塞音[g]声母和舌根鼻音[ŋ]声母合流互补（[g]拼合非鼻化韵，[ŋ]拼合鼻化韵），读[g]、[ŋ]声母的字主要对应普通话中的[z]声母和零声母字。

3．紫湖闽南话声母与永春话声母相比较，其声母系统和声母对应主要情况如下：

（1）声母系统的对应

紫湖闽南话与永春话在声母系统上基本对应。紫湖闽南话18个声母，比永春话17个声母多了1个声母。

从声母系统所包括的声母类别来看，双唇音[p pʰ b m]、舌尖中音声母[t tʰ l n]、舌尖前音声母[ts tsʰ s]、舌根（喉）音[k kʰ g ŋ h]以及零声母[ø]5组17个声母，紫湖闽南话与永春话相同。只有舌尖前音声母除了[ts tsʰ s]以外，紫湖闽南话比永春话多了一个舌尖浊擦音[z]声母。比较：

紫湖：[日]二 zi²²   [日]认 zen²²   [日]入 zeʔ⁴⁵   [精]脊 ziaʔ³²

永春：[日]二 li²²   [日]认 lin²²   [日]入 lip⁴⁴   [精]脊 tsiaʔ³²

但在永春县境内城关以外一些地区，方言中以日母字为主体的部分字读舌尖浊塞擦音[dz]声母。这个[dz]声母与紫湖闽南话中的[z]声母相对应。因此可以说，紫湖闽南话与永春话在声母系统上具有很高的一致性。

（2）声母的对应

紫湖闽南话与永春话在具体声母上也基本对应。

[p pʰ]、[t tʰ]、[k kʰ]3组塞音声母和塞音、塞擦音[ts tsʰ s]声母共9个声母所辖字及其古音声类基本对应。只有少数字在所读音送气与否、读擦音或塞擦音上稍有差异。例如：

紫湖：[滂]滂 pʰɔŋ⁴⁴   [定]谈 tʰan²⁴   [心]僧 sen⁴⁴   [见]迄 kʰeʔ³²

永春：[滂]滂 pɔŋ⁴⁴   [定]谈 tam²⁴   [心]僧 tsiŋ⁴⁴   [见]迄 hit³²

[b m]、[g ŋ]2 组 4 个声母所辖字及其古音声类基本对应（[b]、[g]拼非鼻化韵，[m]、[ŋ]拼鼻化韵），只有个别字所读音稍有差异。紫湖闽南话中读[n l]声母的字分别对应永春话中读[n l]声母的字（[l]拼非鼻化韵，[n]拼鼻化韵），同时[z]声母字对应永春话中读[l]声母的字。例如：

紫湖：[疑]渔 gɯ²⁴　　[日]惹 zia³²
永春：[疑]渔 hɯ²⁴　　[日]惹 lia³²

喉擦音[h]声母和零声母 2 个声母也基本对应，个别字有差异。例如：

紫湖：[疑]俞 ɯ²⁴　　[以]誉 gɯ²¹　　[匣]缓 uan³²
永春：[疑]俞 lu²⁴　　[以]誉 gɯ²²　　[匣]缓 huan⁵³

二　韵母比较和韵母特点

（一）韵母比较

1. 紫湖闽南话韵母与中古汉语韵母的比较

以下是"紫湖闽南话与《广韵》声母比较表"，共有 11 个小表。每个表中上面第一至第四行所列是《广韵》韵母音韵地位（摄、开合、等、韵），左起第一列所列是紫湖闽南话的韵母。

紫湖闽南话韵母与《广韵》韵母比较表（1）

《广韵》＼紫湖	果				假			遇		
	开		合		开		合	合		
	一	三	一	三	二	三	二	一	三	三
	歌	戈	戈	戈	麻	麻	麻	模	鱼	虞
ɯ									鱼白	取白
u										句
a	他				巴					
ia						靴白		斜		
ua	大白		磨白		沙白		蛇白	瓜文		
e							爬白			
ue								花白		
o	多		果又							
ɔ			坐白							
ɔ			果又					补	初文	数
ui			粪白							
iu										蛀

续表

《广韵》	果				假			遇		
	开		合		开		合	合		
	一	三	一	三	二	三	二	一	三	三
紫湖	歌	戈	戈	戈	麻	麻	麻	模	鱼	虞
iau										柱<u>白</u>
ieu		茄								
ã	那				麻<u>文</u>					
ɔ	鹅<u>文</u>		货							
ŋ̍										梧

说明：
（1）果摄字韵母主要读[o]（如：[开合一]多罗左歌何阿丨磨朵糯锁课和窝），部分白读音读[ua]（如：[开合一]拖大我丨簸破磨）、[ə]（如：[合一]坐座果粿裹过火货），少数读[ieu]（如：[开三]茄）、[ui]（如：[合一]蘘）、[ia]（如：[合三]靴），部分文读音读[ɔ]（如：[开合一]可我丨课火）。

（2）假摄字韵母主要读[e]（如：[开二]爬马茶渣家下）、[a]（如：[开二]怕查砑厦亚丨傻）、[ia]（如：[开合三]写爹车惹野丨瓦）、[ua]（如：[开合一]沙丨蛇寡化洼），少数读[ue]（如：[合三]瓜花），少数文读音读[ã]（如：[开合一]麻马骂）。

（3）遇摄字韵母主要读[ɔ]（如：[合一三]布图路组苦胡乌丨雨）、[u]（如：[合三]女蛆猪锄书如鱼许余）、[u]（如：[合三]府蛛主乳区雾），少数读[iu]（如：[合三]须蛀树），个别读[iau]（如：[合三]数柱）。

紫湖闽南话韵母与《广韵》韵母比较表（2）

《广韵》	蟹															
	开								合							
	一		二			三		四	一		二			三		四
紫湖	咍	泰	皆	佳	夬	祭	废	齐	灰	泰	皆	佳	夬	祭	废	齐
ai	代	泰	拜	牌	寨			西<u>白</u>								
uai											乖	歪	快			
ui								梯<u>白</u>	腿	兑				锐	秽	闺
a				佳												
ua		带<u>白</u>	芥<u>白</u>		洒				屉	外<u>白</u>		卦	话<u>文</u>			
i	戴<u>白</u>					制		妻								
e						祭		迷								
ue		贝	挨<u>白</u>	买<u>白</u>				鸡<u>白</u>	杯	会		画<u>白</u>	话<u>白</u>	岁<u>文</u>		
ə	胎<u>白</u>								退<u>白</u>					脆		

续表

《广韵》\紫湖	蟹													
	开							合						
	一		二		三		四	一		二		三		四
	咍	泰	皆	佳	夬	祭	废	齐	灰	泰	皆	佳	夬	祭	废	齐
m̩									梅白						
āi	耐	奈		卖文											
uĩ									媒						

说明：

蟹摄字韵母主要读[ai]（如：[开一二四]台来才该海爱｜拜斋界蟹｜婿）、[ue]（如：[开一二四、合一二三]贝改｜买街鞋矮｜底犁洗鸡｜杯罪会汇｜话｜税）、[i]（如：[开一三四]戴｜毙厉祭滞势艺｜米弟挤计系），部分读[ua]（如：[开一二四、合一二]带赖盖｜芥洒屉｜外挂）、[uai]（如：[合二]怪快坏），[ui]（如：[开一、合一三四]开｜梯｜对雷催｜废｜桂卫）、[ə]（如：[开一、合一三]胎｜配退回｜脆岁），少数读[e]（如：[开三四]祭际｜帝体礼），少数文读音读[āi]（如：[开一二]耐奈｜买卖），少数白读音读[uĩ]（如：[合一]梅煤媒昧妹）和[m̩]（如：[合一]梅媒）。

紫湖闽南话韵母与《广韵》韵母比较表（3）

《广韵》\紫湖	止						效				流	
	开			合			开				开	
	三			三			一	二	三	四	一	三
	支	脂	之	微	支	脂	微	豪	肴	宵	萧	侯	尤	幽
ɯ	雌	自	司											
a								早白	饱白	焦白				
o								刀						
i	移	美	里	衣		味								
u												浮		
ia	骑白													
ua	纸白													
ɔ												某		
e	荔文													
ə					吹白	葵白	飞白							
iu												周	幼	
ui				几白	跪	追	伟							
ai	屎白					帅								
au								老白	包			偷白	刘白	

续表

《广韵》	止							效				流		
	开				合			开				开		
	三				三			一	二	三	四	一	三	
紫湖	支	脂	之	微	支	脂	微	豪	肴	宵	萧	侯	尤	幽
iau										搅	标文 跳			彪
eu												欧	谋	
ieu											尿白			
m̩									茅白				姆	
ĩ		尼	耳文											
õ								号						
ãi	糜饭													
ãu								熬	闹			猴白		
iãu									猫白	鸟文		藕白		
iẽu												藕文		
iũ													牛文	

说明：

（1）止摄字韵母主要读[ɯ]（如：[开三]资次史）、[i]（如：[开合三]披离知齿耳奇姨｜味），部分读[ui]（如：[开合三]几｜类虽锤水鬼毁委）、[ə]（如：[合三]吹葵飞尾），少数读[ai]（如：[开合三]师狮使屎｜帅）、[ia]（[开三]寄骑徛站蚁），个别读[ua]（如：[开三]倚白）、[e]（[开三]荔）。

（2）效摄字韵母主要读[o]（如：[开一]宝刀牢枣高好）、[a]（如：[开一二]早｜豹教孝）、[au]（如：[开一三]老灶｜包闹抄交效坳）、[iau]（如：[开三四]表疗消朝绍饶娇枵妖｜雕了萧缴晓幺），部分白读音读[ieu]（如：[开三四]庙椒照桥摇｜尿叫），少数白读音读[ãu]（如：[开一二]冒熬猴｜闹）、[iãu]如：（[开三四]猫｜鸟）。

（3）流摄字韵母主要读[au]（如：[开一三]偷楼走狗后呕｜流）、[iu]（如：[开一三]抖｜纽酒抽周救柔休有文），部分读[u]（如：[开三]富副负久白）、[eu]（如：[开一三]剖某兜叩偶｜浮谋愁），个别文读音[iau]（如：[开三]彪）、[iũ]（如：[开三]牛），个别白读音读[iãu]（如：[开三]藕）、[iẽu]（如：[开三]藕）、[m̩]（如：[开一]姆）。

紫湖闽南话韵母与《广韵》韵母比较表（4）

《广韵》	咸								深
	开							合	开
	一		二		三		四	三	三
紫湖	覃	谈	咸	衔	盐	严	添	凡	侵
an	南	担文	站	监					针
ian					尖	严	点		

续表

《广韵》	咸							深
	开						合	开
紫湖	一	二		三		四	三	三
	覃 谈	咸 衔		盐 严		添	凡	侵
uan							帆	
en								寻
ã	胆白	馅白	衫白					
ĩ				盐腌制		添白		

说明：

（1）咸摄字韵母主要读[an]（如：[开一二]贪男参感含暗｜谈览暂甘喊）、[ian]（如：[开二三四]减｜廉尖沾闪验严险厌｜点念兼嫌）、[uan]（如：[合三]凡），部分白读音读[ã]（如：[开]担篮三敢｜衫陷）、[ĩ]（如：[开三四]盐腌制｜添甜）、[uĩ]（如：[开四]店）。

（2）深摄字韵母主要读[en]（如：[开三]品林心沉森枕任金音），少数白读音读[an]（如：[开三]淋针饮）。

紫湖闽南话韵母与《广韵》韵母比较表（5）

《广韵》	山							
	开				合			
紫湖	一	二	三	四	一	二	三	四
	寒	山 删	仙 元	先	桓	山 删	仙 元	先
an	寒文	办 慢		牵白				
ian			浅 建 电				缘	悬文
uan					搬文	鳏 患	全 远	犬
en			面脸	眠				
ən					管白			
on			前~年		潘泔水		拳白	
ĩ			篇白	年白				
ã	疸							
iã			件白					
uã	滩白	山白 晏白	线白		官白		泉白	

续表

《广韵》紫湖	山									
	开					合				
	一	二	三		四	一	二	三		四
	寒	山	删	仙 元	先	桓	山	删	仙 元	先
āi	安这样									
uĩ							关白			县白
ŋ̃									园白	

说明：

（1）山摄字韵母主要读[an]（如：[开一二四]坦懒赞刊翰｜办绽产艰限颜｜牵）、[ian]（如：[开三四]变连仙缠善谚演｜匾典莲荐坚现宴）、[uan]（如：[合一二三四]叛团乱尒灌缓｜鳏患弯｜贩全传喘原楦冤｜犬渊），部分白读音读[uã]（如：[开一二三]摊烂散肝汗案｜山晏｜线）、[ĩ]（如：[开三四]棉箭｜边天年见燕）、[uĩ]（如：[开合二四]间闲｜肩｜关｜县悬），个别白读音读[ã]（如：[开一]疸）、[iã]（如：[开三]件）、[aĩ]（如：[开一]安）、[en]（如：[开三四]面｜眠）、[ən]（如：[合一]管）、[on]（如：[开四、合一三]前~年｜潘｜拳）、[ŋ̃]（如：[开一]疸）。

紫湖闽南话韵母与《广韵》韵母比较表（6）

《广韵》紫湖	臻				宕				江
	开		合		开		合		开
	一	三	一	三	一	三	一	三	二
	痕	真	殷	魂 淳 文	唐	阳	唐	阳	江
an		鳞白						放白	双白
en		衬							
ən	痕	伸	芹	门白 吻		床白			
on	吞			村 春 军					
ɔŋ					帮文		光文	逛	讲
iɔŋ						谅			
iũ						张白			腔白
ŋ̃						央白	黄白	方白	

说明：

（1）臻摄字韵母主要读[ən]（如：[开合一三]跟很恩｜斤欣隐｜门｜吻）、[on]（如：[开一、合一三]吞｜本墩论村困昏温｜轮笋准均匀），[en]（如：[开三]贫邻亲镇衬神认因），个别读[an]（如：[开三]鳞）。

（2）宕摄字韵母主要读[ɔŋ]（如：[开合一三]榜党航｜创｜广皇汪｜狂王）、[ən]（如：[开一三]糖郎仓钢｜长~短床）、[iɔŋ]（如：[开三]谅相畅昌仰央），部分白读音读[iũ]（如：[开三]粮枪张唱姜乡羊）、[an]（如：[合三]放望），少数白读音读[ŋ̃]（如：[开一、合一三]央｜黄｜方）。

（3）江摄字韵母主要读[ɔŋ]（如：[开二]庞撞降）、[an]（如：[开二]窗双江巷），个别读[iũ]（如：[开二]腔）。

紫湖闽南话韵母与《广韵》韵母比较表（7）

《广韵》 紫湖	曾			梗										通			
	开		合	开					合					合			
	一	三	一	二		三		四	二		三		四	一		三	
	登	蒸	登	庚	耕	庚	清	青	庚	耕	庚	清	青	东	冬	东	钟
an	等白						瓶							蠓白	农白		缝白
uan																风白	
en	能	冰		杏	耕	影文	静	经			泳	倾	莹文	铳			龙白
ɔŋ	朋		弘						矿	宏				洞	统	丰	宠
iɔŋ																宫	容
ĩ				盲白	争白	平白	井白	青白									
iã				行白		名白	鼎白				兄白						
uĩ									横								

说明：

（1）曾摄字韵母主要读[en]（如：[开一三]朋灯能曾肯恒｜冰凌橙证兴应），个别读[an]（如：[开一]等）、[ɔŋ]（如：[合一]弘）。

（2）梗摄字韵母主要读[en]（如：[开二三四、合三四]彭冷澄甥庚杏鹦｜兵领静政敬英｜萍廷蜻经形｜倾｜莹），部分白读音读[iã]（如：[开二三四、合三]行｜名岭精声惊影｜听｜兄营）、[ĩ]（如：[开二三四]盲撑生坑｜平争｜青），个别读[ɔŋ]（如：[合二]矿宏）、[uĩ]（如：[合二]横）。

（3）通摄字韵母主要读[ɔŋ]（如：[合一三]蓬洞弄总公洪翁｜风隆从崇）、[iɔŋ]（如：[合三]浓中充绒宫雄容），部分白读音读[an]（如：[合一三]蠓东侬丛工烘瓮｜梦虫缝重）、[en]（如：[合三]铳穷熊龙种用），个别白读音读[uan]（如：[合三]风）。

紫湖闽南话韵母与《广韵》韵母比较表（8）

《广韵》 紫湖	咸入								深入
	开							合	开
	一		二		三		四	三	三
	覃合	谈盍	咸洽	衔狎	盐叶	严业	添帖	凡乏	侵缉
aʔ	杂	塌	恰	匣	猎白				十
iaʔ			洽		捷	业	蝶		粒白
uaʔ								法	
eʔ									立
a	拉白	镴白	闸白	鸭白					

续表

《广韵》	咸入							深入
	开						合	开
	一		二	三		四	三	三
紫湖	覃合	谈盍	咸洽	衔狎	盐叶	业严	添帖	凡乏	侵缉
ia					页白				
i					接白		碟白		
ue			狭白						笠白

说明：

（1）咸摄入声字韵母主要读[aʔ]（如：[开一二三]塌纳杂鸽合｜札贬恰峡匣｜猎白｜贴）、[iaʔ]（如：[开二三]洽｜聂捷涉页｜谍协），个别读[uaʔ]（如：[合三]法乏）。

部分入声字白读音韵母无塞音尾读舒声韵，主要读[a]（如：[开一二]答搭踏沓塔拉蜡镴｜插闸夹甲胛鸭押），少数读[i]（如：[开三四]接摺｜碟）、[ue]（如：[开二四]夹狭｜挟）、[ia]（如：[开三]页）。

（2）深摄入声字韵母主要读[eʔ]（如：[开三]立习蛰涩执入及吸揖），个别读[aʔ]（如：[开三]十）、[iaʔ]（如：[开三]粒）。

个别入声字白读音韵母无塞音尾读舒声韵[ue]（如：[开三]笠）。

紫湖闽南话韵母与《广韵》韵母比较表（9）

《广韵》	山入							
	开				合			
	一	二	三	四	一	二	三	四
紫湖	寒曷	山黠	删辖 仙薛 元月		先屑 恒末	山黠	删辖 仙薛 元月	先屑
aʔ	达	扎文	刷文 别白	节截				
iaʔ			灭 揭 铁文				阅	穴
uaʔ	割文				脱 滑文	刷	绝 伐	缺文
a		刷白						
ua	獭白				活白	滑白		
ue		八白		节白				
ə							雪白	月白
ui					挖白	刮白		血白
ieu			歇白					

说明：

山摄入声字韵母主要读[aʔ]（如：[开一二三四]达捺撒渴喝｜拔察瞎轧｜别｜节）、[iaʔ]（如：[开三四]灭列薛撒设热杰歇｜撇切结噎）、[uaʔ]（如：[开一、合一三四]割｜抹脱刮豁｜发绝刷阅｜决）。

部分入声字白读音韵母无塞音尾读舒声韵，主要读[ua]（如：[开一、合一二]辣割葛喝｜钵拨泼末抹阔活｜滑猾），少数读[ue]（如：[开三四]八拨｜节切屑楔）、[ui]（如：[合二四]刮挖｜血）、[ə]（如：[合三]雪说月）、[ieu]（如：[开四]歇），个别读[a]（如：[开一]刷）。

紫湖闽南话韵母与《广韵》韵母比较表（10）

《广韵》\紫湖	臻入 开 一 痕	臻入 开 三 真质	臻入 合 一 殷迄	臻入 合 三 魂没	臻入 合 三 谆术	臻入 合 三 文物	宕入 开 一 唐铎	宕入 开 三 阳药	宕入 合 一 唐铎	宕入 合 三 阳药	江入 开 二 江觉
aʔ		密白								缚白	岳
iaʔ								约			
eʔ		日	乞		律						
ɔʔ				突			托		扩		桌文
ioʔ								跃			
oʔ				骨	出	物文					
ia								削白			
e		一白									
o				卒白			索白	着火燃			镯白
ə									郭		
ieu								药			
au							落交~枕				
iau											饺

说明：

（1）臻摄入声字韵母主要读[eʔ]（如：[开合三]匹栗漆侄虱实日吉一｜律橘）、[oʔ]（如：[合一三]勃卒骨忽｜戌蟀出），个别读[aʔ]（如：[开三]密）、[ɔʔ]（[合一]突）。

个别入声字白读音韵母无塞音尾读舒声韵[e]（如：[开三]笔必七一）、[o]（如：[合一]卒）。

（2）宕摄入声字韵母主要读[ɔʔ]（如：[开一、合一三]博托骆作各鹤文恶文｜郭霍｜缚文），部分读[ioʔ]（如：[开三]略爵弱脚约），个别读[aʔ]（如：[开三]缚）、[iaʔ]（如：[开三]削文）。

部分入声字白读音韵母无塞音尾读舒声韵，主要读[o]（如：[开一三]薄摸落作凿昨索鹤恶白｜着火燃），个别读[ia]（如：[开三]掠勺削白）、[au]（如：[合一]落）、[ə]（如：[合一]郭）、[ieu]（如：[开三]着应该，得箬脚药）。

（3）江摄入声字韵母主要读[ɔʔ]（如：[开二]驳卓捉觉握），个别读[aʔ]（如：[开二]岳）。

部分入声字白读音韵母无塞音尾读舒声韵，少数读[o]（如：[开二]桌戳浊镯学），个别读[iau]（如：[开二]觉饺）。

紫湖闽南话韵母与《广韵》韵母比较表（11）

《广韵》\紫湖	曾入				梗入								通入			
	开		合		开				合				合			
	一	三	一	三	二	二	三	四	二	二	三	四	一	一	三	三
	登德	蒸职	登德	职	庚陌	耕麦	庚陌	清昔	青锡	庚陌	耕麦	庚	清昔	青	东屋	冬沃	东屋	钟烛
aʔ	克	值白			迫	责			踢白						读白	沃白		
iaʔ		食白																
eʔ	墨文	力文		域			碧	积	绩		获		役				熟白	曲白
ɛʔ	得																	
ɔʔ				国											鹿	毒	福	束
iɔʔ																	祝	欲
oʔ						核												
a						百												
ia		翼			拆	摘		脊	锡									
ua												划						
i	蚀							滴										
e	刻	色			客	麦		益	劈								烛	
ieu							尺											

说明：

（1）曾摄入声字韵母主要读[eʔ]（如：[开一三]**匹默得勒则黑｜逼匿息直啬织极抑｜**域），部分读[aʔ]（如：[开一三]**密特贼克｜力色**），个别读[iaʔ]（如：[开一三]**食**）。

部分入声字白读音韵母无塞音尾读舒声韵，少数读[i]（如：[开三]**即蚀忆亿**）、[e]（如：[开一三]**德刻｜逼息色**），个别读[ia]（如：[开三]**翼**）。

（2）梗摄入声字韵母主要读[eʔ]（如：[开二三四、合二三]**匹迫泽窄格吓扼｜碧惜释剧益｜劈剔历析击｜获｜役**），部分读[aʔ]（如：[开二四]**额摘革核｜踢**），个别读[oʔ]（如：[开二]**核果~**）。

部分入声字白读音韵母无塞音尾读舒声韵，主要读[e]（如：[开二三四]**柏伯白帛擘麦策册宅格客隔｜益｜劈**）、[ia]（如：[开二三]**拆摘额｜迹脊只赤｜壁籴锡**），少数读[ieu]（如：[开三]**惜席尺石液**）、[a]（如：[开二]**百拍窄**），个别读[ua]（如：[合二]**划**）、个别读[i]（如：[开四]**滴**）。

（3）通摄入声字韵母主要读[ɔʔ]（如：[合一三]**扑秃鹿族谷屋｜福缩俗**）、[iɔʔ]（如：[合三]**祝曲蓄育辱**），少数读[aʔ]（如：[合一]**读｜六**）、[eʔ]（如：[合三]**竹绿粟熟肉浴**）。

个别入声字白读音韵母无塞音尾读舒声韵 [e]（如：[通三]**叔烛**）。

2. 紫湖闽南话韵母与普通话韵母的比较

以下是"紫湖闽南话与普通话韵母比较表"。表中左起第一列所列是紫湖闽南话的韵母，第二、四列所列是普通话的韵母，第三、五列所列是例字。

紫湖闽南话与普通话韵母比较表

紫湖韵母	普通话			
	韵母	例字	韵母	例字
ɯ	ɿ	[止开三]紫字<u>文</u>瓷词四<u>文</u>	u	[遇合三]猪除书<u>白</u>煮如箸
	ʅ	[止开三]纸事使师	y	[遇合三]女旅虑蛆居区预
i	i	[蟹开三]币例祭 [蟹开四]米低妻 [止开三]比离奇移	ɿ	[止开三]知痴池指时柿<u>白</u>
			ʅ	[止开三]紫<u>白</u>刺字死
			ɚ	[止开三]儿二
			ei	[止开三]悲备美 [止合三]微味
			ai	[蟹开一]戴<u>白</u>
			ɤ	[山入开三]折<u>白</u>
			iɛ	[咸入开四]碟<u>白</u> [山入开三四]鳖裂<u>白</u>｜篾铁<u>白</u>
			yɛ	[山入合四]缺
u	u	[遇合三]雾蛛厨竖儒 [流开一]母拇 [流开三]富妇	y	[遇合三]诸取句区羽愈
			ou	[流开三]否<u>文</u>
			iou	[流开三]久<u>白</u>有舅<u>白</u>旧<u>白</u>牛<u>白</u>
			uei	[止合三]龟
			au	[效开一]帽<u>白</u>
a	a	[假开二]怕炸 [果开一]他那 [咸入开一]塔拉 [梗开二]打	ia	[假开二]家<u>文</u>厦亚
			au	[效开二]饱<u>白</u>豹猫猫~：野猫子
			iau	[效开二]胶<u>白</u>交<u>白</u>教巧｜焦<u>白</u>
			ai	[蟹开一二]腮络~胡｜柴豺 [梗开二]百<u>白</u>拍<u>白</u>窄
			ei	[蟹开一]背
			ua	[效开二]抓
ia	ia	[假开二]鸦<u>又</u>哑<u>又</u>亚<u>又</u>	ua	[假合二]瓦<u>白</u>
			iɛ	[假开三]写谢爹夜
			ɤ	[假开三]蔗车赊惹　[梗入开二]额<u>白</u>
			i	[止开三]骑蚁　[咸入开三]接<u>白</u> [曾开开三]翼<u>白</u>　[梗入开四]壁<u>白</u>籴<u>白</u>
			u	[遇合一]蜈

续表

紫湖韵母	普通话			
	韵母	例字	韵母	例字
ia	ia	[假开二]鸦又哑又亚又	ɿ	[梗入开三]赤白
			yɛ	[果合三]靴　　[宕入开三]掠白
			ai	[梗入开二]摘白拆白
			au	[宕入开三]勺白
			iau	[宕入开三]削白
ua	ua	[假合二]瓜文夸寡文化 [蟹合二]挂	a	[假开二]沙白洒　　[果开一]大白 [咸入合三]法白　　[山入开一]辣白
			uo	[果开一]拖白我白　[山入合一]活白阔
			o	[果合一]簸白钵白破白磨白
			uai	[蟹合一]外白
			ai	[蟹开一]带白汰赖白盖白
			au	[效开二]笊
			ɤ	[果开一]荷～树　　[假开三]蛇白 [山入开一三]割白葛白
			yɛ	[果合三]靴文
			iɛ	[蟹开三]曳带
			ɿ	[止开三]纸白
			i	[蟹开四]屉
			y	[遇合三]娶白
e			ɤ	[果开一]个　　　[曾入开三]德白 [梗入开二]册白格白隔白
			o	[梗入开二]帛伯白擘
			u	[通入三]叔白烛
			ɿ	[蟹开三]世势誓
			i	[蟹开三四]祭｜迷白第文提体
			y	[蟹开四]婿文
			ei	[止开三]泪
			a	[假开二]爬白马白茶白
			ia	[假开二]家白嫁白牙白夏白
			ai	[蟹开二]钗白　[梗入开二]白白麦白宅

续表

紫湖韵母	普通话			
	韵母	例字	韵母	例字
ue			uei	[蟹合一三]罪白回｜岁文税文
			ei	[蟹合一]杯辈陪培内又
			uai	[蟹合一]会~计外文　[止合三]衰
			ai	[蟹开一二]采拍阿~：打喷嚏改｜买矮挨白
			ua	[假合二]瓜白花白　[蟹合二]画白
			a	[山入开二]拔白八
			ia	[咸入开二]夹白
			iɛ	[蟹开二]鞋街白　[山入开四]节白屑白
			uo	[遇合一]做白
			ʅ	[止开三]师~公：道士
			i	[蟹开四]题白鸡白　[止开三]地白
			u	[遇合三]苧初白梳白
			au	[效开二]梢竹~
ə			ɤ	[果合一]和~尚
			o	[江入开二]剥白
			uo	[果合一]螺白脶白坐白座白 [山入合三]说白　[江入开二]啄白 [宕入合一]郭
			ei	[蟹合一]倍白妹白　[止合三]飞白
			uei	[蟹合一三]推白退白｜脆 [止合三]吹白炊白
			yɛ	[山入合三]月白雪白
			y	[遇合三]锯~鱼：鲈鱼
			i	[止开三]皮白糜白
			ua	[山入合三]袜白
			ai	[蟹开一]袋白胎白
			au	[效开三]赵文
			ou	[流开一]某嗽
ɔ			ɤ	[果开一]歌文河文　[果合一]课文和文
			o	[果合一]簸文波文破文　[宕入开一]摸
			uo	[果开一]拖文舵文左　[果合一]妥文
			u	[遇合一三]补布普墓｜斧白 [流开一]母文亩

续表

紫湖韵母	普通话			
	韵母	例字	韵母	例字
ɔ			y	[遇合三]雨白芋白
			ou	[流开一三]某呕白｜否文
			au	[效开一二]倒文套文｜爆文
o	o	[果合一]玻婆波磨	uo	[果开合一]多｜朵驮糯锁窝 [江入开二]桌白
			u	[遇合三]无　[通入合一]卜白
			ɤ	[果开合一]哥歌蛾｜科棵颗
			au	[效开一]保报帽又岛盗滔陶
			yɛ	[江入开二]学白　[梗入开二]择白
ai	ai	[蟹开一]代来灾 [蟹开二]牌拜埋	iɛ	[蟹开二]阶街文解文戒蟹
			i	[蟹开四]脐白西白　[止开三]梨白利白
			a	[果开一]大文
			ia	[蟹开二]涯崖
			ɿ	[止开三]师白狮白屎白侍白
			ʅ	[止开三]姒
			uai	[止合三]帅
			ou	[流开三]否白
uai	uai	[蟹合二]乖快坏歪 [止合三]摔帅又甩		
ui	uei	[蟹合一]堆对队腿 [止合三]蕊追嘴威瑞锤	ei	[蟹合一三]推雷催｜废肺吠 [止合三]肥累类非飞文
			ai	[蟹开一]开白
			i	[蟹开四]梯白 [止开合三]屁白几白气白｜季
			ua	[山入合二]挖刮白
			uo	[果合一]裹白
			yɛ	[山入合四]血白
au	au	[效开一]捞灶熬 [效开二]包闹郊	iau	[效开二]交胶文搅文窖巧文肴
			ou	[流开一]投白斗豆白偷白
			iou	[流开三]刘白留白柳白阄九白
			ua	[效开二]爪文
			u	[遇合一]肚白

续表

紫湖韵母	普通话			
	韵母	例字	韵母	例字
iau	iau	[效开三]膘秒悄 [效开四]钓挑疗	au	[效开三]召超潮<u>又</u>扰烧<u>文</u>少<u>文</u>
			ou	[流开一]藕<u>白</u>
			u	[遇合三]柱<u>白</u>数<u>白</u>
			ua	[效开二]爪<u>白</u>
eu			ou	[流开一三]陡搂奏｜愁搜谋
			u	[流开一]某亩牡母<u>文</u>
			au	[流一]矛茂贸
			yɛ	[山入合四]缺
ieu			iau	[效三]标<u>白</u>飘<u>白</u>描<u>白</u>椒<u>白</u>
			ou	[流开一]勾<u>文</u>钩<u>文</u>沟<u>文</u>藕<u>文</u>
			ʅ	[梗入开三]石<u>白</u>尺<u>白</u>
			i	[梗入开三四]席<u>白</u>惜<u>白</u>｜绩
			uo	[宕入开三]箬
			iɛ	[果开三]茄　　[假开三]借<u>白</u> [山入开三]歇<u>白</u>　[梗入开三]液
iu	iou	[流开三]流<u>文</u>周酒修	ou	[流开一三]抖｜绸抽手柔收
			u	[遇合三]珠<u>白</u>树<u>白</u>
an	an	[咸开一]耽南参甘暗 [山开一]班产艰慢	uan	[咸开二]赚<u>文</u>钻~石
			ən	[深开三]簪针<u>白</u>　[臻开三]陈<u>白</u>趁<u>白</u>
			ien	[咸开二]监　[山开二]艰减<u>文</u>简拣
			in	[深开三]淋<u>白</u>饮　[臻开三]鳞<u>白</u>
			aŋ	[宕开一三]榜<u>白</u>杭｜放<u>白</u>房<u>白</u> [江开二]邦庞
			əŋ	[曾开一]等<u>白</u>层<u>文</u>[通合三]缝<u>白</u>蜂<u>白</u>
			iŋ	[曾开三]凝<u>白</u>　[梗开四]亭<u>白</u>铃<u>白</u>青
			uaŋ	[江开二]窗<u>白</u>双
			iaŋ	[宕开三]晾　[江开二]江讲项巷
			uŋ	[通合一三]东葱红｜虫

续表

紫湖韵母	普通话			
	韵母	例字	韵母	例字
ian	iɛn	[咸开三]廉尖闪厌 [山开三]变连仙 [山开四]边文坚烟文	an	[咸开一三]暂又|染文冉沾 [山开一三]缠展战颤
			yɛn	[山开合三]轩|玄悬眩
			iaŋ	[宕开三]凉白亮白强 [江开二]腔白
			aŋ	[宕开三]帐文胀文
uan	uan	[山合一]盘团酸文 [山合三]专喘 [山合二]顽幻惯	an	[咸合三]犯 [山合一三]叛漫|翻烦
			iɛn	[山合三]恋又
			yɛn	[山合三]全选拳文捐
			əŋ	[通合三]风白
en	in	[深开三]品临心金音 [臻开三]彬民邻亲巾因	ən	[深开三]枕针文沉 [臻开三]诊真认
			iɛn	[山开三四]面脸|研~槽
			uan	[山合三]穿白川
			yn	[深开三]寻 [曾开三]孕
			yɛn	[山合四]犬又
			iŋ	[曾开三]冰凌兴应 [梗开三四]兵精京|铭顶经
			əŋ	[曾开一]灯能增 [梗开二]澄省坑|盟呈成
			yŋ	[梗合三]琼泳 [通合三]穷白用白
			uaŋ	[宕合三]筐白框
			uŋ	[梗合三]荣 [通合三]龙白种白铳白
ən	ən	[深开三]针文森 [臻开三]跟很恩 [臻开三]忍白伸 [臻合一]门白	in	[臻开一三]龈|斤勤欣隐
			yn	[臻合三]允
			an	[山开三]饭白
			uən	[臻合一三]顿白|文闻问白
			uan	[山合一三]断白卵|砖白软白
			yɛn	[山合三]卷白劝白
			əŋ	[曾开一]层文 [梗开二]虻亨恒又
			aŋ	[宕开一三]堂塘汤|长白肠白
			uaŋ	[宕开一三]庄白装白床白霜
			iaŋ	[宕开三]两白

续表

紫湖韵母	普通话			
	韵母	例字	韵母	例字
oŋ	ən	[臻合一]本喷嫩 [臻合三]分白	uən	[臻合一三]墩村坤｜轮笋春
			yn	[臻合三]旬君裙
			in	[臻合三]尹
			an	[山合一]叛潘　[梗开四]拚~命
			uan	[山合三]阮
			iɛn	[山开四]扁~担前~年
			yɛn	[山合三]拳白
			ən	[臻开一]吞
			əŋ	[梗开二]迸烹彭又澎
			yŋ	[臻合三]窘
ɔŋ			aŋ	[宕开一]旁党抗　[江开二]邦庞
			iaŋ	[江开二]降投~
			uaŋ	[宕开三]壮创 [宕合一三]广黄文｜忘望文狂 [江开二]撞窗文
			əŋ	[曾开二]朋又　[梗开二]棚文蚌 [通合一三]蓬懵｜丰捧
			uəŋ	[通合一]瓮文
			uŋ	[通合一]洞弄宋贡｜陇从崇
iɔŋ	iaŋ	[宕开三]良湘祥疆仰	aŋ	[宕开三]畅让帐昌伤
			uŋ	[通和三]忠从充绒宫融
			yŋ	[通合三]凶雄勇容
ĩ			iɛn	[山开三四]棉钱｜边天见
			an	[咸开三]染白
			uan	[山合一]丸白
			yɛn	[山合三]圆白院白
			yn	[深开三]寻庹
			iŋ	[梗开三]病白井白
			əŋ	[梗开二三]争白生白｜郑白
			aŋ	[梗开二]盲白
			i	[蟹开四]泥　[止开三]尼蚁文
			ɚ	[止开三]耳文
			iɛ	[山入开四]捏白
			ai	[蟹开二]奶白

续表

紫湖韵母	韵母	例字	韵母	例字
ã			an	[咸开一]担白胆白篮白榄三白
			iɛn	[咸开二]馅
			in	[深开三]林白
			a	[果开一]哪那 [假开二]麻文马文骂
iã			iɛn	[咸开三]焰 [山开三]件白
			iŋ	[梗开三]影饼白名白
			əŋ	[梗开三]正白整白声白城白
			uŋ	[通合一]痛白
			yŋ	[梗合三]兄白
			ai	[蟹开一]艾白
			ei	[曾入开一]黑白
uã			uan	[山合一三]官碗换｜串
			an	[山开合一]滩烂散肝安｜搬
			yɛn	[山合三]泉白
			iɛn	[山开三]煎白线白
			ua	[假合二]寡白
			a	[假开二]麻白
			uo	[山入合一]阔白
ɔ̃			o	[果合一]魔又磨又
			uo	[果开合一]我文｜糯又火文货又
			ɤ	[果开合一]可又鹅又｜课又
			au	[效开一]冒又帽文老文考好文
ãi	an	[山开一]安	ai	[蟹开一二]耐奈｜买奶文
			i	[止开三]糜饭
uĩ			uan	[山合二]关白
			an	[山合二]卝
			yɛn	[山合四]悬白
			iɛn	[咸开四]店白 [山合二]间白闲白 [山开四]前白千白
			əŋ	[梗合二]横白

续表

紫湖韵母	普通话			
	韵母	例字	韵母	例字
uĩ			i	[蟹开四]第　　[止开三]荔白
			uei	[止合三]跪白
			ei	[蟹合一]背白梅文媒妹文
ãu	au	[效开一二]毛文熬｜茅闹	iau	[效开二]咬文
		[流开三]矛	ou	[流开一]猴白
iãu	iau	[效开四]鸟文尿文	au	[效开二]猫
			ou	[流开一]藕白
iẽu			ou	[流开一]藕文
iũ	iou	[流开三]纽又牛文	iaŋ	[宕开三]娘白粮白像白
			aŋ	[宕开三]张白场白让白樟白
m̩			u	[流开一]姆
			ei	[蟹合一]梅白媒白莓痗
			au	[效开二]茅
ŋ̍			yen	[山合三]园白远白
			aŋ	[宕合三]方白
			iaŋ	[宕开三]秧白央白
			uaŋ	[宕合一]荒白黄白
			u	[遇合三]梧
aʔ	a	[咸入开一]答杂纳盒	ia	[咸入开二]夹恰压　[山入开二]瞎轧
		[山入开一]达捺擦	ai	[梗入开二]拍拆窄麦
		[山入开二]拔扎	ei	[曾入开一]北忒勒贼白黑
			o	[江入开二]剥白　　[曾入开一]默
				[梗入开二]魄帛
			ɤ	[曾入开一三]德则克｜色
				[梗入开二]革文赫
			uo	[江入开二]戳白　　[通入合一]沃白
			u	[宕入合三]缚白
				[通入合一三]木读白｜目白覆
			au	[宕入开一]凿白

续表

紫湖韵母	普通话			
	韵母	例字	韵母	例字
aʔ			iou	[通入合三]六<u>白</u>
			ɿ	[深入开三]十<u>白</u>　　[曾入开三]值<u>白</u>
			i	[臻入开三]密<u>白</u>栗<u>白</u>漆<u>白</u> [曾入开三]力<u>白</u>　　[梗入开四]踢<u>白</u>
			iɛ	[咸入开三]猎<u>白</u>　[山入开三]节<u>白</u>结<u>白</u>
			yɛ	[江入二]确岳乐<u>音</u>~学<u>文</u>
			y	[通入三]菊<u>白</u>曲
iaʔ	ia	[咸入开二]夹<u>文</u>狭<u>文</u>洽	ɤ	[咸入开三]摄　　　[深入开三]涩 [山入开三]哲褶折<u>文</u>辙热
			iɛ	[咸入开三四]聂妾｜蝶 [山入开三四]灭列｜撇切结
			yɛ	[山入开三]薛　　[山入合四]血<u>文</u>穴 [宕入开三]削<u>文</u>
			i	[蟹开四]髻<u>文</u>　　[梗入开三]屐
			ɿ	[曾入开三]食<u>白</u>　　[梗入开三]石
uaʔ	ua	[山入合二]刷刮<u>文</u>滑<u>文</u>	a	[咸入合三]法乏　　[山入合三]发罚
			ɤ	[山入开一]割<u>文</u>喝<u>文</u>
			o	[山入合一]拨<u>文</u>末<u>文</u>抹<u>文</u>
			uo	[山入合一三]夺括活<u>文</u>｜说<u>文</u>
			iɛ	[山入合三]劣
			yɛ	[山入合三四]绝月<u>文</u>悦｜决
eʔ			i	[深入开三]立　　[臻入开三]笔蜜 [梗入开三四]碧｜觅敌剔 [曾入开三]逼
			ɿ	[深入开三]汁湿　　[臻入开三]质秩 [曾入开三]直值<u>文</u>织职
			u	[深入开三]入 [通入合三]竹<u>白</u>畜<u>白</u>熟<u>白</u>
			y	[臻入合三]律率　　[梗入开三]剧 [通入三]绿<u>白</u>菊<u>白</u>曲<u>白</u>狱<u>白</u>
			o	[梗入开二]伯<u>文</u>擘　[曾入开一]墨<u>文</u>默
			uo	[曾入合一]或　　　[梗入合二]获

续表

紫湖韵母	普通话			
	韵母	例字	韵母	例字
eʔ			ɤ	[深入开三]蛰　[梗入开二]择文额 [曾入开一三]德特丨侧测文
			iɛ	[山入开四]撒
			ou	[通入合三]肉白
			ei	[曾入开一]黑文
			ai	[梗入开二]百文柏文
ɛʔ			ɤ	[曾入开一]得
ɔʔ			o	[宕入开一]博泊膜　[江入开二]剥文
			uo	[宕入开一]托作文　[江入开二]桌文捉
			ɤ	[山入开一]葛渴　[宕入开一]各阁鄂 [江入二]乐快~
			yɛ	[江入开二]确学文、又
			u	[臻入合一]突　[宕入开一]幕 [通入合一三]仆木文独丨牧
			ei	[曾入开一]北文
			ai	[梗入开二]拆文
			ua	[山入合二]刷[梗入合二]划文
			au	[宕入开一]郝凿文　[江入二]雹
ioʔ			uo	[宕入开三]若弱　[江入开二]桌文镯文 [通入三]缩
			yɛ	[宕入开三]略掠文雀鹊虐约
			u	[通入三]竹文筑畜文祝录足
			y	[通入三]绿文菊文局玉
			ou	[通入三]轴粥肉文
			iou	[通入三]六文
			iau	[宕入开三]嚼脚文药文
			au	[宕入开三]勺文芍
oʔ			uo	[山入合一]撮
			yɛ	[臻入合三]掘倔
			u	[臻入合一三]卒骨窟丨术白~出物又
			y	[山入合一]捋　[臻入合三]屈
			uai	[臻入合三]蟀

3. 紫湖闽南话韵母与永春话韵母的比较

永春话有 79 个韵母，包括[m]、[ŋ]2 个自成音节的鼻辅音韵母。其中单元音韵母 8 个，复合元音韵母 10 个，鼻音尾韵母 18 个，鼻化韵母 11 个，鼻化塞音尾韵母 4 个，塞音尾韵母 28 个。

韵母	例字	韵母	例字	韵母	例字
ɯ	猪据次女鼠	i	比止齿鲤器	u	句输无取如
a	拉家巴傻早	ia	惹遮写寄野	ua	娃夸瓜化抓
ɔ	姑库补祖醋				
ə	过货扣税科				
o	糕婆造刀套	io	尿轿母庙粜		
e	迷西爹启弟			ue	帅杯贝退题
ai	该衰牌来猜			uai	乖怪快歪怀
				ui	规鬼肥队翠
au	交包跑貌钩	iau	娇票掉浇荞		
		iu	球周丑留牛		
an	干汉班攀兰	ian	坚献边展烟	uan	选判穿钻反
ən	根恨近肯芹				
in	新品宾诊轻			un	军吞奔盆云
aŋ	江胖桶项港	iaŋ	凉腔响锵痒	uaŋ	风
ɔŋ	旁捧亡洞农	iɔŋ	中恭场胀虫		
iŋ	升兴平蒸灵				
		im	金熊林忍心		
am	甘监耽贪蚕男	iam	兼欠点尖阉		
əm	欣森针箴				
m̩	怀梅姆茅				
ŋ̍	黄糖方远妆				
		ĩ	天平院泥扇		
ã	衫柑马挪馅	iã	京听名件赢	uã	寒官山泉换
ɔ̃	魔老我考				
ãi	买卖乃耐			uãi	拐
ãu	猫毛冒	iãu	猫鸟	ũi	梅先县煤千
		iũ	娘羊妞痒抢		
ap	鸽压纳答鸽	iap	夹涩蝶贴接		

续表

韵母	例字	韵母	例字	韵母	例字
		ip	急吸湿习入		
at	踢察八扎杀	iat	列结切舌烈	uat	发缺夺缺罚
		it	蜜实笔匹织		
ət	讫核				
ut	卒不骨出				
ak	曝角壳学	iak	逼		
		ik	色逆得测黑		
ɔk	国福族托	iɔk	略局竹菊叔		
aʔ	甲塔塌鸭盒	iaʔ	削壁拆页勺	uaʔ	活割辣热抹
ɔʔ	呕				
əʔ	却月割袜绝				
oʔ	薄粕桌鹤阁	ioʔ	药着歇尺		
eʔ	麦宅册客庋			ueʔ	八节替笠拔
iʔ	铁滴碟薛			iuʔ	搦
uʔ	托瞅	uiʔ	血挖刮		
ŋʔ	物				
ĩʔ	捏乜	ĩaʔ	□ĩaʔ³²：～侬（背人）	uĩʔ	□buĩʔ³²：喙～～（瘪嘴）
ɔ̃ʔ	□hɔ̃ʔ⁴⁴：傻				

说明：

（1）鼻音尾有[-n]尾韵、[-ŋ]尾韵和[-m]尾韵。
（2）只有开口呼、齐齿呼和合口呼，无撮口呼韵母和舌尖元音韵母[ɿ]。
（3）有纯鼻辅音韵母[m̩]、[ŋ̍]，发音时声带振动，气流由鼻腔持续流出。
（4）塞音韵尾有入声韵尾[-p]、[-t]、[-k]和喉塞音[-ʔ]尾。

以下是"紫湖闽南话与永春话韵母比较表"。表中左起第一列所列是紫湖闽南话的韵母，第二、四列所列是永春话的韵母，第三、五列所列是例字。

紫湖闽南话与永春话韵母比较表

紫湖韵母	永 春 话			
	韵母	例 字	韵母	例 字
ɯ	ɯ	[遇合三]驴除取猪举鱼 [止开三]紫私	u	[遇三]如榆裕瞿屿
			i	[遇合三]淤
			ai	[止开三]滓

续表

紫湖韵母	永春话			
	韵母	例字	韵母	例字
i	i	[蟹开四]低 [止开三]比微离知希衣	ɯ	[止开三]痴之芝施
			e	[蟹开四]济妻低
			u	[止开三]玺徙
			ai	[止开三]知白
			ĩ	[止开三]弥
			iʔ	[山入开三]鳖舌白
u	u	[遇合三]舞厨竖区羽 [流开三]富	ɔ	[遇合三]傅扶
a	a	[假开二]霸炸驾鸦 [假合二]傻 [效开二]泡 [咸入合一]拉	ua	[效开二]抓
			ã	[果开一]他　　[假开二]雅
			e	[假开二]枷
			aʔ	[咸入开二]鸭押白　[臻入开三]密白
ia	ia	[假开三]斜爹车爷		
ua	ua	[果开合一]大白｜破白 [假合二]华蛙 [蟹开一二]赖白｜芥白 [蟹合二]挂画文话文	a	[假开二]洒
			ə	[山入合一]末白
			o	[假合二]划白
			uaʔ	[蟹开四]屉 [山入开一二]辣白割白｜抹白 [山入合一]泼白阔活白
e	e	[假开二]码家白 [蟹开三]祭世白 [蟹开四]帝提礼白西白	ue	[蟹开二四]钗文｜题文体白替文
			a	[假开二]爸
			ua	[蟹开三]誓
			ui	[止合三]泪
			eʔ	[梗开开]麦白
ue	ue	[遇合一三]做白｜梳 [蟹合一]贝｜杯陪悔 [蟹开四]犁白 [止开三]地白	ai	[止开三]碑白
			ueʔ	[蟹开四]替白　[咸入开二三]狭白 [深入开三]笠白 [山入开二]八白｜节白

续表

紫湖韵母	永春话			
	韵母	例字	韵母	例字
ə	ə	[果合一]过白 [蟹合一三]妹白灰白｜脆 [止合三]飞白短白	i	[蟹合一]坯
			ə?	[山入合三]袜白雪白月白 [宕入合一]郭白
ɔ	ɔ	[遇合一]布步图奴 [遇合三]所 [效开一]导劳 [宕入开一]摸	ɔ̃	[效一]傲
			o	[果开一]驼拖文　　[遇合一]做文 [效开一]逃文桃文懊澳
			ə	[果开合一]歌文｜祸科
			u	[遇合一]污
			au	[效开一]豪熬
o	o	[果开一]锣左歌 [果合一]菠朵戈禾 [遇合一]错 [效开一]保报刀	ɔ	[果合一]颇　　[效开一]到滔
			a	[宕入开一]昨白
			ã	[果开一]挪
			o?	[宕入开一三]薄白作｜着 [江入开二]镯白　　[通入合一]卜
ai	ai	[蟹开一]代灾海 [蟹开二]摆戒涯	ãi	[蟹开一二]乃｜迈
			e	[蟹开二]债寨
			ue	[止合三]帅
uai	uai	[蟹合二]乖拐快怀歪		
ui	ui	[蟹合一]堆对腿雷催 [止合三]蕊醉亏胃妃	ue	[蟹合一]退最罪盔　　[止合三]讳
			ui?	[山入合四]血白
au	au	[效开一]捞 [效开二]包巢交效 [流开一]头白	a	[效开二]钞绞
			ɔ	[效开一]袍
			o	[效开一]骚
			ə	[流开一]逗
iau	iau	[效开三]表消妖 [效开三]雕聊晓	io	[效开三四]蕉文椒文桀文
			iu	[流开三]彪
eu	ə	[流开一三]贸扣侯｜谋白	ɔ	[流开一]亩牡偷文楼文透文
			au	[流开一]欧兜蔸
			o	[流开一]奏猴文｜搜
			io	[流开一三]母文｜谋文

续表

紫湖韵母	永春话			
	韵母	例字	韵母	例字
ieu	io	[果开三]茄 [效开三]票白照白轿	au	[流开一]勾文钩文沟文
			ioʔ	[假开三]借白　[梗入开三]石白尺白 [宕入开三]药白箬
iu	iu	[流开三]谬稠溜州酒柔	u	[流开三]柩
an	an	[咸开一]毯 [山开一]难餐蛋 [山开二]板奸 [山合三]万	uan	[咸开二]赚文
			am	[咸开一二]耽贪南簪｜监
			aŋ	[宕合一]房白　[江开二]庞讲港 [通合一]工翁白棕白红白
			ã	[咸开二]监
			iã	[山开二]绽
ian	ian	[山开三]变免燃 [山开四]电匾烟	in	[山开四]怜
			iam	[咸开三四]尖闪淹｜点舔拈
			am	[咸开三]沾
			iaŋ	[宕开三]亮白
			aŋ	[江二]腔白
uan	uan	[山合一]团乱完 [山合三]全传权	an	[山合一]搬半潘漫盘文
			ian	[山合四]犬渊
			un	[山合三]船文
			in	[山合三]绢
			uã	[山合一]伴
en	in	[臻开三]彬民珍陈真亲 [梗开三四]轻秉｜妍	ən	[臻开三]殷　　　[曾开一]肯
			im	[深开三]林侵枕金
			əm	[深开三]针
			iŋ	[曾开一三]朋灯腾｜冰 [梗开三四]兵盟｜拼丁 [梗合三]泳
			aŋ	[通合一]笼白
			ĩ	[梗开二四]哽｜腥

续表

紫湖韵母	永春话			
	韵母	例字	韵母	例字
ən	ən	[臻开一]跟恨恩 [臻开三]斤芹	in	[臻开三]伸
			un	[臻开合三]痕隐｜文闻吻
			əm	[深开三]针文心参　[臻开三]欣
			ŋ̍	[山合三]饭白穿白　[臻合一]门白 [宕开一三]塘缸白｜肠白霜
on	un	[臻开一]吞 [臻合一]喷闷嫩存 [臻合三]军	ən	[臻合三]均钧
			in	[山开四]扁白
			ĩ	[梗开二]澎
ɔŋ	ɔŋ	[宕开一]莽党旁 [宕合三]妄狂 [通合一]总童洞 [通合三]捧丰	iɔŋ	[通合三]嵩
			aŋ	[宕开一]冈郎杭又脏　[宕合三]芒 [江开二]邦蚌降巷　[通合一]篷
			iŋ	[宕合三]筐文　[梗开二]坑文
			ĩ	[梗开二]棚
			iã	[江开二]撞
iɔŋ	iɔŋ	[宕开三]良辆让将胀杨 [通合三]忠宠宫冲	iaŋ	[宕开三]凉
			aŋ	[宕开三]畅
			ɔŋ	[通合三]众文
			iũ	[宕开三]桨墙象
ĩ	ĩ	[蟹开四]泥 [咸开四]甜白 [山开三]鞭白棉白 [梗开二三]硬白｜病白	i	[止开三]蚁文
ã	ã	[假开二]骂 [咸开一]篮白三白敢白 [咸开二]馅 [深开三]林白		
iã	iã	[梗开三]名白请白城白影	aŋ	[通合一]痛白
uã	uã	[假开二]麻白 [山开一]烂岸 [山合一三]半腕棺馆泉白		
ɔ̃	ɔ̃	[果开合一]我文魔 [效开一]冒老文好文	ə	[果开一]鹅
ãi	ãi	[蟹开一]耐奈　[止开三]糜		

续表

紫湖韵母	永春话			
	韵母	例字	韵母	例字
uĩ	uĩ	[蟹合一]煤枚每 [山开二]扌 [山开合四]前白|悬白 [梗合二]横白	i	[蟹合一]眛
ãu	ãu	[效开一]毛文	ɔ̃	[效开二]茅　[流开三]矛
iãu	iãu	[效开二四]猫文|鸟文	io	[效开四]尿文
iẽu	iẽu	[流开三]藕文		
iũ	iũ	[宕开三]张白 两唱白 羊香	iu	[流开三]牛文
m̩	m̩	[蟹合一]梅白　[效开二]茅		
ŋ̍	ŋ̍	[山合三]园白 远白 [宕开三]秧白 [宕合一]荒白 黄白 [宕合一三]方白		
aʔ	aʔ	[咸入开一]塌蜡盒 [咸入开二]押 [山入开二]扎 [梗入开二]拍文	uaʔ	[山入开一]辣文
			ueʔ	[山入开二]八白
			ap	[咸入开一]答
			ak	[江入二]剥白 壳岳　[曾入开一]北白 [通入合一]木白 读白
			ik	[曾入开一]则克　[梗入开二]摘文 策文
iaʔ	iaʔ	[咸入开三]页	uaʔ	[山入开三]热
			iap	[咸入开三四]聂接涉|帖协 [深入开三]涩
			iat	[山入开三四]灭浙孽|撇截切结
uaʔ			ɔʔ	[山入开一]割文
			uat	[咸入合三]法　[山入开二]拔文 [山入合一三]沫夺脱|越劣绝
			iat	[山入合三]悦
eʔ	eʔ	[梗入开二]擘	ueʔ	[深入开三]笠文
			aʔ	[通入三]肉白
			iaʔ	[梗入开三]隙
			ip	[深入开三]立执集入湿急揖 [梗入开三四]籍|寂

第二章　紫湖闽南话语音

续表

紫湖韵母	永春话				
	韵母	例字	韵母	例字	
eʔ	eʔ	[梗入开二]擘	it	[臻入开三]笔疾七日　[梗入开四]嫡	
			ik	[曾入开一三]默德特　[曾入开一]逼熄 [梗入开二三四]百文｜益｜踢 [通入合三]烛	
			ɔ	[梗入合二]获	
ɔʔ			oʔ	[宕入开一]索文阁鹤文 [江入开二]桌文	
			uat	[臻入合一]没	
			ɔk	[宕入开一]博莫托　[江入开二]朴 [通入合一三]督扑鹿｜牧	
			ɔ	[宕入开一]幕躞	
			au	[通入合一]哭	
iɔʔ			iɔk	[宕入开三]略雀若约 [通入合三]足陆祝俗	
oʔ			uaʔ	[山入合一]捋	
			ɔk	[山入合一]撮	

（二）韵母特点

1. 紫湖闽南话韵母与以《广韵》为代表的中古韵母相比较，古韵类归并和分化主要情况如下：

（1）归并咸深摄、山臻摄、宕江曾梗通摄三类阳声韵。咸、深摄字韵母读舌尖鼻音[n]韵尾，读与山、臻摄字同，宕、江、曾、梗、通摄字除了部分字韵母读舌根鼻音[ŋ]韵尾以外，有相当部分字韵母也读舌尖鼻音[n]韵尾。例如：

[咸开一]南 lan³³　　[深开三]金 ken³³　　[山合一]餐 tsʰan³³
[臻开三]新 sen³³　　[宕开一]光 kən³³　　[江开二]双 san³³
[曾开三]等 tan³²　　[梗开三]听 tʰen³³　　[通合一]梦 ban²¹

（2）归并咸深摄、山臻摄、宕江曾梗通摄三类入声韵。各摄的入声韵字除了少部分字韵母失落韵尾读舒声韵以外，韵尾一律读喉塞音[ʔ]。例如：

[咸开一]答 taʔ³²　　[深开三]粒 liaʔ⁴⁵　　[山合一]脱 tʰuaʔ³²
[臻开三]栗 leʔ⁴⁵　　[宕开一]托 tʰɔʔ³²　　[江入开二]浊 tsɔʔ⁴⁵
[曾入开三]力 laʔ⁴⁵　　[梗入开三]益 eʔ³²　　[通入合一]木 bɔʔ⁴⁵

（3）咸深摄、山臻摄、宕江曾梗通摄三类入声韵部分字读阴声韵，与阴声韵的字发生韵母归并。例如：

[咸入开三]接 tsi⁴²—[止开三]止 tsi³²　　　　[咸入开二]甲 ka⁴²—[效开二]绞 ka³²

[梗入开四]锡 sia⁴²—[假开三]写 sia³²　　　　[山入合一]钵 pua⁴²—[果合一]簸 pua³²

[梗入开二]麦 be⁴⁵—[假开二]马 be³²　　　　[咸入开二]狭 ue⁴⁵—[蟹开二]矮 ue³²

[宕入合一]郭 kə⁴²—[果合一]馃 kə³²　　　　[宕入开一]薄 po⁴⁵—[效开一]宝 po³²

[宕入开三]箬 hieu⁴⁵—[效开三]嚣 hieu³³　　[山入合一]血 hui⁴²—[果合一]悔 hui³²

（4）果摄字与效摄字部分归并。主要是果摄一等字与效摄一等字各有部分读[o]韵母。例如：

[果开一]多 to³³ =[效开一]刀 to³³　　　　[果合一]课 kʰo²¹ =[效开一]靠 kʰo²¹

（5）江摄字与宕摄字部分归并。江摄字与宕摄字各有部分（文读音）读[ɔŋ]韵母。同时，江摄、宕摄两摄字白读音的韵母则能体现两摄韵母的分别。例如：

[宕开一]钢文 kɔŋ³³ =[江开二]江文 kɔŋ³³　　　　[宕开一]桑文 sɔŋ³³ =[江开二]双文 sɔŋ³³

[宕开一]钢白 kəŋ³³ ≠[江开二]江白 kaŋ³³　　　　[宕开一]桑白 səŋ³³ ≠[江开二]双白 saŋ³³

（6）遇摄鱼韵、虞韵两韵能够分化。白读音鱼韵字主要读[ɯ]、[ue]韵母，虞韵字主要读[u]、[ɔ]、[iu]、[iau]韵母。例如：

[遇合三鱼]蛆 tsʰɯ³³　　鱼 hɯ²⁴　　初 tsʰue³³

[遇合三虞]雾 bu²¹　　句 ku²¹　　雨 hɔ⁴⁵

　　　　蛀 tsiu²¹　　树 tsʰiu²¹　　须 tsʰiu³³　　珠 tsiu³³

　　　　柱 tʰiau⁴⁵　　数 siau²¹

（7）咸摄一等覃韵、谈韵两韵能够分化。两韵字主要读[an]韵母，另外谈韵字白读音有读鼻化音[ã]韵母的，而覃韵字则无鼻化韵母的读法。例如：

[咸开一覃]耽 tan³³　　南 lan²⁴　　感 kan³²

[咸开一谈]担 tã³³　　篮 nã²⁴　　敢 kã³²

（8）效摄、蟹摄两摄韵母能够分化一等韵与二等韵。效摄一等韵字所读韵母有[o]、[au]2个，以[o]为主，而二等韵字所读韵母有[a]、[au]2个，以[a]为主。例如：

[效开一]宝 po³²　　刀 to³³　　嫂 so³²　　好 ho³²

[效开二]饱 pa³²　　炒 tsʰa³²　　教 ka²¹　　孝 ha²¹

蟹摄一等韵字所读韵母有[ə]、[ua]、[ue]、[ai]、[ui]、[i]5个，以有[ə]、[ua]为主，而二等韵字所读韵母有[ai]、[a]、[ue]、[ua]4个，以[ai]、[a]为主。

例如：

[蟹开一]胎 tʰə³³　　带 tua²¹

[蟹开二]拜 pai²¹　　债 tsai²¹　　柴 tsʰa²⁴　　鞋 ue²⁴

（9）蟹摄韵母能够分化三等韵与四等韵。三等韵字所读韵母有[i]、[e]、[ue]3个，以[i]为主，而[e]、[ue]只有个别字读。四等韵字所读韵母则有[i]、[e]、[ue]、[ai]4个，而以[ue]、[ai]为主。例如：

[蟹开三]毙 pi²¹　　厉 li²¹　　世 se²¹　　艺 ue²¹

[蟹开四]底 tue³²　　犁 lue²⁴　　鸡 kue³³　　西 sai³³　　婿 sai²¹

⑽深臻摄字与曾梗摄字归并，主要读[en]（[ən]、[on]）韵母。但梗摄字有成系列的鼻化韵母，而深、臻、曾摄字则无鼻化韵母的读法。例如：

[深]品 pʰen³²　　金 ken³³　　因 en³³

[臻]跟 kən³³　　贫 pen²⁴　　军 kon³³

[曾]灯 ten³³　　冰 pen³³　　应 en³³

[梗]病 pĩ²¹　　生 sĩ³³　　京 kiã³³　　兄 hiã³³　　横 huĩ²⁴

2. 紫湖闽南话韵母与普通话韵母相比较，其韵母系统对应和韵母对应主要情况如下：

（1）韵母系统的对应

紫湖闽南话共51个韵母，比普通话39个韵母多了12个。

从韵母类型看，紫湖闽南话与普通话一样具有按韵头分类的开口呼韵母（无韵头）、齐齿呼韵母（韵母为[i]或韵头为[i-]）、合口呼韵母（韵母为[u]或韵头为[u-]）三类韵母，同样具有按结构分类的元音韵母（包括无韵尾的开尾韵和以元音作韵尾的元音尾韵母）和鼻音尾韵母（以鼻辅音作韵尾）两类韵母。

紫湖闽南话比普通话少了一类撮口呼韵母（韵母为[y]或韵头为[y-]）。

紫湖闽南话比普通话多了一类塞音尾韵母（韵尾为喉塞音辅音[-ʔ]）和一类鼻化韵母（以鼻化元音作韵母）。

紫湖闽南话还比普通话多了一类辅音充当自成音节的韵母[m̩]和[ŋ̍]。

（2）韵母的对应

紫湖闽南话中字音所读韵母与普通话韵母不相一致的情况非常复杂。以下仅以紫湖闽南话的韵母作观察点，对紫湖闽南话与普通话在字归读韵母类别上不相对应的情况略作分析。

从韵头的情况来看，不相对应表现为一是开口与合口不一致，二是洪音与细音不一致。紫湖闽南话中读开口呼、齐齿呼韵母的字，有些在普通话中读合口呼、撮口呼韵母；紫湖闽南话中读合口呼韵母的字，有些在普通话中读开口呼、齐齿呼韵母。例如（例字音标前为紫湖闽南话读音，后为普通话读音）：

抓：tsa^{33}——tʂua^{55}　　　裹：kə^{32}——kuo^{214}

缺：kʰə^{42}——tɕʰye^{55}　　靴：hia^{33}——ɕyɛ^{55}

洒：sua^{32}——sa^{214}　　　类：lui^{21}——lei^{51}

屁：tʰua^{42}——tʰi^{51}　　　季：kui^{21}——tɕi^{51}

紫湖闽南话中读洪音的字，有些在普通话中读细音；紫湖闽南话中读细音的字，有些在普通话中读洪音。例如：

讲：kan^{32}——tɕian^{214}　　婿：sai^{21}——ɕy^{51}

雅：ga^{32}——ia^{214}　　　　体：tʰe^{32}——tʰi^{214}

挠：ziau^{24}——nau^{35}　　　州：tsiu^{33}——tʂou^{55}

闪：sian^{32}——ʂan^{214}　　　账：tsiɔŋ^{21}——tʂaŋ^{51}

紫湖闽南话的许多字在韵尾上也与普通话读音不一致。韵母读普通话所没有的喉塞音韵尾的字，在普通话中分别归读成开尾韵母或不同韵尾的元音尾韵母。例如：

值：白taʔ^{45}——tʂʅ^{35}　　　贼：文tseʔ^{45}——tsei^{35}

脚：文kiɔʔ^{32}——tɕiau^{214}　　鹊：tsʰiɔʔ^{32}——tɕʰyɛ^{51}

韵母读与普通话相同韵尾类型的字，具体所读的韵尾也有不一致的。例如：

烫：tʰən^{21}——tʰaŋ^{51}　　　杭：han^{24}——xaŋ^{35}

江：kan^{33}——tɕian^{55}　　　朋：pen^{24}——pʰəŋ^{35}

具体的字音韵母对应情况可参见前述"紫湖闽南话与普通话韵母比较表"。

3．紫湖闽南话韵母与永春话韵母相比较，其韵母系统对应和韵母对应主要情况如下：

（1）韵母系统的对应

紫湖闽南话与永春话在韵母系统上基本对应。紫湖闽南话共51个韵母，比永春话79个韵母少了28个。

从韵母类型看，紫湖闽南话与永春话一样具有按韵头分类的开口呼韵母（无韵头）、齐齿呼韵母（韵头为[i-]）、韵母合口呼（韵头为[u-]）三类韵母，同样具有按结构分类的元音韵母（包括无韵尾的开尾韵母和以元音作韵尾的元音尾韵母）和鼻音尾韵母（以鼻辅音作韵尾）、塞音尾韵母（以塞音辅音作韵尾）、鼻化韵母（以鼻化元音作韵母）四类韵母。

但紫湖闽南话中鼻音尾韵母和塞音尾韵母分别比永春话少了 1 个鼻音韵尾（[-m]）和 3 个塞音韵尾（[-p]、[-t]、[-k]）。

紫湖闽南话没有永春话中的鼻化塞音尾韵母（韵母中的元音为鼻化韵，元音后带塞音尾）。

（2）韵母的对应

紫湖闽南话元音韵母（包括开尾韵母和元音尾韵母）19 个，其中与永春话基本对应的有 17 个：

[ɯ]、[i]、[u]、[a]、[ia]、[ua]、[e]、[ue]、[ə]、[ɔ]、[o]、[ai]、[uai]、[ui]、[au]、[iau]、[iu]，紫湖闽南话中这些韵母的读音及所辖字的古音韵类基本对应。另外[ieu]韵母对应永春话的[io]韵母，[eu]韵母在永春话中归入[ə]韵母。

紫湖闽南话鼻音尾韵母有 8 个，其中[an]、[ian]、[uan]、[əŋ]、[ɔŋ]、[iɔŋ] 6 个韵母与永春话基本对应，[en]、[on] 2 个韵母分别对应永春话的[in]、[un]韵母。

紫湖闽南话中鼻化韵母有 14 个，除了[ẽ]、[õ]两个韵母只记录语气词以及[iãi]只记录"[tsiãi⁴²]（这样）"一个音节以外，[ĩ]、[ã]、[iã]、[uã]、[ɔ̃]、[ãi]、[uĩ]、[ãu]、[iãu]、[iẽu]、[iũ]11 个韵母与永春话基本对应。

紫湖闽南话鼻音尾韵母有 7 个，其中[an]、[ian]、[uan]、[ən]、[ɔŋ]、[iɔŋ]6 个韵母与永春话基本对应，[en]、[on] 2 个韵母分别对应永春话的[in]、[un]韵母。

永春话中读[-m]韵尾的鼻音尾韵母的字在紫湖闽南话中都读[-n]韵尾，永春话中读[-ŋ]韵尾的鼻音尾韵母的字部分在紫湖闽南话中也读[-n]韵尾。

永春话中读[-p]、[-t]、[-k]韵尾的塞音尾韵母的字在紫湖闽南话中都读喉塞音[-ʔ]韵尾。永春话中读[-ʔ]韵尾的塞音尾韵母的字有部分在紫湖闽南话中都读元音韵母，即无塞音韵尾。

具体的字音韵母对应情况可参见上述"紫湖闽南话与永春话韵母比较表"。

三　声调比较和声调特点

（一）声调比较

1. 紫湖闽南话声调与《广韵》声调的比较

以下是"紫湖闽南话与《广韵》声调比较表"。表中上面第一行所列是紫湖闽南话声调的调类和调值，左起第一、二列所列是《广韵》声调的调类和声母类别。表中相对应的格子内列举例字。

紫湖闽南话与《广韵》声调比较表

《广韵》		紫湖 阴平33	阳平24	阴上32	阳上45	去声21	阴入甲 32	阴入乙 42	阳入 45
平	清	东该 春风							
	次浊		门龙 牛油						
	全浊		铜皮 糖红						
上	清			懂草 手碗					
	次浊			买女 染文	卵雨 染白				
	全浊			罪白 近白	道罪文 社近文				
去	清					冻怪 半四			
	次浊					卖路 硬文乱			
	全浊					洞地 饭树			
入	清						谷节文 百文搭文	节白 百白搭白	
	次浊				药月白 篾落白				六叶 月文
	全浊				蚀猾 舌白白				毒罚 白文盒

2. 紫湖闽南话声调与普通话声调的比较

以下是"紫湖闽南话与普通话声调比较表"。表中上面第一行所列是紫湖闽南话声调的调类和调值,左起第一列所列是普通话声调的调类和调值。表中相对应的格子内列举例字。

紫湖闽南话与普通话声调比较表

普通话＼紫湖	阴平 33	阳平 24	阴上 32	阳上 45	去声 21	阴入甲 32	阴入乙 42	阳入 45
阴平 55	猪开 三安					发杀 接文	鳖鸭 接白	
阳平 35		穷平 龙云		跋活 学白		答责 决福	折～被 葛～粉	读局 学文
上声 214			走口 女买	五老 染有		北法 甲文	塔铁白 甲白	
去声 51				厚近 药白	对怕 共用	确刻 策文	阔赤 策白	入六 纳肉

3．紫湖闽南话声调与永春话声调的比较

以下是"紫湖闽南话与永春话声调比较表"。表中上面第一行所列是紫湖闽南话声调的调类和调值，左起第一列所列是永春话声调的调类和调值。表中相对应的格子内列举例字。

紫湖闽南话与永春话声调比较表

永春＼紫湖	阴平 33	阳平 24	阴上 32	阳上 45	去声 21	阴入甲 32	阴入乙 42	阳入 45
阴平 44	猪开 三安							
阳平 24		穷平 龙云						
上声 53			走口 女买	五老 罪白近白	罪文近文			
阴去 21					冻怪 半四			
阳去 22					洞地 饭树			
阴入 32						发结 设益	八白 血白	劣
阳入 44				麦白 薄白				毒罚 六热

（二）声调特点

1. 紫湖闽南话声调与以《广韵》为代表的中古声调相比较，其调类对应主要情况如下：

（1）古平声在紫湖闽南话中分为阴平和阳平两类声调。古平声清声母字读阴平调，古平声浊声母字（包括全浊声母字、次浊声母字）读阳平调。例如：

　　该 kai³³ [阴平]　　　铜 taŋ²⁴ [阳平]　　　来 lai²⁴ [阳平]

（2）古上声在紫湖闽南话中分为阴上和阳上两类声调。古清声母字读阴上调；古上声次浊声母字读阴上调或阳上调，其中有文白异读的，白读为阳上调，文读为阴上调。例如：

　　苦 kʰɔ³² [阴上]　　女 lɯ³² [阴上]　　老 lau⁴⁵ [阳上]　　厚 kau⁴⁵ [阳上]
　　有白 u⁴⁵ [阳上]　　有文 iu³² [阴上]

古上声全浊声母字主要读阳上调，有部分归读去声调，有文白异读的，白读为阳上调，文读为去声调。例如：

　　坐 tsə⁴⁵ [阳上]　　道 to²¹ [去声]　　近白 kən⁴⁵ [阳上]　　近文 ken²¹ [去声]

（3）古去声在紫湖闽南话中仍为去声一个声调。古去声字不考虑声母清浊情况都读去声调。例如：

　　怪 kuai²¹ [去声]　　　洞 tɔŋ²¹ [去声]　　　路 lɔ²¹ [去声]

（4）古入声在紫湖闽南话中分为三类声调：阴入调两个（阴入甲、阴入乙），阳入调一个。古清声母字读阴入甲调或阴入乙调，其中有文白异读的，白读为阴入乙调，文读为阴入甲调；部分古入声浊声母字（包括全浊声母字、次浊声母字）读阳入调。例如：

　　谷 kɔʔ³² [阴入甲]　　　接文 tsiaʔ³² [阴入甲]　　　接白 tsiʔ⁴² [阴入乙]
　　叶 iaʔ⁴⁵ [阳入]　　　毒 tɔʔ⁴⁵ [阳入]

（5）值得注意的是，古入声在紫湖闽南话中有弱化的表现。这种弱化表现为有部分古入声字的调值不再读促声调而读成舒声调。一部分古清声母字读 42 舒声调值，与读 32 短促调值的另一部分古清声母字形成对立。一部分古入声全浊声母字和次浊声母字读 45 舒声调值，与阳上调的字发生调类归并。例如：

　　白 pe⁴⁵ [阳上]　　　篾 bi⁴⁵ [阳上]
　　蚀 si⁴⁵ = 是 si⁴⁵ [阳上]　　狭 ue⁴⁵ = 会 ue⁴⁵ [阳上]

古入声浊声母字有文白异读的，白读为阳上调，文读为阳入调。例如：

　　学白 o⁴⁵ [阳上]　　学文 haʔ⁴⁵ [阳入]　　月白 gə⁴⁵ [阳上]　　月文 guaʔ⁴⁵ [阳入]

具体的字音声调对应情况可参见上述"紫湖闽南话与《广韵》声调比较表"。

2. 紫湖闽南话声调与普通话声调相比较，其调类对应和调值对应主要情况如下：

（1）调类的对应

紫湖闽南话有 8 个声调，比普通话多了 4 个。

从调类的情况看，阴平、阳平、去声三个声调是紫湖闽南话与普通话都同样具有的。上声调类紫湖闽南话有阴上、阳上两个，普通话上声只有一类。阴入甲、阴入乙和阳入三个入声调类则是普通话所没有的。

（2）调值的对应

从调值的情况看，紫湖闽南话与普通话相对应的调类在调值上都不相同，但在曲折升降的调型上，阴平、阳平两个声调有相似之处：阴平调紫湖闽南话是中平调 33，普通话是高平调 55，阳平调紫湖闽南话是中升调 24，普通话则略高为 35 调。

此外紫湖闽南话的阴入乙调的 42 降调与普通话的去声 52 降调比较接近。至于紫湖闽南话的上声 32 调、去声 21 调虽属于降调但与普通话去声的 51 的全降调已经相差较大，阴入甲和阳入两个入声的短促调则为普通话所没有。

具体的字音声调对应情况可参见上述"紫湖闽南话与普通话声调比较表"。

3. 紫湖闽南话声调与永春话声调相比较，其调类对应和调值对应主要情况如下：

（1）调类的对应

紫湖闽南话有 8 个声调，比永春话 7 个声调多了 1 个。

从调类的情况看，阴平、阳平、阳入三个声调是紫湖闽南话与永春话都同样具有的。三个声调所辖字也大体对应，即：读阴平调的为古平声清声母字，读阳平调的为古平声浊声母字，读阳入调的为古入声浊声母字。例如：

紫湖：[阴平]猪 tɯ^{33}　　[阳平]房 paŋ^{24}　　[阳入]读 tʰaʔ^{45}

永春：[阴平]猪 tɯ^{44}　　[阳平]房 paŋ^{24}　　[阳入]读 tʰak^{44}

上声调类紫湖闽南话有阴上、阳上两个，永春话上声只有一类。紫湖闽南话中读阴上调的为古上声清声母字，读阳上调的为古上声浊声母字（包括全浊声母字和次浊声母字）；而在永春话中古上声浊声母字分化为两类，其中次浊声母字与清声母字读同调，全浊声母字归读去声调。例如：

紫湖：狗 kau^{32}≠厚 kau^{45}≠够 kau^{21}

永春：狗 kau^{53}≠厚 kau^{22}=够 kau^{22}

去声调类紫湖闽南话只有一个，永春话则分为阴去、阳去两类。永春话中古去声清声母字读阴去调，浊声母字读阳去调，而这两类字在紫湖闽南话中则同读一个去声调。例如：

  紫湖：要 iau^{21}＝耀 iau^{21} 变 pian^{21}＝辩 pian^{21}

  永春：要 iau^{21}≠耀 iau^{22} 变 pian^{21}≠辩 pian^{22}

紫湖闽南话阴入调有甲、乙两类，而永春话只有一个。在永春话中读阴入调的古入声清声母字，在紫湖闽南话中一部分归读阴入甲，一部分归读阴入乙，有文白异读的，文读音读阴入甲，白读音读阴入乙。例如：

  紫湖：鳖 pi^{42} 鸭 a^{42} 搭_白 ta^{42} 搭_文 taʔ^{32}

  永春：鳖 piʔ^{32} 鸭 aʔ^{32} 搭 taʔ^{32}

（2）调值的对应

从调值的情况看，紫湖闽南话与永春话相对应的调类有三个调值相同：阳平都是 24 调，紫湖闽南话的去声和永春话的阴去都是 21 调，紫湖闽南话的阴入甲和永春话的阴入都是 <u>32</u> 短促调。

紫湖闽南话与永春话相对应的调类有两个声调调值接近：阴平紫湖闽南话为 33 平调，永春话为 44 平调；阳入紫湖闽南话为 <u>45</u> 短促调，永春话为 <u>44</u> 短促调。

紫湖闽南话阴入乙 42 降调与永春话的上声 53 降调接近。

具体的字音声调对应情况可参见上述"紫湖闽南话与永春话声调比较表"。

第四节 语音变化

汉语的语素以单音节为基本形式，表现在书面语中，一个音节则基本对应一个汉字。一个单音节词尚未用于组句而单说，或一个单音节语素尚未用于构词而单说，作为一个汉字，一般都有一个确定的读音，但是以之构词组句，其读音有时会发生变化。这种语音变化称为音变。音节（字）的音变有多种类型，不同方言的音系中所包含的音变的种类和数量不尽相同。紫湖闽南话中主要有连读变调、轻声、合音和文白异读等几种音节的音变现象。

一 连读变调

在连续的语流中，或因其所处的位置而受相邻音（前面音节或后面音节）的影响，或因说话时语音高低、快慢、强弱的不同，音节所发生的音变称为连读音变。连读音变可以体现在声母、韵母、声调三方面音值的改变上，即发生变声、变韵和变调三种语音变化。紫湖闽南话中连读变调是主要的连读音变现象。

变调指语流中音节（字）不读本调的调值而读成其他调值的音变现象。

第二章　紫湖闽南话语音

变调相对于本调而言，本调是单音节词或单音节语素单说所读的声调。本调可以说是一个字（音节）的本来调子，也即本章第一节所述的单字调。"单字调相对于连读调而言"。

语言中的音节变调有连读变调、句末变调和强调变调等不同情况。受句子全句语气的制约，句子末尾的音节所发生的变调属于句末变调。因强调句子中某部分语义的需要，句子的某些音节所发生的变调属于强调变调。连读变调则因音节在语流中受相邻音节的影响而发生。连读变调是声调语言中常见的音变现象。

现代汉语的词以双音节为主要形式。双音节词的连读调体现了连读变调的基本声调模式，三音节词及更多音节的词语其声调模式基本上以双音节词的声调模式复合而成。

以下考察紫湖闽南话双音节词的连读变调情况。

（一）紫湖闽南话双音节词连读变调的特点

1. 有变类变调和非变类变调两类而以变类变调为主。

紫湖闽南话的连读变调从变调所改读的调值上看有两类情况。一类变调改读调值后，变读的字与其他单字调不同的字发生调类上的混同，可以称为变类变调。一类变调仅对单字调的调值作改变但不影响音节的调类归属，可以称为非变类变调。

紫湖闽南话中的连读变调以变类变调为主。例如：

　　反手 pan$^{32/33}$tsʰiu^{32}（左手）= 扳手 pan^{33}tsʰiu^{32}

　　课长 kʰo$^{21/22}$tʰiũ^{32} = 科长 kʰo$^{33/22}$tʰiũ^{32}

　　为侬 ui$^{24/21}$lan^{24}（为人 做人）

　　　　= 伟侬 ui$^{45/21}$lan^{24}（伟人）= 为侬 ui^{21}lan^{24}（为人 为别人）

"反"变调后与"扳"同音，"课"与"科"变调后同音，"为（作为）""伟"变调后与"为（介词）"同音。

非变类变调只见于前音节本调为阴入甲和阳入这两个短促调的词语。发生变调时，阴入甲由高度居中且稍降的 <u>32</u> 短调变读为半高的 4 短调；阳入由最高的稍升的 <u>45</u> 短调变读为半低的 2 短调。例如：

　　国家 kɔʔ$^{32/4}$ke$^{33/22}$　　　　发财 huaʔ$^{32/4}$tsai^{24}

　　日头 zeʔ$^{45/2}$tʰau^{24}　　　　罚款 huaʔ$^{45/2}$kʰuan^{32}

变读 4 短调和 2 短调的字不与阴入甲和阳入以外调类的字的本调以及变调相同，调类仍属于阴入甲和阳入。

值得注意的是，从调值高度类型看，读单字调时阴入甲字较低而阳入字较高，读连读调发生变读时则阴入甲字较高而阳入字较低。

2. 有前音节变调和后音节变调两类而以前音节变调为主。

紫湖闽南话的连读变调从发生变调的音节的位置上看有两类情况。一类是前音节变调，一类是后音节变调。紫湖闽南话的双音节词大多数属于前音节变调类型。例如：

    风水 huan$^{33/22}$tsui^{32} 火气 hə$^{32/33}$k^{h}i^{21}

属于后音节变调的，只见于后音节本调为阴平的双音节词。例如：

    风吹 huan^{33}ts^{h}ə$^{33/22}$ 火车 hə$^{32/33}$ts^{h}ia$^{33/22}$

"风水""火气"属于前音节变调，"风吹"属于后音节变调。"火车"兼属于前音节变调和后音节变调。

3. 非轻声词的双音节词大多数都要发生连读变调。

词语声调的读法有时也与词语的轻重音模式[①]有关。紫湖闽南话中也有与共同语相同的"重轻式（重音+轻音）"的双音节词即轻声词，这部分词语前音节重读，不变调。比较：

    日时 zeʔ^{45}si$^{24/0}$ 日头 zeʔ$^{45/2}$t^{h}au^{24}

"时"和"头"单字调同为阳平，但构成双音节词后，"日时"为重轻式，读重音的"日"不变调，"日头"的轻重音模式为"中重式（中音+重音）"，读相对较轻的"日"则读变调。

紫湖闽南话中非轻声词的双音节词，其轻重音模式大多数都属于"中重式"，只有少数属于"重中式"。这些"中重式"词语的前音节，不管其本调属于 8 个声调中的哪一个，大多数情况下都需变读声调。"重中式"词语的前音节读重音，不变调。

"中重式"词语前音节不发生变调的仅有本调为去声的且来源于古去声浊声母字的那一类字。比较：

    继 ki^{21} = 技 ki^{21}
    继续 ki$^{21/22}$sioʔ^{45} ≠ 技术 ki^{21}sioʔ^{45}

"继"（古清声母字）、"技"（古浊声母字）单说同音，作双音节词前音节时则"继"变调而"技"不变调从而形成调值对立。

另外，"重中式"词语的前音节声调也只限于阴平一类，后音节则为阴平、阴上两类。例如：

    阴天 en^{33}t^{h}ĩ$^{33/22}$ 天井 t^{h}ĩ^{33}tsĩ^{32}

"阴天"中"阴"和"天井"中的"天"读重音，都不变调。

---

① 在语流中音节的音强（即声音的轻重度）彼此间会有强弱的差异，汉语中对音节的音强通常区分为重音、中音、轻音的三种情况。在两个和两个以上音节的多音节词中，其音节读轻重音的组合方式称轻重音模式。

（二）紫湖闽南话双音节词连读变调模式

紫湖闽南话双音节词连读变调模式多样而复杂，如表4-01列示。表中所列不包括轻声词。格子内的数字上行为本调，下行为变调，下行的横线表示读上行的本调。

表 4-01　　　　紫湖闽南话双音节词连读变调模式表

后字 前字	阴平 +33	阳平 +24	阴上 +32	阳上 +45	去声 +21	阴入甲 +<u>32</u>	阴入乙 +42	阳入 +<u>45</u>
阴平 33+	33+33 — 22 阴天		33+32 — — 天井					
	33+33 22 — 生疮	33+24 22 — 乌云	33+32 22 — 风水	33+45 22 — 兄弟	33+21 22 — 车票	33+<u>32</u> 22 — 中国	33+42 22 — 冬节	33+<u>45</u> 22 — 生日
阳平 24+	24+33 21 22 红霞	24+24 21 — 皮鞋	24+32 21 — 洋碱	24+45 21 — 城里	24+21 21 — 名字	24+<u>32</u> 21 — 牛角	24+42 21 — 侬客	24+<u>45</u> 21 — 粮食
阴上 32+	32+33 33 22 火车	32+24 33 — 往年	32+32 33 — 手表	32+45 33 — 以后	32+21 33 — 写字	32+<u>32</u> 33 — 酒曲	32+42 33 — 水鸭	32+<u>45</u> 33 — 洗浴
阳上 45+	45+33 — 22 老师		45+32 — — 老鼠					45+<u>45</u> — — 老实
	45+33 21 22 坐车	45+24 21 — 坐船	45+32 21 — 后母	45+45 21 — 篾席	45+21 21 — 老岁	45+<u>32</u> 21 — 老式	45+42 21 — 落雪	45+<u>45</u> 21 — 老六
去声 21+	21+33 33 22 汽车		21+32 33 — 汽水					
	21+33 22 — 放风	21+24 22 — 汽油	21+32 22 — 放屁	21+45 22 — 细舅	21+21 22 — 对面	21+<u>32</u> 22 — 政策	21+42 22 — 顾客	21+<u>45</u> 22 — 做贼
	21+33 — 22 顺风	21+24 — — 电筒	21+32 — — 露水	21+45 — — 大舅	21+21 — — 妹婿	21+<u>32</u> — — 犯法	21+42 — — 大伯	21+<u>45</u> — — 大学
阴入甲 <u>32</u>+	<u>32</u>+33 4 22 国家	<u>32</u>+24 4 — 发财	<u>32</u>+32 4 — 粟桶	<u>32</u>+45 4 — 竹席	<u>32</u>+21 4 — 发票	<u>32</u>+<u>32</u> 4 — 发迹	<u>32</u>+42 4 — 吸铁	<u>32</u>+<u>45</u> 4 — 法律
阴入乙 42+	42+33 33 22 铁钉	42+24 33 — 拍球	42+32 33 — 铁桶	42+45 33 — 割釉	42+21 33 — 插队	42+<u>32</u> 33 — 铁笔	42+42 33 — 隔壁	42+<u>45</u> 33 — 鸭肉

续表

后字＼前字	阴平 +33	阳平 +24	阴上 +32	阳上 +45	去声 +21	阴入甲 +32	阴入乙 +42	阳入 +45
阳入 45+					45+21 —— 日昼			
	45+33 2 22 学生	45+24 2 — 日头	45+32 2 — 墨斗	45+45 2 — 木匠	45+21 2 — 目镜	45+32 2 — 目的	45+42 2 — 熟客	45+45 2 — 食肉

（三）紫湖闽南话双音节词连读变调的规律

1. 就前音节的情况看，紫湖闽南话双音节词连读变调有以下规律：

（1）前音节本调为阴平的，除后音节本调为阴平和阴上的两种外，前音节一律改读本调 33 为低一度的 22 半低平调。例如：

  乌云 ɔ$^{33/22}$hon^{24} 掆轿 kən$^{33/22}$kieu^{21}（抬轿）

后音节本调为阴平和阴上的，其前音节有变调和不变调两种情况。"重中式"的词语前音节不变调，如前述"阴天""天井"；"中重式"的词语前音节变调，例如：

  生疮 sĩ$^{33/22}$tsʰən^{33} 风水 huan$^{33/22}$tsui^{32}

（2）前音节本调为阳平的，一律改读本调 24 中升调为 21 低降调，调值与阳上的变调和去声的本调相同。例如：

  皮鞋 pʰə$^{24/21}$ue^{24} 排队 pai$^{24/21}$tui^{21}
  桥头 kieu$^{22/21}$tʰau^{24} = 藠头 kieu$^{45/21}$tʰau^{24}
  河马 ho$^{24/21}$be^{32} = 号码 ho^{21}be^{32}

（3）前音节本调为阴上的，一律改读本调 32 中降调为 33 中平调，调值与阴入乙的变调和阴平的本调相同。例如：

  往年 ɔŋ$^{32/33}$nĩ^{24} 走路 tsau$^{32/33}$lɔ^{21}
  匪气 hui$^{32/33}$kʰi^{21} = 血气 hui$^{42/33}$kʰi^{21}

（4）前音节本调为阳上的，大多数改读本调 45 高升调为 21 低降调，调值与阳平的变调和去声的本调相同。例如：

  老岁 lau$^{45/21}$hə^{21}（父亲）   落雪 lo$^{45/21}$sə^{42}
  呣来 bue$^{45/21}$lai^{24}（不会来）= 卖梨 bue^{21}lai^{24}
  白铁 pe$^{45/21}$tʰi^{42} = 耙铁 pe^{21}tʰi^{42}

少数词语有保持本调读法的。例如：

  老鼠 lo^{45}tsʰɯ^{32} 老实 lo^{45}seʔ^{45}

（5）前音节本调为去声的，来源于古清声母字的大多数改读本调 21 低降调为 22 半低平调，调值与阴平的变调相同；后音节本调为阴上和阴平的，"中重式"的词语前音节改读为 22 半低平调，少数"重中式"的词语前音节改读为 33 中平调，调值与阴平的本调相同。例如：

汽油 kʰi²¹⁾²²iu²⁴　　　　过年 kə²¹⁾²²nĩ²⁴

祭祀 tsi²¹⁾²²suɯ²¹ = 知事 tsi³³⁾²²suɯ²¹

放风 pan²¹⁾²²huan³³　　放屁 pan²¹⁾²²sai³²（拉屎）

汽车 kʰi²¹⁾³³tsʰia³³⁾²²　　汽水 kʰi²¹⁾³³tsui³²

来源于古浊声母字的一律不变调而保持本调读法。例如：

电筒 tian²¹tan²⁴　　　　画图 ue²¹tɔ²⁴

（6）前音节本调为阴入甲的，一律改读本调 <u>32</u> 中降短调为 4 半高短调。例如：

法律 huaʔ³²⁾⁴leʔ⁴⁵　　　骨头 koʔ³²⁾⁴tʰau²⁴

（7）前音节本调为阴入乙的，一律改读本调 42 半高降调为 33 中平调，调值与阴上的变调和阴平的本调相同。例如：

隔壁 keʔ⁴²⁾³³piaʔ⁴²　　　鸭肉 aʔ⁴²⁾³³heʔ⁴⁵

桌囝 toʔ⁴²⁾³³kiã³²（小桌）= 刀囝 to³³kiã³²（小刀）

接车 tsiʔ⁴²⁾³³tsʰia³³⁾²² = 挤车 tsi³²⁾³³tsʰia³³⁾²²

（8）前音节本调为阳入的，一律改读本调 <u>45</u> 高升短调为 2 半低短调。例如：

木匠 bɔʔ⁴⁵⁾²tsʰiũ⁴⁵　　　食肉 tsiaʔ⁴⁵⁾²heʔ⁴⁵

2．就后音节的情况看，紫湖闽南话双音节词连读变调有以下规律：

不考虑后音节变读轻声的情况，紫湖闽南话双音节词后音节变调的是声调为阴平的一类。例如：

阴天 en³³tʰĩ³³⁾²²　　　　红霞 an²⁴⁾²¹he³³⁾²²

火车 hə³²⁾³³tsʰia³³⁾²²　　坐车 tsə⁴⁵⁾²¹tsʰia³³⁾²²

汽车 kʰi²¹⁾³³tsʰia³³⁾²²　　国家 koʔ³²⁾⁴ke³³⁾²²

铁钉 tʰi⁴²⁾³³tan³³⁾²²　　　学生 haʔ⁴⁵⁾²sen³³⁾²²

不变调的则只有少数读"中重式"的词语且前音节为阴平或阴去的（古轻声母字）字。例如：

生疮 sĩ³³⁾²²tsʰən³³　　　放风 pan²¹⁾²²huan³³

3．就每个调类的字在双音节词中变调的情况看，紫湖闽南话双音节词连读变调有以下规律：

（1）阴平字不论位于前音节还是后音节，基本上都要变调。不变调的只有：

"重中式"的"阴平+阴平"词语中的前音节，如"阴天"；

"中重式"的"阴平+阴平""阴去+阴平"词语中的后音节,如"生疮""放风"。

(2)阳平、阴上、阳上、阴入甲、阴入 5 个声调的字位于前音节都要变调,位于后音节不变调。

(3)去声字位于后音节都不变调;位于前音节时,其中古浊声母字都不变调,古轻声母字都要变调。发生变调的"中重式"词语前音节都变读为 22 半低平调,"重中式"词语(仅有后音节为阴平、阴上的两类)前音节都变读 33 中平调而与阴平调本调相同,如前述"汽车""汽水"。

(4)阳入字位于后音节都不变调,位于前音节基本上都要变调,只有个别词语如"日昼"中的"日"不变调。

二 轻声

轻声也是一种语流中常见的音变现象。形成轻声是因为音节发音时音强较弱而读轻音的缘故。在声调语言中,读轻音的音节呈现出与读非轻音的音节具有明显差异的音高特点,形成一种特别的声调,其调值一般表现为读成既轻又短的调子。汉语中称轻音音节的声调为轻声,通常也把轻声看作一种变调[①]。

(一)轻声的特点和功用

从具体调值上看,紫湖闽南话中的轻声音节一般都读一个音高为中度 3 或稍低一点的半低度 2 的短调。用数字标示调值时可以记作 3 或 2,也可以记作 0,本书记作 0。以 0 标记,是为了突出体现轻声音节与非轻声音节在调值上的性质区别。例如:

食嘞糜 tsiaʔ$^{45/2}$ lə^0 mãi$^{33/22}$(吃了饭)

与普通话一样,紫湖闽南话中的轻声也有区别语义的功能。例如:

昨日 tso$^{45/21}$zeʔ^{45} (1)(昨天)——昨日 tso^{45}zeʔ$^{45/0}$ (2)(前天)

"昨日(1)"轻重音模式为"中重式","日"重读,词义为"昨天","昨日(2)"轻重音模式为"重轻式","日"轻读,词义则为"前天"。

在紫湖闽南话中,读轻声的音节更多的则属于表示某些语法意义的结构成分。如上述"食嘞糜"中的"嘞",即是表示动作完成意义的动词后附成分。

(二)音节读轻声的几种情况

紫湖闽南话中的轻声现象与连读变调相比较,尚不算十分丰富。常见

[①] 称为变调是相对于本调而言,即一个字在语流中不再读本调(单字调)而变读成轻声音节的既轻又短的调值。但因为读轻声的音节有的未必有确定的本调,故也有认为汉语中的轻声是一类特殊的调类的。

的音节读轻声的情况主要有以下：

1. 助词"嗰、嘞、唠、嗝、得"等通常读轻声，例如：

   嗰 ke⁰：我～书（我的书）

   嘞 lə⁰：食～糜去（吃了饭去）

   唠 lau⁰：菜卖～一百垛（菜卖了一百元）

   嗝 kə⁰：食～了了（吃得光光的）

   得 təʔ⁰：好～煞（好得很）

   着 tieu⁰：食～兔囝肉（吃过兔子肉）

2. 语气词"啦、呀、噢、喏、呢、吗、嚜"等通常读轻声，例如：

   啦 la⁰：书无看着～。（书不见了。）

   呀 ia⁰：即哇重～！（这么重啊！）

   噢 ɔ⁰：救命～！（救命呀！）

   喏 no⁰：汝看即个"一"字～！（你看这个"一"字呢！）

   呢 ne⁰：汝能够弄什～？（你能干什么呢？）

   吗 mã⁰：汝晓得～？（你知道吗？）

   嚜 mẽ⁰：汝卜～？（你要不要呀？）

3. 动词后面表趋向、结果或尝试、可能的一些成分也多读轻声，例如：

   入来 zeʔ⁴⁵lai²⁴ᐟ⁰（进来）　　出去 tshoʔ³²khɯ²¹ᐟ⁰（出去）

   徛起 khia⁴⁵khi³²ᐟ⁰（站起来）　　坐倒 tsə⁴⁵to³²ᐟ⁰（坐下、坐着）

   倒落去 to³²lo⁴⁵ᐟ⁰khɯ²¹ᐟ⁰（倒下）

   缚起来 paʔ⁴⁵khi³²ᐟ⁰lai²⁴ᐟ⁰（捆起来）

   必开 peʔ³²khui³³ᐟ⁰（裂开）　　拍死 pha⁴²si³²ᐟ⁰（打死）

   食一下 tsiaʔ⁴⁵tse⁰（吃一下，吃吃看）

   会食得 ue⁴⁵ᐟ²¹tsiaʔ⁴⁵tieʔ³²ᐟ⁰（可以吃）

上述"落去""起来"两个双音节的动词后附成分变读时两个音节都读轻声。

4. 人称代词作动词的宾语，如非特别强调，一般也都读轻声。例如：

   喝我 hua⁴²gua³²ᐟ⁰（喊我）　　　喝汝 hua⁴²lɯ³²ᐟ⁰（喊你）

   喝伊 hua⁴²i³³ᐟ⁰（喊他）　　　　喝阮 hua⁴²gon³²ᐟ⁰（喊我们）

   喝俉 hua⁴²lan³²ᐟ⁰（喊咱们）　　喝恁 hua⁴²len³²ᐟ⁰（喊你们）

   喝個 hua⁴²en³³ᐟ⁰（喊他们）

5. 部分单音节词或语素的重叠形式后面的音节读轻声，例如：

   看看一下 khuã²¹ᐟ³³khuã²¹ᐟ⁰tse⁰（看了看）

   飞飞走 pə³³pə³³ᐟ⁰tsau³²（快跑）

   堪堪遘 khan³³khan³³ᐟ⁰kau²¹（刚到）

6．用在名词后面表方位的语素"咯"读轻声，例如：
   咯 lə⁰：山咯 suã³³ᐟ²²lə⁰（山上）　　　街路咯 kue³³ᐟ²²lɔ²¹lə⁰（街上）
   　　　　手咯 tsʰiu³²lə⁰（手里）　　　　边咯 pĩ³³ᐟ²²lə⁰（边上）
7．构词的虚语素"子"读轻声，"头"有时读轻声，例如：
   子：癫子 tian³³tɯ³²ᐟ⁰（疯子）　　　　面子 ben²¹tsɯ³²ᐟ⁰（无~）
   头：边头 pĩ³³tʰau²⁴ᐟ⁰（旁边）　　　　墘头 kĩ²⁴tʰau²⁴ᐟ⁰（边沿）
8．有部分多音节词的后音节习惯上读轻声，例如：
   后年 au⁴⁵nĩ²⁴ᐟ⁰　　　　　　　　　　昨日 tsoʔ⁴⁵zeʔ⁴⁵ᐟ⁰（前天）
   日时 zeʔ⁴⁵si²⁴ᐟ⁰（白天）　　　　　　暗时 an²¹si²⁴ᐟ⁰（晚上）
   山里侬 suã³³ᐟ²²lai⁴⁵lan²⁴ᐟ⁰（山里人）
   作塍侬 tso⁴²ᐟ³³tsʰan²⁴lan²⁴ᐟ⁰（种田人）
   愁侬 tsʰeu²⁴lan²⁴ᐟ⁰（使人发愁）　　　窟窿 kʰoʔ³²lɔŋ²⁴ᐟ⁰（洞）

（三）轻声音节的声母、韵母音变

轻声音节因读轻音而发生的音变是一种弱化音变，即语流中音节发音时发音器官紧张度变弱。这种弱化的结果不仅仅导致声调变读为轻声，也会影响音节的声母、韵母发生变化。在紫湖闽南话中，轻声音节声母的弱化主要表现为声母发音阻力减少或声母脱落。例如：

   看叻起 kʰuã²¹lə(<təʔ) ³²ᐟ⁰kʰi³²（看得起）
   好叻 ho³²lə(<təʔ) ³²ᐟ⁰（幸亏）
   碰叻 pʰɔŋ²¹lə(<to) ³²ᐟ⁰（遇上）
   接叻 tsiaʔ³²lə(<to) ³²ᐟ⁰（接着，连续）

"看叻起""好叻"中的"叻"由"得[təʔ³²]"弱化而来，"碰叻""接叻"中的"叻"由"倒[to³²]"弱化而来。

   我嘅 gua³²ke²⁴/我呃 gua³²e⁰（我的）
   死唠 si³²lau⁰/死吙si³²au⁰（死了）

"嘅[ke²⁴]"和"呃[e⁰]"、"唠[lau⁰]"和"吙[au⁰]"各是同一个语法成分的两种读音形式，"呃[e⁰]"由"嘅[ke²⁴]"脱落声母变读，"吙[au⁰]"由"唠[lau⁰]"脱落声母变读。语用中选读"嘅[ke²⁴]""唠[lau⁰]"或"呃[e⁰]""吙[au⁰]"，与语流中弱化程度有关，也与语速快慢有关。

轻声音节的韵母常常也发生弱化音变。如"拍嗝[kə⁰]死死"中，位于动词与补语之间的结构助词"嗝[kə⁰]"，即由"遘[kau²¹]（到）"弱化变读。上述"好叻 ho³²lə(<təʔ) ³²ᐟ⁰（幸亏）"和"碰叻 pʰɔŋ²¹lə(<to) ³²ᐟ⁰（遇上）"中，"叻"分别由"得[təʔ³²]"和"倒[to³²]"弱化变读，不同的韵母弱化后相同。

三　合音

合音是指相连的两个音节在语流连读中合并为一个音节。合音是一种语音缩减变化，发生这种变化是快速急读导致的。紫湖闽南话中有部分词语存在着合音现象。例如：

仟侬 sian^{24}｜谁。△～来啦？（谁来啦？）

𣍐 bue^{45}｜不会。△伊会来吗？——伊会来//伊～来。（他会来吗？——他会来//他不会来。）

"仟侬"是"什侬"的合音：[sian^{24}(＜siaʔ$^{32/4}$＋lan^{24})]。"𣍐"是"无会"的合音：[bue^{45}(＜bo$^{24/21}$＋ue^{45})]。为了体现合音词的造词理据，本书在书面记录时采用在两个合音的字上加连线的方式记写合音词，例如上述"仟侬"。"𣍐"则是一个闽方言区域通行的用加合方法特造的会意字，"勿"字只是取其义，音节本应为"无"。

紫湖闽南话中一些双音节词或两个以上音节的多音节词的双音节构成部分，由于在口语中经常处于急读的状态而凝合成一个固定的音节，这些双音节词或多音节词成为合音词。常见的合音词有：

□囝 tsau^{33}(＜tsa^{33}＋bɔ^{32})kiã^{32}（女儿；女孩）
　　——"查某囝"的合音变读；

□公 tsiau^{21}(＜tsieu$^{45/2}$＋tʰau$^{24/21}$) kɔŋ$^{33/22}$（大石头）
　　——"石头公"的合音变读；

□垛 mãi$^{32/33}$(＜muã^{32}＋si^{21})tə^{21}（到处）
　　——"满四垛"的合音变读；

□hai^{42}(＜huɯ^{42}＋sai$^{45/0}$)（那里）
　　——"许在"的合音变读；

仟东西 siɔŋ$^{42/33}$(＜siaʔ$^{32/4}$＋tɔŋ^{33}) sue$^{33/22}$（什么东西）
　　——"什东西"的合音变读；

有通 uan^{33}(＜u^{45}＋tʰan$^{33/22}$)（有、可以）——"有通"的合音变读；

无通 buan^{24}(＜bo$^{24/21}$＋tʰan$^{33/22}$)（没有、不可以）——"无通"的合音变读；

有法 ua^{24}(＜u^{45}＋huaʔ^{32})（能够）——"有法"的合音变读；

无法 bua^{24}(＜bo$^{24/21}$＋huaʔ^{32})（不能够）——"无法"的合音变读；

即哇 tsua^{42}(＜tsi^{42}＋ua^{42})（这么）——"即哇"的合音变读；

许哇 hua^{42}(＜huɯ^{42}＋ua^{42})（那么）——"许哇"的合音变读；

就是 tsi^{24}(＜tsiu^{21}＋si^{45})（就是）——"就是"的合音变读。

只有 tsiu^{42}(＜tsiu^{21}＋u^{45})（只有，仅有）——"只有"的合音变读

上述合音词在语速较缓的情况下还可以有不发生合音变读的读音，例如"□囝[tsau^{33}kiã^{32}]"可以说"查某囝[tsa^{33}bɔ$^{32/33}$kiã^{32}]"。但也有些词语只有合音的一种说法，如上述的"仟东西""即哇""许哇""就是"，它们没有可以对照的不发生合音变读的本来读音，确定为合音词只是人为分析的结果。

四 文白异读

汉语中的一个单音节词或单音节语素用于构词组句，有的因应用语境的不同而有不同读音。这两个或两个以上的不同读音有着相同的古音来历同时在意义上有关联，其中有的音通常出现在较文的书面语语境，称为文读音（也叫读书音），有的音通常出现较白的口语语境，称为白读音（也叫口语音），这种异读现象即文白异读。

汉语共同语和方言都有文白异读现象。方言中的文白异读，文读音往往是外来的或后起的，并且比较接近共同语，而白读音则是本地的或早期的，更具有方言特色。文白异读是闽语特别是闽南方言突出的一种语音现象。作为闽南方言的一个地点方言，紫湖闽南话的文白异读也非常丰富，具有文白异读的字有相当数量的一批。本章第二节"同音字汇"所收录的具有文白异读的字共计有 800 余字（读音 1700 余个）。

（一）紫湖闽南话文白异读的特点

紫湖闽南话中，文白异读的出现场合一般说都是确定的：文读音用于诵读书面语，也用于说话时称说从书面语吸收的词语；白读音只用于口语说话。例如，"街路（街道）"是闽语词，说话时便用白读音，说[kue$^{33/22}$lɔ^{21}]，"街办（街道办事处的简称）"是新词，虽然口语上说，但就其来源看，却是从书面语引进的，因而读[kai$^{33/22}$pan^{21}]，属于文读音。"下底（下面）"读[e$^{45/21}$tue^{32}]，是白读音；"下放"读[ha^{21}hɔŋ^{21}]，是文读音。如果把"下底"按文读音说成[ha^{21}ti^{32}]，把"下放"按白读音说成[e$^{45/21}$pan^{21}]，在正常的交际语境中都是不被接受的。

不过紫湖闽南话中也有一些词语存在文白任意读的情况。例如，"电话"既可以取文读音读作[tian^{21}hua^{21}]，也可以取白读音读作[tian^{21}ue^{21}]；"工厂"既可以取文读音读作[kɔŋ$^{33/22}$tsʰiɔŋ^{32}]，也可以取白读音读作[kɔŋ$^{33/22}$tsʰiũ^{32}]。这种一词两读往往体现了方言社区内部语音上新派、老派的差异。年龄较大、文化较低的居民多取白读音，形成老派读音；年龄较轻、文化较高的居民更倾向于取文读音，形成新派读音。

当然在多数情况下，字词读音取文读音或取白读音都还是确定的。因为有文白异读的字，其语音形式往往受着语义的制约，读文读音是一个意思，读白读音是一个意思，不同的读音所表示的词义是有区别的（这种区别是有联系的区别）。例如：

  鼻 白读音读[pʰi^{21}]，指"鼻涕"或"鼻子"，如"流～"、"～空（鼻子、鼻孔）"；文读音读[peʔ^{45}]，指"器物上突出带孔的部分"，如"门～"。

初一　白读音读[tsʰue³³/²²eʔ³²]，指"农历月份的第一天"；文读音读[tsʰo³³/²²eʔ³²]，则是"初中一年级"的简称。

落后　白读音读[lo⁴⁵/²¹au⁴⁵]，指"走路时拉在后面"，如"快团走，怀通～（快走，别落后）"；文读音读[lɔʔ⁴⁵/²hau²¹]，意义已经引申，指"不积极、不先进"，如"汝着好好读书，怀通～（你得好好学习，别落后）"。

有许多字词读文读音或是读白读音虽然在词义方面未必存在多大差异，但体现了字词运用上的不同色彩。例如：

后　白读音读[au⁴⁵]，有明显的口语色彩，"两工～（两天后）"中的"后"取白读音；文读音读[hau²¹]，是纯粹的书面语读法，"～果自负"中的"后"只取文读音。

兄弟　白读音读[hiã³³/²²ti⁴⁵]，用于"我有两～"中，显示出口语说话色彩；文读音读[hiɔŋ³³/²²ti²¹]，用于"患难～"中，显示出书面语色彩。

从使用频率上看，字词的文白异读表现出几种情况。在紫湖闽南话中，一是有些字词的文读音和白读音都是常用的，各可以出现在大量的词语语境中。例如：

大　[tua²¹]（白读）：～侬（大人）、～细（大小）、～门、～胆
　　[tai²¹]（文读）：～方、～学、～度、～寿、～庆
上　[tsiũ⁴⁵]（白读）：～堂（上课）、～路、～门、～班
　　[siɔŋ²¹]（文读）：～级、～等、～访、～层、～峰

另外的情况则是文读音、白读音有的常用，可用于较多的词语语境；有的不常用，只在个别词语语境中出现。例如：

四　[si²¹]（白读）：～面、～季、～十、十～、～骹～手（四肢）
　　[sɯ²¹]（文读）：～书五经
师　[sai³³]（白读）：～傅
　　[sɯ³³]（文读）：～长、～兄、～门、拜～、出～

"四"通常读白读音，只在"四书"中才取文读音；"师"通常读文读音，只在"师傅"中才取白读音。

从文白读对应情况看，字词的文读音与白读音通常呈一对一关系对应，即只有一个文读音和一个白读音。如上述"大""上""四""师""落后"和"兄弟"等。不过也有一些字词文白读对应关系是一对几的，或是文读音一个而白读音有两个或两个以上，或是白读音一个而文读音有两个或两个以上。例如：

学　[o⁴⁵]（白读）：～手会（学手艺）、～车

　　　　　[haʔ⁴⁵]（文读）：～堂、～生、～习、
　　　　　[hoʔ⁴⁵]（文读）：～问、文～
　　中　　[tɔŋ³³]（白读）：路～央
　　　　　[tiɔŋ³³]（白读）：～国、～学、～等
　　　　　[tsiɔŋ³³]（文读）：～心思想、～级职称

（二）紫湖闽南话文白读对应的类型

文读音和白读音是一组对应的字词读音。紫湖闽南话中文白异读非常丰富，文读音与白读音对应的类型也很多。

1. 文白读音节结构异同对应的类型

文读音与白读音表现在音节结构异同上有以下几种情况。

（1）文读音与白读音的声韵调有一项差异。其中：

有声调不同，声母、韵母相同的。例如：

　　在　[tsai⁴⁵]（白读）：自～　　　　[tsai²¹]（文读）：现～
　　弟　[ti⁴⁵]（白读）：小～（弟弟）　[ti²¹]（文读）：内～

有声母不同，韵母、声调相同的。例如：

　　肥　[pui²⁴]（白读）：～肉　　　　[hui²⁴]（文读）：～料
　　呼　[kʰɔ³³]（白读）：～鸡　　　　[hɔ³³]（文读）：～吸

有韵母不同，声母、声调相同的。例如：

　　火　[hə³²]（白读）：灯～　　　　[ho³²]（文读）：烽～连天
　　把　[pe³²]（白读）：一～枪　　　[pa³²]（文读）：～握

（2）文读音与白读音的声韵调有两项差异。其中：

有韵母、声调不同，声母相同的。例如：

　　卵　[lən⁴⁵]（白读）：鸡～（鸡蛋）　[luan³²]（文读）：～翼
　　敲　[kʰa²¹]（白读）：～门　　　　　[kʰau³³]（文读）：推～

有声母、声调不同，韵母相同的。例如：

　　妇　[pu⁴⁵]（白读）：新～（儿媳）　　[hu²¹]（文读）：～女
　　后　[au⁴⁵]（白读）：～尾（后面）　　[hau²¹]（文读）：～生（年轻）

有声母、韵母不同，声调相同的。例如：

　　树　[tsʰiu²¹]（白读）：栽～　　　[su²¹]（文读）：～立
　　锄　[tu²⁴]（白读）：～头　　　　[tsʰu²⁴]（文读）：～奸

（3）文读音与白读音的声韵调三项都不同。例如：

　　学　[o⁴⁵]（白读）：～木匠　　　[haʔ⁴⁵]（文读）：～生
　　远　[hŋ⁴⁵]（白读）：路～　　　　[uan³²]（文读）：～大

2. 文白读音节读音对应的类型

文读音与白读音对应表现在音节的声调、声母、韵母三个方面。

(1) 声调的对应。有以下类型：
白读音读阳上，文读音读阴上。例如：
　　想　[siũ⁴⁵]（白读）：～读书　　　[siɔŋ³²]（文读）：思～
　　有　[u⁴⁵]（白读）：～钱　　　　　[iu³²]（文读）：富～
白读音读阳上，文读音读去声。例如：
　　静　[tsen⁴⁵]（白读）：悄～　　　[tsen²¹]（文读）：寂～
　　近　[kən⁴⁵]（白读）：路～　　　[ken²¹]（文读）：～亲
白读音读阳上，文读音读阳入。例如：
　　白　[pe⁴⁵]（白读）：～菜　　　　[paʔ⁴⁵]（文读）：～军
　　薄　[po⁴⁵]（白读）：纸～　　　　[pɔʔ⁴⁵]（文读）：刻～
白读音读阴入乙，文读音读阴入甲。例如：
　　八　[pue⁴²]（白读）：～岁　　　[paʔ³²]（文读）：～路军
　　割　[kua⁴²]（白读）：～麦　　　[kuaʔ³²]（文读）：～据

(2) 声母的对应。有以下类型：
白读音读双唇塞音（古重唇音）p、pʰ，文读音读舌根擦音 h。例如：
　　分　[pon³³]（白读）：～家　　　[hon³³]（文读）：～别
　　覆　[pʰɔʔ³²]（白读）：～倒　　[hɔʔ³²]（文读）：～盖
白读音读双唇塞音 b，文读音读双唇鼻音 m 或零声母。例如：
　　帽　[bo²¹]（白读）：头～（帽子）　[mãu²¹]（文读）：扣～子
　　味　[bi²¹]（白读）：无～　　　　[ui²¹]（文读）：品～
白读音读舌根塞音 k，文读音读舌根擦音 h。例如：
　　厚　[kau⁴⁵]（白读）：皮～　　　[hau²¹]（文读）：～道
　　糊　[kɔ²⁴]（白读）：～手（沾手）　[hɔ²⁴]（文读）：～涂
白读音读舌根擦音 h，文读音读零声母。例如：
　　云　[hon²⁴]（白读）：白～　　　[on²⁴]（文读）：风～
　　园　[hŋ²⁴]（白读）：菜～　　　[uan²⁴]（文读）：～地
白读音读零声母，文读音读舌根擦音 h。例如：
　　下　[e⁴⁵]（白读）：～底（下面）　[ha²¹]（文读）：～级
　　闲　[ãi²⁴]（白读）：无～（没空）　[han²⁴]（文读）：休～
白读音读舌尖塞音 t、tʰ，文读音读舌尖塞擦音 ts、tsʰ。例如：
　　直　[teʔ⁴⁵]（白读）：～路　　　[tseʔ⁴⁵]（文读）：～接
　　畅　[tʰiɔŋʔ²¹]（白读）：～（舒服）　[tsʰiɔŋ²¹]（文读）：欢～
白读音读舌尖塞擦音 ts、tsʰ，文读音读舌尖塞音 s。例如：
　　水　[tsui³²]（白读）：～沟　　　[sui³²]（文读）：风～
　　醒　[tsʰĩ³²]（白读）：困～（睡醒）　[sen³²]（文读）：清～

（3）韵母的对应。类型最多，主要有以下：

开口度的对应。例如：

第　[tuĩ²¹]（白读）：第～　　　　　[ti²¹]（文读）：门～
皮　[pʰə²⁴]（白读）：～鞋　　　　　[pʰi²⁴]（文读）：～球
斧　[pɔ³²]（白读）：～头　　　　　[hu³²]（文读）：～正
无　[bɔ²⁴]（白读）：～钱　　　　　[bu²⁴]（文读）：～私
家　[ke³³]（白读）：户～　　　　　[ka³³]（文读）：～电
食　[tsiaʔ⁴⁵]（白读）：～饱　　　 [seʔ⁴⁵]（文读）：粮～
针　[tsan³³]（白读）：金～　　　　[tsen³³]（文读）：方～
话　[ue²¹]（白读）：好～　　　　　[hua²¹]（文读）：～剧
小　[sieu³²]（白读）：～气　　　　[siau³²]（文读）：～学

韵头的对应。例如：

沙　[sua³³]（白读）：～子　　　　[sa³³]（文读）：～眼
爪　[zia³²]（白读）：骰～　　　　[tsua³²]（文读）：～牙
久　[ku³²]（白读）：偌～多久　　　[kiu³²]（文读）：永～
梯　[tʰui³³]（白读）：楼～　　　　[tʰi³³]（文读）：～队
地　[tue²¹]（白读）：本～　　　　[te²¹]（文读）：～主
别　[paʔ⁴⁵]（白读）：～侬别人　　[piaʔ⁴⁵]（文读）：分～
顿　[tən²¹]（白读）：食三～　　　[ton²¹]（文读）：安～
反　[pan³²]（白读）：～手　　　　[huan³²]（文读）：～对
肯　[kʰen³²]（白读）：～去　　　 [kʰən³²]（文读）：～定
瓦　[hia⁴⁵]（白读）：砖～　　　　[ua³²]（文读）：千～

单韵母与复韵母的对应。例如：

梨　[lai²⁴]（白读）：买～　　　　[li²⁴]（文读）：～园
师　[sai³³]（白读）：～父　　　　[sɯ³³]（文读）：老～
戴　[ti²¹]（白读）：～头帽　　　　[tai²¹]（文读）：拥～
袋　[tə²¹]（白读）：布～　　　　[tai²¹]（文读）：～鼠
底　[tue³²]（白读）：下～下面　　 [ti³²]（文读）：到～
做　[tsue²¹]（白读）：～木匠　　　[tso²¹]（文读）：～作
初　[tsʰue³³]（白读）：～十　　　[tsʰɔ³³]（文读）：～级
配　[pʰə²¹]（白读）：～糜下饭　　[pʰue²¹]（文读）：分～
够　[kau²¹]（白读）：～用　　　　[keu²¹]（文读）：能～
飞　[pə³³]（白读）：鸟～　　　　[hui³³]（文读）：～行员
味　[bi²¹]（白读）：无～　　　　[ui²¹]（文读）：品～

鼻音韵尾的对应。例如：

第二章　紫湖闽南话语音

重　[tan⁴⁵]（白读）：轻～　　　[tsiɔŋ²¹]（文读）：～要
冻　[tan²¹]（白读）：～死　　　[tɔŋ²¹]（文读）：～结
肠　[tən²⁴]（白读）：大～　　　[tsiɔŋ²⁴]（文读）：心～
当　[tən³³]（白读）：～兵　　　[tɔŋ³³]（文读）：应～
用　[en²¹]（白读）：～钱　　　[iɔŋ²¹]（文读）：作～
仗　[tsian²¹]（白读）：拍～打仗　[tsiɔŋ²¹]（文读）：～义

鼻韵母与鼻化韵母的对应。例如：

担　[tã²¹]（白读）：担～　　　[tan²¹]（文读）：负～
单　[tuã³³]（白读）：～身　　　[tan³³]（文读）：～位
官　[kuã³³]（白读）：当～　　　[kuan³³]（文读）：器～
关　[kuĩ³³]（白读）：～门　　　[kuan³³]（文读）：～心
院　[ĩ²¹]（白读）：医～　　　[uan²¹]（文读）：～落
边　[pĩ³³]（白读）：路～　　　[pian³³]（文读）：～区
前　[tsuĩ²⁴]（白读）：头～前面　[tsian²⁴]（文读）：～线
线　[suã²¹]（白读）：针～　　　[sian²¹]（文读）：～索
平　[pĩ²⁴]（白读）：～路　　　[pen²⁴]（文读）：～常
厅　[tʰiã³³]（白读）：大～　　　[tʰen³³]（文读）：～长
腔　[kʰiũ³³]（白读）：福建～　　[kʰiɔŋ³³]（文读）：胸～

塞音尾韵母与元音韵母的对应。例如：

百　[pa⁴²]（白读）：五～　　　[paʔ³²]（文读）：千方～计
伯　[pe⁴²]（白读）：～公伯父　　[paʔ³²]（文读）：～乐
夹　[kue⁴⁵]（白读）：～手　　　[kaʔ³²]（文读）：～攻
拔　[pə²¹]（白读）：～出来　　　[paʔ⁴⁵]（文读）：提～
摘　[tia⁴²]（白读）：～茶　　　[tsaʔ³²]（文读）：文～
削　[sia⁴²]（白读）：～笔　　　[siaʔ³²]（文读）：剥～
歇　[hieu⁴²]（白读）：～气　　　[hiaʔ³²]（文读）：～息
节　[tsue⁴²]（白读）：冬～冬至　[tsiaʔ³²]（文读）：～目
铁　[tʰi⁴²]（白读）：～钉　　　[tʰiaʔ³²]（文读）：～定
阔　[kʰua⁴²]（白读）：路～　　　[kʰuaʔ³²]（文读）：～气
血　[hui⁴²]（白读）：流～　　　[huaʔ³²]（文读）：～战
索　[so⁴²]（白读）：绳～　　　[sɔʔ³²]（文读）：～性
抹　[bua⁴⁵]（白读）：～布　　　[bɔʔ⁴⁵]（文读）：～杀
钵　[pua⁴²]（白读）：骹～一种钵子　[puaʔ³²]（文读）：衣～
壁　[pia⁴²]（白读）：墙～　　　[peʔ³²]（文读）：～画
滴　[ti⁴²]（白读）：～水　　　[teʔ³²]（文读）：点～
尺　[tsʰieu⁴²]（白读）：～寸　　[tsʰeʔ³²]（文读）：～牍

第三章　紫湖闽南话词汇

词汇是语言中词语的总汇。本章为紫湖闽南话常用词汇的分类词汇表。词汇表收录词语3700余条，按意义分为27类，顺序和条目的安排参照《汉语方言词语调查条目表》（中国社会科学院语言研究所方言研究室资料室编，《方言》2003年第1期）编排，并作调整和增删。词汇分类目录如下：

　　一　天文……………130　　二　地理……………133
　　三　时令时间………138　　四　农业……………142
　　五　植物……………146　　六　动物……………153
　　七　房舍……………159　　八　器具用品………163
　　九　称谓……………170　　十　亲属……………174
　　十一　身体…………179　　十二　疾病医疗……184
　　十三　服饰…………189　　十四　饮食…………192
　　十五　婚丧宗教……197　　十六　日常生活……202
　　十七　交际…………206　　十八　商业交通……209
　　十九　文化教育……213　　二十　文体活动……215
　　二十一　动作行为…217　　二十二　形容修饰…229
　　二十三　位置方向…235　　二十四　代词………238
　　二十五　副、介、连词…239　　二十六　数量词……245
　　二十七　附加成分等……249

体例说明

本章词汇表中，每个词语条目先写汉字，后标读音，并作意义解释。条目后排单竖线"｜"，之后的为释义部分。少数与普通话相同或比较接近的条目不作解释。例如：

　　　日头 zeʔ$^{45/2}$tʰau^{24}｜太阳
　　　风 huan^{33}

一个词条有两个或两个以上义项的，每个义项前标记加圈的顺序数字。例如：

趁钱 $tʰan^{21}tsĩ^{24}$｜①挣钱。②赚钱

卜 bo^{42}｜要，助动词。①表示做某件事的意志。△伊～学开车（他要学开车）。②须要；应该。△超过一米二十～买半票。③将要。△天～落雨嘞（天要下雨了）

大多数条目使用通用汉字记录，例如"日头｜太阳"。部分条目使用闽语调研习惯采用的汉字记录，例如"厝｜房子""怀｜不"。部分条目记字使用较为生僻的本字，释义之后对本字作简略考释。例如：

清 $tsʰen^{21}$｜凉；冷。△～水。◎《广韵·劲韵》"七正切"下："清，温清。"《说文》："清，寒也。"

为了显示词语音节在方言音系中的音韵地位，条目的本字未考或难以确定的尽量使用方言中同音的通用字表示，字下加画单浪线。例如：

楼<u>徒</u> $lau^{24/21}tɔ^{24}$｜顶托楼板的梁
掣<u>北</u>神 $tsʰua^{42/33}paʔ^{4}sen^{24}$｜打闪电

音节无合适同音字可记的则以方框符号"□"代替汉字。例如：

□ he^{42}｜扔；丢弃
□手 $mãi^{33}tsʰiũ^{32}$｜左手

音节使用同音字记录或用方框符号表示的，标音时声调只标记实际调值，例如"□北神 $tsʰua^{42/33}paʔ^{4}sen^{24}$"中的"北 $paʔ^{4}$""□手 $mãi^{33}tsʰiũ^{32}$"中的"□ $mãi^{33}$"。

词条的释义一般以普通话词语（包括词组）对译。例如：

河溪 $ho^{24/21}kʰue^{33/22}$｜银河
顺风 $son^{21}huan^{33/22}$｜风向与行进方向相同的风

普通话中无合适对应词语的以说明的方法注释。例如：

烂冬 $nuã^{21}tan^{33/22}$｜冬季多雨，过冬农作物小麦、油菜等因雨水而沤烂

部分词条释义附加补充说明内容，外加括号表示。例如：

日头花 zeʔ⁴⁵ᐟ²tʰau²⁴ᐟ²¹hue³³ᐟ²² ｜（多云时稀疏的）阳光
红土糍 an²⁴ᐟ²¹tʰɔ²⁴ᐟ²¹tsi²⁴ ｜黄泥地（土壤黏性大）

部分词条释义之后附用例以说明用法。用例前加"△"号表示，对用例作解释的内容外加括号附于用例之后。例如：

寒 kuã²⁴ ｜①冷。△天～。②冻。△～手
落山 lo⁴⁵ᐟ²¹suã³³ᐟ²² ｜下山。△日头～（太阳下山）

部分词条记词用字音义有特别变化的，在词语的整体释义之后加以说明。这部分说明文字以及前述考本字的内容前加"◎"号表示。例如：

石头公 tsieu⁴⁵ᐟ²¹tʰau²⁴ᐟ²¹kɔŋ³³ᐟ²² ｜团状的大石头。◎有读"tsiau²¹kɔŋ³³ᐟ²²"的合音变读
塍 tsʰan²⁴ ｜田；水田。◎《广韵·曾韵》"食陵切"下："塍，稻田。"

同义词条列在一起，常用的在前，后面的以退一格表示，并略去注释内容，或只注出与词条有关的需另加解释的内容。例如：

天狗食日 tʰĩ³³ᐟ²²kau³²tsiaʔ⁴⁵ᐟ²zeʔ⁴⁵ ｜发生日食
　熄日 seʔ³²ᐟ⁴zeʔ⁴⁵
旋风 suan²⁴ᐟ²¹huan³³ᐟ²² ｜呈螺旋状运动的风
　塍螺风 tsʰan²⁴ᐟ²¹lə²⁴ᐟ²¹huan³³ᐟ²² ｜塍螺：螺蛳
　牛角风 gu²⁴ᐟ²¹kaʔ³²ᐟ⁴huan³³ᐟ²² ｜牛角底部圆粗，顶部尖细

一　天文

（一）日、月、星

日头 zeʔ⁴⁵ᐟ²tʰau²⁴ ｜太阳
　日 zeʔ⁴⁵
落山 lo⁴⁵ᐟ²¹suã³³ᐟ²² ｜下山。△日头～（太阳下山）
日头光 zeʔ⁴⁵ᐟ²tʰau²⁴ᐟ²¹kəŋ³³ᐟ²² ｜阳光
日头花 zeʔ⁴⁵ᐟ²tʰau²⁴ᐟ²¹hue³³ᐟ²² ｜（多云时稀疏的）阳光
阳爿 iɔŋ²⁴puĩ²⁴ᐟ⁰ ｜向阳的一边
日头底 zeʔ⁴⁵ᐟ²tʰau²⁴ᐟ²¹tue³² ｜太阳照到的地方
阴爿 en³³ᐟ²²puĩ²⁴ᐟ⁰ ｜背阴的一边
阴影 en³³ŋ³² ｜背阴，阳光照不到的地方
月 gə⁴⁵ ｜月亮
月光 gə⁴⁵ᐟ²¹kəŋ³³ᐟ²²

月光底 gə⁴⁵ᐟ²¹kən³³ᐟ²²tue³² ｜月光照到的地方

日头揭枷 zeʔ⁴⁵ᐟ²tʰau²⁴kia²⁴ᐟ²¹ke³³ᐟ²² ｜发生日晕（太阳周围形成内红外紫的彩色光环）。揭枷：扛木枷

月揭枷 ge⁴⁵kia²⁴ᐟ²¹ke³³ᐟ²² ｜发生月晕（月亮周围形成内红外紫的彩色光环）

天狗食日 tʰĩ³³ᐟ²²kau³²tsiaʔ⁴⁵ᐟ²zeʔ⁴⁵ ｜发生日食

熄日 seʔ³²ᐟ⁴zeʔ⁴⁵

天狗食月 tʰĩ³³ᐟ²²kau³²tsiaʔ⁴⁵ᐟ²gə⁴⁵ ｜发生月食

天星 tʰĩ³³tsʰĩ³³ᐟ²² ｜星星

星宿 sĩ³³ᐟ²²siu²¹

河溪 ho²⁴ᐟ²¹kʰue³³ᐟ²² ｜银河

七姊妹 tsʰeʔ³²ᐟ⁴tsi³²ᐟ³³bə²¹ ｜织女星

泄屎星 tsʰua²¹sai³²ᐟ³³tsʰĩ³³ᐟ²² ｜流星。泄屎：睡眠未醒时拉屎

（二）风、云、雷、电

风 huan³³

起风 kʰi³²ᐟ³³huan³³ᐟ²² ｜刮风

风静嘞 huan³³tsen²¹lə⁰ ｜风停了

风歇嘞 huan³³hieu⁴²lə⁰

台风 tai²⁴ᐟ²¹huan³³ᐟ²²

旋风 suan²⁴ᐟ²¹huan³³ᐟ²² ｜呈螺旋状运动的风

塍螺风 tsʰan²⁴ᐟ²¹lə²⁴ᐟ²¹huan³³ᐟ²² ｜塍螺：螺蛳

牛角风 gu²⁴ᐟ²¹kaʔ³²ᐟ⁴huan³³ᐟ²² ｜牛角底部圆粗，顶部尖细

顺风 son²¹huan³³ᐟ²² ｜风向与行进方向相同的风

对面风 tui²¹ᐟ²²ben²¹huan³³ᐟ²² ｜风向与行进方向相反的风

滚风 kon³²ᐟ³³huan³³ᐟ²² ｜热风

严风 gan²⁴ᐟ²¹huan³³ᐟ²² ｜冷风。严：寒冷

霜风 sən³³huan³³ᐟ²² ｜霜冻时节的风

云 hon²⁴

乌云 ɔ³³ᐟ²²hon²⁴

红霞 an²⁴ᐟ²¹he³³ᐟ²² ｜霞

雷公 lui²⁴ᐟ²¹kɔŋ³³ᐟ²² ｜雷

瞋雷 tan²⁴ᐟ²¹lui²⁴ ｜打雷。◎《集韵·先韵》"徒年切"下："瞋，声盈耳也。"

雷公拍嘞 lui²⁴ᐟ²¹kɔŋ³³ᐟ²²pʰa⁴²lə⁰ ｜雷劈了

掣北神 tsʰua⁴²ᐟ³³paʔ⁴sen²⁴ ｜打闪电。掣：抖动

雨 hɔ⁴⁵

落雨 lo⁴⁵/²¹hɔ⁴⁵｜下雨
雨歇嘞 hɔ⁴⁵hieu⁴²lə⁰｜雨停了
雨囝 hɔ⁴⁵/²¹kiã³²｜小雨。囝：儿子，此用作名词表小词缀
雨毛囝 hɔ⁴⁵/²¹bən²⁴/³³kiã³²｜毛毛雨
大雨 tua²¹hɔ⁴⁵
暴雨 pau²¹hɔ⁴⁵｜（台风带来的～）暴雨
雷公雨 lui²⁴/²¹kɔŋ³³/²²hɔ⁴⁵｜雷阵雨。雷公：雷
斜风雨 tsʰia²⁴/²¹huan³³/²²hɔ⁴⁵｜斜飘的雨
闭燥雨 pi²¹/²²tsau²¹/²²hɔ⁴⁵｜出着太阳下的雨。闭燥：憋闷
落长雨 lo⁴⁵/²¹tən²⁴/²¹hɔ⁴⁵｜连阴雨，很多天连续不断地下雨
霉雨 muĩ²⁴/²¹hɔ⁴⁵｜梅雨
拍雨 pʰa⁴²/³³hɔ⁴⁵｜淋雨。拍：打
　沃雨 aʔ³²/⁴hɔ⁴⁵｜沃：浇灌
虹 kʰen⁴⁵

（三）冰、雪、霜、露

霜冰 sən³³pen³³/²²｜冰
结霜冰 kiaʔ³²/⁴sən³³pen³³/²²｜结冰
　扣霜冰 kʰeu²¹/²²sən³³pen³³/²²｜扣：冰冻
霜冰条 sən³³pen³³/²²tiau²⁴｜屋檐下悬挂的冰锥
雪子 sə⁴²/³³tsi³²｜霰，雪珠子
落雪 lo⁴⁵/²¹sə⁴²｜下雪
雨夹雪 hɔ⁴⁵ka⁴²/³³sə⁴²
烊雪 iũ²⁴/²¹sə⁴²｜化雪
拓 tʰaʔ⁴⁵｜冰雹
露水 lɔ²¹tsui³²
霜 sən³³
拍霜 pʰa⁴²/³³sən³³/²²｜下霜。拍：打
雾 bu²¹
罩雾 tau²¹/²²bu²¹｜下雾
　起雾 kʰi³²/³³bu²¹

（四）气候

天时 tʰĩ³³/²²si²⁴｜天气
　天气 tʰĩ³³/²²kʰi²¹
　天工 tʰĩ³³kan³³/²²
天晴 tʰĩ³³/²²tsĩ²⁴｜晴天

天工好 tʰĩ³³kan³³ᐟ²²hɔ³²

乌阴天 ɔ³³en³³ᐟ²²tʰĩ³³ᐟ²² ｜阴天

　　乌天 ɔ³³tʰĩ³³ᐟ²²

转晴 tən³²ᐟ³³tsĩ²⁴ ｜雨后云散，天气转为晴天

变天 pian²¹ᐟ³³tʰĩ³³ᐟ²² ｜天气变坏

霉天 muĩ²⁴ᐟ²¹tʰĩ³³ᐟ²² ｜春夏之交暖和、潮湿的天气

热 zeʔ⁴⁵

闭燥热 pi²¹ᐟ²²tsau²¹ᐟ²²zeʔ⁴⁵ ｜闷热。闭燥：憋闷

滚 kon³² ｜①水沸腾。△水～嘞（水开了）。②烫，热。△～茶（热茶）

烧断 sieu³³ᐟ²²tən⁴⁵ ｜暖和。△天气～

　　滚滚 kon³²ᐟ³³kon³²

清 tsʰen²¹ ｜凉；冷。△～水。◎《广韵·劲韵》"七政切"下："清，温清。"《说文》："清，寒也。"

秋清 tsʰiu³³ᐟ²²tsʰen²¹ ｜①凉快。△天气～。②乘凉。△坐树下底～（坐在树底下乘凉）

寒 kuã²⁴ ｜①冷。△天～。②冻。△～手

乌冻寒 ɔ³³ᐟ²²tan²¹ᐟ²²kuã²⁴ ｜阴冷（隆冬不出太阳时，天气特别冷）；阴冷的天气。乌冻：阴雨天冰冻。△十二月天统是～（十二月天气全是阴冷的天气）

严 gan²⁴ ｜寒冷。◎本字为"浐"。《集韵·严韵》"鱼枕切"下："浐凝，寒也。"

旱 huã⁴⁵ ｜干旱

涨大水 tsian³²ᐟ³³tua²¹tsui³² ｜发洪水

水浸嘞 tsui³²tsen²¹lə⁰ ｜水淹了

二　地理

（一）地

平洋 pĩ²⁴ᐟ²¹iũ²⁴ ｜开阔的平地

骸涂 kʰa³³ᐟ²²tʰɔ²⁴ ｜地面；地上。△坐～（坐地上）、扫～（扫地）。涂：泥土；骸：脚

地 tue²¹ ｜旱地

塍 tsʰan²⁴ ｜田；水田。◎《广韵·曾韵》"食陵切"下："塍，稻田。"

　　水塍 tsui³²ᐟ³³tsʰan²⁴

山塍 suã³³ᐟ²²tsʰan²⁴ ｜山上的田，梯田

山骸塍 suã³³kʰa³³ᐟ²²tsʰan²⁴ ｜山脚下的田

山坞塍 suã³³ɔ³²/²²tsʰan²⁴｜山垄里的田

山□塍 suã³³/²²pʰiaʔ³²/⁴tsʰan²⁴｜山坡上的田

沙塍 sua³³/²²tsʰan²⁴｜沙质的田

烂冬塍 nuã²¹tan³³/²²tsʰan²⁴｜山间的烂泥田（人畜陷下去最深可达一米左右，冬天也无法排水以使干燥）

过别侬丘 kə²¹/²²paʔ⁴⁵/²lan²⁴/²¹kʰu³³/²²｜灌溉时引水所经过的田。别侬：别人；丘：田块

顶下丘 ten³²/³³e⁴⁵/²¹kʰu³³/²²｜地势有高低而相挨着的田。顶：上，上面

塍边 tsʰan²⁴/²¹pĩ³³/²²｜相邻的田块

塍岸 tsʰan²⁴/²¹huã²¹｜田埂

塍墈 tsʰan²⁴/²¹kʰan²¹｜水田靠更高地势的一面。◎《集韵·堪韵》"苦绀切"下："墈，险岸也。"

塍缺 tsʰan²⁴/²¹kʰiaʔ³²｜田埂上供引水、放水的缺口

塍沟 tsʰan²⁴/²¹kau³³/²²｜水田种植旱作物时为排水而开挖的水沟

窟窿 kʰoʔ³²/⁴lɔŋ²⁴/⁰｜

菜园 tsʰai²¹/²²hŋ⁴⁵

荒地 hŋ³³/²²tue²¹

草埔疕 tsʰau³²/³³pʰɔ³²/³³pʰi³²｜草坪（平整的草地）。疕：疮痂，引申指表皮

沙地 sua³³/²²tue²¹｜沙土地（土质松散，宜于耕种）

（二）山

山 suã³³

山坞 suã³³ɔ³²｜山谷

半山腰 puã²¹/²²suã³³ieu³³/²²｜山腰

山骹 suã³³kʰa³³/²²｜山脚

山坪 suã³³/²²pĩ²⁴｜山上的平地

山□ suã³³/²²pʰiaʔ⁴⁵｜山坡

山窟 suã³³kʰoʔ³²｜小山谷的深处

山埯沟 suã³³uã³³/²²kau³³/²²｜山坳（山间的小平地）

    山埯 suã³³uã³³/²²

    埯 uã³³

坑沟 kʰĩ³³kau³³/²²｜山涧（山间的溪流）

山墈 suã³³/²²kʰan²¹｜山崖。◎《广韵·堪韵》"苦绀切"下："墈，岩崖之下。"

石壁墈 tsieu⁴⁵/²pʰia⁴²/³³kʰan²¹｜石崖

石壁壳 tsieu⁴⁵ᐟ²pʰia⁴²ᐟ³³kʰɔʔ³² ｜ 峻峭的石崖

山冈 suã³³kɔŋ²¹ ｜ ◎"冈"方言读去声

山冈顶 suã³³kɔŋ²¹ᐟ²²ten³² ｜ 山冈顶部

山冈尖 suã³³ᐟ²²kɔŋ³²ᐟ³³tsian³³ᐟ²² ｜ 山峰（山的突出的尖顶）

岭 niã³²

岭头 niã³²ᐟ³³tʰau²⁴ ｜ 岭上

公蓄林 kɔŋ³³ᐟ²²heʔ³²ᐟ⁴len²⁴ ｜ 禁止砍伐、开垦的山地

（三）江、河、湖、海、水

大溪 tua²¹kʰue³³ᐟ²² ｜ 大河（较大的水道）

溪囝 kʰue³³kiã³² ｜ 小溪（小河沟）

水甽 tsui³²ᐟ³³tson²¹ ｜ 水渠（人工开凿的水道）。◎《广韵·稕韵》"朱润切"下："甽，沟也。"

湖 ɔ²⁴

潭 tʰan²⁴ ｜ 水潭（深的，天然的）

池塘 ti²⁴ᐟ²¹tən²⁴

鼓井 kɔ³²ᐟ³³tsĩ³² ｜ 水井

水窟 tsui³²ᐟ³³kʰoʔ³² ｜ 小水坑，小水洼

海 hai³²

溪舷 kʰue³³ᐟ²²kĩ²⁴ ｜ 河岸。舷：边

埠头 pɔ²¹tʰau²⁴ ｜ ①河边供洗衣、取水和泊船的石阶。②码头

坎岭埠 kʰan²¹ᐟ²²niã³²ᐟ³³pɔ²¹ ｜ ①同"埠头"①。②台阶

溪洲 kʰue³³tsiu³³ᐟ²² ｜ 河滩

　溪滩 kʰue³³tʰuã³³ᐟ²²

坝 pə²¹ ｜ 壩（河中拦水的建筑物）

埇 tiɔŋ²¹ ｜ 堤。◎《广韵·用韵》"竹用切"下："埇，池塘塍埂。"

涵空 han²⁴ᐟ²¹kʰan³³ᐟ²² ｜ 涵洞

水 tsui³²

水波浪 tsui³²ᐟ³³po³³ᐟ²²lən²¹ ｜ 波浪

潮水 tsiau²⁴ᐟ²¹tsui³²

大水 tua²¹tsui³² ｜ 洪水

水头 tsui³²ᐟ³³tʰau²⁴ ｜ 洪峰

昏水 hon³³tsui³² ｜ 浑水

鼎涡 tiã³²ᐟ³³ɔ³³ᐟ²² ｜ 水中的漩涡（像锅的形状）。鼎：锅。

清水 tsʰen²¹ᐟ²²tsui³² ｜ 凉水。

驳清水 pɔʔ³²ᐟ⁴tsʰen³³tsui³² ｜ 泉水

清水洞 tsʰen³³tsui³²/³³tɔŋ²¹｜泉眼

滚水 kon³²/³³tsui³²｜①热水。②温水

滚汤 kon³²/³³tʰən³³/²²｜开水

（四）石沙、土块、矿物

石头 tsieu⁴⁵/²¹tʰau²⁴

石头公 tsieu⁴⁵/²¹tʰau²⁴/²¹kɔŋ³³/²²｜团状的大石头。◎有读"tsiau²¹kɔŋ³³/²²"的合音变读

石头牯 tsieu⁴⁵/²¹tʰau²⁴/²¹kɔ³²｜大的、圆形的石头。牯：雄性动物名称的词缀

石头卵 tsieu⁴⁵/²¹tʰau²⁴/²¹lən⁴⁵｜鹅卵石。卵：蛋

石头囝 tsieu⁴⁵/²¹tʰau²⁴/²¹kiã³²｜小石块。囝：表"小"义词缀

沙 sua³³｜沙子

沙滩 sua³³tʰuã³³/²²｜河床上的沙滩

涂 tʰɔ²⁴｜泥土。◎《广韵·模韵》"同都切"下："塗（涂），泥也。"

烂涂 nuã²¹tʰɔ²⁴｜烂泥

烂涂糜浆 nuã²¹tʰɔ²⁴/²¹bə²⁴/²¹tsiũ³³/²²｜泥浆。糜：粥

　　烂涂糜 nuã²¹tʰɔ²⁴/²¹bə²⁴

涂粉 tʰɔ²⁴/²¹hon³²｜尘土

红涂 an²⁴/²¹tʰɔ²⁴｜做煤球、煤饼时掺入的黄泥

红涂糍 an²⁴/²¹tʰɔ²⁴/²¹tsi²⁴｜黄泥地（土壤黏性大）。糍：糍粑

煤 muĩ²⁴

煤膏 muĩ²⁴/²¹ko³³/²²｜煤块

石煤 tsieu⁴⁵/²¹muĩ²⁴｜碎煤

糠煤 kʰən³³muĩ²⁴/⁰｜烟煤

石灰 tsieu⁴⁵/²¹hə³³/²²

各灰 kɔʔ³²/⁴hə³³/²²｜生石灰（团块状）。各：小的团状物

烊灰 iũ²⁴/²¹hə³³/²²｜熟石灰

洋灰 iũ²⁴/²¹hə³³/²²｜水泥

　　水泥 tsui³²/³³nĩ²⁴

砖 tsən³³｜砖块（完整的）

砖坯 tsən³³pʰə³³/²²｜未经烧制的砖块

砖各 tsən³³kɔʔ³²｜碎砖（不完整的）。各：小的团状物

　　碎砖各 tsʰui²¹tsən³³kɔʔ³²

涂砖 tʰɔ²⁴/²¹tsən³³/²²｜土坯。涂：泥土

瓦 hia⁴⁵

瓦柿 hia⁴⁵/²¹pʰə²¹｜碎瓦。柿：木片
瓦窑 hia⁴⁵/²¹ieu²⁴｜砖瓦窑
吸铁 xeʔ³²/⁴tʰi⁴²｜磁石
炭 tʰuã²¹｜木炭
硬炭 ŋĩ²¹tʰuã²¹｜用树段、粗树枝烧成的炭
柴炭 tsʰa²⁴/²¹tʰuã²¹｜柴火燃烧未尽闭熄制成的细炭
洋油 iũ²⁴/²¹iu²⁴｜煤油
汽油 kʰi²¹/²²iu²⁴
飏埃 en³³ia³³/²²｜灰尘。◎《广韵·阳韵》"与章切"下："飏，风所飞飏。"
火烌 hə³²/³³hu³³/²²｜灰烬。◎《集韵·尤韵》"虚尤切"下："烌，吴俗谓灰为烌。"
察屑 tsʰaʔ⁴sue⁴²｜垃圾
铸铁 tsu²¹/²²tʰi⁴²
鉎 san³³｜铁锈。◎《集韵·庚韵》"师庚切"下："鉎，铁衣。"

（五）城乡处所

所在 sɔ³²/³³tsai⁴⁵｜地方
什所在 siã⁴²/³³sɔ³²/³³s(<ts)ai⁴⁵｜什么地方
地方 tue²¹hŋ³³/²²｜①地方。②村庄。③本地
城里 siã²⁴/²¹lai⁴⁵｜①城里。②县城（特指玉山县城）
城外 siã²⁴/²¹gua²¹
乡下 hiũ³³/²²e⁴⁵
　乡带 hiũ³³/²²tə²¹/⁰
山里 suã³³/²²lai⁴⁵｜山区
　里山 lai⁴⁵/²¹suã³³/²²
祖家 tsɔ³²/³³ke³³/²²｜故乡，祖籍
　老祖家 lau⁴⁵/²¹tsɔ³²/³³ke³³/²²
　祖厝 tsɔ³²/³³tsʰu²¹
本地 pon³²/³³tue²¹
别带 paʔ⁴⁵/²tə²¹/⁰｜①别处。②外地
□带 mãi³²tə²¹｜处处，到处。◎"□mãi³²"是"满四 muã³²/³³si²¹"的合音变读。
侬家 lan²⁴/²¹ke³³/²²｜人家
即厝 tseʔ³²/⁴tsʰu²¹｜家，家里（在家时说）。即：这；厝：房屋
许厝 hə⁴²/³³tsʰu²¹｜家，家里（在家以外场合说）。许：那

厝边 tsʰu²¹/²²pĩ³³/²² ｜隔壁，邻居
　隔壁 ke⁴²/³³pia⁴² ｜邻居
　邻厢 len²⁴/²¹sian³³/²²
街路 kue³³/²²lɔ²¹ ｜街道
巷囝 han²¹kiã³² ｜①巷子。②房子底楼的走廊
角落爿 kaʔ³²loʔ⁴⁵/²¹pʰan²¹ ｜角落
转角 tən³²/³³kaʔ³² ｜转弯的地方
路 lɔ²¹ ｜道路
路囝 lɔ²¹kiã³² ｜小路
石头囝路 tsieu⁴⁵/²¹tʰau²⁴/²¹kiã³²/³³lɔ²¹ ｜石头路
反骹路 pan³²/²²kʰa³²/³³lɔ²¹ ｜与经常出门行走的路不同方向的路。骹：脚
塍岸路 tsʰan²⁴/²¹huã²¹lɔ²¹ ｜田埂路
荒路 hɔŋ³³/²²lɔ²¹ ｜交通不便而较少走的路

三　时令时间

（一）季节

春天 tsʰon³³tʰĩ³³/²²
六月天 laʔ⁴⁵gə⁴⁵/²¹tʰĩ³³/²² ｜夏天
秋天 tsʰiu³³tʰĩ³³/²²
秋墘 tsʰiu³³kĩ²⁴ ｜快到秋天的时候。墘：边沿
冬天 tan³³tʰĩ³³/²²
寒天 kuã²⁴/²¹tʰĩ³³/²² ｜冷天
春尾天 tsʰon³³/²²bə³²/³³tʰĩ³³/²² ｜春季末尾阶段，指青黄不接时节
春秋间 tsʰon³³tsʰiu³³/²²kan³³/²² ｜不冷不热时节
交春 kau³³tsʰon³³/²² ｜立春
交夏 kau³³/²²ha²¹ ｜立夏
交秋 kau³³tsʰiu³³/²² ｜立秋
交冬 kau³³tan³³/²² ｜立冬
烂冬 nuã²¹tan³³/²² ｜冬季多雨，过冬农作物小麦、油菜等因雨水而沤烂

（二）节日

时节 si²⁴/²¹tsue⁴² ｜节日
过年 kə²¹/²²nĩ²⁴ ｜①度过除夕，迎接春节。△倒去～（回家过年）。②除夕
　三十日 sã³³/²²tsaʔ⁴⁵/²zeʔ⁴⁵ ｜除夕
　　三十暗 sã³³/²²tsaʔ⁴⁵/²an²¹ ｜农历十二月有三十日时说。暗：晚上，夜晚

二九暗 zi²¹kau³²/³³an²¹｜农历十二月只有二十九日时说
正月初一 tsiã³³gə⁴⁵/²¹tsʰue³³/²²e⁴²｜大年初一
拜年 pai²¹/²²nĩ²⁴
上元 siɔŋ²¹guan²⁴｜元宵节
　正月十五 tsiã³³/²²gə⁴⁵tsaʔ⁴⁵/²gə⁴⁵
清明 tsʰĩ³³/²²miã²⁴｜清明节
五月节 gɔ⁴⁵/²¹gə⁴⁵/²¹tsue⁴²｜端午节
七月七夕 tsʰeʔ³²/⁴gə⁴⁵/²¹tsʰeʔ³²/⁴tseʔ⁴⁵｜七夕（农历七月初七的晚上）
　七姊相会 tsʰeʔ³²/⁴tsi³²/³³siɔŋ³³/²²hue²¹
七月半 tsʰeʔ³²/⁴gə⁴⁵/²¹puã²¹｜中元节（农历七月十五）
中秋 tiɔŋ³³tsʰiu³³/²²｜中秋节
重阳 tiɔŋ²⁴/²¹iɔŋ²⁴｜重阳节
冬节 tan³³/²²tsue⁴²｜冬至

（三）年

今年 ken³³/²²nĩ²⁴
旧年 ku²¹nĩ²⁴｜去年
明年 mã²⁴/²¹nĩ²⁴
前年 tson²⁴nĩ²⁴/⁴²
大前年 tua²¹tson²⁴nĩ²⁴/⁴²
后年 au⁴⁵nĩ²⁴/⁰
大后年 tua²¹au⁴⁵nĩ²⁴/⁰
年头 nĩ²⁴/²¹tʰau²⁴｜年初
年尾 nĩ²⁴/²¹bə³²｜年底
顶半年 ten³²/³³puã²¹/²²nĩ²⁴｜上半年
下半年 e⁴⁵/²¹puã²¹/²²nĩ²⁴
逐年 taʔ⁴⁵/²nĩ²⁴｜每年
成年 tsiã²⁴/²¹nĩ²⁴｜整年

（四）月

正月 tsiã³³/²²gə⁴⁵
腊月 laʔ⁴⁵gə⁴⁵
闰月 lon²¹gə⁴⁵
月头 gə⁴⁵/²¹tʰau²⁴｜月初
月尾 gə⁴⁵/²¹bə³²｜月底
一月日 tseʔ⁴⁵/²gə⁴⁵/²¹zeʔ⁴⁵｜一个月时间
顶个月 ten³²/³³keʔ²¹zeʔ⁴⁵｜上个月

顶顶个月 ten³²/³³ten³²/³³ke²¹zeʔ⁴⁵｜上上个月

每个月 muĩ³²/³³ke²¹zeʔ⁴⁵｜每月

大月 tua²¹gə⁴⁵｜大建，农历有三十天的月份

细月 sue²¹/²²gə⁴⁵｜小建，农历只有二十九天的月份

（五）日、时

日 zeʔ⁴⁵｜①天。△阳历大月有三十一～。②白天。△无～无暗（没日没夜）

今旦 ken³³n (<t)uã²¹｜今天。◎"旦"声母变读，音同"烂"

明日 mã²⁴/²¹zeʔ⁴⁵｜明天

后日 au⁴⁵zeʔ⁴⁵/⁰｜后天

大后日 tua²¹au⁴⁵zeʔ⁴⁵/⁰｜大后天

昨日 1　tso⁴⁵/²¹zeʔ⁴⁵｜昨天

昨日 2　tso⁴⁵zeʔ⁴⁵/⁰｜前天

大昨日 tua²¹tso⁴⁵zeʔ⁴⁵/⁰｜大前天

工　kan³³/²²｜（一）天时间。△一个礼拜休息两～

当工　tən³³kan³³/²²｜当天

成工 tsiã²⁴/²¹kan³³/²²｜整天

半工 puã²¹/³³kan³³/²²｜半天

大半工 tua²¹puã²¹/³³kan³³/²²｜大半天

第二工 tui²¹zi²¹kan³³/²²｜第二天

下工 e⁴⁵/²¹kan³³/²²｜来日（将来的某日）

前几工 tsuĩ²⁴kui³²/³³kan³³/²²｜前几天

十几工 tsaʔ⁴⁵/²kui³²/³³kan³³/²²｜十几天

星期日 sen³³/²²ki²⁴/²¹zeʔ⁴⁵｜星期天

一个星期 tseʔ⁴⁵/²ke²⁴/²¹sen³³/²²ki²⁴

日时 zeʔ⁴⁵si²⁴/⁰｜白天

天光 tʰĩ³³kən³³/²²｜天亮

噗噗光 pʰu³³pʰu³³kən³³/²²｜凌晨（天快亮时）

　　天噗光 tʰĩ³³pʰu³³kən³³/²²

早起头 tsaʔ(<-a)³²/⁴kʰi³²/³³tʰau²⁴｜清晨（日出前后）

早起 tsaʔ(<-a)³²/⁴kʰi³²｜上午，早上

半日昼 puã²¹/²²zeʔ⁴⁵l(<t)au²¹｜半上午，九点至十一点之间

当日昼 tən²¹/²²zeʔ⁴⁵l(<t)au²¹｜中午

日昼 zeʔ⁴⁵l(<t)au²¹｜下午

点心边 tian³²/³³sen³³/²²pĩ³³/²²｜半下午，下午三点至五点之间

暝 mĩ^{24}｜夜晚，晚上。◎《广韵·青韵》"莫经切"下："暝，晦暝也。"
  暝时 mĩ^{24}si$^{24/0}$｜

暗 an^{21}｜①光线不足；黑暗。△天～嘞（天黑了）。②晚上，夜晚。△一～无困（一夜没睡）

  暗时 an^{21}si$^{24/0}$｜夜晚
   暗头 an$^{21/22}$tʰau^{24}
  暗嘞 an^{21}lə^{0}｜天暗了
  暗暝团 an$^{21/22}$mĩ$^{24/21}$kiã^{32}｜傍晚（晚饭前）
  半暝 puã$^{21/22}$mĩ^{24}｜半夜
  顶半暝 ten$^{32/33}$puã$^{21/22}$mĩ^{24}｜上半夜
  下半暝 e$^{45/21}$puã$^{21/22}$mĩ^{24}｜下半夜
  成暗 tsiã$^{24/21}$an^{21}｜整夜
  昨暗 tso^{45}an^{21}｜昨夜
  逐工暗头 taʔ$^{45/2}$kan$^{33/22}$an$^{21/22}$tʰau^{24}｜每天晚上

（六）其他时间概念

  时阵 si$^{24/21}$tson^{21}｜时候
  通书 tʰɔŋ^{33}sɯ$^{33/22}$｜历书（旧式的）
  阳历 iɔŋ$^{24/21}$leʔ^{45}｜阳历（西历）
  阴历 en$^{33/22}$leʔ^{45}｜阴历（农历）
  年高 nĩ$^{24/21}$ko$^{33/22}$｜年份
  日子 zeʔ$^{45/2}$tsi^{32}｜日子（指日期）
  号头 ho^{21}tʰau^{24}｜①号码。②日期
  什时候 siã$^{42/33}$si$^{24/21}$hau^{21}｜什么时候。△汝～去（你什么时候去）？
   是数 sĩ^{21}sɔ^{21}
  偌久 lua^{21}ku^{32}｜多久，多少时候
  一世侬 tseʔ$^{45/2}$si$^{21/22}$lan^{24}｜一辈子。侬：人
  永古 iɔŋ$^{32/45}$kɔ^{32}｜①永远。②过去，从前
  拍起 pʰa$^{42/33}$kʰi^{32}｜（从某个时间点）开始。△从去年～（从去年开始）
  年把 nĩ$^{24/21}$pe^{32}｜不多的年数
  一下团 tseʔ$^{45/2}$e$^{45/21}$kiã^{32}｜一会儿
   一团久 tseʔ$^{45/2}$kiã$^{32/33}$ku^{32}
   一下 tseʔ$^{45/2}$e$^{45/21}$
  往年 ɔŋ$^{32/33}$nĩ^{24}｜①以往的年头。②从前。③古时候
  老古早 lau$^{45/21}$kɔ$^{32/33}$tsa^{32}｜很久远的古时候
  老早 lau$^{45/33}$tsa^{32}｜①很早，先前。②刚才

往先 ɔŋ³²/³³suĩ³³/²² ｜先前，从前
　　往时 ɔŋ³²/³³si²⁴
　　早先 tsa³²/³³suĩ³³/²²
犹原 iu²⁴/²¹guan²⁴ ｜原来
后面 au⁴⁵/²¹ben²¹ ｜后来
　　后尾 au⁴⁵/²¹bə³²
　　了尾 liau⁴⁵bə³²
　　煞尾 saʔ⁴⁵bə³²
过日 kə²¹/²²zeʔ⁴⁵ ｜过些时候，以后
现时 hian²¹si²⁴ ｜现在
即时 tsi⁴²si²⁴ ｜这时候
即久 tseʔ³²/⁴ku³² ｜①刚才。△我～来啁（我刚才来的）。②现在。△～呃侬怀爱生囝囝（现在的人不喜欢生孩子）
遘即久 kau²¹/²²tseʔ³²/⁴ku³² ｜现在。遘：到
靠先 kʰo²¹/³³suĩ³³/²² ｜刚才
许时 huɯ⁴²si²⁴ ｜那时候。◎一般指较短的时间段
许年数 huɯ⁴²nĩ²⁴/²¹sɔ²¹ ｜那时候。◎可以指较长的时间段
　　□数 hŋ⁴²sɔ²¹ ｜◎"□hŋ⁴²"是"许年 huɯ⁴²nĩ²⁴"的合音变读
等一下 tan³²tseʔ⁴⁵/²e²¹ ｜过一会儿
　　等一下 tan³²tse⁰ ｜◎"一下 tse⁰"是"一下 tseʔ⁴⁵/²e²¹"的合音变读
　　等歇 tsan³²/³³hieu³²
年兜 nĩ²⁴/²¹tau³³/²² ｜年前
　　年前 nĩ²⁴/²¹tsuĩ²⁴

四　农业

（一）农事

穑 seʔ³² ｜事，事情
　　事 sɯ²¹
穑囝 seʔ³²/⁴kiã³² ｜活儿
因由 en³³/²²iu²⁴ ｜原因
作塍 tso⁴²/³³tsʰan²⁴ ｜种田
年成 nĩ²⁴/²¹sen²⁴
收成 siu³³/²²sen²⁴
落春 lo⁴⁵/²¹tsʰon³³/²² ｜春耕
割早种 kua⁴²/³³tsa³²/³³tsen³² ｜夏收，收割早稻

割晏种 kua$^{42/33}$uã$^{21/22}$tsen^{32}｜秋收，收割晚稻

早种 tsa$^{32/33}$tsen^{32}｜早季，早稻

晏种 uã$^{21/22}$tsen^{32}｜晚季，晚稻

落塍 lo$^{45/21}$tsʰan^{24}｜下田，到田地里（干活）

犁塍 lue$^{24/21}$tsʰan^{24}｜犁田

耙塍 pe^{21}tsʰan^{24}｜耙田

耖塍 tsʰau$^{21/22}$tsʰan^{24}｜耖田

掖种 ia^{21}tsen^{32}｜撒种

掖秧 ia^{21}iũ$^{33/22}$｜撒稻种

拍秧 pʰa$^{42/33}$iũ$^{33/22}$｜育秧苗。拍：打

挽秧 ban$^{32/33}$iũ$^{33/22}$｜拔秧

播塍 po$^{33/22}$tsʰan^{24}｜插秧

　播秞 po$^{33/22}$tiu^{45}

劙草 tʰuã$^{32/33}$tsʰau^{32}｜锄草。◎《集韵·缓韵》"党旱切"下："劙，割也。"

挽草 ban$^{32/33}$tsʰau^{32}｜拔草

薅草 kʰau^{33}tsʰau^{32}｜耘田，耘禾。◎《广韵·豪韵》"呼毛切"下："薅，割除田草也。"

割秞 kua$^{42/33}$tiu^{45}｜割稻子。秞：稻子

缚秞草 paʔ$^{45/2}$tiu$^{45/33}$tsʰau^{32}｜捆稻草

拍粟 pʰa$^{42/33}$tsʰeʔ^{32}｜打稻谷

曝粟 pʰaʔ$^{45/2}$tsʰeʔ^{32}｜晒稻谷

舂米 tsen^{33}bi^{32}

机米 ki^{33}bi^{32}｜用碾米机加工稻米

掅涂 koʔ$^{45/2}$tʰɔ^{24}｜挖土

松涂 san$^{33/22}$tʰɔ^{24}｜松土

爬沟 pe$^{24/21}$kau$^{33/22}$｜开沟

爬股 pe$^{24/21}$kɔ^{42}｜在旱地上开沟作畦。股：畦，以方便行走或用于灌水的小沟分隔的一块块的长方形地块

平股 pĩ$^{24/21}$kɔ^{42}｜平整畦块的泥土

拍窟窿 pʰa$^{42/33}$kʰoʔ$^{32/4}$lɔŋ$^{24/0}$｜挖种穴

落种子 lo$^{45/21}$tsen$^{32/33}$tsi^{32}｜下种子

墈涂 kʰan$^{21/22}$tʰɔ^{24}｜给种子覆土。墈：盖

涂粪 tʰɔ$^{24/21}$pon^{21}｜粪土。涂：泥土

积肥 tseʔ$^{32/4}$pui^{24}

抾肥 kʰieu$^{42/33}$pui^{24}｜拾粪

拯屎 kʰieu⁴²⁽³³sai³²

落肥 lo⁴⁵⁽²¹pui²⁴ ｜施肥

沃肥 aʔ³²⁽⁴pui²⁴ ｜浇肥（液态的肥料）。沃：浇，灌

沃水 aʔ³²⁽⁴tsui³² ｜浇水

车水 tsʰia³³tsui³² ｜（用水车）汲水

放水 pan²¹⁽³³tsui³² ｜（经沟渠引水）浇灌田地

作水 tsɔʔ³²⁽⁴tsui³² ｜拦水

吊水 tiau²¹⁽³³tsui³² ｜打水（从井里取水）

（二）农具

吊桶 tiau²¹⁽³³tʰan³² ｜水桶（从井里打水用的，用长绳系着）

粗桶 tsʰɔ³³tʰan³² ｜粪桶（浇粪用的，可以挑）

粗榹 tsʰɔ³³⁽²²hia⁴⁵ ｜粪勺（浇粪用的，有长柄）。◎《广韵·支韵》"许羁切"下："榹，朽也。"《韵会》："榹，勺也。"

水车 tsui³²⁽³³tsʰia³³⁽²² ｜使用人力的提水灌溉工具

手车 tsʰiu³²⁽³³tsʰia³³⁽²² ｜手动的水车

骹车 kʰa³³tsʰia³³⁽²² ｜脚踏动的水车。骹：脚

摇把 ieu²⁴⁽²¹pe³² ｜手动水车的手柄

龙骨 len²⁴⁽²¹koʔ³² ｜水车的龙骨

车叶 tsʰia³³⁽²²ia⁴⁵ ｜水车的叶片

牛扁担 gu²⁴⁽²¹pon³²⁽³³tã³³⁽²² ｜牛轭（牛拉犁、车时架在牛脖子上的弯木）

牛笼头 gu²⁴⁽²¹len²⁴⁽²¹tʰau²⁴ ｜牛鼻桊

牛喙篓 gu²⁴⁽²¹tsʰui²¹⁽³³lau³² ｜牛笼嘴（役使牛时兜住牛嘴使无法吃东西的小篾篓）。喙：嘴

牛鞭 gu²⁴⁽²¹pĩ³³⁽²² ｜赶牛的鞭子

嗨 hue⁴² ｜指令牛前行的口令

哗 ua²⁴ ｜指令牛停步的口令

斗 teu⁴² ｜指令牛左转的口令

劈 pʰi⁴² ｜指令牛右转的口令

犁 lue²⁴

犁壁 lue²⁴⁽²¹pia⁴² ｜犁镜（安在犁铧上方，用铸铁等制成的一块弯板）

犁头 lue²⁴⁽²¹tʰau²⁴ ｜犁铧（安在犁下端的铁器，略呈三角形）

犁尾溜 lue²⁴⁽²¹bə³²⁽³³liu³³⁽²² ｜犁的扶手。尾溜：尾巴

犁头骨 lue²⁴⁽²¹tʰau²⁴⁽²¹koʔ³² ｜装在犁身上的用以提起犁的小把手

犁圆 lue²⁴⁽²¹ĩ²⁴ ｜犁的拱形的梁

犁挂袂 lue²⁴⁽²¹kua²¹⁽²²ŋ³² ｜牛身后连接犁的横木。袂：衣袖

耙 1 pe^{21} | 耙（碎土、平地的农具，牛拉，有长钉齿）

耙 2 pe^{24} | 耙子（有长柄，一端有铁齿，木齿或竹齿）

拍秞机 pʰa^{42}tiu^{45}ki$^{33/22}$ | 稻谷脱粒机

粟桶 tseʔ$^{32/4}$tʰan^{32} |（旧时收割稻子脱粒用的）大木桶

粟囤 tsʰeʔ$^{32/4}$ton^{24} | 囤（存放粮食的器具，席子围成）

粟木盛 tsʰeʔ$^{32/4}$siã^{21} | 装稻谷等粮食的仓房。◎《集韵·劲韵》"食陵切"下："木盛，器也。"

风扇 huan$^{33/22}$sian^{21} | 扇车，也称风车

风扇扭 huan$^{33/22}$sian$^{21/33}$niũ^{32} | 风车的摇柄

风扇斗 huan$^{33/22}$sian$^{21/33}$tau^{32} | 风车顶部的方斗

风扇口 huan$^{33/22}$sian$^{21/33}$kʰau^{32} | 风车前部出风口

风扇喙 huan$^{33/22}$sian$^{21/33}$tsʰui^{21} | 风车下部谷物出口

关刀囝 kuan^{33}to$^{33/22}$kiã^{32} | 扇车控制顶部方斗下面的闸刀，控制谷、麦流下风车口过风扇的量

涂砻 tʰɔ$^{24/21}$lan^{24} | 砻（脱壳儿用的器具），用泥土制作。涂，泥土

石磨 tsieu$^{45/21}$bo^{21}

石磨唇 tsieu$^{45/2}$bo^{21}ton^{24} | 磨扇（磨的上下两片石盘）

石磨洞 tsieu$^{45/2}$bo^{21}tɔŋ^{21} | 上片磨扇的进口

石磨心 tsieu$^{45/2}$bo^{21}sen$^{33/22}$ | 磨脐儿（磨扇中心的铁轴）

石磨手 tsieu$^{45/2}$bo^{21}tsʰiu^{32} | 磨手

筛 tʰai^{33} | 筛子（眼儿较大，筛稻、米等用的）。◎《广韵·脂韵》"丑饥切"下："筛，竹器。"

罗 lo^{24} | 罗（眼儿较小，筛粉末状细物用的）

碓 tui^{21} | 碓（舂米用的器具）

槌 tʰui^{24} | 碓杵

碓臼霸 tui$^{21/22}$kʰu^{45}pa^{21}

石碓臼 tsieu$^{45/21}$tui$^{21/22}$kʰu^{45} | 石臼（舂米等的器具）

柴碓臼 tsʰa$^{24/21}$tui$^{21/22}$kʰu^{45} | 木头制成的臼

洋锥 iũ$^{24/21}$tsui$^{33/22}$ | 镐（刨硬地用的工具，两头尖，或一头尖一头扁平）

洋镐 iũ$^{24/21}$kau$^{33/22}$

洋铲 iũ$^{24/21}$tsʰan^{32} | 铁锹

锄头 tu$^{24/21}$tʰau^{24} | 锄（松土或锄草用的农具）

镰钩 len$^{24/21}$kau$^{33/22}$ | 割稻子的镰刀

柴锲 tsʰa$^{24/21}$kue^{42} | 砍柴的刀具

草耙 tsʰau$^{32/33}$pe^{24} | 扒草的钉耙

粟抑 tseʔ³²′⁴la³²′⁰ | 晒稻谷时推送稻谷的木耙。◎《广韵·有韵》"力久切"下："抑，扚也。"

畚斗 pon³³tau³² | 簸箕（三面有边沿，一面有敞口，用来簸粮食等）

畚箕 pon²¹′³³ki³³′²² | 粪箕（形状像簸箕，有提梁或绳儿，用来装运土石、粪肥等）

篮 nã²⁴ | 筐（用竹篾、荆条等编制的容器）

种篮 tsen²¹′²²nã²⁴ | 箩筐

种篮索 tsen²¹′²²nã²⁴′²¹so⁴² | 箩筐的绳子

笴列□ kaʔ²⁴liaʔ²ɔ²⁴ | 一种篾编簸箕，圆形有高边，凹底

簸箕 pua³²′³³ki³³′²² | 一种篾编晒具，圆形，浅帮，平底

箦笮 bi⁴⁵′²¹tsua⁴² | 簟（摊晒粮食等的竹席）。◎《广韵·陌韵》"侧格切"下："笮，矢箙，又屋上版。"

箦簟 bi⁴⁵′²¹tian⁴⁵

扁担 pon³²′³³tã³³′²²

扦担 tsʰen³³tã³³′²² | 尖担（两头尖的扁担，用来挑柴草）。扦：插

堵槌 tɔ³²′³³tʰui²⁴ | 扛竹木时放在另一边肩上助力的木棍

豆几 tau²¹ki³² | 连枷（脱粒用的农具）

碌石 kon³²′³³tsieu⁴⁵ | 碌碡，用于轧杂物、平场地

五 植物

（一）农作物

生活 sen³³′²²ua⁴⁵ | 农作物总名

籼 tiu⁴⁵ | 稻子，稻谷。◎《集韵·宥韵》"直祐切"下："籼，稻实。"

早籼 tsa³²′³³tiu⁴⁵ | 早稻

晏籼 uã²¹′²²tiu⁴⁵ | 晚稻

粟 tsʰeʔ³² | 稻谷

秫粟 tsoʔ⁴⁵′²tsʰeʔ³² | 糯稻。◎《广韵·术韵》"食律切"下："秫，谷名。"

稗 pʰue²¹ | 稗子

籼穗 tiu⁴⁵sui²¹ | 稻穗

籼稿蔸 tiu⁴⁵′²¹ko³²′³³teu³³′²² | 稻茬儿（割了稻子后留下的头）

籼草 tiu⁴⁵tsʰau³² | 稻草

籼草把 tiu⁴⁵′²¹tsʰau³²′³³pe³² | 稻草把子（稻草扎成一捆一捆的）

冇秥 pʰã²¹′²²ian²¹ | 瘪谷。冇：不结实，内部空虚或疏松。◎《集韵·艳韵》"於艳切"下："秥，禾不实。"

二喉粟 zi²¹au²⁴′²¹tsʰe⁴² | 经风扇扇出、不够饱满的谷子

米 bi^{32}｜稻米
粟壳 tsʰeʔ$^{32/4}$kʰaʔ^{32}｜稻壳
秫米 tsoʔ$^{45/2}$bi^{32}｜糯米
早种米 tsa$^{32/33}$tsen$^{32/33}$bi^{32}｜早米
晏种米 uã$^{21/22}$tsen$^{32/33}$bi^{32}｜晚米
糙米 tsʰo$^{21/22}$bi^{32}
麦 be^{45}｜麦子
大麦 tua^{21}be^{45}
小麦 sieu$^{32/33}$be^{45}
米麦 bi$^{32/33}$be^{45}｜一种麦子
麦稿 be$^{45/21}$ko^{32}｜麦秆
黄粟 hɔŋ$^{24/21}$seʔ^{32}｜粟，小米
黄粟穗 hɔŋ$^{24/21}$seʔ$^{32/4}$sui^{21}｜粟穗
番各 han$^{33/22}$kɔʔ^{32}｜玉米
番各稿 han$^{33/22}$kɔʔ^{32}ko^{32}｜玉米秆
番各芯 han$^{33/22}$kɔʔ^{32}sen$^{33/22}$｜玉米棒
番黍 huan$^{33/22}$sue^{32}｜高粱
番黍稿 huan$^{33/22}$sue$^{32/33}$ko^{32}｜高粱秆
番黍穗 huan$^{33/22}$sue$^{32/33}$sui^{21}｜高粱穗
番薯 han$^{33/22}$tsɯ^{24}｜红薯
番瓠番薯 han$^{33/22}$pu$^{24/21}$han$^{33/22}$tsɯ^{24}｜一种红薯，黄皮像南瓜。番瓠：南瓜
红芯番薯 an$^{24/21}$sen$^{33/22}$han$^{33/22}$tsɯ^{24}｜一种红薯，内心红色
懒汉番薯 lan$^{32/33}$han^{21}han$^{33/22}$tsɯ^{24}｜一种红薯，耐旱易种植
洋番薯 iũ$^{24/21}$han$^{33/22}$tsɯ^{24}｜一种红薯，块大，淀粉多
番薯藤 han$^{33/22}$tsɯ$^{24/21}$ten^{24}｜红薯藤
番薯藤箬 han$^{33/22}$tsɯ$^{24/21}$ten$^{24/21}$hieu^{45}｜红薯叶子
地瓜 ti^{21}kue$^{33/22}$｜豆薯（块根可以生吃）
马铃薯 mã$^{32/33}$len$^{24/21}$tsɯ^{24}
芋 ɔ^{21}｜芋（指这种植物）
芋头 ɔ^{21}tʰau^{24}｜芋头（芋块茎的总称）
芋母 ɔ^{21}bu^{32}｜母芋头
芋囝 ɔ^{21}kiã^{32}｜芋头子
芋枚 ɔ^{21}muĩ^{24}｜芋头梗
芋箬 ɔ^{21}hieu^{45}｜芋头叶子

山药 suã³³/²²ieu⁴⁵｜学名叫薯蓣，中药叫淮山
藕 ŋiãu⁴⁵/ ŋiẽu⁴⁵
莲子 len²⁴/²¹tsi³²
莲盘 len²⁴/²¹puã²⁴｜莲蓬
油麻 iu²⁴/²¹muã²⁴｜芝麻
油麻稿 iu²⁴/²¹muã²⁴ko³²｜芝麻秆
苦麻 kʰɔ³²/³³muã²⁴｜黄麻
苦麻稿 kʰɔ³²/³³muã²⁴ko³²｜麻秆
苎 tue⁴⁵｜苎麻
番薯葵 han³³/²²tsɯ²⁴/²¹kui²⁴｜向日葵
番薯葵籽 han³³/²²tsɯ²⁴/²¹kui²⁴/²¹tsi³²｜葵花籽儿
薰栽 hon³³tsai³²/²²｜烟叶（指植株）

（二）豆类、菜蔬

绿豆 leʔ⁴⁵/²tau²¹
乌豆 ɔ³³/²²tau²¹｜黑豆
麦豆 be⁴⁵/²¹tau²¹｜豌豆
菜豆 tsʰai²¹/²²tau²¹｜四季豆
豇豆 kɔŋ³³/²²tau²¹｜豆角（细长条的）
豆稿 tau²¹ko³²｜豆秆（豆类作物脱粒后剩下的茎）
佛豆 hɔʔ⁴⁵/²tau²¹｜蚕豆
豆芽 tau²¹ge²⁴
青菜 tsʰĩ³³/²²tsʰai²¹｜青菜（蔬菜的总称）
　　粗菜 tsʰɔ³³/²²tsʰai²¹
茄 kieu²⁴｜茄子
黄瓜 ɔŋ²⁴/²¹kue³³/²²
狗篓瓜 kau³²/³³lau³²kue³³/²²｜菜瓜（皮白绿色）
刺瓜 tsʰɯ²¹/³³kue³³/²²｜丝瓜
苦瓜 kʰɔ³²/³³kue³³/²²
番匏 han³³/²²pu²⁴｜南瓜。匏：瓠子
冬瓜 tan³³kue³³/²²
匏 pu²⁴｜瓠子（表皮淡绿色，肉白色，又叫蒲瓜）。◎《广韵·肴韵》"薄交切"下："匏，瓠也。"
葱 tsʰan³³
洋葱 iũ²⁴/²¹tsʰan³³/²²
蒜团 sən²¹/³³kiã³²｜大蒜（整株的）

蒜团头 sən²¹ᐟ²²kiã³²ᐟ³³tʰau²⁴｜蒜头

蒜团芎 sən²¹ᐟ²²kiã³²ᐟ³³ken³³ᐟ²²｜蒜苗

□藠 nã²¹gieu⁴⁵｜藠

韭团 ku³²ᐟ³³kiã³²｜韭菜

洋辣椒 iũ²⁴ᐟ²¹lua⁴⁵ᐟ²¹tsieu³³ᐟ²²｜西红柿

姜 kiũ³³

姜脯 kiũ³³pɔ³²｜干姜。脯：干菜。◎《集韵·虞韵》"匪父切"下："脯，《说文》：'干肉也'。"

姜母 kiũ³³bu³²｜老姜

金针 ken³³tsan³³ᐟ²²｜黄花菜

柑椒 kã³³tsieu³³ᐟ²²｜柿子椒（果实近球形，表面有纵沟，味不辣）

辣椒 lua⁴⁵ᐟ²¹tsieu³³ᐟ²²

胡椒 hɔ²⁴ᐟ²¹tsieu³²³ᐟ²²

苋菜 huĩ²¹ᐟ²²tsʰai²¹

蕹菜 en³³ᐟ²²tsʰai²¹｜空心菜

苦尾菜 kʰɔ³²ᐟ³³bə³²ᐟ³³tsʰai²¹｜莒荬菜

芥菜 kua²¹ᐟ²²tsʰai²¹

红根菜 an²⁴ᐟ²¹ken³³ᐟ²²tsʰai²¹｜菠菜

黄芽菜 ɔŋ²⁴ᐟ²¹iã²⁴ᐟ²¹tsʰai²¹｜大白菜（叶子大，包心的）

甘蓝包 kan³³ᐟ²²lan²⁴ᐟ²¹pau³³ᐟ²²｜洋白菜（结球甘蓝的统称）

白菜团 pe⁴⁵ᐟ²¹tsʰai²¹ᐟ³³kiã³²｜小白菜

调羹白 tiau²⁴ᐟ²¹ken³³ᐟ²²pe⁴⁵｜一种小的土白菜（梗形似调羹）

川芎 tsʰen³³ᐟ²²kiɔŋ³³ᐟ²²｜小芹菜

花菜 hue³³ᐟ²²tsʰai²¹｜花椰菜

菜头 tsʰai²¹ᐟ²²tʰau²⁴｜萝卜

菜头总 tsʰai²¹ᐟ²²tʰau²⁴ᐟ²¹tsan³²｜萝卜缨儿

菜头脯 tsʰai²¹ᐟ²²tʰau²⁴ᐟ²¹pɔ³²｜萝卜干儿

红菜头 an²⁴ᐟ²¹tsʰai²¹ᐟ²²tʰau²⁴｜胡萝卜

空心 kʰan³³sen³³ᐟ²²｜糠了（萝卜失掉水分而中空）

茭笋 ka³³sən³²｜茭白

莴菜骨 o³³ᐟ²²tsʰai²¹ᐟ²²koʔ³²｜莴笋

油菜团 iu²⁴ᐟ²¹tsʰai²¹ᐟ³³kiã³²｜油菜（做蔬菜用）

油菜籽 iu²⁴ᐟ²¹tsʰai²¹ᐟ³³tsi³²｜油菜籽（榨油用）

菜籽 tsʰai²¹ᐟ³³tsi³²

（三）树木

树 tsʰiu²¹

树林 tsʰiu²¹nã²⁴

树栽 tsʰiu²¹tsai³³ᐟ²² ｜ 树苗
　　树囝 tsʰiu²¹kiã³²

树身 tsʰiu²¹sen³³ᐟ²² ｜ 树干
　　树稿 tsʰiu²¹ko³²

杉稿 san³³ko³³ᐟ²² ｜ 木头（砍下的）

树尾溜 tsʰiu²¹bə³²ᐟ³³liu³³ᐟ²² ｜ 树梢。尾溜：尾巴
　　树尾 tsʰiu²¹bə³²

树根 tsʰiu²¹kən³³ᐟ²²

柴兜 tsʰa²⁴ᐟ²¹tau³³ᐟ²² ｜ 树兜

树箬 tsʰiu²¹hieu⁴⁵ ｜ 树叶

树□ tsʰiu²¹le³³ᐟ²² ｜ 树枝

栽树 tsai³³ᐟ²²tsʰiu²¹ ｜ 种树（动宾）

到树 tsʰo⁴²ᐟ³³tsʰiu²¹ ｜ 砍树

松柏 tsʰan²⁴ᐟ²¹pe⁴² ｜ 松树

松柏溜 tsʰan²⁴ᐟ²¹pe⁴²ᐟ³³liu³³ᐟ²² ｜ 松针

松柏梅 tsʰan²⁴ᐟ²¹pe⁴²ᐟ³³m̩²⁴ ｜ 松球

松柏壳 tsʰan²⁴ᐟ²¹pe⁴²ᐟ³³kʰaʔ³² ｜ 松树皮

松香 sɔŋ³³hiũ³³ᐟ²²

扁柏 pĩ³²ᐟ³³pe⁴² ｜ 一种柏树（较矮小）

杉树 san³³ᐟ²²tsʰiu²¹

杉刺 san³³ᐟ²²tsʰi²¹ ｜ 杉针

荷树 kua²⁴ᐟ²¹tsʰiu²¹ ｜ 山茶科不落叶乔木，木质坚硬，坚果似荷花

柳树 liu⁴⁵tsʰiu²¹

芙蓉花树 pʰu²⁴ᐟ²¹liɔŋ²⁴ᐟ²¹hue³³ᐟ²²tsʰiu²¹ ｜ 木芙蓉

□树 kʰen⁴⁵ᐟ²¹tsʰiu²¹ ｜ 乌桕树

樟树 tsiũ³³ᐟ²²tsʰiu²¹

娘囝树 niũ²⁴ᐟ²¹kiã³²ᐟ³³tsʰiu²¹ ｜ 桑树。娘囝：蚕

桐子树 tan²⁴ᐟ²¹tsi³²ᐟ³³tsʰiu²¹ ｜ 桐油树

苦楝子树 kʰɔ³²ᐟ³³lian²¹tsi³²ᐟ³³tsʰiu²¹ ｜ 苦楝树

黄栀 ŋ²⁴ᐟ²¹ki³³ᐟ²² ｜ 栀子

茶箬树 te²⁴ᐟ²¹hieu⁴⁵ᐟ³³tsʰiu²¹ ｜ 茶叶树

茶树 te²⁴ᐟ²¹tsʰiu²¹ ｜ 茶籽树（茶籽可以榨油）

竹 teʔ³² ｜竹子

大竹 tua²¹teʔ³² ｜毛竹（叶披针形，可作建筑材料，也可制造器物）

竹囝 teʔ³²ᐟ⁴kiã³² ｜刺竹

竹箪根 teʔ³²ᐟ⁴kaʔ³²ᐟ⁴kən³³ᐟ²² ｜竹鞭（竹子的根部）。◎《集韵·狎韵》"古狎切"下："箪，竹名。'"

笋 son³² ｜竹笋

笋壳 son³²ᐟ³³kʰaʔ³² ｜箨（竹笋上一片一片的皮）

笋壳箬 son³²ᐟ³³kʰaʔ³²ᐟ⁴hieu⁴⁵ ｜干箨（竹笋上一片一片的皮，干的）

笋脯 son³²ᐟ³³pɔ³² ｜笋干

□竿 ŋ̍²¹kuã³³ᐟ²² ｜竹竿儿

　　竹竿 teʔ³²ᐟ⁴kuã³³ᐟ²²

竹箬 teʔ³²ᐟ⁴hieu⁴⁵ ｜竹叶。◎《广韵·药韵》"而灼切"下："箬，竹箬。"

篾 bi⁴⁵ ｜竹篾，篾片

篾囊 bi⁴⁵ᐟ²¹lən²⁴ ｜篾黄（外皮以内，质地较脆）

篾青 bi⁴⁵ᐟ²¹tsʰĩ³³ᐟ²² ｜篾青（外皮）

篾箍 bi⁴⁵ᐟ²¹kʰɔ³³ᐟ²² ｜（竹篾编成的用于箍桶的）篾圈儿

（四）瓜果

树籽 tsʰiu²¹tsi³² ｜水果

西瓜 si³³ᐟ²²kue³³

瓜子 kue³³tsi³²

桃 tʰo²⁴ ｜桃子

李囝 li³²ᐟ³³kiã³² ｜李子

树梅 tsʰiu²¹m̩²⁴ ｜杨梅

酸楂 sən³³ᐟ²²tsa³³ᐟ²² ｜山楂

梨 lai²⁴

其杷 kʰi²⁴ᐟ²¹pe²⁴ ｜枇杷

柿 kʰi⁴⁵ ｜柿子

柿脯 kʰi⁴⁵ᐟ²¹pɔ³² ｜柿饼，柿子干制品

石榴 siaʔ⁴⁵ᐟ²liu²⁴

枹 pʰau³³ ｜柚子

柑 kã³³ ｜橘子

橘衣 keʔ³²ᐟ⁴i³³ᐟ²² ｜橘络

金橘 ken³³ᐟ²²keʔ³² ｜金桔

橘黄 keʔ³²ᐟ⁴hɔŋ²⁴ ｜橙子

龙眼 len²⁴ᐟ²¹gan³² ｜桂圆

桂圆脯 kui²¹⁾²²uan²⁴⁾²¹pɔ³² ｜桂圆干
荔枝 nuĩ²¹tsi³³⁾²²
核 hoʔ⁴⁵ ｜（龙眼、荔枝等的）核儿
大栗 tua²¹laʔ⁴⁵ ｜板栗
狗栗 kau³²⁾³³laʔ⁴⁵ ｜锥栗
香蕉 hiũ³³tsieu³³⁾²²
尾荠 bə³²⁾³³tsi²⁴ ｜荸荠
枣 tso³² ｜枣子
甘蔗 kan³³⁾²²tsia²¹
花生 hue³³sen³³⁾²²
花生米 hue³³sen³³⁾²²bi³²
花生衣 hue³³sen³³⁾²²i³³⁾²² ｜花生皮

（五）花草、菌类

莲花 lian²⁴⁾²¹hue³³⁾²² ｜荷花
水仙花 tsui³²⁾³³sian³³⁾²²hue³³⁾²²
茉莉花 bɔʔ⁴⁵⁾²li²⁴⁾²¹hue³³⁾²²
喇叭花 la²¹pa³³hue³³⁾²²
满山红 muã³²⁾³³suã³³⁾²²an²⁴ ｜杜鹃花
万年青 ban²¹nĩ²⁴⁾²¹tsʰĩ³³⁾²²
蔸 teu³³ ｜蒂（瓜、果、花等与茎、枝相连的部分）
花莓 hue³³⁾²²m̩²⁴ ｜蓓蕾（含苞待放的花）
花瓣 hue³³⁾²²pan²¹ ｜花瓣儿
茅草根 hm̩²⁴⁾²¹tsʰau³²⁾³³kən³³⁾²² ｜白茅根（性寒清热）
苦芒 kʰɔ³³ban²⁴ ｜（河里的）芦苇
芒鏾 ban²⁴⁾²¹tsan⁴⁵ ｜（山上的）芦苇
菇 kɔ³³ ｜蘑菇
香菇 hiũ³³kɔ³³⁾²²
茅草 hm̩²⁴⁾²¹tsʰau³² ｜叶深绿色，有细齿，细长
艾 hiã²¹ ｜艾，艾蒿
    大艾 tua²¹hiã²¹
刺 tsʰi²¹ ｜（荆棘等的）刺儿
刺□卵 tsʰi²¹⁾²²pʰu⁴⁵⁾²¹lan⁴⁵ ｜荆棘丛（在山野中丛生的，带刺的小灌木）。
□pʰu⁴⁵：丛
    鸡毛篓 kue³³⁾²²bən²⁴⁾²¹lau³² ｜蕨（指长在山上，农村中用作燃料的那类）
青苔 tsʰĩ³³⁾²²ti²⁴

藻 pʰieu²⁴｜浮萍。◎《广韵·宵韵》"符宵切"下："藻，《方言》：'江东谓浮萍为藻'。"

六　动物

（一）牲畜

牲牲 tsen³³sĩ³³/²²｜牲畜
水牛 tsui³²/³³gu²⁴
黄牛猴 ŋ²⁴/²¹gu²⁴/²¹kau²⁴｜黄牛
牛牮 gu²⁴/²¹kan³²｜公牛。◎《广韵·唐韵》"古郎切"下："牮，水牛。"
　牛牯 gu²⁴/²¹kɔ³²｜牯：雄性动物名称的词缀。◎《广韵·姥韵》"公户切"下："牯，牯牛。"
牛母 gu²⁴/²¹bu³²｜母牛
　母牛 bu³²/³³gu²⁴
牛囝 gu²⁴/²¹kiã³²｜牛犊
羊 iũ²⁴
羊牯 iũ²⁴/²¹kɔ³²｜公羊
羊囝 iũ²⁴/²¹kiã³²｜羊羔
狗 kau³²
狗牯 kau³²/³³kɔ³²｜公狗
狗母 kau³²/³³bu³²｜母狗
狗囝 kau³²/³³kiã³²｜小狗
癫狗 tian³³/²²kau²⁴｜疯狗
吠 pui²¹｜（狗）叫
相连 sã³³/²²lian²⁴｜（狗）交配
猫 niãu³³
猫牮 niãu³³kan³²｜公猫
　猫牯 niãu³³kɔ³²
猫母 niãu³³bu³²｜母猫
吼春 hau³²/³³tsʰon³³/²²｜（猫）叫春。吼：哭
猪公 tɯ³³kɔŋ³³/²²｜公猪（一般称说）
猪牯 tɯ³³kɔ³²｜公猪（专指用于交配的那种）
猪母 tɯ³³bu³²｜母猪（专指用于繁殖生小猪的那种）
猪囝 tɯ³³kiã³²｜猪崽
　猪豚 tɯ³³/²²ton²⁴｜豚：小猪。◎《广韵·魂韵》"徒浑切"下："豚，豕子。"

贪槽 tʰan³³ᐟ²²tso²⁴｜（猪）能吃，贪吃

探猪牯 tʰan²¹ᐟ²²tɯ³³kɔ³²｜赶种猪去给母猪配种，称猪交配

𣎴猪 ton³³tɯ³³ᐟ²²｜阉猪（动宾）。◎《广韵·魂韵》"都昆切"下："𣎴，水牛去畜势。"

兔囝 tʰɔ³²ᐟ³³kiã³²｜兔子

兔囝囝 tʰɔ³²ᐟ³³kiã³²ᐟ³³kiã³²｜小兔子

兔囝呦 tʰɔ³²ᐟ³³kiã³²ᐟ³³niũ³²｜对小兔子的昵称

鸡 kue³³

鸡囝 kue³³kiã³²｜小鸡儿

鸡囝呦 kue³³kiã³²ᐟ³³niũ³²｜对小鸡儿的昵称。

鸡胚 kue³³pʰə³³ᐟ²²｜刚孵出来的小鸡儿

鸡角 kue³³ᐟ²²kaʔ³²｜公鸡（成年的）

鸡角囝 kue³³ᐟ²²kaʔ³²ᐟ⁴kiã³²｜小公鸡（未成年的）

鸡母 kue³³bu³²｜母鸡（生过蛋的）

鸡母囝 kue³³bu³²ᐟ³³kiã³²｜小母鸡（尚未生蛋的）

伏鸡母 pu²¹kue³³bu³²｜抱窝鸡（正孵蛋的）。伏：孵

啼 tʰi²⁴｜（鸡）叫

踏单 ta⁴⁵ᐟ²¹tuã³³ᐟ²²｜（鸡、鸭）交配

阉鸡 ian³³kue³³ᐟ²²｜阉过的鸡

𣎴鸡 ton³³kue³³ᐟ²²｜阉鸡（动宾）

鸡卵 kue³³ᐟ²²lən⁴⁵｜鸡蛋

鹌卵 kaʔ³²ᐟ⁴lən⁴⁵｜鹌鹑蛋

卵青 lən⁴⁵ᐟ²¹tsʰĩ³³ᐟ²²｜蛋青（生蛋的）

卵仁 lən⁴⁵ᐟ²¹zen²⁴｜蛋黄（生蛋的）

卵白 lən⁴⁵ᐟ²¹pe⁴⁵｜蛋白（熟蛋的）

卵黄 lən⁴⁵ᐟ²¹ŋ²⁴｜蛋黄（熟蛋的）

生卵 sĩ³³ᐟ²²lən⁴⁵｜下蛋

伏 pu²¹｜孵。△～鸡囝（孵小鸡儿）。◎《广韵·宥韵》"扶富切"下："伏，鸟菢子。"

鸡髻 kue³³ᐟ²²kə²¹｜鸡冠。髻：发髻，用以比喻鸡冠

鸡骹爪 kue³³ᐟ²²kʰa³³ziau³²｜鸡爪子

鸡桶 kue³³ᐟ²²tʰan³²｜鸡嗉子

鸡台 kue³³ᐟ²²tai²⁴｜（长在鸡等家禽身上的极细小的）虫儿

鸭 a⁴²｜鸭

鸭角 a⁴²ᐟ³³kaʔ³²｜公鸭

鸭母 a$^{42/33}$bu^{32}｜母鸭

鸭囝 a$^{42/33}$kiã^{32}｜小鸭子

鸭囝呦 a$^{42/33}$kiã$^{32/33}$niũ^{32}｜对小鸭子的昵称

鸭囝胚 a$^{42/33}$kiã$^{32/33}$pʰə$^{33/22}$｜刚孵出来的小鸭子

 鸭胚 a$^{42/33}$pʰə$^{33/22}$

鹅 ŋõ^{24}

（二）鸟、兽

野兽 ia$^{32/33}$siu^{21}

狮 sai^{33}｜狮子

虎 hɔ^{32}｜老虎

虎牯 hɔ$^{32/33}$kɔ^{32}｜公老虎

虎母 hɔ$^{32/33}$bu^{32}｜母老虎

虎囝 hɔ$^{32/33}$kiã^{32}｜小老虎

猴 kau^{24}｜猴子

熊 hen^{24}

狗熊 kau$^{32/33}$hen^{24}

侬熊 lan$^{24/21}$hen^{24}｜一种熊，比狗熊小，近人形。侬：人

豹囝 pa$^{21/33}$kiã^{32}｜豹子

 老虎豹 lau$^{45/21}$hɔ$^{32/33}$pa^{21}

狐狸 hɔ$^{24/21}$li^{24}

山猪 suã^{33}tɯ$^{33/22}$｜野猪

豪猪 ho$^{24/21}$tɯ$^{33/22}$｜刺猬

猫猫 niãu$^{33/22}$ba^{24}｜野猫子

黄老鼠 ŋ$^{24/21}$lo^{45}tsʰɯ^{32}｜黄鼠狼

老鼠 lo^{45}tsʰɯ^{32}

蛇 tsua^{24}

蛇壳 tsua$^{24/21}$kʰaʔ^{32}｜蛇蜕

目镜蛇 baʔ$^{45/2}$kiã$^{21/22}$tsua^{24}｜眼镜蛇

簸箕笪 pua$^{21/22}$ki$^{33/22}$kaʔ^{32}｜银环蛇。簸箕笪，本指簸箕边沿的粗篾条，此用作喻称

青竹丝 tsʻĩ$^{33/22}$teʔ$^{32/4}$si$^{33/22}$｜竹叶青（一种蛇，身体绿色）

鸡角蛇 kue$^{33/22}$kaʔ$^{32/4}$tsua^{24}｜鸡公蛇

四浪囝 si$^{21/22}$lan^{21}kiã^{32}｜蜥蜴（瘦小的），有四肢

狗母蛇 kau$^{32/33}$bu$^{32/33}$tsua^{24}｜蜥蜴（肥壮大的）

鸟 tsiau^{32}｜鸟儿

鸟囝 tsiau³²/³³kiã³² ｜小鸟
　　鸟鸟 tsiau³²/³³tsiau³²
细鸦 sue²¹/³³ɔ³³/²² ｜乌鸦
客鸟 kʰe⁴²/³³tsiau³² ｜喜鹊
粟鸟 tsʰeʔ³²/⁴tsiau³² ｜麻雀。粟：稻谷
燕囝 ĩ²¹/³³kiã³² ｜燕子
雁 gan²¹
鸽 kaʔ³² ｜①鸽子。②鹌鹑
雉鸡 kʰi²¹kue³³/²² ｜野鸡
　　山鸡 suã³³kue³³/²²
鹁鸪 pʰu²¹ku³³/²² ｜斑鸠
矿囝 kʰɔŋ²¹kiã³² ｜鹧鸪
八八 paʔ³²/⁴pa³³ ｜八哥儿
布谷鸟 pu²¹ku³³tsiau³²
啄树鸟 tɔʔ³²/⁴tsʰiu²¹tsiau³² ｜啄木鸟
鸬鹚 lau²⁴/²¹tsi²⁴
鹤 ho⁴⁵
箬婆 heʔ⁴⁵/²po²⁴ ｜老鹰
老鼠箬婆 lo⁴⁵tsʰɯ³²/³³heʔ⁴⁵/²po²⁴ ｜蝙蝠
尾溜 bə³²/³³liu³³/²² ｜①尾巴。②末尾（最后面）
翼□ seʔ⁴⁵/²kʰau²¹ ｜翅膀
鸟岫 tsiau³²/³³siu²¹ ｜鸟窝

（三）虫类

娘囝 niũ²⁴/²¹kiã³² ｜蚕
蜘蛛 ti³³tu³³/²²
臭蚁 tsʰau²¹/²²hia⁴⁵ ｜蚂蚁
白蚁 pe⁴⁵/²¹hia⁴⁵
猴逼 kau²⁴/²¹pe⁴² ｜蝼蛄
猴蚓 kau²⁴/²¹on³² ｜蚯蚓
蜈蜞螺 ŋɔ²⁴/²¹kʰi²⁴/²¹lə²⁴ ｜蜗牛。蜈蜞：蚂蟥
车屎龟 tsʰia³³/²²sai³²/³³ku³³/²² ｜蜣螂（屎壳郎）
蜈蚣 gia²⁴/²¹kan³³/²²
壁虎 peʔ³²/⁴hɔ³²
蚖蝇 hɔŋ²⁴/²¹sen²⁴ ｜苍蝇。◎《广韵·唐韵》"胡郎切"下："蚖，《尔雅》：'蚖，萧茧。'"

胡蝇 hɔ²⁴⁾²¹sen²⁴

蠓 ban³² ｜蚊子。◎《广韵·董韵》"莫孔切"下："蠓，《列子》曰：'蠛蠓生朽壤之上，因雨而生，睹阳而死'。"

蠓囝 ban³²⁾³³kiã³²

松柏虫 tsʰan²⁴⁾²¹pe⁴²⁾³³tʰan²⁴ ｜（松树上长的）毛毛虫

米虫 bi³²⁾³³tʰan²⁴

幼 iu²¹ ｜蚜虫

虱母 saʔ³²⁾⁴bu³² ｜虱子

麻虱 muã²⁴⁾²¹saʔ³² ｜臭虫（身体扁平，赤褐色，腹大，吸人畜的血液）

虼蚤 kaʔ³²⁾⁴tsau³² ｜跳蚤

牛虻 gu²⁴⁾²¹mɔ̃³³ ｜牛虻（身体长椭圆形，雌的吸食牛等家畜的血液）

蟋蟀 seʔ³²⁾⁴soʔ³²

灶鸡 tsau²¹⁾³³kue³³⁾²² ｜灶蟋蟀

蛟□ ka⁴⁵⁾²¹tsua⁴⁵ ｜蟑螂

草燕□tsʰau³²⁾³³ĩ²¹kɔ̃³² ｜蝗虫（即蚱蜢。口器坚硬，善飞行，农业害虫）

牛母算 gu²⁴⁾²¹bu³²⁾³³sən²¹ ｜螳螂

草鞋□tsʰau³²⁾³³ue²⁴⁾²¹kuaʔ³² ｜水中一种形似螳螂的昆虫

蝉 sian²⁴

蝉壳 sian²⁴⁾²¹kʰaʔ³² ｜蝉蜕

蜂 pʰan³³ ｜蜜蜂

老虎蜂 lau⁴⁵⁾²¹hɔ³²⁾³³pʰan³³⁾²² ｜马蜂（胡蜂的通称）

拓 tʰaʔ⁴⁵ ｜（蜂）蛰

蜂岫篓 pʰan³³⁾²²siu²¹⁾²²lau³² ｜蜂窝

　　蜂岫 pʰan³³⁾²²siu²¹

蜂蜜 pʰan³³⁾²²beʔ⁴⁵

　　蜜 beʔ⁴⁵

火萤虫 hə³²⁾³³iã²⁴⁾²¹tʰan²⁴ ｜萤火虫

　　火萤 hə³²⁾³³iã²⁴

臭屁虫 tsʰau²¹⁾²²pʰui²¹⁾²²tʰan²⁴ ｜椿象（身体圆形或椭圆形，有的能放出恶臭）

翼 ia⁴⁵ ｜①灯蛾。②蝴蝶

螣婴 tsʰan²⁴⁾²¹ĩ³³⁾²² ｜蜻蜓

（四）鱼虾类

鱼 hɯ²⁴

鲤鱼 li³²⁾³³hɯ²⁴

涂鲫板 tʰɔ²⁴ᐟ²¹tseʔ³²ᐟ⁴pan³² ｜鲫鱼。涂：泥土
　　涂鲫 tʰɔ²⁴ᐟ²¹tseʔ³²
草鱼 tsʰau³²ᐟ³³hɯ²⁴
黄鱼 ŋ²⁴ᐟ²¹hɯ²⁴
鳗 muã²⁴ ｜鳗鱼
扁鱼 pian³²ᐟ³³hɯ²⁴ ｜鲳鱼（身体短而侧扁）
带鱼 tua²¹hɯ²⁴
锯鱼 kə²¹ᐟ²²hɯ²⁴ ｜鲈鱼
鲇鱼 lian²⁴ᐟ²¹hɯ²⁴ ｜鲇鱼（表面多黏液，无鳞，背苍黑色）
乌鳢昌 ɔ³³ᐟ²²li³²ᐟ³³tsʰiɔŋ³³ᐟ²² ｜黑鱼（乌鳢的统通称。圆柱形，头扁，口大有齿）
墨鱼 bɔʔ⁴⁵ᐟ²hɯ²⁴ ｜乌贼
鱿鱼 iu²⁴ᐟ²¹hɯ²⁴
大头鳙 tua²¹tʰau²⁴ᐟ²¹siɔŋ²⁴ ｜胖头鱼，鳙鱼（身体暗黑色，鳞细，头大）
◎《广韵·锺韵》"蜀容切"下："鳙，鱼名，似牛，音如豕。"
　　□溜 kɔ⁴⁵ᐟ³³liu³³ᐟ²² ｜泥鳅。□kɔ⁴⁵：圆的物体滚动
塍鳝 tsʰan²⁴ᐟ²¹tsuã⁴⁵ ｜鳝鱼（黄鳝）。塍：水田
腊鲞 laʔ⁴⁵ᐟ²siũ³² ｜鲞（剖开晒干的鱼）
　　鱼巴 hɯ²⁴ᐟ²¹pa³³
鱼鳞 hɯ²⁴ᐟ²¹lan²⁴
鱼刺 hɯ²⁴ᐟ²¹tsʰi²¹
鱼脬 hɯ²⁴ᐟ²¹pʰa³³ ｜鱼鳔（鱼腹内白色的囊状器官）。◎《广韵·肴韵》"匹交切"下："脬，腹中水府。"
鱼肚 hɯ²⁴ᐟ²¹tɔ⁴⁵
鱼鳃 hɯ²⁴ᐟ²¹se³³
鱼子 hɯ²⁴ᐟ²¹tsi³² ｜鱼的卵
鱼栽 hɯ²⁴ᐟ²¹tsai³³ᐟ²² ｜鱼苗儿
　　鱼苗 hɯ²⁴ᐟ²¹bieu²⁴
钓鱼 tiau²¹ᐟ²²hɯ²⁴
钓鱼竿 tiau²¹ᐟ²²hɯ²⁴ᐟ²¹kuã³³ ｜钓鱼竿儿
　　钓竿 tiau²¹ᐟ²²kuã³³
钓钩 tiau²¹ᐟ²²kau³³ᐟ²² ｜钓鱼钩儿
上钩 tsiũ²¹kau³³ᐟ²² ｜（鱼儿）上钩
鱼篮 hɯ²⁴ᐟ²¹nã²⁴ ｜鱼篓儿（颈长口小肚大）
渔网 hɯ²⁴ᐟ²¹ban³²

掠鱼 lia⁴⁵ᐟ²¹hɯ²⁴｜捕鱼
虾弓 ha²⁴ᐟ²¹kiɔŋ³³ᐟ²²｜虾
　虾杭 ha²⁴ᐟ²¹kɔŋ³²
虾米 ha²⁴ᐟ²¹bi³²｜小虾（干的）
乌龟 ɔ³³kui³³ᐟ²²
鳖 pi⁴²｜甲鱼
□□ ŋiã²¹gue³³ᐟ²²｜螃蟹
□□黄 ŋiã²¹gue³³ᐟ²²ŋ̍²⁴｜蟹黄
水鸡 tsui³²ᐟ³³kue³³ᐟ²²｜青蛙（老派说法）
蛤蟆 ha²⁴ᐟ²¹mã²⁴｜小青蛙
塍狗 tsʰan²⁴ᐟ²¹kau³²｜蛙类总称。塍：水田
大青 tua²¹tsʰĩ³³ᐟ²²｜大青蛙（比常见的青蛙大，有的叫田鸡）
戆蛤 gɔŋ²¹kaʔ³²｜一种大青蛙，皮肤灰黑
孤婆 kɔ²²po²⁴｜一种青蛙，似癞蛤蟆，肚子大
太古蛤蟆 tʰai²¹ᐟ²²kɔ³²ha²⁴ᐟ²¹mã²⁴｜癞蛤蟆。太古：一种皮肤病，皮肤上长疙瘩
涂尾龟 tʰɔ²⁴ᐟ²¹bə³²ᐟ³³kui³³ᐟ²²｜蝌蚪
蜞蜞 gɔ²⁴ᐟ²¹kʰi²⁴｜水蛭（又称蚂蟥）。◎《广韵·之韵》"渠之切"下："蜞，蟛蜞，似蟹而小。"《本草》："水蛭，大者名马蜞。"
塍螺 tsʰan²⁴ᐟ²¹lə²⁴｜螺蛳（通称）。塍：水田
蛏干 tsʰen³³ᐟ²²kuã³³ᐟ²²｜蛏子干
蛤干 kaʔ³²ᐟ⁴kuã³³ᐟ²²｜蛤蜊干
项杯 han²¹pue³³ᐟ²²｜蚌

七　房舍

（一）房子

厝 tsʰu²¹｜房子（整座）。◎本字为"处"，此依闽语区用字习惯。《广韵·御韵》"昌据切"下："处，处所。"《广韵·暮韵》"渠之切"下："厝，置也。"

徛厝 kʰia⁴⁵tsʰu²¹｜盖房子。徛：竖立
房 paŋ²⁴｜房间
　房间 paŋ²⁴ᐟ²¹kuĩ³³ᐟ²²
大厅 tua²¹tʰiã³³ᐟ²²｜堂屋
后厅 au⁴⁵ᐟ²¹tʰiã³³ᐟ²²｜堂屋后面的房间
厅囝 tʰiã³³kiã³²｜侧厅

下照厅 e⁴⁵/²¹tsieu²¹/²²tʰiã³³/²² ｜前厅
外箍 gua²¹kʰɔ³³/²² ｜外间
内箍 lui²¹kʰɔ³³/²² ｜里间
大房 tua²¹pan²⁴ ｜大厅两侧的房间
正房 tsiã²¹/²²pan²⁴
　　正厝 tsiã²¹/²²tsʰu²¹
副房 hu²¹pan²⁴ ｜厢房
厢间 siũ³³kuĩ³³/²² ｜厢房
　　转厢 tən³²/³³siũ³³/²²
后尾 au⁴⁵/²¹bə³² ｜后院
埕 tiã²⁴ ｜场院（屋前平坦的空地）
　　门口埕 bən²⁴/²¹kʰau³²/³³tiã²⁴
　　庭子埕 ten²⁴/²¹tsi³²/³³tiã²⁴
粟埕 tsʰeʔ³²/⁴tiã²⁴ ｜晒谷场
天井 tĩ³³tsĩ³² ｜庭院中像井状的露天处
平房 pĩ²⁴/²¹pan²⁴
楼 lau²⁴ ｜楼房
　　楼房 lau²⁴/²¹pan²⁴
楼囝 lau²⁴/²¹kiã³² ｜小楼房
洋厝 iũ²⁴/²¹tsʰu²¹ ｜洋房（新式楼房）
　　洋楼 iũ²⁴/²¹lau²⁴
瓦厝 hia⁴⁵/²¹tsʰu²¹ ｜瓦房
红砖厝 an²⁴/²¹tsən³³/²²tsʰu²¹ ｜用红砖砌墙的房子
大垛厝 tua²¹tə²¹/²²tsʰu²¹ ｜大房子。垛：块，团
落托厝 lɔʔ²tʰɔʔ³²tsʰu²¹ ｜旧式家族居住的高墙大房
草棚 tsʰau³²/³³pʰɔŋ²⁴ ｜草房（茅草搭盖的）
破厝篓 pʰua²¹/²²tsʰu²¹/²²lau⁴² ｜破旧房子
亭囝 tan²⁴/²¹kiã³² ｜亭子

（二）房屋结构

楼顶 lau²⁴/²¹ten³² ｜楼上
楼骹 lau²⁴/²¹kʰa³³/²² ｜楼下。骹：脚
　　楼下 lau²⁴/²¹e⁴⁵
楼梯 lau²⁴/²¹tʰui³³/²² ｜包括固定的和可以移动的
栏杆 lan²⁴/²¹kan³³/²²
阳台 iũ²⁴/²¹tai²⁴

曝台 pʰaʔ⁴⁵ᐟ²tai²⁴｜晒台（在楼房屋顶，晒东西或乘凉用）
巷囝 han²¹kiã³²｜底楼的走廊
走栏 tsau³²ᐟ³³nuã²⁴｜楼上的走廊
过路 kə²¹ᐟ²²lɔ²¹｜过道
窗囝子 tʰan³³ᐟ²²kiã³²ᐟ³³tsi³²｜窗子
　　窗子 tʰan³³ᐟ²²tsi³²｜窗子
厝顶 tsʰu²¹ᐟ³³ten³²｜房顶
厝瓦脊 tsʰu²¹ᐟ³³hia⁴⁵ᐟ²¹tseʔ³²｜房脊
　　厝脊 tsʰu²¹ᐟ³³tseʔ³²
厝瓦尾 tsʰu²¹ᐟ²²hia⁴⁵ᐟ²¹bə³²｜泛指房脊的瓦面
　　厝脊尾 tsʰu²¹ᐟ²²tseʔ³²ᐟ⁴bə³²
翘脊梁 kʰiau²¹ᐟ²²tseʔ³²ᐟ⁴niũ²⁴｜飞檐
檐舷 en²⁴ᐟ²¹kĩ²⁴｜屋檐儿。舷：边沿
滴水 ti⁴²ᐟ³³tsui³²｜屋檐雨水下滴着地处所形成的界线，也指界线与门墙之间的空间范围
楹 ĩ²⁴｜檩。◎《广韵·清韵》"以成切"下："楹，柱也。"
中梁 tiɔŋ³³ᐟ²²niũ²⁴｜大梁
　　中脊楹 tiɔŋ³³ᐟ²²tseʔ³²ᐟ⁴ĩ²⁴
桷囝 kaʔ³²ᐟ⁴kiã³²｜椽子。◎《广韵·觉韵》"古岳切"下："桷，椽也。"
柱 tʰiau⁴⁵｜柱子
柴柱 tsʰa²⁴ᐟ²¹tʰiau⁴⁵｜木柱子
扶柱 pʰu²⁴ᐟ²¹tʰiau⁴⁵｜顶梁柱
中柱 tʰiɔŋ³³ᐟ²²tʰiau⁴⁵
头步 tʰau²⁴ᐟ²¹pɔ²¹｜进门第一根柱子
二步 zi²¹pɔ²¹｜进门第二根柱子
楼徒 lau²⁴ᐟ²¹tɔ²⁴｜顶托楼板的梁
柱磉 tʰiau⁴⁵ᐟ²¹səŋ³²｜垫托柱子的石块。◎《广韵·荡韵》"苏朗切"下："磉，柱下石也。"
厝基 tsʰu²¹ᐟ³³ki³³ᐟ²²｜（房屋的）地基
墙 tsʰiũ²⁴
墙骹 tsʰiũ²⁴ᐟ²¹kʰa³³ᐟ²²｜墙根
舂涂墙 tsen³³ᐟ²²tʰɔ²⁴ᐟ²¹tsʰiũ²⁴｜筑土墙（动宾）
壁堵 paʔ³²ᐟ⁴tɔ³²｜板墙。◎《广韵·姥韵》"当古切"下："堵，垣堵。"
阴沟 en³³kau³³ᐟ²²｜地面下的排水沟
后壁沟 au⁴⁵ᐟ²¹pia⁴²ᐟ³³kau³³ᐟ²²｜房屋后面的排水沟

正门 tsiã²¹ᐟ²²bən²⁴

大门 tua²¹bən²⁴

后门 au⁴⁵ᐟ²¹bən²⁴

门楔 bən²⁴ᐟ²¹tuĩ⁴⁵｜门槛儿。◎《集韵·霰韵》"堂练切"下："楔，木理坚密。"

门扇 bən²⁴ᐟ²¹sĩ³²｜门板

门串 bən²⁴ᐟ²¹tsʰuã²¹｜门闩

门樘（牚）bən²⁴ᐟ²¹tʰĩ²¹｜顶住门的直木。◎《广韵·映韵》"他孟切"下："牚，邪（斜）柱也。"《集韵·映韵》："牚，支柱也。"

门杠 bən²⁴ᐟ²¹kɔŋ²¹｜顶住门的横木

门□bən²⁴ᐟ²¹u³³ᐟ²²｜门墩

门框 bən²⁴ᐟ²¹kʰen³³ᐟ²²

门环 bən²⁴ᐟ²¹huan²⁴｜门环子

锁 so³²

锁匙开 so³²ᐟ³³si²⁴ᐟ²¹kʰui³³ᐟ²²｜钥匙

（三）其他设施

灶口 tsau³²ᐟ³³kʰau³²｜厨房

灶 tsau³²

烟筒 en³³ᐟ²²tan²⁴｜烟囱

东司 tan³³si³³ᐟ²²｜厕所

牛牢 gu²⁴ᐟ²¹tiau²⁴｜牛圈

猪牢 tu³³ᐟ²²tiau²⁴｜猪圈

牛牢栏 gu²⁴ᐟ²¹tiau²⁴ᐟ²¹nuã²⁴｜牛圈的栅条

猪牢栏 tu³³ᐟ²²tiau²⁴ᐟ²¹nuã²⁴｜猪圈的栅条

潘槽 pʰon³³ᐟ²²tso²⁴｜猪食槽。潘：泔水，用以喂猪

狗岫 kau³²ᐟ³³siu²¹｜狗窝。◎《广韵·宥韵》"似佑切"下："岫，山有穴。"

　狗窠 kau³²ᐟ³³kʰo³³ᐟ²²

鸡岫 kue³³ᐟ²²siu²¹｜鸡窝

　鸡牢 kue³³ᐟ²²tiau²⁴

鸡庵 kue³³an³³ᐟ²²｜鸡笼

鸡罩 kue³³ᐟ²²tau²¹｜鸡罩（竹子编的，下大上小，呈吊钟形）

柴堆 tsʰa²⁴ᐟ²¹tuĩ³³ᐟ²²｜柴火堆

秞草堆 tiu⁴⁵tsʰau³²ᐟ³³tuĩ³³ᐟ²²｜稻草堆

八　器具用品

（一）一般家具

东西 toŋ³³sue³³/²² ｜ 东西，物品。△即是什乜～？（这是什么东西？）

物件 bən²¹kian⁴⁵ ｜ 物品

家伙 ke³³hə³² ｜ 家具

柜团 kui²¹kiã³² ｜ 柜子（横式，有掀盖）

橱 tu²⁴ ｜ 橱子（立式，有拉门）

橱团 tu²⁴/²¹kiã³² ｜ 小橱柜

橱桌 tu²⁴/²¹to⁴² ｜ 柜橱

囥橱 kʰən²¹/²²tu²⁴ ｜ 衣橱。囥：藏

碗橱 uã³²/³³tu²⁴ ｜ 放碗筷和饭菜的橱子

箱团 siũ³³kiã³² ｜ 箱子

　　箱 siũ³³

樟脑丸 tsiũ³³/²²nãu³²/³³ĩ²⁴

桌团 to⁴²/³³kiã³² ｜ 桌子

　　桌 to⁴²

圆桌 ĩ²⁴/²¹to⁴²

八仙桌 paʔ³²/⁴sian³³/²²to⁴² ｜ 大方桌（可坐八个人）

案桌 uã²¹/²²to⁴² ｜ 条案（狭长的桌，用做神案）

　　骨几 koʔ⁴ki³³/²²

食糜桌 tsiaʔ⁴⁵/²mãi³³/²²to⁴² ｜ 饭桌。食糜：吃饭

桌布 to⁴²/³³pɔ²¹ ｜ 台布

桌屉 to⁴²/³³tʰua⁴² ｜ 抽屉

　　屉 tʰua⁴²

椅 i³² ｜ 椅子、凳子的总称

鼓椅 kɔ³²/³³i³² ｜ 凳子

交椅 kau³³i³² ｜ 椅子（统称，有靠背的）

懒椅 lan³²/³³i³² ｜ 躺椅

椅档 i³²/³³tan²¹ ｜ 椅子撑儿（椅腿中间的横木）

椅条 i³²/³³tiau²⁴ ｜ 板凳

椅箍 i³²/³³kʰɔ³³/²² ｜ 方凳

椅团 i³²/³³kiã³² ｜ 小板凳儿

　　椅团呦 i³²/³³kiã³²/³³niũ³²

坐垫 tsə⁴⁵/²¹tian²¹ ｜（自行车等的）坐垫

草罗 tsʰau³²/³³lo²⁴ ｜草垫子（稻草编的，用于垫坐的蒲团）
　　草饼 tsʰau³²/³³piã³²
草垫 tsʰau³²/³³tian²¹ ｜草垫子（稻草编的，用于铺床）
徛桶 kʰia⁴⁵/²¹tʰan³² ｜小孩站的木桶

（二）卧室用具

铺 pʰɔ³³ ｜床
铺板 pʰɔ³³pan³² ｜床板
棕绷 tsan³³/²²pɔŋ³³ ｜棕绷床
竹床 teʔ³²/⁴tsʰən²⁴ ｜竹床（单人的）
铺骹 pʰɔ³³kʰa³³/²² ｜床下
蠓帐 ban⁴⁵tiũ²¹ ｜蚊帐
蠓帐钩 ban⁴⁵tiũ²¹/²²kau³³/²² ｜蚊帐钩
毯 tʰan³² ｜毯子
被 pʰə⁴⁵ ｜被子
被腹肚 pʰə⁴⁵/²¹paʔ³²/⁴tɔ³² ｜被窝儿。腹肚：肚子
被壳 pʰə⁴⁵/²¹kʰaʔ³² ｜被套
被里 pʰə⁴⁵/²¹li³² ｜被里子
被面 pʰə⁴⁵/²¹ben²¹
棉借 mĩ²⁴/²¹tsieu⁴² ｜棉花胎
垫单 tian²¹tuã³³/²² ｜床单
褥团 ziɔʔ⁴⁵/²kiã³² ｜褥子
席 tsʰieu⁴⁵ ｜草席
篾席 bi⁴⁵/²¹tsʰieu⁴⁵
竹席 teʔ³²/⁴tsʰieu⁴⁵
枕头 tsen³²/³³tʰau²⁴
枕头芯 tsen³²/³³tʰau²⁴/²¹sen³³/²²
枕头套 tsen³²/³³tʰau²⁴/²¹tʰo²¹
枕头巾 tsen³²/³³tʰau²⁴/²¹kən³³/²² ｜枕巾
镜箱 kiã²¹/³³siũ³³/²² ｜梳妆台
镜 kiã²¹ ｜镜子
因口架 en³³/²²tsiũ²⁴/²¹ke²¹ ｜衣架（挂衣服用的）
尿壶 zieu²¹hɔ²⁴ ｜夜壶
汤盐 tʰən³³kɔ³² ｜汤壶（装了热水放在被窝里取暖用的）

（三）炊事用具

风箱 huan³³siũ³³/²² ｜风箱（使炉火旺盛）

火箠 hə³²/³³tsʰe²¹ ｜ 通条（通炉子用的）。◎《集韵·支韵》"是为切"下："箠，竹名。"

煤扦 muĩ²⁴/²¹tsʰian³³/²² ｜ 蜂窝煤的通条。扦：插

火钳 hə³²/³³kʰĩ²⁴

火烘箸 hə³²/³³han³³/²²tɯ²¹ ｜ 手炉拨火用的筷子

火锨 hə³²/³³hian³³/²² ｜ 火铲

火舌 hə³²/³³tsi⁴⁵ ｜ 火苗

柴 tsʰa²⁴ ｜ ①树木，木头，木材。△～苑（树苑）、～櫼（木楔）、～梳（梳子）。②柴火。△刣～（砍柴火）

柴爿 tsʰa²⁴/²¹puĩ²⁴ ｜ 劈好的柴火

明 miã²⁴ ｜ 松明

枋 pan³² ｜ 木板（比较厚的，做床板或楼板）

柴杙 tsʰa²⁴/²¹kʰeʔ³² ｜ 木椿（钉在地上或墙上的）

　杙 kʰeʔ³²

柴櫼 tsʰa²⁴/²¹tsĩ³³/²² ｜ 木楔

锯屑 kɯ²¹/²²saʔ³² ｜ 锯末

柴柿 tsʰa²⁴/²¹pʰə²¹ ｜ 木材碎片。柿：木片。◎《广韵·废韵》"芳废切"下："柿，斫木扎也。"

柴柿花 tsʰa²⁴/²¹pʰə²¹/²²hue³³/²² ｜ 刨花

洋火 iũ²hə³² ｜ 火柴

火刀 hə³²/³³to³³/²² ｜ 火镰（旧时取火用具，形状像镰刀）

纸媒 tsua³²/³³muĩ²⁴ ｜ 引火用的细纸卷

灶烟 tsau²¹/³³ian³³/²² ｜ 锅烟子

鼎 tiã³² ｜ 铁锅

铝鼎 lɯ³²/³³tiã³² ｜ 铝锅

方锅 hɔŋ³³ko³³/²² ｜ 砂锅

鼎盖 tiã³²/³³kua²¹ ｜ 锅盖

煎匙 tsian³³/²²si²⁴ ｜ 锅铲

鼎擦 tiã³²/³³tsʰue²¹ ｜ 炊帚（刷洗锅碗的用具）。擦：擦，蹭；涮，洗

碗 uã³²

大碗 tua²¹uã³² ｜ 海碗

盘 pʰon²⁴ ｜ 盘子

碟囝 ti⁴⁵kiã³² ｜ 碟子

　碟 ti⁴⁵

坩钵 kʰã³³/²²pua⁴² ｜（陶瓷做的，盛饭的大的）钵子。◎《集韵·谈韵》

"枯甘切"下:"坩,土器。"

骹钵 kʰa³³⁄²²pua⁴² ｜ 一种较大的陶钵,底部尖,如脚站立。骹:脚

㲿勺 hau²¹sia⁴⁵ ｜ 勺子

糜勺 mãi³³⁄²²sia⁴⁵ ｜ 饭勺

饭匙 pən²¹si²⁴ ｜ 饭瓢

调羹 tiau²⁴⁄²¹ken³³⁄²² ｜ 羹匙

箸 tɯ²¹ ｜ 筷子

箸勺笼 tɯ²¹sia⁴⁵⁄²¹lan⁴⁵ ｜ 筷笼

竹栱 teʔ³²⁄⁴kɔŋ³² ｜ 旧时用以盛饭菜的竹筒

糜栱 mãi³³kɔŋ³² ｜ 旧时用以盛饭的竹筒

　糜筒 mãi³³tan²⁴

菜栱 tsʰai²¹⁄²²kɔŋ³² ｜ 旧时用以盛菜的竹筒

　菜筒 tsʰai²¹⁄²²tan²⁴

滚水盬 kon³²⁄³³tsui³²⁄³³kɔ³² ｜ 热水瓶(旧称)

滚水壶 kon³²⁄³³tsui³²⁄³³hɔ²⁴ ｜ 热水壶

茶盬 te²⁴⁄²¹kɔ³² ｜ 水壶(烧开水用)

茶盬囝 te²⁴⁄²¹kɔ³²⁄³³kiã³² ｜ 茶壶(沏茶用的,带有嘴儿)

茶盘 te²⁴⁄²¹pʰon²⁴ ｜ 茶盘

茶瓯 te²⁴⁄²¹au³³⁄²² ｜ 小茶杯(陶瓷做的,有的带有把儿)

茶匙 te²⁴⁄²¹si²⁴ ｜ 茶勺

茶碗 te²⁴⁄²¹uã³² ｜ 盖碗儿(带盖儿的茶碗)

茶托 te²⁴⁄²¹tʰɔʔ³²

酒瓯 tsiu³²⁄³³au³³⁄²² ｜ 酒杯

酒瓶 tsiu³²⁄³³pan²⁴

　酒瓶 tsiu³²⁄³³pʰen²⁴

酒瓮 tsiu³²⁄³³an²¹ ｜ 酒坛子

油漏 iu²¹lau²¹ ｜ 油漏斗

瓮囝 an²¹⁄³³kiã³² ｜ 坛子

　瓮 an²¹

罐 kuan²¹ ｜ 罐子

米栱 bi³²⁄³³kən³² ｜ 量筒(专用于量米的,以竹节或木头、铁片做成)

升 tsen³³ ｜ 量粮食的器具。10升为1斗

斗 tau³² ｜ 量粮食的器具。10升为1斗

匏柼 pu²⁴⁄²¹hia³³⁄²² ｜ 瓢(舀水的,由匏瓜或木头等做成)。匏:瓠子。柼:勺

笊篱 tsua$^{32/33}$li^{24} | 竹编的漏勺
筲箕 sau^{33}ki$^{33/22}$ | 筲箕（淘米洗菜等用的竹器，可滤水）
瓶 pʰen^{24} | 瓶子
瓶盖 pʰen$^{24/21}$kua^{21} | 瓶盖儿
瓶䰇 pʰen$^{24/21}$sən$^{33/22}$ | 瓶塞
菜刀 tsʰai$^{21/33}$to$^{33/22}$
刀喙 to$^{33/22}$tsʰui^{21} | 刀口
磨石 bua$^{24/21}$tsieu^{45} | 磨刀石
砧板 tian$^{33/22}$pan^{32}
水桶 tsui$^{32/33}$tʰan^{32}
研槽 len$^{32/33}$tso^{24} | 研船（铁制研磨药材用具，船形）
擂钵 lui$^{24/21}$pua^{42} | 研磨辣椒干等成粉末的钵子
饭脊 pən^{21}tsia^{42} | 饭桶（用来盛饭的木桶）
　　糜桶 māi^{45}tʰan^{32}
饭炊 pon^{21}tsʰə^{33} | 饭甑
饭炊底 pon^{21}tsʰə^{33}tue^{32} | 饭甑底部的箅子
炊铺 tsʰə^{33}pʰɔ$^{33/22}$ | 蒸笼
米瓮 bi$^{32/33}$an^{21} | 盛米的陶器
水缸 tsui$^{32/33}$kən$^{33/22}$
潘 pʰon^{33} | 泔水（潲水）。◎《广韵·桓韵》"普官切"下："潘，淅米汁。"
　　潘水 pʰon^{33}tsui^{32}
　　米潘 bi$^{32/33}$pʰon$^{33/22}$
潘桶 pʰon$^{33/22}$tʰan^{32} | 泔水桶
潘缸 pʰon^{33}kən$^{33/22}$ | 泔水缸
桌巾 to$^{32/4}$kən$^{33/22}$ | 抹桌布
破巾 pʰua$^{21/33}$kən$^{33/22}$ | 抹布
拖把 tʰua^{33}pe^{32}

（四）工匠用具

柴马 tsʰa$^{24/21}$be^{32} | 桌马（木工放置圆木作木料加工的木架子）
刨推 pʰau$^{24/21}$tʰue^{33} | ①刨子（刮平木料用的手工工具）。②礤床（把萝卜等刨成丝儿的器具）
　　推 tʰue^{33}
斧头 pɔ^{45}tʰau^{24} | 斧子
锯 kɯ^{21} | 锯子
锉 tsʰo^{21} | 锉刀

凿囝 tsʰaʔ⁴⁵ᐟ²kiã³² | 凿子（木匠、石匠凿木料、石料打眼儿的金属工具）
　　凿 tsʰaʔ⁴⁵

角尺 kɔʔ³²ᐟ⁴tsʰieu⁴² | 曲尺（木工用来画直角的尺）

钢尺 kən³³ᐟ²²tsʰieu⁴² | 钢卷尺

墨斗 bɔʔ⁴⁵ᐟ²tau³²

墨斗线 bɔʔ⁴⁵ᐟ²tau³²ᐟ³³suã²¹

铁钉 tʰi⁴²ᐟ³³tan³³ᐟ²²

钳 kʰian²⁴ | ①钳子。②镊子（拔除毛或夹取细小东西的金属用具）

老虎钳 lau⁴⁵ᐟ²¹hɔ³²ᐟ³³kʰian²⁴ | 老虎钳（钳口有刃，多用来起钉子或夹断铁丝）

大锤 tua²¹tʰui²⁴ | 大铁锤（双手使用，一般重达十几斤）

抗锤囝 kʰɔŋ²¹ᐟ²²tʰui²⁴ᐟ²¹kiã³² | 钉锤。抗：碰

索囝 so⁴²ᐟ³³kiã³² | 绳子
　　索 so⁴²

草索 tsʰau³²ᐟ³³so⁴² | 草绳

合页 xaʔ⁴⁵ᐟ²ieu⁴⁵ | 两片金属构成铰链，多装在门窗等上
　　铰链 kau³²ᐟ³³lian²¹

砖刀 tsən³³to³³ᐟ²² | 瓦刀（用来砍断砖瓦，涂抹泥灰）

粉刀 hon³³ᐟ³³to³³ᐟ²² | 抹子（抹刀。泥瓦工用来挑取泥灰以砌砖石的器具。）

刮刀 kuaʔ³²ᐟ⁴to³³ᐟ²² | 泥瓦工用来抹平泥灰的器具

沙板 sua³³pan³² | 泥板（泥瓦工用来托泥灰的小平板）

葛渣 kua⁴²ᐟ³³tsa³³ᐟ²² | 葛根榨出淀粉后的残渣，用来拌进石灰浆，作用同麻刀

水泥桶 tsui³²ᐟ³³nĩ²⁴ᐟ²¹tʰan³² | 盛水泥浆的桶

铁墩 tʰi⁴²ᐟ³³ton³² | 砧子（锤或砸东西时垫在底下的器具）

剃头刀 tʰe²¹ᐟ²²tʰau²⁴ᐟ²¹to³³ᐟ²² | 剃刀（理发工具，刮脸用的刀子）

洋剪 iũ²⁴ᐟ²¹tsian³² | 推子（理发工具，有上下重叠的两排带刃的齿儿）

柴梳 tsʰa²⁴ᐟ²¹sue³³ᐟ²² | 梳子。柴：木头

剃头刮 tʰe²¹ᐟ²²tʰau²⁴ᐟ²¹kui⁴² | 鐾刀布（反复摩擦使剃刀锋利的布片）

剃头椅 tʰe²¹ᐟ²²tʰau²⁴ᐟ²¹i³² | 理发凳

裁缝机 tsʰai²⁴ᐟ²¹hɔŋ²⁴ᐟ²¹ki³³ᐟ²² | 缝纫机

铰剪 ka³²ᐟ³³tsian³² | 剪子

针□ tsan³³ᐟ²²tĩ²¹ | 顶针儿

线卷 suã²¹ᐟ³³kən³² | 线轴儿

针鼻 tsan³³ᐟ²²pʰi²¹ | 针鼻儿（穿线孔）

针尾 tsan^{33}bə^{32}｜针尖
穿针 tsʰən^{33}tsan$^{33/22}$｜穿针（动宾）
钻囝 tsən$^{21/33}$kiã^{32}｜锥子
七筐 tsʰeʔ^{4}kʰen$^{33/22}$｜筐箩，用于装针线等物
尺 tsʰieu^{42}｜尺子
粉线 hon$^{32/33}$suã^{21}
熨杯 oʔ$^{32/4}$pue$^{33/22}$｜烙铁
熨斗 oʔ$^{32/4}$tau^{32}｜熨斗
弓 ken^{33}｜弓子（弹棉花的）
傍锣 pɔŋ^{21}lo^{24}｜轧棉被的圆木块（状圆似锣）
纺车 pʰan$^{32/33}$tsʰia$^{33/22}$｜纺线或纺纱的工具
织布机 tseʔ$^{32/4}$pɔ$^{21/22}$ki$^{33/22}$｜织布机（旧式的）
布梭 pɔ$^{21/33}$so$^{33/22}$｜梭（织布用）

（五）其他生活用品

面桶 ben^{21}tʰan^{32}｜脸盆
面桶架 bian^{21}tʰan$^{32/33}$ke^{21}｜脸盆架
面巾 ben^{21}kən$^{33/22}$｜毛巾
骸桶 kʰa^{33}tʰan^{32}｜脚盆
大骸桶 tua^{21}kʰa^{33}tʰan^{32}｜澡盆
拭骸巾 tsʰeʔ$^{32/4}$kʰa$^{33/22}$kən$^{33/22}$｜擦脚布
　　拭骸布 tsʰeʔ$^{32/4}$kʰa$^{33/22}$pɔ^{21}
肥珠 pui$^{24/21}$tsɯ$^{33/22}$｜肥皂
香肥珠 hiũ$^{33/22}$pui$^{24/21}$tsɯ$^{33/22}$｜香皂
肥珠粉 pui$^{24/21}$tsɯ$^{33/22}$hon^{32}｜洗衣粉
泡 pʰa^{45}｜泡沫儿
灯火 ten$^{33/22}$hə^{32}｜灯
灯火盏 ten$^{33/22}$hə$^{32/33}$tsuã^{32}｜灯盏
灯芯 ten^{33}sen$^{33/22}$
灯罩 ten^{33}tsau^{21}
灯笼 ten$^{33/22}$lɔŋ^{24}
马灯 be$^{32/33}$ten$^{33/22}$｜旧时一种手提的防风雨的煤油灯
电灯 tian^{21}ten$^{33/22}$
汽灯 kʰi$^{21/33}$ten$^{33/22}$｜一种照明油灯，需充气助燃
电火 tian^{21}hə^{32}｜手电筒
　　电筒 tian^{21}tan^{24}

电油 tian²¹iu²⁴｜电池
洋油灯 iũ²⁴ᐟ²¹iu²⁴ᐟ²¹ten³³ᐟ²²｜小煤油灯
火烘 hə³²ᐟ³³han³³ᐟ²²｜手炉
火钵 hə³²ᐟ³³pua⁴²｜火盆
火桶 hə³²ᐟ³³tʰan³²｜内有火盆的木桶，用于人坐取暖
手提包 tsʰiu³²ᐟ³³tʰe²⁴ᐟ²¹pau³³ᐟ²²
皮夹 pʰə²⁴ᐟ²¹kaʔ³²｜钱包
章 tsiɔŋ³³｜圆章（私人的）
千里镜 tsʰuĩ³³ᐟ²²li³²ᐟ³³kiã²¹｜望远镜
糊 kɔ²⁴｜糨糊
耳囝□ hi⁴⁵ᐟ²¹kiã³²ᐟ³³kʰu²⁴｜耳挖子。□ku²⁴：刮，掏
因□板 en³³ᐟ²²tsiũ²⁴ᐟ²¹pan³²｜洗衣板儿
芒槌 bɔŋ²⁴ᐟ²¹tʰui²⁴｜棒槌（洗衣用的）
竹杯 teʔ³²ᐟ⁴pue³³ᐟ²²｜竹鞭（小竹子或竹板做的，做鞭打的工具）
竹栖 teʔ³²ᐟ⁴sue³³ᐟ²²｜竹枝
扫帚 tsʰau²¹ᐟ²²tsʰiu³²｜扫帚（总称）
竹扫帚 teʔ³²ᐟ⁴tsʰau²¹ᐟ²²tsʰiu³²｜竹扫帚（用竹枝扎成，较大）
芒鏊扫 ban²⁴ᐟ²¹tsan⁴⁵sau²¹｜芦花扫帚
扇 sĩ²¹
鸡毛扫 kue³³ᐟ²²bən²⁴ᐟ²¹sau²¹｜鸡毛掸子
大葵扇 tua²¹kʰə²⁴ᐟ²¹sĩ²¹｜蒲扇
拐囝 kuai³²ᐟ³³kiã³²｜拐杖（中式的，西式的）
粗纸 tsʰɔ³³tsua³²｜手纸（旧时所用，制作粗糙）

九 称谓

（一）一般称谓

侬 lan²⁴｜人。◎《广韵·冬韵》"奴冬切"。《六书故》："吴人谓人侬。"
丈夫 ta²¹ᐟ²²pɔ³³｜男人
查某 tsa³³ᐟ²²bɔ³²｜女人
月里囝 gə⁴⁵ᐟ²¹lai⁴⁵ᐟ²¹kiã³²｜婴儿。囝：儿子，此指孩子
囝囝 ken³²ᐟ³³kiã³²｜小孩儿
　囝囝屎 ken³²ᐟ³³kiã³²ᐟ³³sai³²
　囝屎 kiã³²ᐟ³³sai³²｜◎"囝囝屎 ken³²ᐟ³³kiã³²ᐟ³³sai³²"的缩略说法
　小囝 siau²¹kiã³²
丈夫囝 ta²¹ᐟ²²pɔ³³kiã³²｜男孩儿

查某囝 tsa³³ᐟ²²bɔ³²ᐟ³³kiã³² ｜ ①女孩儿。②女儿
　　□囝 tsau³³kiã³² ｜ ◎"□tsau³³"是"查某 tsa³³ᐟ²²bɔ³²"的合音变读
狗囝 kau³²ᐟ³³kiã³² ｜ 小狗，对男孩子的爱称。
老侬家 lau⁴⁵ᐟ²¹lan²⁴ᐟ²¹ke³³ᐟ²² ｜ ①老人家。②男性老年人
老头 lau⁴⁵ᐟ²¹tʰau²⁴ ｜ 男性老年人
老头子 lau⁴⁵ᐟ²¹tʰau²⁴tsɯ³²ᐟ⁰ ｜ 男性老年人（带贬义）
老妈囝 lau⁴⁵ᐟ²¹mã³²ᐟ³³kiã³² ｜ 老太太
老查某 lau⁴⁵ᐟ²¹tsa³³ᐟ²²bɔ³² ｜ 女性老年人（带贬义）
　　老太婆 lau⁴⁵ᐟ²¹tʰai²¹ᐟ²²po²⁴
老骨槌 lau²⁴ᐟ²¹koʔ³²ᐟ⁴tʰui²⁴ ｜ 老骨头，称呼老年人（带贬义）
后生囝 hau²¹sɿ³³kiã³² ｜ 小伙子。后生：年轻
街路侬 kue³³ᐟ²²lɔ²¹lan²⁴ ｜ 市镇上的人。街路：街道
城市侬 siã²⁴ᐟ²¹tsʰi⁴⁵lan²⁴ᐟ⁰ ｜ 城里人
乡下侬 hiũ³³ᐟ²²e⁴⁵lan²⁴ ｜ 乡下人
　　乡间侬 hiũ³³kan³³ᐟ²²lan²⁴ᐟ⁰
山里侬 suã³³ᐟ²²lai⁴⁵lan²⁴ᐟ⁰ ｜ 山里人（带贬义）
　　山坞侬 suã³³ᐟ²²ɔ³²ᐟ³³lan²⁴ᐟ⁰
外方侬 gua²¹hŋ³³ᐟ²²lan²⁴ᐟ⁰ ｜ 外地人
本地侬 pən³²ᐟ³³tue²¹lan²⁴ᐟ⁰ ｜ 本地人
外国侬 gua²¹koʔ³²ᐟ⁴lan²⁴ᐟ⁰ ｜ 外国人
许厝侬 hə⁴²ᐟ³³tsʰu²¹lan²⁴ ｜ 家人
家己侬 kaʔ(<ka)³³ᐟ⁴ki²¹lan²⁴ ｜ 自己人
外侬 gua²¹lan²⁴ ｜ 外人（不是自己人）
侬客 lan²⁴ᐟ²¹kʰe⁴² ｜ 客人
厝边侬 tsʰu²¹ᐟ³³pĩ³³ᐟ²²lan²⁴ᐟ⁰ ｜ 邻居。厝：房子
　　隔壁 ke⁴²ᐟ³³piaʔ⁴²
　　邻厢 len²⁴ᐟ²¹sian³³ᐟ²²
同年哥 tan²⁴ᐟ²¹nĩ²¹ko³³ᐟ²² ｜ 同庚
同骸侬 tan²⁴ᐟ²¹kʰa³³ᐟ²²lan²⁴ ｜ 同宗的人。同骸：同宗，同宗族
半桶屎 puã²¹ᐟ²²tʰaŋ³²ᐟ³³sai³² ｜ 半瓶醋，比喻对某种知识或某种技术只略知一二的人
勢侬 gau²⁴ᐟ²¹lan²⁴ ｜ 能干的人
　　强侬 kiaŋ²⁴ᐟ²¹lan²⁴
单身囝 tuã³³ᐟ²²sen³³kiã³² ｜ 单身汉
查某婆 tsa³³ᐟ²²bɔ³²ᐟ³³po²⁴ ｜ 老姑娘

新妇囝 sen³³⁄²²pu⁴⁵⁄²¹kiã³² ｜ 童养媳
二婚亲 zi²¹hon³³⁄²²tsʰen³³ ｜ 二婚头（旧时指再嫁的妇女）
寡妇妈 kuã³²⁄³³hu²¹mã³² ｜ 寡妇
孤囝 kɔ³³kiã³² ｜ 孤儿
婊囝 piau³²⁄³³kiã³² ｜ 婊子
  婊子 piau³²tsɯ³²⁄⁰
婊囝戳嘅 piau³²⁄³³kiã³²tsʰo⁴²ke⁰ ｜ 婊子养的。骂人话。戳：交合
相好侬 siɔŋ³³⁄²²ho³²⁄³³lan²⁴⁄⁰ ｜ 姘头
相好佬 siɔŋ³³⁄²²ho³²⁄³³lau³²
契兄 kʰue²¹⁄³³hiã³³⁄²² ｜ 情夫
犯人 huan²¹zen²⁴ ｜ 囚犯
小气鬼 sieu³²⁄³³kʰi²¹⁄²²kui³² ｜ 吝啬鬼
败家子 pai²¹ke³³tsi³²
分糜 pon³³mãi³³⁄²² ｜ ①要饭，乞讨。②乞丐
分糜囝 pon³³mãi³³⁄²²kiã³² ｜ 乞丐
乞食 kʰeʔ³²⁄⁴tsiaʔ⁴⁵ ｜ 乞丐
讨食 tʰɔ³²⁄³³tsiaʔ⁴⁵ ｜ ①要饭，乞讨。②谋生
走江湖嘅 tsau³²⁄³³kaŋ³³⁄²²ɔ²⁴ke⁰ ｜ 走江湖的
否侬 pʰai³²⁄³³lan²⁴ ｜ 坏人
否囝 pʰai³²⁄³³kiã³² ｜ 流氓，恶棍
骗子 pʰian²¹tsɯ³²⁄⁰
土匪 tʰɔ³²⁄³³hui³²
强盗 kiɔŋ²⁴⁄²¹to²¹
贼 tsʰaʔ⁴⁵
贼胚 tsʰaʔ⁴⁵⁄²pʰə³³⁄²² ｜ 做贼的胚子，从小就不学好。骂人话
剪纽 tsian³²⁄³³liu³² ｜ 扒手
拌缴鬼 puã²¹kiau³²⁄³³kui³² ｜ 赌棍。拌缴：赌博
  赌棍 tɔ³²⁄³³kon²¹
薰鬼 hon³³kui³² ｜ 烟鬼
天吊囝 tʰĩ³³⁄²²tiau²¹kiã³² ｜ 天杀的。骂人话
短命囝 tə³²⁄³³miã²¹kiã³² ｜ 短命的。骂人话
泄尿狗 tsʰua²¹zieu²¹kau³² ｜ 尿床的狗。骂人话，含鄙视义
饲狗 tsʰi²¹kau³² ｜ 死了喂狗的。骂人话

（二）职业称谓

作塍侬 tso⁴²⁄³³tsʰan²⁴lan²⁴⁄⁰ ｜ 种田人

长年 tən²⁴′²¹nĩ²⁴｜长工
做生意嘅 tsue²¹′²²sen³³′²²i²¹ke²⁴′⁰｜做生意的（生意人）
老板 lau⁴⁵′²¹pan³²
厝东 tsʰu²¹′³³tan³³′²²｜房东
老板嫂 lau⁴⁵′²¹pan³²′³³so³²｜老板娘
伙计 hə³²′³³ki²¹｜店员等
师囝 sai³³kiã³²｜学徒
顾客 kɔ²¹′²²kʰe⁴²
小贩 sieu³²′³³huan²¹
摆摊嘅 pai³²′³³tʰuã³³′²²ke²⁴′⁰｜摊贩
先生 sĩ³³sĩ³³′²²｜①旧时称私塾先生。②旧时称郎中（中医）。③对人的尊称
老师 lo⁴⁵sɯ³³′²²
学生 haʔ⁴⁵′²sen³³′²²
同学 tan²⁴′²¹haʔ⁴⁵
朋友 pen²⁴′²¹iu³²
公安局 kɔŋ³³ɔŋ³³′²²kiɔʔ⁴⁵｜警察
作手会侬 tsue²¹′²²tsʰiu³²′³³ue²¹lan²⁴′⁰｜手艺人
机司 ki³³sɯ³³′²²｜司机
　司机 sɯ³³ki³³′²²
木匠 baʔ⁴⁵′²tsʰiũ⁴⁵
做石 tsue²¹′²²tsieu⁴⁵｜泥水匠
拍铁师傅 pʰa⁴²′³³tʰi⁴²sai³³′²²hu⁴⁵｜铁匠
裁缝 tsʰai²⁴′²¹hɔŋ²⁴
拍锡师傅 pʰa⁴²′³³sia⁴²sai³³′²²hu⁴⁵｜锡匠
拍铜师傅 pʰa⁴²′³³tan²⁴sai³³′²²hu⁴⁵｜铜匠
补鼎嘅 pɔ³²′³³tiã³²ke²⁴′⁰｜补锅的
剃头师傅 tʰe²¹′²²tʰau²⁴sai³³′²²hu⁴⁵｜理发员（旧时名称）
刣猪师傅 tʰai²⁴′²¹tɯ³³′²²sai³³′²²hu⁴⁵｜屠夫。刣：宰杀
担担嘅 tã³³′²²tã²¹ke²⁴′⁰｜挑夫
轿夫 kieu²¹hu³³′²²
　抠轿嘅 kən³³′²²kieu²¹ke⁰
推船侬 tʰe³³′²²tson²⁴lan²⁴′⁰｜船夫。推船：撑船
管家 kuã³²′³³ke³³′²²
中间侬 tiɔŋ³³′²²kan³³′²²lan²⁴｜调解人（民间）

手下 tsʰiu³²/³³e⁴⁵｜下属（部下，下人）
拼伙嗰侬 pʰen³³/²²hə³²/³³ke⁰lan²⁴｜伙计（合作的人）
馆厨 kuã³²/³³tu²⁴｜厨师
　　煮食嗰 tsɯ³²/³³tsiaʔ⁴⁵ke⁰
查某佣侬 tsa³³/²²bɔ³²/³³iɔŋ³³/²²lan²⁴｜女佣
查某娴 tsa³³/²²bɔ³²/³³kan³²｜婢女
抾囝母 kʰieu⁴²kiã³²/³³bu³²｜接生婆。抾囝：捡小孩
算命先生 sən²¹/²²miã²¹sĩ²¹sĩ³³/²²
看相先生 kʰuã²¹/²²siɔŋ²¹sĩ²¹sĩ³³/²²｜看相的
　　看相嗰 kʰuã²¹/²²siɔŋ²¹ke⁰
和尚 hə²⁴/²¹siũ²¹
尼姑 nĩ²⁴/²¹kɔ³³/²²
师公 sue³³/²²kɔŋ³³｜道士
佛头 pɔʔ⁴⁵/²tʰau²⁴｜神汉
　　仙童 sian³³/²²tan²⁴
　　童子 tan²⁴/²¹tsi³²
仙姑姊 sian³³kɔ³³/²²tsi³²｜巫婆

十　亲属

（一）长辈

长辈 tiɔŋ³²/³³pue²¹/²⁴
祖公 tsɔ³²/³³kɔŋ³³/²²｜祖先
太公 tʰai²¹/³³kɔŋ³³/²²｜曾祖父
　　恁太 len³²/³³tʰai²¹/⁴²
太妈 tʰai²¹/³³mã³²｜曾祖母
公 kɔŋ³³｜祖父
　　恁公 len³²/³³kɔŋ³³/²²
妈 mã³²｜祖母
　　恁妈 len³²/³³mã³²
外公 gua²¹kɔŋ³³/²²｜外祖父
外妈 gua²¹mã³²｜外祖母
　　□妈 niã⁴²mã⁰
爹 tia³³/⁴²｜父亲面称
　　恁爹 len³²/³³tia³³/⁴²
老岁 lau⁴⁵/²¹hə²¹｜父亲背称

恁妈 len³²/³³ba³² ｜ 母亲面称
 妈妈 mã³³mã³²
老母 lau⁴⁵/²¹bu³² ｜ 母亲背称
 老母姐 lau⁴⁵/²¹bu³²/³³tsia³²
丈侬 tiũ⁴⁵/²¹lan²⁴ ｜ 岳父
丈姆姐 tiũ⁴⁵/²¹m̩³²/³³tsia³² ｜ 岳母
大官 ta²¹/³³kuã³³/²² ｜ 公公
大家 ta²¹/³³ke³³/²² ｜ 婆婆
后爸 au⁴⁵/²¹pe²¹/³³ ｜ 继父
后母 au⁴⁵/²¹bu³² ｜ 继母
契老岁 kʰue²¹/²²lau⁴⁵/²¹hə²¹ ｜ 干爹
 契爹 kʰue²¹/²²tia³³/⁴²
契母 kʰue²¹/³³bu³² ｜ 干妈
伯公 pe⁴²/³³kɔŋ³³/²² ｜ 伯父
 伯 pe⁴²
 恁伯 len³²/³³pe⁴²
姆 m̩³² ｜ 伯母
 恁姆 len³²/³³m̩³²
叔 tse⁴² ｜ 叔父
 恁叔 len³²/³³tse⁴²
婶 tsen³² ｜ 叔母
 恁婶 len³²/³³tsen³²
舅 ku⁴⁵ ｜ 舅父
 恁舅 len³²/³³ku⁴⁵
妗 ken⁴⁵ ｜ 舅母
 恁妗 len³²/³³ken⁴⁵
姑 kɔ³³ ｜ 姑妈
 姑姑 kɔ³³/²²kɔ³³/⁴²
 姑姨 kɔ³³/²²i²⁴
姨婆 i²⁴/²¹po²⁴ ｜ 姨母
 恁婆 len³²/³³po²⁴
 阿姨 a²¹i²⁴
大姑细姨 tua²¹kɔ³³/³²sue²¹/²²i²⁴ ｜ 泛指父母的姊妹
姑丈 kɔ³³/²²tiũ⁴⁵ ｜ 姑父
姨丈 i²⁴/²¹tiũ⁴⁵ ｜ 姨父

姑妈 kɔ³³/²²mã³² | 姑奶奶（父母之姑母）
姨婆妈 i²⁴/²¹po²⁴/²¹mã³² | 姨奶奶（父母之姨母）

（二）平辈

平辈 pĩ²⁴/²¹pue²¹/²⁴
　同辈 tan²⁴/²¹pue²¹/²⁴
老公 lau⁴⁵/²¹kɔŋ³³/²² | 丈夫
老妈 lau⁴⁵/²¹mã³² | 妻子
细老妈 sue²¹/²²lau⁴⁵/²¹mã³² | 小老婆
大伯 tua²¹pe⁴² | 大伯子
小郎 sieu³²/³³lən²⁴ | 小叔子
大娘姑 tua²¹niũ²⁴/²¹kɔ³³/²² | 大姑子
小姑 sieu³²/³³kɔ³³/²² | 小姑子
老妈舅 lau⁴⁵/²¹mã³²/³³ku⁴⁵ | 妻舅
大舅 tua²¹ku⁴⁵ | 大舅子
细舅 sue²¹/²²ku⁴⁵ | 小舅子
大姨婆 tua²¹i²⁴/²¹po²⁴ | 大姨子
细姨婆 sue²¹/²²i²⁴/²¹po²⁴ | 小姨子
哥哥 ko³³/²²ko³³/⁴² | 哥哥
　恁哥 len³²/³³ko³³/⁴²
大兄 tua²¹hiã³³/²² | 哥哥背称
嫂 so³² | 嫂子
　恁嫂 len³²/³³so³²
兄嫂 hiã³³/²²so³² | 嫂子背称
小弟 sieu³²/³³ti⁴⁵ | 弟弟
小婶 sieu³²/³³tsen³² | 弟媳
大姊 tua²¹tsi³² | 姐姐
　姊 tsi³²
　恁姊 len³²/³³tsi³²
姊夫 tsi³²/³³pɔ³³/²² | 姐夫
　姊丈 tsi³²/³³tiũ⁴⁵
　恁丈 len³²/³³tiũ⁴⁵
小妹 sieu³²/³³bə²¹ | 妹妹
妹婿 bə²¹sai²¹ | 妹夫
叔伯兄弟 tseʔ³²/⁴pe⁴²hiã³³/²²ti⁴⁵ | 堂兄弟
叔伯大兄 tseʔ³²/⁴pe⁴²tua²¹hiã³³/²² | 堂兄

叔伯小弟 tseʔ³²ᐟ⁴peʔ⁴²sieu³²ᐟ³³ti⁴⁵｜堂弟
叔伯大姊 tseʔ³²ᐟ⁴peʔ⁴²tua²¹tsi³²｜堂姐
叔伯小妹 tseʔ³²ᐟ⁴peʔ⁴²sieu³²ᐟ³³bɔ²¹｜堂妹
表兄弟 pieu³²ᐟ³³hiã³³ᐟ²²ti⁴⁵｜表兄弟
表大兄 pieu³²ᐟ³³tua²¹hiã³³ᐟ²²｜表兄
表大嫂 pieu³²ᐟ³³tua²¹so³²｜表嫂
表小弟 pieu³²ᐟ³³sieu³²ᐟ³³ti⁴⁵｜表弟
表大姊 pieu³²ᐟ³³tua²¹tsi³²｜表姐
表小妹 pieu³²ᐟ³³sieu³²ᐟ³³bɔ²¹｜表妹

（三）晚辈

后生辈 au⁴⁵ᐟ²¹sĩ³³ᐟ²²pue²¹ᐟ²⁴｜晚辈
　　后辈 au⁴⁵ᐟ²¹pue²¹ᐟ²⁴
囝 kiã³²｜①儿子。△生嘞两个～。②名词表小词缀。△猪～（小猪）、兔～（兔子）、刀～（小刀）。◎《集韵·狝韵》"九辇切"下："囝，闽人呼儿曰囝也。"
囝儿 kiã³²ᐟ³³zi³²ᐟ⁴⁵｜子女
囝孙 kiã³²ᐟ³³son³³ᐟ²²｜子孙
大囝 tua²¹kiã³²｜最大的儿子
细囝 sue²¹ᐟ²²kiã³²｜最小的儿子
呦 niũ³²｜对小儿子的爱称
养囝 iɔŋ³²ᐟ³³kiã³²｜养子（领养的儿子）
野囝 ia³²ᐟ³³kiã³²｜私生子
　　偷生囝 tʰau³³sĩ³³ᐟ²²kiã³²
留侬囝 lau²⁴ᐟ²¹lan²⁴ᐟ²¹kiã³²｜遗腹子
契囝 kʰue²¹ᐟ²²kiã³²｜干儿子
新妇 sen³³ᐟ²²pu⁴⁵｜儿媳妇
新妇囝 sen³³ᐟ²²pu⁴⁵ᐟ²¹kiã³²｜童养媳
查某囝 tsa³³ᐟ²²bɔ³²ᐟ³³kiã³²｜女儿。查某：女人
　　□囝 tsau³³kiã³²｜◎"□tsau³³"是"查某 tsa³³ᐟ²²bɔ³²"的合音变读
囝婿 kiã³²ᐟ³³sai²¹｜女婿
孙 son³³｜①孙子。②侄子
　　孙囝 son³³kiã³²
孙新妇 son³³ᐟ²²sen³³ᐟ²²pu⁴⁵｜①孙媳妇。②侄媳妇
查某孙囝 tsa³³ᐟ²²bɔ³²ᐟ³³son³³ᐟ²²kiã³²｜①孙女。②侄女
　　查某孙 tsa³³ᐟ²²bɔ³²ᐟ³³son³³

查某孙婿 tsa³³/²²bɔ³²/³³son³³/²²sai²¹｜①孙女婿。②侄女婿
橄榄孙 kã³²/³³nã³²/⁴⁵son³³/²²｜重孙
橄榄查某孙 kã³²/³³nã³²tsa³³/²²bɔ³²/³³son³³/²²｜重孙女
外甥囝 gue²¹sen³³kiã³²｜①外孙。②外甥
　　外甥 gue²¹sen³³/²²
外甥女 gue²¹sen³³lɯ³²｜①外孙女。②外甥女

（四）其他

大细姨丈 tua²¹sue²¹/²²i²⁴/²¹tiũ⁴⁵｜连襟
亲家 tsʰen³³ke³³/²²｜①儿媳的父亲，女儿的公公。②儿媳的父母，女儿的公婆。③姻叔伯（弟兄的岳父、姐妹的公公）
亲姆 tsʰen³³m̩³²｜亲家母
亲情 tsʰen³³/²²tsiã²⁴｜亲戚
做侬囝 tsue²¹/²²lan²⁴/²¹kiã³²｜带犊儿（妇女改嫁带的儿女）
老岁母 lau²¹hə²¹bu³²｜父母
翁某囝 ɔŋ³³bə³²/³³kiã³²｜夫妻俩
　　翁某 ɔŋ³³bə³²
　　老公老妈 lau⁴⁵/²¹kɔŋ³³/²²lau⁴⁵/²¹mã³²
母囝 bu³²/³³kiã³²｜娘儿俩（母亲和子女）
伯囝老岁 pe⁴²/²²kiã³²/³³lau²¹hə²¹｜爷儿俩（父亲和子女）
同姒囝 tan²⁴/²¹sai²¹/³³kiã³²｜妯娌。◎《集韵·止韵》"象齿切"下："姒，《尔雅》：'娣妇谓长妇谓姒妇'。"
　　同姒 tan²⁴/²¹sai²¹
大家新妇 ta²¹/³³ke³³/²²sen³³/²²pu⁴⁵｜婆媳俩
兄弟囝 hiã³³/²²ti⁴⁵/²¹kiã³²｜兄弟
　　兄弟 hiã³³/²²ti⁴⁵
姊妹囝 tsi³²/³³bə²¹kiã³²｜姐妹
　　姊妹 tsi³²/³³bə²¹
厝头 tsʰu²¹/²²tʰau²⁴｜娘家
　　外家 gua²¹ke³³/²²
公家 kɔŋ³³ke³³/²²｜婆家
外妈厝 gua²¹mã³²tsʰu²¹｜外婆家
丈侬许厝 tiũ⁴⁵/²¹lan²⁴/²¹hə⁴²/³³tsʰu²¹｜丈人家

十一 身体

（一）五官

身躯 sen$^{33/22}$k^{h}u^{33}｜身体

  身体 sen$^{33/22}$t^{h}e^{32}

全身 tsuan$^{24/21}$sen$^{33/22}$｜浑身。△～是汗

头壳 ta？(＜t^{h}au)$^{24/2}$k^{h}a？^{32}｜头

头壳顶 ta？(＜t^{h}au)$^{24/2}$k^{h}a？$^{32/4}$ten^{32}｜头顶

  头顶 t^{h}au$^{24/21}$ten^{32}

后脑卵 au$^{45/21}$lo$^{32/33}$lən^{45}｜后脑勺子

头额 t^{h}au$^{24/21}$hia^{45}｜额

壳额 k^{h}a？^{4}hia^{45}｜奔头儿（前额突出）

囟汇 sen$^{21/22}$hue^{21}｜囟门

脰稳囝 tau^{21}on$^{32/33}$kiã^{32}｜颈。◎《广韵·候韵》"田候切"下："脰，项脰。"

  脰稳 tau^{21}on^{32}

后脑窟 au$^{45/21}$lo$^{32/33}$k^{h}o^{45}｜后脑窝子（后脑凹处）

头毛 t^{h}au$^{24/21}$bən^{24}｜头发

落头毛 la？$^{32/4}$t^{h}au$^{24/21}$bən^{24}｜掉头发

头毛骹 t^{h}au$^{24/21}$bən$^{24/21}$k^{h}a$^{33/22}$｜鬓角。骹：脚

头疕 t^{h}au$^{24/21}$p^{h}i^{32}｜头皮屑。◎《广韵·纸韵》"匹婢切"下："疕，疮上甲，亦头疡。"

白疕 pe$^{45/21}$p^{h}i^{32}

髻 kə^{21}｜发髻

髻溜 kə$^{21/33}$liu$^{33/22}$｜辫子

刘海圈 liu$^{24/21}$hai$^{32/33}$k^{h}uan$^{33/22}$｜刘海儿

  头毛囝 t^{h}au$^{24/21}$bən$^{24/21}$kiã^{32}

旋 tsən^{21}｜头发旋儿

双旋 san$^{33/22}$tsən^{21}｜双旋儿

面 ben^{21}｜脸

面䩉 ben^{21}p^{h}ue^{32}｜脸颊。◎《广韵·虞韵》"扶雨切"下："䩉，颊骨。《说文》：'䩉，颊也。'"

面䩉骨 ben^{21}p^{h}ue$^{32/33}$ko？^{32}｜颧骨

酒窟 tsiu$^{32/33}$k^{h}o？^{32}｜酒窝

下颏 e$^{45/21}$hai^{24}｜下巴，下颚

目珠 baʔ⁴⁵ᐟ²tsiu³³ᐟ²² ｜眼睛
目珠箍 baʔ⁴⁵ᐟ²tsiu³³ᐟ²²kʰu³³ ｜①眼眶。②眼圈
目珠仁 baʔ⁴⁵ᐟ²tsiu³³ᐟ²²zen²⁴ ｜眼珠儿
白仁 pe⁴⁵ᐟ²¹zen²⁴ ｜白眼珠儿
乌仁 ɔ³³ᐟ²²zen²⁴ ｜黑眼珠儿
瞳子 tɔŋ²¹tsɯ³² ｜瞳人儿
目珠角 baʔ⁴⁵ᐟ²tsiu³³ᐟ²²kaʔ³² ｜眼角儿
目屎 baʔ⁴⁵ᐟ²sai³² ｜①眼泪。②眼眵
　　目珠屎 baʔ⁴⁵ᐟ²tsiu³³ᐟ²²sai³²
目珠皮 baʔ⁴⁵ᐟ²tsiu³³ᐟ²²pʰə²⁴ ｜眼皮儿
双□目珠皮 san³³ᐟ²²ən²⁴baʔ⁴⁵ᐟ²tsiu³³ᐟ²²pʰə²⁴ ｜双眼皮儿。□ən²⁴：层
目珠煞 baʔ⁴⁵ᐟ²tsiu³³ᐟ²²saʔ³² ｜眼尖（眼力好，视力敏锐）
目珠毛 baʔ⁴⁵ᐟ²tsiu³³ᐟ²²bən²⁴ ｜①眼睫毛。②眉毛
目头结 baʔ⁴⁵ᐟ²tʰau²⁴ᐟ²¹kaʔ³² ｜皱眉头
鼻空 pʰi²¹kʰan³³ᐟ²² ｜鼻子
鼻 pʰi²¹ ｜①鼻涕（稠的）。②嗅
鼻流水 pʰi²¹lau²⁴ᐟ²¹tsui³² ｜鼻涕（稀的）
鼻空屎 pʰi²¹kʰan³³ᐟ²²sai³² ｜鼻牛儿（鼻垢）
鼻空洞 pʰi²¹kʰan³³ᐟ²²tɔŋ²¹ ｜鼻孔
鼻□尖 pʰi²¹nɔ̃³²ᐟ³³tsian³³ᐟ²² ｜鼻尖
鼻□梁 pʰi²¹nɔ̃³²ᐟ³³niũ²⁴ ｜鼻梁
鼻□囊 pʰi²¹nɔ̃³²ᐟ³³lən²⁴ ｜鼻翅
红鼻□an²⁴ᐟ²¹pʰi²¹nɔ̃³² ｜酒糟鼻
鼻空煞 pʰi²¹kʰan³³ᐟ²²saʔ³² ｜鼻子尖（嗅觉灵敏）
喙 tsʰui²¹ ｜①嘴。△闭～、鸟～。②形状或作用像嘴的东西。△茶壶～
◎《集韵·祭韵》"充芮切"下："喙，口也。"
　　喙空 tsʰui²¹ᐟ³³kʰan³³ᐟ²² ｜①口腔。②嘴
　　喙酺 tsʰui²¹ᐟ²²pʰue³² ｜①脸颊。②嘴巴。◎"酺"见前"面酺"条
　　喙□皮 tsʰui²¹ᐟ²²ən²⁴ᐟ²¹pʰə²⁴ ｜嘴唇儿
澜 nuã⁴⁵ ｜唾液；涎水
澜澜喷 nuã⁴⁵nã⁴⁵pʰon²¹ ｜唾沫星儿
喙舌 tsʰui²¹ᐟ²²tsi⁴⁵ ｜舌
舌囝 tsi⁴⁵ᐟ²¹kiã³² ｜小舌
喙舌尾 tsʰui²¹ᐟ²²tsi⁴⁵ᐟ²¹bə³² ｜舌尖
喙舌苔 tsʰui²¹ᐟ²²tsi⁴⁵ᐟ²¹tʰai³³ᐟ²² ｜舌苔

喙齿 tsʰui²¹/³³kʰi³² ｜牙

把门齿 pe³²/³³bən²⁴/²¹kʰi³² ｜门牙

鏨齿 tsan⁴⁵kʰi³² ｜槽牙（臼齿）。鏨：凿，刻

大牙 tua²¹ge²⁴ ｜虎牙（突出的尖牙）

暴牙 pau²¹/²²ge²⁴ ｜龅牙（突出嘴唇外的牙齿）

喙齿屎 tsʰui²¹/²²kʰi³²/³³sai³² ｜牙垢

喙齿龈 tsʰui²¹/²²kʰi³²/³³gən²⁴ ｜牙床

蛀齿 tsiu²¹/²²kʰi³² ｜虫牙

耳囝 hi⁴⁵/²¹kiã³² ｜耳朵

耳空 hi⁴⁵/²¹kʰan³³/²² ｜耳朵孔

耳囝钱 hi⁴⁵/²¹kiã³²/³³tsĩ²⁴ ｜耳垂

耳囝屎 hi⁴⁵/²¹kiã³²/³³sai³² ｜耳垢

耳囝煞 hi⁴⁵/²¹kiã³²/³³saʔ³² ｜耳尖（听觉敏锐）

　　耳囝灵 hi⁴⁵/²¹kiã³²/³³len²⁴

耳囝重 hi⁴⁵/²¹kiã³²/³³tan⁴⁵ ｜耳背（听不清）

耳囝头软 hi⁴⁵/²¹kiã³²/³³tʰau²⁴lən³² ｜耳朵软（容易听信奉承或挑拨的话）

咙喉 len²⁴/²¹au²⁴ ｜喉咙

□kə⁴⁵ ｜喉结

喙须 tsʰui²¹/³³tsʰiu³³/²² ｜胡子

满面胡 muã³²/³³mĩ²¹hɔ²⁴ ｜络腮胡子

络腮胡 la⁴⁵/²¹sa³³/²²hɔ²⁴ ｜胡子一直长到胸前

（二）手、脚、胸、背

肩头 kuĩ³³/²²tʰau²⁴ ｜肩膀

肩胛 kuĩ³³/²²kaʔ³² ｜肩胛骨

　　肩头骨 kuĩ³³/²²tʰau²⁴/²¹koʔ³²

　　饭匙骨 pən²¹si²⁴/²¹koʔ³² ｜饭匙：舀瓢

手骨 tsʰiu³²/³³koʔ³² ｜胳膊（肩膀以下手腕以上的部分）

　　手肚 tsʰiu³²/³³to³²

手胛 tsʰiu³²/³³kaʔ³² ｜上臂

手斗□ tsʰiu³²/³³tau²¹u³³/²² ｜胳膊肘儿

　　手□ tsʰiu³²/³³u³³/²²

夹翼□ kue⁴⁵/³³seʔ⁴⁵/²lan⁴⁵ ｜胳肢窝

手 tsʰiu³² ｜①（手的）上臂。②手（上肢前端能拿东西的部分）

□手 mãi⁴⁵tsʰiũ³² ｜左手

正手 tsiã²¹/³³tsʰiu³² ｜右手

指ⱼ头团 tsen³²ʹ³³tʰau²⁴ʹ²¹kiã³² | 手指。◎"指ⱼ tsen³²"是"指"的小称音

　　手指ⱼ头团 tsʰiũ³²tsen³²ʹ³³tʰau²⁴ʹ²¹kiã³²

　　指头团 tsi³²ʹ³³au²⁴ʹ⁰kiã³² | ◎"指头 tsi³²ʹ³³au²⁴ʹ⁰"是"手指ⱼ头 tsʰiũ³²tsen³²ʹ³³tʰau²⁴"的连读合音

　　指ⱼ头团节 tsen³²ʹ³³tʰau²⁴ʹ²¹kiã³²ʹ³³tsaʔ³² | 手指节

　　　指头团节 tsi³³au²⁴ʹ⁰kiã³²ʹ³³tsaʔ³² | ◎连读音

　　指ⱼ头团缝 tsen³²ʹ³³tʰau²⁴ʹ²¹kiã³²ʹ³³pʰan²¹ | 手指缝儿

　　　指头团缝 tsi³³au²⁴ʹ⁰kiã³²pʰan²¹ | ◎连读音

指ⱼ头拇 tsen³²ʹ³³tʰau²⁴ʹ²¹bu³² | 大拇指

食指 seʔ⁴⁵ʹ²tsi³²

中掌 tiɔŋ³³tsiũ³² | 中指

□指ⱼ头团 mãi³²ʹ³³tsen³²ʹ³³tʰau²⁴ʹ²¹kiã³² | 小拇指

指ⱼ甲 tsen³²ʹ³³kaʔ³² | 指甲

指ⱼ甲心 tsen³²ʹ³³kaʔ³²ʹ⁴sen³³ʹ²² | 指甲心儿

指头团尾 tsi³³au²⁴ʹ⁰kiã³²ʹ³³bə³² | 手指头肚

手钉 tsʰiu³²ʹ³³tan³³ʹ²² | 手趼子

拳头 kon²⁴ʹ²¹tʰau²⁴

　　拳头母 kon²⁴ʹ²¹tʰau²⁴ʹ²¹bu³²

摧□暴 kʰɔʔ³²ʹ⁴tʰə²¹pa²¹ | 栗暴

巴掌 pa³³ʹ²²tsiũ³² | 手掌

手中心 tsʰiu³²ʹ³³tɔŋ³³ʹ²²sen³³ʹ²² | 手心

手盘 tsʰiu³²ʹ³³puã²⁴ | 手背

　　手背 tsʰiu³²ʹ³³pue²¹

手液 tsʰiu³²ʹ³³sieu⁴⁵ | 手汗

骹 kʰa³³ | ①腿（整条腿）。②脚。③物体的最下部。△墙～、山～。◎《广韵·肴韵》"口交切"下："骹，胫骨近足细处。"

骹骨 kʰa³³ʹ²²koʔ³² | 整条腿

骹腿 kʰa³³ʹ²²tʰui³² | 泛指腿脚

骹肚 kʰa³³ʹ²²tɔ³² | 腿

大腿 tua²¹tʰui³²

大腿头 tua²¹tʰui³²ʹ³³tʰau²⁴ | 大腿根

骹肚团 kʰa³³ʹ²²tɔ³²ʹ³³kiã³² | 小腿（从膝盖到踝子骨的一段）

骹肚囊 kʰa³³ʹ²²tɔ³²ʹ³³lən²⁴ʹ⁴⁵ | 腿肚儿

骹筒□kʰa³³ʹ²²tan²⁴ʹ²¹huã²¹ | 胫骨

骹头羽 kʰa³³ᐟ²²l(<tʰ)au²⁴ᐟ²¹u³² | 膝盖
 骹头羽糍 kʰa³³ᐟ²²l(<tʰ)au²⁴ᐟ²¹u³²ᐟ³³tsi²⁴
骹缝 kʰa³³ᐟ²²pʰan²¹ | 胯裆（两腿的中间）
骹腕 kʰa³³ᐟ²²uã³² | 脚腕子
骹目核 kʰa³³ᐟ²²baʔ⁴⁵ᐟ²hoʔ⁴⁵ | 踝子骨
骹盘 kʰa³³ᐟ²²puã²⁴ | 脚背（脚面）
骹掌 kʰa³³ᐟ²²tsiũ³² | 脚掌（脚接触地面的部分）
骹板底 kʰa³³ᐟ²²pan³²ᐟ³³tue³² | 脚掌底
骹板心 kʰa³³ᐟ²²pan³²ᐟ³³sen³³ᐟ²² | 脚掌心
骹尖 kʰa³³tsian³³ᐟ²² | 脚尖
骹指ㄦ头团 kʰa³³ᐟ²²tsen³²ᐟ³³tʰau²⁴ᐟ²¹kiã³² | 脚趾头
骹指ㄦ甲 kʰa³³ᐟ²²tsen³²ᐟ³³kaʔ³² | 脚趾甲
骹后脭 kʰa³³ᐟ²²au⁴⁵ᐟ²¹tĩ³³ᐟ²² | 脚后跟。◎《集韵•耕韵》"侧茎切"下："脭，足筋。"
骹迹 kʰa³³ᐟ²²zia⁴² | 脚印儿
骹液 kʰa³³ᐟ²²sieu⁴⁵ | 脚汗
鸡目 kue³³ᐟ²²baʔ⁴⁵ | 鸡眼
尻川 kʰa³³tsʰən³³ᐟ²² | 屁股。◎《广韵•豪韵》"苦刀切"下："尻，《说文》'脾也。'"《广雅释亲》："尻，臀也。"
尻川洞 kʰa³³tsʰən³³ᐟ²²tɔŋ²¹ | 肛门
尻川䪹 kʰa³³tsʰən³³ᐟ²²pʰue³² | 屁股蛋儿。䪹：面颊
尻川斗 kʰa³³tsʰən³³ᐟ²²tau³² | 尾椎
卵鸟 lan⁴⁵ᐟ²¹tsiau³² | 男阴
卵鸟囝 lan⁴⁵ᐟ²¹tsiau³²ᐟ³³kiã³² | 小鸡鸡（赤子阴）
卵脬 lan⁴⁵ᐟ²¹pʰa³³ᐟ²² | 阴囊
卵核子 lan⁴⁵ᐟ²¹hoʔ⁴⁵ᐟ²tsi³² | 睾丸
 卵核 lan⁴⁵ᐟ²¹hoʔ⁴⁵
膣□ tsi³³bai³³ᐟ²² | 女阴
戳 tsʰo⁴² | 交合
韶 siãu²⁴ | 精液
膣□韶 tsi³³bai³³ᐟ²²siãu²⁴ | 女阴泌液
心肝头 sen³³kuã³³ᐟ²²tʰau²⁴ | 心口儿
 心肝窟 sen³³kuã³³ᐟ²²kʰoʔ³²
胸坎头 hen³³ᐟ²²kʰan²¹ᐟ²²tʰau²⁴ | 胸脯
 胸坎 hen³³ᐟ²²kʰan²¹

骿骨 $p^hiã^{33}koʔ^{32}$｜肋骨。◎《集韵·青韵》"滂丁切"下："骿，肋骨。"
奶 $nĩ^{33}$｜①乳房。②奶汁
腹肚 $paʔ^{32/4}tɔ^{32}$｜肚子。◎"肚"又读 tau^{32}
腹脐 $paʔ^{32/4}tsai^{24}$｜肚脐眼
腰骨 $ieu^{33/22}koʔ^{32}$｜腰
巴脊 $pa^{33/22}tsia^{42}$｜脊背
巴脊骨 $pa^{33/22}tsia^{42/33}koʔ^{32}$｜脊梁骨

（三）其他

生相 $sĩ^{33/22}siũ^{21}$｜相貌
岁数 $hə^{21}sɔ^{21}$
气力 $k^hui^{21/22}laʔ^{45}$｜力气
声说 $siã^{33/22}sə^{42}$｜声音
话说 $ue^{21}sə^{42}$｜话语
手䐴 $ts^hiu^{32/33}lə^{24}$｜指纹
䐴 $lə^{24}$｜斗（圆形的指纹）
畚箕 $pon^{33}ki^{33/22}$｜箕（簸箕形的指纹）
苦毛 $k^hɔ^{32/33}bən^{24}$｜寒毛
毛管 $bən^{24/21}kən^{32}$｜寒毛眼儿
　毛管箭 $bən^{24/21}kən^{32/33}tsĩ^{21}$
痣 ki^{21}
腰子 $ieu^{33/22}tsi^{32}$｜肾
筋 $kən^{33}$
脉 $baʔ^{45}$｜经脉
岔肠 $ts^ha^{21/22}tən^{24}$｜盲肠

十二　疾病医疗

（一）一般用语

生病 $sĩ^{33/22}pĩ^{21}$
做狗 $ts^hue^{21/22}kau^{32}$｜讳称小孩生病
较好囝 $k^haʔ^{32/4}ho^{32}kiã^{32/0}$｜（病）轻了
好嘞 $ho^{32}lə^{0}$｜（病）好了
看医生 $k^huã^{21/22}i^{33}sen^{33/22}$｜请医生
医病 $i^{33/22}pĩ^{21}$｜治病
　看病 $k^huã^{21/22}pĩ^{21}$
搭脉 $ta^{42/33}be^{45}$｜号脉

开药单 kʰui³³ᐟ²²ieu⁴⁵ᐟ²¹tuã³³ᐟ²² ｜ 开药方子

抾药 kʰieu⁴²ᐟ³³ieu⁴⁵ ｜ 抓药（中药）。抾：捡

买药 bue³²ᐟ³³ieu⁴⁵ ｜ 买药（西药）

水茶 tsui³²ᐟ³³te²⁴ ｜ 汤药

药店 ieu⁴⁵ᐟ²¹tuĩ²¹ ｜ 药铺（中药）

药房 ieu⁴⁵ᐟ²¹pan²⁴ ｜ 药房（西药）

药鹽哩 ieu⁴⁵ᐟ²¹kɔ³²ᐟ³³li⁴⁵ ｜ 药罐子

煎药 tsuã³³ᐟ²²ieu⁴⁵ ｜ 煎药（动宾）

药渣 ieu⁴⁵ᐟ²¹tsa³³ᐟ²²

药膏 ieu⁴⁵ᐟ²¹ko³³ᐟ²² ｜ 药膏（西药）

抹药 bua⁴²ᐟ³³ieu⁴⁵ ｜ 上药（动宾）

 涂药 tɔ²⁴ᐟ²¹ieu⁴⁵

药末 ieu⁴⁵ᐟ²¹bua⁴⁵ ｜ 药粉

食药 tsiaʔ⁴⁵ᐟ²ieu⁴⁵ ｜ 吃药

消膏 siau³³koᵌᵌᐟ²² ｜ 膏药（中药）

 膏药 ko³³ᐟ²²ieu⁴⁵

拍积 pʰa⁴²ᐟ³³tseʔ³² ｜ 打积

面虫 ben²¹tʰan²⁴ ｜ 蛔虫

拍银针 pʰa⁴²ᐟ³³gən²⁴ᐟ²¹tsan³³ᐟ²² ｜ 针灸

拍针 pʰa⁴²ᐟ³³tsan³³ᐟ²² ｜ 打针

拍火筒 pʰa⁴²ᐟ³³hə³²ᐟ³³tan²⁴ ｜ 拔火罐子

禁喙 ken²¹ᐟ²²tsʰui²¹ ｜ 忌口

（二）内科

泄腹肚 sia⁴²ᐟ³³paʔ³²ᐟ⁴tɔ³² ｜ 泻肚

 泄腹 sia⁴²ᐟ³³paʔ³²

烧热 sieu³³ᐟ²²ziaʔ⁴⁵ ｜ 发烧

畏寒 ui²¹ᐟ²²kuã²⁴ ｜ 发冷

毛管箭徛起 bən²⁴ᐟ²¹kən³²ᐟ³³tsĩ²¹ᐟ²²kʰia⁴⁵kʰi³²ᐟ⁰ ｜ 起鸡皮疙瘩。毛管箭：寒毛眼儿

交落枕 ka³³ᐟ²²lau⁴⁵ᐟ²¹tsen³² ｜ 落枕

趋筋 kʰiu²⁴ᐟ²¹kən³³ᐟ²² ｜ 抽筋。趋：弯，卷曲

寒去 kuã²⁴kʰɯ²¹ ｜ 着凉

伤风 siɔŋ³³ᐟ²²hɔŋ³³ᐟ²²

拍阿采 pʰa⁴²ᐟ³³aʔ⁴tsʰue³² ｜ 打喷嚏

空嗽 kʰan³³ᐟ²²sau²¹ ｜ 咳嗽

敨大气 tʰau³²/³³tua²¹kʰi²¹｜气喘。敨：解，此指呼吸

咻龟 hieu³³ku³³/²²

失热 seʔ³²/⁴ziaʔ⁴⁵｜中暑

闭痧 pi²¹/²²se³³/²²｜发痧

掠斑 lia⁴⁵/²¹pan³³/²²｜抓痧（民间治疗中暑的一种方法）

上热 siũ⁴⁵/²¹ziaʔ⁴⁵｜上火

食积去 tsiaʔ⁴⁵/²tseʔ³²/⁴kʰɯ²¹｜积滞

腹肚痛 paʔ³²/⁴tɔ³²tʰiã²¹｜肚子疼

心肝头痛 sen³³kuã³³/²²tʰau²⁴tʰiã²¹｜胸口疼

头壳眩 taʔ(<tʰau)²⁴/²kʰaʔ³²hen²⁴｜头晕

昏车 hon³³tsʰia³³/²²｜晕车

头壳痛 taʔ(<tʰau)²⁴/²kʰaʔ³²tʰiã²¹｜头疼

恶心 ɔʔ³²/⁴sen³³/²²｜恶心（想呕吐）

吐 tʰɔ²¹｜呕吐

空呃 kʰan³³/²²ə⁴²｜干哕

小肠气 sieu³²/³³ɔŋ(<tʰɔŋ)²⁴/²¹kʰi²¹｜疝气

流大肠头 lau²⁴/²¹tua²¹tən²⁴/²¹tʰau²⁴｜脱肛

拍脾寒 pʰa⁴²/³³pʰi²⁴/²¹han²⁴｜患疟疾

做痢 tsue²¹/²²li²¹｜患痢疾

老鼠瘟 lo³²/³³tsɯ³²/³³on³³/²²｜鼠疫

出疹 tsʰoʔ³²/⁴m²⁴｜出麻疹

出水珠 tsʰoʔ³²/⁴tsui³³/²²tsu³³/²²｜出水痘

出珠 tsʰoʔ³²/⁴tsu³³/²²｜患天花

放珠 pan²¹/³³tsu³³/²²｜种痘

伤寒 siɔŋ³³/²²han²⁴

大麻风 tua²¹mã²⁴/²¹hɔŋ³³/²²｜麻风

太古 tʰai²¹/²²kɔ³²｜一种皮肤病，皮肤上长许多小疙瘩

黄疸病 ŋ²⁴/²¹tã³²/³³pĩ²¹｜黄疸

肝炎 kuã³³/²²ian²⁴｜肝炎

肺病 hui²¹/²²pĩ²¹｜痨病

度 tɔ²¹｜传染

（三）外科

□伤 ko⁴⁵/²¹siɔŋ³³/²²｜跌伤。□ko⁴⁵：滚下

碰伤 pʰɔŋ²¹siɔŋ³³/²²

擦破皮 tsʰue²¹/²²pʰua²¹/²²pʰə²⁴｜蹭破皮儿。擦：擦，蹭

揿一个洞 tʰu⁴²/³³tseʔ⁴⁵/²e²⁴/⁰toŋ²¹｜刺个口子
□去 o⁴²kʰɯ²¹｜（手脚）扭着了
□去 mãi⁴²kʰɯ²¹｜（手脚）扭伤了
损去 son⁴²kʰɯ²¹｜（手脚骨头、关节）折伤
脱臼 tʰuaʔ³²/⁴kʰu⁴⁵
流血 lau²⁴/²¹hui³²
呕血 pʰui²¹/²²hui⁴²｜吐血
乌青 ɔ³³tsʰĩ³³/²²｜青紫（皮肤因皮下瘀血显露出的颜色）
肿 tsen³²
软酸 lən³²/⁴⁵sən³³/²²｜（肌肉）酸软
灌脓 kuan³²/³³lan²⁴｜化脓
疡 iũ²⁴｜发炎
发癀 huaʔ³²/⁴hɔŋ²⁴｜◎《广韵·唐韵》"胡光切"下："癀，病也。"
坚疕 kian³³/²²pʰi³²｜结痂。◎《广韵·纸韵》"匹婢切"下："疕，疮上甲。"
疤拉 pa³³la³³/²²｜疤
厚水 kau⁴⁵/²¹tsui³²｜浮肿
猪头疯 tɯ³³/²²tʰau²⁴/²¹huan³³/²²｜腮腺炎
生疥 sĩ³³/²²kue²¹｜长疥疮
发粒囝 huaʔ³²/⁴liaʔ³²/⁴kiã³²｜长疖子
生疔 sĩ³³ten³³/²²｜长疔
痔疮 ti²¹tsʰən³³/²²
癣 sian³²
痱 pui²¹｜痱子
汗花 kuã²¹hue³³/²²｜汗斑
冻子 tan²¹/²²tsi³²｜冻疮
塍狗瘰 tsʰan²⁴/²¹kau³²/³³lue²⁴｜疣（像青蛙身上长的疙瘩一样的）。塍狗：青蛙；瘰：皮肤上的疙瘩。◎《广韵·贿韵》"落猥切"下："瘰，痱瘰，皮外小起也。"
骚粒 sau³³/²²liaʔ⁴⁵｜粉刺
胡蝇屎 hɔ²⁴/²¹sen²⁴/²¹sai³²｜雀斑。胡蝇屎：苍蝇屎，此处用作喻称
羊牯骚 lũ²⁴/²¹kɔ³²/³³sau³³/²²｜狐臭。羊牯：公羊
大颔 tua²¹an²⁴｜大脖子（甲状腺肿大）
塞鼻 tsaʔ³²/⁴pʰi²¹｜齉鼻（鼻不通气）
嗽声 sau²¹/³³siã³³/²²｜公鸭嗓儿（嗓音沙哑）

一目只 eʔ³²/⁴baʔ⁴⁵/²tsia⁴² ｜一只眼儿，独眼
　　一目 eʔ³²/⁴baʔ⁴⁵
矇子 bɔŋ³²/³³tsɯ⁰ ｜近视眼。◎《广韵·董韵》"莫孔切"下："矇，矇矇，目不明。"
暴目珠 pau²¹/²²baʔ⁴⁵/²tsiu³³/²² ｜鼓眼泡儿
啄鸟 tsɔʔ⁴⁵/²tsiau³² ｜斗鸡眼儿
鸡母目 kue³³bu³²/³³baʔ⁴⁵ ｜羞明

（四）残疾等

破相 pʰua²¹/²²siɔŋ²¹ ｜残疾
羊眩 iũ²⁴/²¹hen²⁴ ｜癫痫
起惊 kʰi³²/³³ken³³/²² ｜惊风（小儿病）
　　惊风 ken³³hɔŋ³³/²²
吼眠 hau³²/³³ben²⁴ ｜小儿睡眠时惊吓哭泣。吼：哭
汉 han²¹ ｜水肿
中风 tiɔŋ²¹/³³hɔŋ³³/²²
半边风 puã²¹/³³pĩ³³/²²hɔŋ³³/²² ｜瘫痪
　　瘫痪 tʰan³³/²²huan²¹
拐骹 kuai³²/³³kʰa³³/²² ｜瘸子
驼背脊 tʰo²⁴/²¹pa²¹/²²tsia⁴² ｜罗锅儿
臭聋 tsʰau²¹/²²lan²⁴ ｜①耳背。②聋子
　　臭耳聋 tsʰau²¹/²²hi⁴⁵/²¹lan²⁴
臭聋□ tsʰau²¹/²²lan²⁴/²¹kɔ̃⁴² ｜聋子
哑狗 e³²/³³kau³² ｜哑巴
大喙舌 tua²¹tsʰui²¹/²²tsi⁴⁵ ｜大舌头，说话发音含糊不清
板舌 pan³²/³³tsi⁴⁵ ｜说话结巴，不顺畅流利
大颔鬼 tua²¹an²⁴/²¹kui³² ｜大脖子的人（甲状腺肿大）
青盲 tsʰĩ³³/²²mĩ²⁴ ｜瞎子
吊目 tiau²¹/²²baʔ⁴⁵ ｜吊眼皮
吊目鸟 tiau²¹/²²baʔ⁴⁵tsiau³² ｜吊眼皮的人
癫起 tian³³kʰi³²/⁰ ｜发疯了
癫子 tian³³tsɯ³²/⁰ ｜疯子（患严重精神病的人）
傻子 sa³²tsɯ³²/⁰
缺手 kʰə⁴²/³³tsʰiu³² ｜拽子（手残者）
　　撇手 pʰeʔ³²/⁴tsʰiu³²
撇骹 pʰeʔ³²/⁴kʰa³³/²² ｜瘸腿

秃顶 tʰɔʔ³²ᐟ⁴ten³² ｜秃子（头发脱光的人）
麻面 ba²⁴ᐟ²¹bian²¹ ｜人脸上有麻子的面貌状态
麻子 ba²⁴tsɯ³²ᐟ⁰ ｜①人出天花脸上留下的疤痕。②脸上有麻子的人
缺喙 kʰi⁴²ᐟ³³tsʰui²¹ ｜豁唇子
无喙齿 □bo²⁴ᐟ²¹tsʰui²¹ᐟ²²kʰi³²ᐟ³³mãu⁴² ｜豁牙子
十一了 tsaʔ⁴⁵ᐟ²eʔ³²ᐟ⁴liau³² ｜六指儿
□手拐 mãi³²ᐟ³³tsʰiũ³²ᐟ³³kuai³² ｜左撇子。□mãi³²ᐟ³³手：左手

十三　服饰

（一）服装

称作 tsʰen²¹ᐟ²²tso⁴² ｜衣着穿戴
打扮 ta³²ᐟ³³pan²¹ ｜①使容貌和衣着好看。②打装出来的样子；衣着穿戴
因□ en³³ᐟ²²tsiũ²⁴ ｜衣服
制服 tse²¹ᐟ²²hɔʔ⁴⁵ ｜统一有规定式样的服装
西装 se³³tsən³³ᐟ²² ｜西式服装
外衫 gua²¹sã³³ᐟ²² ｜外衣
　单衫 tuã³³sã³³ᐟ²²
长衫 tən²⁴ᐟ²¹sã³³ᐟ²²
马□ be³²ᐟ³³ton³² ｜马褂儿
旗袍 ki²⁴ᐟ²¹pau²⁴
皮裘 pʰə²⁴ᐟ²¹hiu²⁴ ｜皮袄。◎《广韵·尤韵》"巨鸠切"下："裘，皮衣。"
　洋皮衫 iũ²⁴ᐟ²¹pʰə²⁴ᐟ²¹sã³³ᐟ²²
棉裘 mĩ²⁴ᐟ²¹hiu²⁴ ｜①棉衣。②棉袄（棉上衣）
大衣 tua²¹i³³ᐟ²² ｜大衣（较长的西式外衣）
毛线衣 mãu²⁴ᐟ²¹suã²¹ᐟ³³i³³ᐟ²² ｜毛衣
毛线 mãu²⁴ᐟ²¹suã²¹
短衫 tə³²ᐟ³³sã³³ᐟ²² ｜①衬衫。②泛指内衣
汗衣 kuã²¹i³³ᐟ²² ｜汗衫
裈图 kaʔ³²ᐟ⁴kiã³² ｜坎肩（不带袖子的上衣）。◎《广韵·狎韵》"古狎切"下："裈，《广雅》：'襦也'。"《广韵·虞韵》"人朱切"下："襦，《说文》：'短衣'。"
　汗衣裈图 kuã²¹i³³ᐟ²²kaʔ³²ᐟ⁴kiã³² ｜汗背心
　棉裈图 mĩ²⁴ᐟ²¹kaʔ³²ᐟ⁴kiã³² ｜棉背心
裾 kɯ³³ ｜衣襟儿。《广韵·鱼韵》"九鱼切"下："裾，衣裾。"

大裾 tua²¹kɯ³³/²² ｜ 大襟

小裾 sieu³²/³³kɯ³³ ｜ 小襟

对襟 tui²¹/²²kʰen³³/²² ｜ 对襟儿（中装的一种样式，两襟相对，纽扣在正中）

下摆 e⁴⁵/²¹pai³² ｜ 上衣或裙子最下面的部分

因□尾 en³³/²²tsiũ²⁴/²¹bə³²

里 li³² ｜ 里子

脰领 tau²¹niã³² ｜ 领子。脰：颈

手䘼 tsʰiu³²/³³ŋ³² ｜ 袖子。《广韵·阮韵》"於阮切"下："䘼，襪也。"《类篇》："䘼，袖也。"

长手䘼 tən²⁴/²¹tsʰiu³²/³³ŋ³² ｜ 长袖

短手䘼 tə³²/³³tsʰiu³²/³³ŋ³² ｜ 短袖

贴边 tʰiaʔ³²/⁴pĩ³³ ｜ 缝在衣服里子边上的窄条

裙 kon²⁴ ｜ 裙子

裤 kʰɔ²¹ ｜ 裤子

短裤 tə³²/³³kʰɔ²¹ ｜ ①短裤（外穿的）。②裤衩儿（贴身穿的）

开罅裤 kʰui³³hia⁴⁵kʰɔ²¹ ｜ 开裆裤。罅：缝隙。◎《广韵·禡韵》"呼讶切"下："罅，孔罅。"

密裤 baʔ⁴⁵/²kʰɔ²¹ ｜ 连裆裤（相对于开裆裤而言）

裤□ kʰɔ²¹/²²pʰe²¹ ｜ 裤裆

裤头 kʰɔ²¹/²²tʰau²⁴ ｜ 裤腰

裤带 kʰɔ²¹/²²tua²¹ ｜ 裤腰带

裤骹 kʰɔ²¹/²²kʰa³³/²² ｜ 裤腿儿。骹：脚

□囝 tɔ³³kiã³² ｜ 兜儿（衣服上的口袋）

纽扣 liu³²/³³kʰau²¹ ｜ 纽扣（西式的）

　纽囝 liu³²/³³kiã³²

布纽扣 pɔ²¹/²²liu³²/³³kʰau²¹ ｜ 纽扣（中式的）

纽扣襻 liu³²/³³kʰau²¹/²²pʰan²¹ ｜ 扣襻（中式的，用布做的扣住纽扣的套）

纽扣洞 liu³²/³³kʰau²¹/²²tɔŋ²¹ ｜ 扣眼儿（西式的）

（二）鞋帽

鞋 ue²⁴

拖鞋 tʰua³³/²²ue²⁴

棉鞋 mĩ²⁴/²¹ue²⁴

皮鞋 pʰə²⁴/²¹ue²⁴

布鞋 pɔ²¹ᐟ²²ue²⁴

鞋底 ue²⁴ᐟ²¹tue³² ｜ ①鞋底。②鞋垫子

鞋面 ue²⁴ᐟ²¹ben²¹ ｜ 鞋帮

靴 hia³³ ｜ 靴子

鞋楦 ue²⁴ᐟ²¹huan²¹ ｜ 鞋楦子（制鞋时所用的模型）

鞋后跸 ue²⁴ᐟ²¹au⁴⁵ᐟ²¹tĩ³³ᐟ²² ｜ 鞋跟

鞋刷 ue²⁴ᐟ²¹sɔʔ³² ｜ 鞋刷子

雨鞋 ho⁴⁵ᐟ²¹ue²⁴

 套鞋 tʰo²¹ᐟ²²ue²⁴

木屐 bɔʔ⁴⁵ᐟ²kʰiaʔ³² ｜ 木板鞋

 板囝鞋 pan³²ᐟ³³kiã³²ᐟ³³ue²⁴

鞋带 ue²⁴tua²¹ ｜ 鞋带儿

袜 bə⁴⁵ ｜ 袜子

长筒袜 tən²⁴ᐟ²¹tan²⁴ᐟ²¹bə⁴⁵ ｜ 长袜

 长袜 tən²⁴ᐟ²¹bə⁴⁵

短袜 tə³²ᐟ³³bə⁴⁵

丝袜 si³³ᐟ²²bə⁴⁵

袜筒 bə⁴⁵ᐟ²¹tan²⁴ ｜ 袜子穿在踝骨以上的部分

骸帛 kʰa³³ᐟ²²pe⁴⁵ ｜ 裹脚布（旧时妇女缠足所用）

骸带 kʰa³³ᐟ²²tua²¹ ｜ 裹腿（军人的）

头帽 tʰau²⁴ᐟ²¹bo²¹ ｜ 帽子

礼帽 le³²ᐟ³³bo²¹ ｜ 礼帽（西式的）

头帽裨囝 tʰau²⁴ᐟ²¹bo²¹kaʔ³²ᐟ⁴kiã³² ｜ 瓜皮帽

兵帽 pen³³bo²¹ ｜ 军帽

草帽 tsʰau³²ᐟ³³bo²¹

头帽舌 tʰau²⁴ᐟ²¹bo²¹tsi⁴⁵ ｜ 帽檐儿

（三）装饰品

手镯 tsʰiu³²ᐟ³³so⁴⁵ ｜ 镯子

手指 tsʰiu³²ᐟ³³tsi³² ｜ 戒指

项链 han²¹lian²¹

银箍 gən²⁴ᐟ²¹kʰɔ³³ᐟ²² ｜ 项圈

百家锁 pa⁴²ᐟ³³ke³³ᐟ²²so³² ｜ 佩挂胸前的锁形金属饰品

金喙齿 ken³³ᐟ²²tsʰui²¹ᐟ³³kʰi³² ｜ 金牙

禀针 pen³²ᐟ³³tsan³³ᐟ²² ｜ 别针儿

松紧带 san³³ᐟ²²ken³²ᐟ³³tua²¹

箍皮 kʰɔ³³⁾²²pʰə²⁴｜橡皮筋
头簪 tʰau²⁴⁾²¹tsan³³⁾²²｜簪子
耳钩 hi⁴⁵⁾²¹kau³³⁾²²｜耳环
胭脂粉 ian³³tsi³³⁾²²hon³²｜胭脂
　　粉 hon³²

（四）其他穿戴用品
围裙 ui²⁴⁾²¹kon²⁴
澜□ nuã⁴⁵⁾²¹se²⁴｜围嘴儿
屎垛 sai³²⁾³³tə²¹｜尿布。垛：块，块状物
手巾 tsʰiu³²⁾³³kən³³⁾²²｜手绢
　　手巾囝 tsʰiu³²⁾³³kən³³⁾²²kiã³²
围巾 ui²⁴⁾²¹kən³³⁾²²｜围巾（长条的）
大垛囝 tua²¹tə²¹⁾²²kiã³²｜布巾（包裹婴儿以挡风的）。垛：块，块状物
　　被囝 pʰə⁴⁵⁾²¹kiã³²
手套 tsʰiu³²⁾³³tʰo²¹
目镜 baʔ⁴⁵⁾²kiã²¹｜眼镜
雨伞 hɔ⁴⁵⁾²¹suã³²⁾²¹｜伞
棕蓑 tsan³³sue³³⁾²²｜蓑衣
箬笠 hieu⁴⁵⁾²¹lue⁴⁵｜斗笠，用箬叶编制
雨衣 hɔ⁴⁵⁾²¹i³³⁾²²｜雨衣（新式的）
手表 tsʰiu³²⁾³³piau³²

十四　饮食

（一）伙食
伙食 hə³²⁾³³seʔ⁴⁵
食嘅东西 tsiaʔ³²⁾⁴ke⁰tɔŋ³³sue³³⁾²²｜食物
动喙囝 tan²¹tsʰui²¹⁾²²kiã³²｜零食。动喙：动嘴
　　零食 len²⁴⁾²¹seʔ⁴⁵
点心 tian³²⁾³³sen³³⁾²²
果子 kə³²⁾³³tsi³²⁾⁰｜糕饼糖果的总称
果子茶 kə³²⁾³³tsi³²⁾³³te²⁴｜有点心佐食的茶水
茶配 te²⁴⁾²¹pʰə²¹｜喝茶时同时食用的点心

（二）米食
糜 1 bə²⁴｜①粥（总称）。②稀粥。◎《广韵·支韵》"糜为切"下："糜，糜粥。"

糜2 mãi³³｜①米饭。②饭食，饭顿

清糜 tsʰen²¹/³³mãi³³/²²｜现饭（不是本餐新做的饭）

加糜 ke³³mãi³³/²²｜剩饭（剩下的饭）

臭焦 tsʰau²¹/³³ta³³/²²｜（饭食）烧糊、烧焦。△煮～嘞（烧煳了）

　糊 kɔ²⁴

臭酸 tsʰau²¹/³³sən³³/²²｜馊。△糜～嘞（饭馊了）

臭酸糜 tsʰau²¹/³³sən³³/²²mãi³³/²²｜馊了的米饭

生殕 sĩ³³/²²pʰu³²｜发霉。◎《集韵·有韵》"方九切"下："殕，物败生白曰殕。"

　生狗毛 sĩ³³/²²kau³²/³³bən²⁴

鼎疕 tiã³²/³³pʰi³²｜锅巴。疕：痂，此用作喻称

饮 an³²｜米汤

米糊 bi³²/³³kɔ²⁴｜米粉蒸、煮的粥类食品

糊 kɔ²⁴｜①米糊。△食～（吃米糊）。②同"臭焦"

米粉 bi³²/³³hon³²｜大米加工成的细条食品

粿 kə³²｜（米磨成浆经晒干后用于做年糕等的）米制品。◎《集韵·果韵》"古火切"下："粿，饼也。"

炊粿 tsʰə³³kə³²｜一种米粿

甜粿 tĩ³³kə³²｜一种掺蔗糖的米粿

冇粿 pʰã²¹/³³kə³²｜一种米糕，松软。冇 pʰã²¹：不结实，内部空虚、疏松

冬米粿 tan³³/²²bi³²/³³kə³²｜水磨年糕

圆 ĩ²⁴｜汤圆

　汤圆 tʰən³³/²²ĩ²⁴

龟 ku³³｜一种米制食品，外有龟形图案

米芳 bi³²/³³pʰan²²｜爆米花（大米高温高压膨胀而成的）

粽 tsan²¹｜粽子

秫米糍 tsoʔ⁴⁵/²bi³²/³³tsi²⁴｜糍粑（糯米做的食品）。秫米：糯米

（三）面食

面粉 mĩ²¹hon³²

面 mĩ²¹｜面条儿

面线 mĩ²¹suã²¹｜挂面

面糊 mĩ²¹kɔ²⁴｜面粉煮成的糊

馒头 ban²⁴/²¹tʰau²⁴｜没馅的

包囝 pau³³kiã³²｜包子（有馅的）

油条 iu²⁴/²¹tiau²⁴

花卷 hue$^{33/22}$kən^{32}

饺子 kiau$^{32/33}$tsɯ$^{32/0}$

馅 ã^{21}｜馅儿（包子、饺子的）

扁食 pĩ$^{32/33}$seʔ^{45}｜馄饨

中秋饼 tiɔŋ^{33}tsʰiu$^{33/22}$piã^{32}｜月饼

酒酵 tsiu$^{32/33}$kau^{21}｜酵子

　老酵 lau$^{45/21}$kau^{21}

（四）肉、蛋

猪腿 tɯ$^{33/22}$tʰui^{32}｜猪腿（整个的）

蹄包 tʰe$^{24/21}$pau$^{33/22}$

猪骹 tɯ^{33}kʰa$^{33/22}$｜猪蹄儿

猪骹筋 tɯ^{33}kʰa$^{33/22}$kən$^{33/22}$｜猪蹄筋

猪喙舌 tɯ^{33}tsʰui$^{21/22}$tsi^{45}｜猪舌头

腹里 paʔ$^{32/4}$lai^{45}｜下水（猪牛羊的内脏）

猪肺 tɯ$^{33/22}$hui^{21}

猪尺 tɯ$^{33/22}$tsʰieu^{42}｜猪的胰脏

猪肝 tɯ^{33}kuã$^{33/22}$

猪腰子 tɯ^{33}ieu$^{33/22}$tsi^{32}

排沙骨 pai$^{24/21}$sa$^{33/22}$koʔ^{32}｜肋骨（猪的）

板油 pan$^{32/33}$iu^{24}｜猪体腔内壁上呈板状的脂肪

大肠 tua^{21}tən^{24}

肠囝 tə$^{24/21}$kiã^{32}｜小肠

腈肉 tsiã$^{33/22}$heʔ^{45}｜瘦肉

肉松 heʔ$^{45/2}$sɔŋ$^{33/22}$｜肉松（特制的丝状的）

香肠 hiũ$^{33/22}$tən^{24}

吹风肉 tsʰə^{33}huan$^{33/22}$heʔ^{45}｜风干的猪肉

熏肉 hon$^{33/22}$heʔ^{45}｜熏制的猪肉

牛肚 gu$^{24/21}$tɔ^{32}｜牛百叶

牛杂 gu$^{24/21}$tsaʔ^{45}｜牛的内脏的总称

鸡腹里 kue$^{33/22}$paʔ$^{32/4}$lai^{45}｜鸡杂儿

鸡胘 kue$^{33/22}$kian^{45}｜鸡胗。◎《广韵·先韵》"胡田切"下："胘，肚胘，牛百叶也。"《博雅》："胃谓之胘。"

鱼姑 hɯ$^{24/21}$kɔ^{33}｜鱼块

炒鸡卵 tsʰa^{32}kue$^{33/22}$lən^{45}｜炒鸡蛋

卵鳖 lən$^{45/21}$pi^{42}｜荷包蛋（油煎的）。鳖，比喻形状

群卵 kon$^{24/21}$lən^{45}｜水煮鸡蛋（不带壳的）
圆卵 ĩ$^{24/21}$lən^{45}｜煮鸡蛋（带壳的）
冇卵 pʰã^{21}lən^{45}｜蛋羹（蒸的）。冇：内部疏松
卵汤 lən$^{45/21}$tʰən$^{33/22}$｜蛋汤
卵花 lən$^{45/21}$hue$^{33/22}$｜蛋花
混卵 hon^{21}lən^{45}｜松花蛋（皮蛋）
　　皮卵 pʰə$^{24/21}$lən^{45}
咸鸭卵 kian$^{24/21}$a$^{42/33}$lən^{45}｜咸鸭蛋

（五）菜

菜 tsʰai^{21}｜下饭的菜肴
配糜 pʰə$^{21/22}$mãi^{33}｜下饭（就着菜把饭吃下去）
斋菜 tsai$^{33/22}$tsʰai^{21}｜素菜
荤菜 hon$^{33/22}$tsʰai^{21}
咸菜 kian$^{24/21}$tsʰai^{21}
小菜 sieu$^{32/33}$tsʰai^{21}
豆腐 tau^{21}hu^{21}
豆干 tau^{21}kuã$^{33/22}$｜豆腐干儿
豆腐囝 tau^{21}hu^{21}kiã^{32}｜豆腐脑儿
　　豆花 tau^{21}hue$^{33/22}$
豆浆 tau^{21}tsiũ$^{33/22}$
豆主 tau^{21}tsu^{32}｜豆腐乳
浮豆腐 pʰu$^{24/21}$tau^{21}hu^{21}｜豆腐泡
粉丝 hon$^{32/33}$si$^{33/22}$｜绿豆粉、红薯粉做的
粉皮 hon$^{32/33}$pʰə^{24}
藕粉 gieu$^{32/33}$hon^{32}
豆豉 tau^{21}si^{21}
木耳菇 bɔʔ$^{45/21}$nĩ$^{45/21}$kɔ$^{33/22}$｜木耳
白木耳 pe$^{45/21}$bɔʔ$^{45/2}$nĩ^{45}｜银耳
金针 ken^{33}tsan$^{33/22}$｜金针菜（黄花菜）
海参 hai$^{32/33}$sen$^{33/22}$
海带 hai$^{32/33}$tai^{21}
海蜇皮 hai$^{32/33}$tsiaʔ$^{32/4}$pʰə^{24}｜海蜇

（六）油盐作料

味道 bi^{21}to^{21}｜滋味（吃的滋味）
　　味 bi^{21}

气息 kʰi²¹/²²se⁴² ｜气味（闻的气味）
色致 seʔ³²/⁴ti²¹ ｜色彩光泽
　　颜色 gan²⁴/²¹se⁴²
肉油 heʔ⁴⁵/²iu²⁴ ｜猪油
　　猪油 tɯ³³/²²iu²⁴
猪油膏 tɯ³³/²²iu²⁴/²¹ko³³/²² ｜猪油（熟的）
花生油 hue³³sen³³/²²iu²⁴
茶油 te²⁴/²¹iu²⁴
菜籽油 tsʰai²¹/²²tsi³²/³³iu²⁴ ｜菜油
　　菜油 tsʰai²¹/²²iu²⁴
油麻油 iu²⁴/²¹bua²⁴/²¹iu²⁴ ｜芝麻油
　　麻油 bua²⁴/²¹iu²⁴
盐 ian²⁴
盐卤 ian²⁴/²¹lɔ⁴⁵ ｜熬盐时剩下的黑色液体，能使豆浆凝成豆腐
酱油 tsiũ²¹/²²iu²⁴
油麻酱 iu²⁴/²¹bua²⁴/²¹tsiũ²¹ ｜芝麻酱
豆酱 tau²¹tsiũ²¹ ｜豆瓣酱
辣椒酱 lua⁴⁵/²¹tsieu³³/²²tsiũ²¹
醋 tsʰɔ²¹
料酒 liau²¹tsiu³²
红糖 an²⁴/²¹tʰən²⁴
白糖 pe⁴⁵/²¹tʰən²⁴
冰糖 pen³³/²²tʰən²⁴
麦芽糖 be⁴⁵/²¹ge²⁴/²¹tʰən²⁴
　　糖子 tʰən²⁴/²¹tsi³²
番薯粉 san³³/²²tsɯ²⁴/²¹hon³² ｜红薯粉，芡粉
霜冰条 sən³³pen³³/²²tiau²⁴ ｜冰棍儿
配料 pʰui²¹/²²liau²¹ ｜作料
八角茴 pue⁴²/³³kaʔ³²/⁴hue²⁴ ｜八角
花椒 hue³³tsieu³³/²²
胡椒粉 hɔ²⁴/²¹tsieu³³/²²hon³²

（七）烟、茶、酒

薰 hon³³ ｜烟。◎《广韵·文韵》"许云切"下："薰，香草。"
薰箬 hon³³/²²hieu⁴⁵ ｜烟叶
薰丝 hon³³si³³/²² ｜烟丝

薰卷 hon³³/²²kən³² ｜烟卷儿（香烟）
水薰卷 tsui³²/³³hon³³/²²kən³² ｜水烟袋（铜制的）
旱薰卷 han²¹hon³³/²²kən³² ｜旱烟袋（竹管儿做的）
薰盒 hon³³/²²aʔ⁴⁵ ｜烟盒
薰卷油 hon³³/²²kən³²/³³iu²⁴ ｜烟油子
薰屎 hon³³/²²sai³² ｜烟灰
薰头 hon³³/²²tʰau²⁴ ｜烟头
纸媒 tsua³³m̩²⁴ ｜纸媒
乌薰 ɔ³³hon³³/²² ｜鸦片
茶 te²⁴ ｜沏好的茶水
茶箬 te²⁴/²¹hieu⁴⁵ ｜茶叶
茶箬渣 te²⁴/²¹hieu⁴⁵/²¹tse³³/²²
烧酒 sieu³³/²²tsiu³² ｜白酒（蒸馏成的，无色，酒精度较高）
　　白酒 pe⁴⁵/²¹tsiu³²
秫米酒 tsoʔ⁴⁵/²bi³²/³³tsiu³² ｜江米酒（糯米加曲酿成）。秫米：糯米
酒曲 tsiu³²/³³kʰaʔ³²

十五　婚丧宗教

（一）婚姻、生育

亲事 tsʰen³³/²²suɯ²¹
做媒侬 tsue²¹/²²muĩ²⁴/²¹lan²⁴ ｜做媒
媒侬 muĩ²⁴/²¹lan²⁴ ｜媒人
看亲 kʰuã²¹/³³tsʰen³³/²² ｜相亲
插定 tsʰa⁴²/³³tiã²¹ ｜订婚
　　定着 tiã²¹tieu⁴⁵
聘金 pʰen³²/³³ken³³/²² ｜聘礼
定金 tiã²¹ken³³/²² ｜订婚时给付的聘金
看日子 kʰuã²¹/²²zeʔ⁴⁵/²tsi³² ｜挑选吉日
好日子 ho³²/³³zeʔ⁴⁵/²tsi³² ｜喜期
嫁妆 ke²¹/³³tsən³³/²²
曳亲 tsʰua²¹tsʰen³³/²² ｜迎娶新娘。曳：带，带领
曳老姥 tsʰua²¹lau⁴⁵/²¹mã³² ｜（男子）娶妻子
　　曳某 tsʰua²¹bə³² ｜◎老派说法
做新妇 tsue²¹/²²sen³³/²²pu⁴⁵ ｜（女子）出嫁
　　出嫁 tsʰoʔ³²/⁴ke²¹

嫁查某囝 ke²¹/²²tsa³³/²²bɔ³²/³³kiã³² ｜嫁闺女
送嫁 san²¹/²²ke²¹ ｜送亲（娘家人送新娘到男家）
食嫁查某囝酒 tsiaʔ⁴⁵/²ke²¹/²²tsa³³/²²bɔ³²/³³kiã³²/³³tsiu³² ｜贺嫁女
食曳老姥酒 tsiaʔ⁴⁵/²tsʰua²¹lau⁴⁵/²¹mã³²/³³tsiu³² ｜贺娶妻
成亲 sen²⁴/²¹tsʰen³³/²² ｜结婚
花轿 hue³³/²²kieu²¹
拜堂 pai²¹/²²tən²⁴
新娘公 sen³³/²²niũ²⁴/²¹kɔŋ³³/²² ｜新郎
新娘 sen³³/²²niũ²⁴
新娘□ sen³³/²²niũ²⁴/²¹tʰue⁴² ｜伴娘
新娘房 sen³³/²²niũ²⁴/²¹pan²⁴ ｜新房
转礼 tən³²/³³le³² ｜回门（婚后若干天内新夫妇一起到女家）
　　转三朝 tən³²/³³sã³³/²²tsiau³³/²²
嫁二嫁 ke²¹/²²zi²¹ke²¹ ｜再醮（寡妇再嫁）
再曳 tsai²¹/²²tsʰua²¹ ｜续弦（从男方说）
填房 tian²¹pan²⁴ ｜女子嫁给死了妻子的人
招亲 tsieu³³tsʰen³³/²² ｜入赘
带身命 tua²¹/³³sen³³/²²miã²¹ ｜怀孕
　　有身 u⁴⁵/²¹sen³³/²²
病囝 pĩ²¹kiã³² ｜害喜
　　病喙 pĩ²¹tsʰui²¹
有身侬 u⁴⁵/²¹sen³³/²²lan²⁴/⁰ ｜孕妇
脱身 tʰɔʔ³²/⁴sen³³/²² ｜小产
　　脱囝 tʰɔʔ³²/⁴kiã³²
生囝 sĩ³³/²²kiã³² ｜生孩子
抾囝 kʰieu⁴²/³³kiã³² ｜接生。抾：捡；囝：孩子
胞衣 pau³³i³³/²² ｜胎盘
做月里 tsue²¹/²²gə⁴⁵/²¹lai⁴⁵ ｜坐月子
满月 muã³²/³³gə⁴⁵ ｜小孩出生一个月
头一胎 tʰau²⁴tseʔ⁴⁵/²tʰə³³/²² ｜头胎
双生囝 san³³/²²sĩ³³/²²kiã³² ｜双胞胎
拍胎 pʰa⁴²/³³tʰə³³/²² ｜打胎
饲囝囝 tsʰi²¹ken³²/³³kiã³² ｜喂养孩子
食奶 tsiaʔ⁴⁵/²nĩ³³/²² ｜吃奶
生分 sĩ³³/²²hon²¹ ｜认生

奶头 nĩ³³/²²tʰau²⁴

奶喙 nĩ³³/²²tsʰui²¹ ｜奶嘴儿（装在奶瓶口上）

泄尿 tsʰua²¹zieu²¹ ｜尿床。◎《广韵·祭韵》"余制切"下："泄，水名。"

泄屎 tsʰua²¹sai³² ｜睡眠时屎拉在床上

做九旦 tsue²¹/²²kau³²/³³tuã²¹ ｜庆祝婴儿出生九天

做晬 tsue²¹/²²tsə²¹ ｜庆祝小儿周岁。◎《广韵·队韵》"子对切"下："晬，周年子也。"

　　过晬 kə²¹/²²tsə²¹

（二）寿辰、丧葬

生日 sĩ³³/²²zeʔ⁴⁵

做生日 tsue²¹/²²sĩ³³/²²zeʔ⁴⁵ ｜做寿

送生日 san²¹/²²sĩ³³/²²zeʔ⁴⁵ ｜祝寿

寿翁 siu²¹ɔŋ³³/²² ｜寿星

白喜事 pe⁴⁵/²¹hi³²/³³suɯ²¹ ｜丧事

　丧事 san³³suɯ²¹

探乌 tʰan²¹/³³ɔ³³/²² ｜奔丧

过身 kə²¹/³³sen³³/²² ｜死（委婉的说法）

　老去 lau⁴⁵kʰuɯ²¹

　无 bo²⁴

断气 tən⁴⁵/²¹kʰui²¹ ｜咽气

孝堂 ha²¹/²²tən²⁴ ｜灵堂

灵床 len²⁴/²¹tsʰən²⁴

棺柴 kuã³³/²²tsʰa²⁴ ｜棺材

寿柴 siu²¹tsʰa²⁴ ｜寿材（生前预制的）

　寿枋 siu²¹hɔŋ³³/²²

布棺柴 pɔ²¹/²²kuã³³/²²tsʰa²⁴ ｜拼装棺材并刷油漆，准备入殓用

买水 bue³²/³³tsui²¹ ｜取河水或井水为逝者洗脸，入殓前的一道丧葬程序

落棺 lo⁴⁵/²¹kuã³³/²² ｜入殓

　囥落棺 kʰən²¹/²²lo⁴⁵/²¹kuã³³/²²

坐暝 tsə⁴⁵/²¹mĩ²⁴ ｜守灵。暝：夜晚

做忌 tsue²¹/²²ki²¹ ｜在忌日做纪念逝者的活动

做旬 tsue²¹/²²son²⁴ ｜在逢七日做纪念逝者的活动，一般到七七四十九日结束

做百日 tsue²¹/²²pa⁴²/³³zeʔ⁴⁵ ｜在逝去一百日纪念逝者

做周年 tsue²¹/²²tsiu³³/²²nĩ²⁴ ｜在逝去一周年纪念逝者

带孝 tua²¹/²²ha²¹

去孝 kʰɯ²¹/²²ha²¹｜除孝

出葬 tsʰoʔ³²/⁴tsɔŋ²¹｜出殡

送上山 san²¹/²²tsiũ²¹suã³³/²²｜送葬

幡囝 huan³³/²²kiã³²｜出殡时前行引路的纸幡

白衫 pe⁴⁵/²¹sã³³/²²｜孝服（麻布做的）

纸钱 tsua³²/³³tsĩ²⁴｜

纸扎 tsua³²/³³tsa⁴²｜祭奠时焚烧的纸扎的物品和人物造型

墓 bɔ²¹｜坟墓

墓地 bɔ²¹tue²¹｜坟地（坟墓所在处）

墓牌 bɔ²¹pai²⁴｜墓碑

起墓 kʰi³²/³³bɔ²¹｜建坟墓

圹 kʰɔŋ³²｜墓穴。◎《广韵·宕韵》"苦谤切"下："圹，墓穴。"

 金井 ken³³/²²tsĩ³²

落葬 lo⁴⁵/²¹tsɔŋ²¹｜下葬

上墓 tsiũ²¹bɔ²¹｜上坟

跳大溪 tʰiau²¹/²²tua²¹kʰue³³/²²｜投水自尽

□死 tu⁴⁵si³²｜溺死

吊脰 tiau²¹/²²tau²¹｜上吊。脰：颈

 上吊 tsiũ²¹tiau²¹

度死 tʰau²¹si³²｜毒死

尸骸 si³³/²²hai²⁴｜尸体

 死尸 si³²/³³si³³/²²

抾骨头 kʰieu⁴²/³³koʔ³²/⁴tʰau²⁴｜掘开墓地收捡骨殖

壏哩囝 kɔ³²/³³li⁴⁵kiã³²｜骨殖坛子

（三）迷信

老天 lau⁴⁵/²¹tĩ³³/²²｜老天爷

佛公 pɔʔ⁴⁵/²kɔŋ³³/²²｜菩萨

观音妈 kuan³³en³³/²²mã³²｜观世音

灶君公 tsau²¹/²²kon³³kɔŋ³³/²²｜灶王爷

 灶司公 tsau²¹/²²sɯ³³kɔŋ³³/²²

房母 pan²⁴/²¹bu³²｜房神

土地公庙 tʰɔ³²/³³te²¹kɔŋ³³/²²bieu²¹｜土地庙

社公庙 sia²¹kɔŋ³³/²²bieu²¹｜社稷神庙

关公庙 kuan³³kɔŋ³³/²²bieu²¹｜关帝庙

阎罗王 gian²⁴/²¹lo²⁴/²¹ɔŋ²⁴｜阎王
祠堂 sɯ²⁴/²¹tən²⁴
木主牌 bɔʔ⁴⁵/²tsu³²/³³pai²⁴｜灵牌（灵位）
  祖公牌 tsɔ³²/³³kɔŋ³³/²²pai²⁴
  公妈 kɔŋ³³mã³²
拜佛公 pai²¹/²²pɔʔ⁴⁵/²kɔŋ³³/²²｜拜菩萨
佛龛 pɔʔ⁴⁵/²kʰan³³/²²
神帐 sen²⁴/²¹tiũ²¹｜神像前的布幔
香案桌 hiũ³³/²²uã²¹/²²to⁴²｜香案
请 tsʰiã³²｜上供（摆上祭祀物品）
请祖公 tsʰiã³²/³³tsɔ³²/³³kɔŋ³³/²²｜祭祖
蜡烛 laʔ⁴⁵/²tse⁴²
蜡烛台 laʔ⁴⁵/²tse⁴²/³³tai²⁴｜烛台
香 hiũ³³｜（敬神的）线香
香炉 hiũ³³/²²lɔ²⁴
点香 tian³²/³³hiũ³³/²²｜点燃香烛
烧香 sieu³³hiũ³³/²²｜①点燃香烛。②赴逝者家中吊唁
金纸 ken³³tsua³²｜祭祀所用，裱有金色锡箔
银纸 gən²⁴/²¹tsua³²｜祭祀所用，裱有银色锡箔
香稿 hiũ³³/²²ko⁴²｜香烧剩的小棍儿。稿：杆
抽签 tʰiu³³tsʰian³³/²²｜到庙观去抽签，以签的内容测吉凶
签诗 tsʰian³³si³³/²²｜题了诗句的签
求签 kiu²⁴/²¹tsʰian³³/²²
解签 kai³²/³³tsʰian³³/²²｜解释签诗的含义，预言吉凶
拍卦 pʰa⁴²/³³kua²¹｜卜卦，占卜
  盘卦 puã²⁴/²¹kua²¹
跋抔 pua⁴⁵/²¹pue³³/²²｜一种占卜活动，掷两块竹片或铜板于地上，观其阴阳配合，以占吉凶。◎《广韵·灰韵》"晡枚切"下："抔，版也。"
筊抔 ka³³pue³³/²²｜筊，占卜所用的两块竹片或铜板。◎《广韵·效韵》"古孝切"下："筊，筊杯，古者以玉为之。"《类篇》："巫以占卜吉凶者。"
阴抔 en³³pue³³/²²｜阴筊（两块筊面都朝下），表示神作拒绝、否认
  勘抔 kʰan²¹/²²pue³³/²²
阳抔 iɔŋ²⁴pue³³/²²｜阳筊（两块筊面都朝上），表示神未表态
  笑抔 tsʰieu²¹/³³pue³³/²²

圣杯 sen²¹pue³³/²² ｜圣珓（两块珓一块面朝上，一块面朝下，正反相合），祥兆

香会 hiũ³³/²²hue²¹ ｜庙会

　庙会 bieu²¹hue²¹

做功德 tsue²¹/²²kɔŋ³³/²²taʔ³² ｜做道场（做法事）

　拍醮 pʰa⁴²/³³tsiau²¹ ｜打醮。◎《广韵·笑韵》"子肖切"下："醮，祭也。"

请佛公 tsʰiã³²/³³pɔʔ⁴⁵/²kɔŋ³³/²² ｜拜菩萨

　请佛 tsʰiã³²/³³pɔʔ⁴⁵

请社公 tsʰiã³²/³³sia²¹kɔŋ³³/²² ｜祭奠社稷神

念经 lian²¹ken³³/²²

拍路灯 pʰa⁴²/³³lɔ²¹ten³³/²² ｜超度逝者，点燃灯火导引其在暝间前行

点蜡 tian³²/³³la⁴⁵ ｜点燃蜡烛祭拜神佛

拆字 tʰia⁴²/³³zi²¹ ｜测字

看风水 kʰuã²¹/²²huan³³sui³²

看命 kʰuã²¹/²²miã²¹ ｜算命

　算命 sən²¹/²²miã²¹

好命 ho³²/³³miã²¹ ｜命好

否命 pʰai³²/³³miã²¹ ｜命运不好

运气好 on²¹kʰi²¹/²²ho³²

倒灶 to³²/³³tsau²¹ ｜倒霉

头世 tʰau²⁴/²¹si²¹ ｜前生

后世 au⁴⁵/²¹si²¹ ｜来世

问佛公 bən²¹pɔʔ⁴⁵/²kɔŋ³³/²² ｜神汉、巫婆作法引来逝者灵魂附体，以回应求神者的请求和询问

跳童 tʰiau²¹/²²tan²⁴ ｜跳神

下愿心 he²¹guan²¹sen³³/²² ｜许愿

　下愿 he²¹guan²¹

谢愿 sia²¹guan²¹ ｜还愿

信教 sen²¹/²²kau²¹

吊头鬼 tiau²¹/²²tʰau²⁴/²¹kui³² ｜吊死鬼

短命囝 tə³²/³³miã²¹kiã³² ｜短命鬼

十六　日常生活

（一）衣

拆布 tʰia⁴²/³³pɔ²¹ ｜买布

布箍 pɔ²¹/²²kʰo³³/²² ｜裁剪好的衣裤部件布片

布头 pɔ²¹/²²tʰau²⁴ ｜成件布料零售后剩下的少量部分

秫因□tsʰen²¹en³³/²²tsiũ²⁴ ｜穿衣服

褪因□tʰən²¹/²²en³³/²²tsiũ²⁴ ｜脱衣服

褪鞋 tʰən²¹/²²ue²⁴ ｜脱鞋

纳鞋底 la⁴⁵/²¹ue²⁴/²¹tue³²

绱鞋布 tsiũ⁴⁵/²¹ue²⁴/²¹pɔ²¹ ｜绱鞋

组 tʰĩ²¹ ｜缝。△～被（缝被子）、～纽扣。◎《广韵·祂韵》"丈苋切"下："组，补缝。"

绣花 siu²¹/²²hue³³ ｜绣花儿

　　做花 tsue²¹/²²hue³³

洗因□sue³²/³³en³³/²²tsiũ²⁴ ｜洗衣服

汰 tʰua⁴² ｜投（用清水漂洗）

曝因□pʰaʔ⁴⁵/²en³³/²²tsiũ²⁴ ｜晒衣服

晾因□lan²¹en³³/²²tsiũ²⁴ ｜晾衣服

浆饮 tsiũ³³an³² ｜用米汤浆衣服。饮：米汤

褪赤骹 tʰən²¹/²²tsʰia⁴²/³³kʰa³³/²² ｜打赤脚

褪赤体 tʰən²¹/²²tsʰia⁴²/³³tʰe³² ｜打赤膊

（二）食

点火 tian³²/³³hə³² ｜生火

着嘞 to⁴⁵lə⁰ ｜（火）着了

乌嘞 ɔ³³lə⁰ ｜（火）灭了

煮食 tsɯ³²/³³tsiaʔ⁴⁵ ｜做吃的

煮糜 2 tsɯ³²/³³mãi³³/²² ｜做饭（总称，包括做菜）

闭糜 2 pi²¹/³³mãi³³/²² ｜焖饭

洗米 sue³²/³³bi³² ｜淘米

发面 huaʔ³²/⁴mĩ²¹ ｜使面发酵

摊面 nuã³²/³³mĩ²¹ ｜揉面。◎《广韵·旱韵》"奴但切"下："摊，按也。"

拍面 pʰa⁴²/³³mĩ²¹ ｜擀面条

炊馒头 tsʰə³³/²²ban²¹tʰau²⁴ ｜蒸馒头

裹粽 kə³²/³³tsan²¹ ｜包粽子

择菜 to⁴⁵tsʰai²¹

煮菜 tsɯ³²/³³tsʰai²¹ ｜做菜（总称）

拍汤 pʰa⁴²/³³tʰən³³/²² ｜做汤

熟嘞 seʔ⁴⁵lə⁰ ｜（饭菜）熟了

生 tsʰĩ³³｜（食物）没有煮或煮得不够。△～番薯好食（生红薯好吃）
群 kon²⁴｜（主辅料下锅后加水长时间）煮。△～猪骹（煮猪蹄）
烰 pu²⁴｜煨，埋在热灰里焖。△～番薯。◎《广韵·尤韵》"薄谋切"下："烰，火气。"
邓 ten²¹｜把食物放在碗等容器里，隔水蒸煮。△～鸡
煠 sa⁴⁵｜煮（在清水中煮）。△～卵（连壳煮鸡蛋）。◎《广韵·葉韵》"与涉切"下："煠，爚。"《说文》："爚，火飞。"
添糜 2 tʰĩ³³mãi³¹ᐟ²²｜盛饭
食糜 2 tsiaʔ⁴⁵ᐟ²mãi³³ᐟ²²｜吃饭
挟菜 gue⁴²ᐟ³³tsʰai²¹｜用筷子夹菜
揭箸 kia²⁴ᐟ²¹tu²¹｜拿筷子，使用筷子
配 pʰə²¹｜以物佐食。△～糜（下饭）
饲 tsʰi²¹｜喂；供养。△～糜（喂饭）、～团团（喂小孩）、～老岁（供养父亲）
舀汤 ieu³²ᐟ³³tʰən³³³ᐟ²²
食早起 tsiaʔ⁴⁵ᐟ²tsaʔ(<-a)³²ᐟ⁴kʰi³²｜吃早饭。早起：早晨
食日昼 tsiaʔ⁴⁵ᐟ²zeʔ⁴⁵l(<t)au²¹｜吃午饭。日昼：上午
食暗糜 2 tsiaʔ⁴⁵ᐟ²an²¹ᐟ³³mãi³³ᐟ²²｜吃晚饭。暗：夜晚
无烂 bo²⁴ᐟ²¹nuã²¹｜（肉）没煮烂
枵嘞 iau³³lə⁰｜饿了。◎《集韵·宵韵》"虚娇切"下："枵，虚也。"
食未□tsiaʔ⁴⁵ᐟ²be²¹ᐟ²²ŋiãu⁴⁵｜嚼不动。□ŋiãu⁴⁵：动
□倒嘞 ke⁴⁵to³²lə⁰｜噎住了
敆呃 tʰau³²ᐟ³³ə⁴²｜（吃饱后）打嗝儿。敆：解，释放
胀饱 tiũ²¹pa³²｜（吃太多）撑着了
　□倒嘞 tiau²⁴to³²lə⁰
喙空无味 tsʰui²¹ᐟ³³kʰan³³ᐟ²²bo²⁴ᐟ²¹bi²¹｜嘴无味
煎茶 tsuã³³ᐟ²²te²⁴｜烧开水
泡茶 pʰau²¹ᐟ²²te²⁴｜沏茶（动宾）

（三）住

起来 kʰi³²lai²⁴ᐟ⁰｜起床
　觉起 kiau⁴²kʰi³²ᐟ⁰
赖铺 lua²¹pʰɔ³³ᐟ²²｜该起床时赖在床上不肯起来
洗面 sue³²ᐟ³³ben²¹｜洗脸
洗喙空 sue³²ᐟ³³tsʰui²¹ᐟ³³kʰan³³ᐟ²²｜漱口
洗喙齿 sue³²ᐟ³³tsʰui²¹ᐟ³³kʰi³²｜刷牙

洗手 sue$^{32/33}$tsʰiu^{32}

梳头 sue$^{33/22}$tʰau^{24}

辫髻溜 pĩ^{21}kə$^{42/33}$liu$^{33/22}$｜编辫子

拍粉 pʰa$^{42/33}$hon^{32}｜抹粉

铰指儿甲 ka$^{45/21}$tsen$^{32/33}$kaʔ^{32}｜剪指甲

擤鼻 sən$^{32/33}$pʰi^{21}｜擤鼻涕

洗浴 sue$^{32/33}$eʔ^{45}｜洗澡

揉身躯 ziu$^{24/21}$sen^{33}kʰu$^{33/22}$｜擦澡

放尿 pan$^{21/22}$zieu^{21}｜小便（动词）

放屎 pan$^{21/22}$sai^{32}｜大便（动词）

抱放尿 pʰo$^{45/21}$pan$^{21/22}$zieu^{21}｜把尿

曝日头 pʰaʔ$^{45/2}$zeʔ$^{45/2}$tʰau^{24}｜晒太阳

烘火 han^{33}hə^{32}｜烤火（取暖）

点灯火 tian$^{32/33}$ten$^{33/22}$hə^{32}｜点灯

歕乌 pon$^{24/21}$ɔ$^{33/22}$｜吹灭（油灯、蜡烛等）

捏乌 nĩ$^{45/21}$ɔ$^{33/22}$｜拨开关熄灭（电灯）

歇睏 hieu$^{42/33}$kʰon^{21}｜休息

歇一下 hieu^{42}tse^{21}｜歇歇（休息一会儿）

歇暝 hieu$^{42/33}$mĩ^{24}｜住宿（过夜）

拍哈 pʰa$^{42/33}$ha$^{33/22}$｜打哈欠

睏嘞 kʰon^{21}lə^{0}｜困了

丑眠 tu$^{42/33}$ben^{24}｜打瞌睡。丑：点（头）

拍铺 pʰa$^{42/33}$pʰɔ$^{33/22}$｜铺床

铺席 pʰɔ$^{33/22}$tsʰieu^{45}｜铺席子

倒落去 to^{32}lo$^{45/0}$kʰɯ$^{21/0}$｜躺下

睏去嘞 kʰon^{21}kʰɯ^{21}lə^{0}｜睡着了

敨气 tʰau$^{32/33}$kʰi^{21}｜呼吸。敨：解，释放

拍鼾 pʰa$^{42/33}$huã$^{33/22}$｜打鼾

睏呣去 kʰon^{21}bue^{45}kʰɯ^{21}｜睡不着

午睡 gɔ$^{45/33}$sui^{24}｜睡午觉

向天睏 hioŋ$^{21/22}$tʰĩ$^{33/22}$kʰon^{21}｜仰面睡

坦欹睏 tʰan$^{32/33}$ki^{24}kʰon^{21}｜侧着睡

扩朗磕睏 kʰɔʔ^{24}loŋ^{33}kʰaʔ$^{32/4}$kʰon^{21}｜趴着睡

　扩朗躄睏 kʰɔʔ^{24}loŋ^{33}pʰi^{42}kʰon^{21}｜躄：趴

眠梦 ben$^{24/21}$ban^{21}｜做梦

呾梦话 tã²¹ᐟ²²ban²¹ue²¹｜说梦话
熬暝 gau²⁴ᐟ²¹mĩ²⁴｜熬夜
拍暗工 pʰa⁴²ᐟ³³an²¹ᐟ²²kan³³ᐟ²²｜开夜车

（四）行
出工 tsʰoʔ³²ᐟ⁴kan³³ᐟ²²｜上工
歇工 hieu⁴²ᐟ³³kan³³ᐟ²²｜收工
出去嘞 tsʰoʔ³²ᐟ⁴kʰɯ²¹lə⁰｜出去了
倒来 to²¹lai²⁴ᐟ⁰｜①回来。②回家（在家说）
倒去 to²¹kʰɯ²¹ᐟ⁰｜①回去。②回家（在以外位置说）
转身 tən⁴²ᐟ³³sen³³ᐟ²²｜回来，回去
去街路 kʰɯ²¹ᐟ²²kue³³ᐟ²²lɔ²¹｜逛街
搬厝 puã²¹ᐟ²²tsʰu²¹｜搬家，迁居

十七 交际

（一）人际关系
侬情世事 lan²⁴ᐟ²¹tsen²⁴se²¹ᐟ²²sɯ²¹｜人情往来的应酬
侬情 lan²⁴ᐟ²¹tsen²⁴｜人情
　　人情 zen²⁴ᐟ²¹tsen²⁴
探亲情 tʰan²¹ᐟ²²tsʰen³³ᐟ²²tsiã²⁴｜走亲戚
　　遘亲情去 kau²¹ᐟ²²tsʰen³³ᐟ²²tsiã²⁴kʰɯ²¹
看 kʰuã²¹｜看望
过家 kə²¹ᐟ³³ke³³ᐟ²²｜串门儿
做侬客 tsue²¹ᐟ²²lan²⁴ᐟ²¹kʰe⁴²｜做客
请侬客 tsʰiã³²ᐟ³³lan²⁴ᐟ²¹kʰe⁴²｜请客
丈夫客 ta²¹ᐟ²²pɔ³³kʰe⁴²｜男客
查某客 tsa³³ᐟ²²bɔ³²ᐟ³³kʰe⁴²｜女客
陪侬客 pue²⁴ᐟ²¹lan²⁴ᐟ²¹kʰe⁴²｜陪客（动宾）
送侬客 san²¹ᐟ²²lan²⁴ᐟ²¹kʰe⁴²｜送客
怀送嘞 m̩²¹san²¹lə⁰｜不送了（主人说的客气话）
谢谢 sia²¹sia²¹｜道谢用语
躼躼走 liau²⁴ᐟ²¹lau²⁴ᐟ²¹tsau³²｜慢走（主人说的客气话）
免客气 bian³²ᐟ³³kʰaʔ³²ᐟ⁴kʰi²¹｜不用客气
　　免嘞 bian³²ᐟ³³lə⁰
招待 tsiau³³ᐟ²²tʰai²¹
服侍 hɔʔ²¹sai²¹｜侍候

好礼 ho$^{32/33}$le^{32}｜有礼貌
细腻 sue$^{21/22}$li^{21}｜客气
送礼 san$^{21/22}$le^{32}
礼 le^{32}｜礼物
停茶 tʰen$^{24/21}$te^{24}｜倒茶
请酒 tsʰiã$^{32/33}$tsiu^{32}｜摆酒席
食酒 tsiaʔ$^{45/2}$tsiu^{32}｜喝酒，赴宴。△遘亲情去～（到亲戚家喝酒）
一垛桌酒菜 tseʔ$^{45/2}$tə^{21}to^{42}tsiu$^{32/33}$tsʰai^{21}｜一桌酒席
放帖 pan$^{21/22}$tʰiaʔ^{32}｜下请帖
坐桌 tsə$^{45/21}$to^{42}｜入席
菜上桌 tsʰai$^{21/33}$tsiũ$^{45/21}$to^{42}｜上菜
停酒 tʰen^{21}tsiu^{32}｜斟酒
敬酒 ken$^{21/22}$tsiu^{32}｜劝酒
抗杯 kʰɔŋ$^{21/33}$pue$^{33/22}$｜干杯。抗：碰
　碰杯 pʰɔŋ$^{21/33}$pue$^{33/22}$
猜拳 tsʰai$^{33/22}$kon^{24}｜行酒令
食斋 tsiaʔ$^{45/2}$tsai$^{33/22}$｜吃素
相好 siɔŋ$^{33/22}$ho^{32}｜①友好。②恋爱（多指不正当的）
相嫌 siɔŋ$^{33/22}$hian^{24}｜讨厌
相笑 sã$^{33/22}$tsʰieu^{21}｜讥笑
相反 sã$^{33/22}$puĩ^{32}｜抬杠
翻面 huan$^{33/22}$ben^{21}｜翻脸
相骂 sã$^{33/22}$mã^{21}｜吵架
相拍 sã$^{33/22}$pʰa^{32}｜打架
弄袂来 lɔŋ$^{21/22}$bue^{45}lai^{24}｜不和。△两个侬～（两人不和）
死对头 si$^{32/33}$tui$^{21/22}$tʰau^{24}
做冤家 tsue$^{21/22}$uan^{33}ke$^{33/22}$｜闹矛盾，关系不和
摆架子 pai$^{32/33}$ke^{21}tsɯ$^{32/0}$
□傻 tĩ^{33}sa$^{33/22}$｜装傻
做假 tsue$^{21/22}$ke^{32}｜假装
现世 hian^{21}si^{21}｜出洋相
否世 pʰai$^{32/33}$si^{21}｜丢人
　跌古 teʔ$^{32/4}$kɔ^{32}
无面子 bo$^{24/21}$ben^{21}tsɯ$^{32/0}$｜没脸面，不好意思
做阵 tsue$^{21/22}$ten^{21}｜做伴儿

牵拢 kʰan³³/²²kʰieu⁴² ｜ 提携

托卵脬 tʰɔʔ³²/⁴lan⁴⁵/²¹pʰa³³/²² ｜ 巴结。卵脬：阴囊

看叻起 kʰuã²¹/²²lə⁰kʰi³² ｜ 看得起。◎ "叻 lə⁰" 是 "得 təʔ³²" 的弱化变读

看𣍐起 kʰuã²¹/²²bue⁴⁵kʰi³² ｜ 看不起

拼伙 pʰen³³hə³² ｜ 合伙儿

　　拍伙 pʰa⁴²/³³hə³²

允 ən³² ｜ 答应

怀允 m̩²¹ən³² ｜ 不答应

僭权 tsian²¹/²²kuan²⁴ ｜ 不守本分

赶出去 kuã³²/³³tsʰɔʔ³²kʰɯ²¹/⁰ ｜ 攆出去

麻烦汝 bua²⁴/²¹huan²⁴lɯ³² ｜ 麻烦你，劳驾（客套话）

　　麻汝 bua²⁴lɯ³² ｜ ◎ "麻烦汝 bua²⁴/²¹huan²⁴lɯ³²" 的合音变读

恵 sen⁴⁵ ｜ 娇惯

痛痛 tʰiã²¹/²²tʰɔŋ²¹ ｜ 爱抚

惊死 kiã³³/²²si³² ｜ 胆小怕事

迁就 tsʰian³³/²²tsiu²¹

骗 pʰian²¹

（二）讼事等

拍官司 pʰa⁴²/³³kuã³³/²²si³³/²² ｜ 打官司

告状 ko²¹/²²tsən²¹

状 tsən²¹ ｜ 状子

证侬 tsen²¹/²²lan²⁴ ｜ 证人

拍对指 pʰa³²/³³tui²¹/²²tsi³² ｜ 对质

招 tsiau³³ ｜ 供认

证据 tsen²¹/²²kɯ²¹

冤枉 uan³³ɔŋ³²

犯法 huan²¹huaʔ³²

犯罪 huan²¹tsue²¹

拍拽 pʰa⁴²/³³tsʰua⁴² ｜ 打抢，抢劫。△拦路～

保 po³² ｜ 保释

掠 lia⁴⁵ ｜ 捉，逮捕

押送 a⁴²/³³san²¹ ｜ 押解

楔钱 sue⁴²tsĩ²⁴ ｜ 行贿。楔：塞

　　偷楔 tʰau³³sue⁴²

受钱 siu²¹tsĩ²⁴ ｜ 受贿

罚钱 huaʔ⁴⁵⁾²tsĩ²⁴｜罚款
刮头 tʰai²⁴⁾²¹tʰau²⁴｜斩首
拍尻川 pʰa⁴²⁾³³kʰa³³tsʰən³³⁾²²｜打屁股（旧时刑法）
手扣 tsʰiu³²⁾³³kʰeu²¹｜手铐
骹扣 kʰa³³⁾²²kʰeu²¹｜脚镣
枷 ke³³｜木枷（旧时囚具）
缚起来 paʔ⁴⁵kʰi³²⁾⁰lai²⁴⁾⁰｜绑起来
关 kuĩ³³｜囚禁
坐公房 tsə⁴⁵⁾²¹kɔŋ³³⁾²²paŋ²⁴｜坐牢
拍条子 pʰa⁴²⁾³³tiau²⁴tsɯ⁰｜立字据
　写字 sia³²⁾³³zi²¹
拍花号 pʰa⁴²⁾³³hue³³⁾²²hɔ²¹｜画押
鏨指儿头团模 tsan⁴⁵⁾²¹tsen³²⁾³³tʰau²⁴⁾²¹kiã³²⁾³³bɔ²⁴｜按手印
　鏨指儿模 tsan⁴⁵⁾²¹tsen³²⁾³³bɔ²⁴
交税 kau³³sə²¹｜纳税
塍契 tsʰan²⁴⁾²¹kʰue²¹｜地契

十八　商业交通

（一）经商行业
做生意 tsue²¹⁾²²sen³³⁾²²i²¹
开店 kʰui³³⁾²²tuĩ²¹｜开铺子
店面 tuĩ²¹⁾²²ben²¹｜铺面（店的门面）
摆摊团 pai³²⁾³³tʰuã³³⁾²²kiã³²｜摆摊子
墟 hɯ³³｜集市
赶墟 kuã³²⁾³³hɯ³³⁾²²｜赶集
饭店团 pon²¹tuĩ²¹⁾²²kiã³²｜小饭馆
旅馆 lɯ³²⁾³³kuan³²
食饭店 tsiaʔ⁴⁵⁾²pon²¹tuĩ²¹｜下馆子
布店 pɔ²¹⁾²²tuĩ²¹
百货店 paʔ³²⁾⁴hə²¹⁾²²tuĩ²¹
杂货店 tsaʔ⁴⁵⁾²hə²¹⁾²²tuĩ²¹
米店 bi³²⁾³³tuĩ²¹｜粮店
买米 bue³²⁾³³bi³²
　籴米 tia⁴⁵⁾²¹bi³²
卖米 bue²¹bi³²

粜米 tʰieu²¹ᐟ³³bi³²
瓷器店 tsʰɯ²⁴ᐟ²¹kʰi²¹ᐟ²²tuĩ²¹
金店 ken³³ᐟ²²tuĩ²¹｜金店（旧时加工买卖金银首饰的店铺）
茶摊 te²⁴ᐟ²¹tuã³³ᐟ²²｜茶馆
剃头店 tʰi²¹ᐟ²²tʰau²⁴ᐟ²¹tuĩ²¹｜理发店
剃头 tʰi²¹ᐟ²²tʰau²⁴｜理发（男）
铰头毛 ka³³ᐟ²²tʰau²¹bən²⁴｜剪头发，理发（女）
芋头卵 ɔ²¹tʰau²⁴ᐟ²¹lən⁴⁵｜光头（理发所剃）。芋头卵：圆圆的母芋头，此用作喻称
䐈螺踅 tsʰan²⁴ᐟ²¹lə²⁴ᐟ²¹sə⁴⁵｜髻。在头顶或脑后盘成圆形的发式，像螺蛳的形状。踅：旋转
剃苦毛 tʰi²¹ᐟ²²kʰɔ³²ᐟ³³bən²⁴｜刮脸。苦毛：寒毛
剃喙须 tʰi²¹ᐟ²²tsʰui²¹ᐟ³³tsʰiu³³ᐟ²²｜刮胡子
裁缝店 tsʰai²⁴ᐟ²¹hɔŋ²⁴ᐟ²¹tuĩ²¹
屠案 tɔ²⁴ᐟ²¹uã²¹｜肉铺
刽猪 tʰai²⁴ᐟ²¹tɯ³³ᐟ²²｜杀猪
油榨 iu²⁴ᐟ²¹tsa²¹｜①旧时榨油的设施，用大树干掏空制成。②油坊
婊子行 piau³²ᐟ³³tsɯ³²ᐟ⁰han²⁴｜妓院
当铺 tən²¹ᐟ²²pʰɔ²¹
租厝 tsɔ³³ᐟ²²tsʰu²¹｜租房子

（二）经营、交易

开张 kʰui³³tiũ³³ᐟ²²
关门 kuĩ³³ᐟ²²bən²⁴｜停业
盘点 puã²⁴ᐟ²¹tian³²
柜台 kui²¹tai²⁴
开价 kʰui³³ᐟ²²ke²¹
讲价 kan³²ᐟ³³ke²¹｜讲价（讨价还价）
还价 huan²⁴ᐟ²¹ke²¹
涨价 tsian³²ᐟ³³ke²¹
落价 laʔ⁴⁵ke²¹｜掉价（价格降低）
便宜 pian²⁴ᐟ²¹i²⁴｜价钱低
贵 kui²¹｜价钱高
公平 kɔŋ³³ᐟ²²pĩ²⁴｜公道
统包 tʰɔŋ³²ᐟ³³pau³³ᐟ²²｜包圆儿（剩下的全买了）
　　统捞 tʰɔŋ³²ᐟ³³lau³³ᐟ²²

生意好 sen$^{33/22}$i^{21}ho^{32}｜买卖好
生意冷 sen$^{33/22}$i^{21}len^{32}｜买卖清淡
雇 kɔ^{21}｜出钱让人给自己做事
工钱 kan$^{33/22}$tsĩ^{24}
本钱 pon$^{32/33}$tsĩ^{24}
　　本 pon^{32}
趁钱 tʰan^{21}tsĩ^{24}｜①挣钱。△出门～。②赚钱。△做生意望（希望）～。◎《广韵·震韵》"丑刃切"下："趁，趁逐。"
保本 po$^{32/33}$pon^{32}
蚀本 si$^{45/21}$pon^{32}｜亏本
　　蚀 si^{45}
盘钱 puã$^{24/21}$tsĩ^{24}｜路费
　　路费 lɔ^{21}hui^{21}
利钱 lai^{21}tsĩ^{24}｜利息
欠 kʰian^{21}｜①欠。△～伊三垛（欠他三元）。②差。△～五角十垛（十元还差五角）
押金 aʔ$^{32/4}$ken$^{33/22}$

（三）账目、度量衡

账房 tsian$^{21/22}$pan^{24}
开销 kʰui^{33}siau$^{33/22}$
算数 sən$^{21/22}$siau^{21}｜算账
入账 leʔ$^{45/2}$tsian^{21}｜进账
出账 tsʰoʔ$^{32/4}$tsian^{21}
欠账 kʰian$^{21/22}$tsian^{21}
赊账 sia$^{33/22}$tsian^{21}
讨账 tʰo$^{32/33}$tsian^{21}｜要账
烂账 nuã^{21}tsian^{21}
抵账 ti$^{32/33}$tsian^{21}
存钱 tson$^{24/21}$tsĩ^{24}
钱 tsĩ^{24}
钞票 tsʰau^{33}pʰieu^{21}
零散钱 lan$^{24/21}$suã$^{32/33}$tsĩ^{24}｜零钱
纸票 tsua$^{32/33}$pʰieu^{21}｜纸币
铜角 tan$^{24/21}$kaʔ^{32}｜铜板儿
铜钱 tan$^{24/21}$tsĩ^{24}

花边 hue³³pĩ³³/²² | 银圆，泛指钱。◎前有数量词时"花"弱化读"e³³"
花边团 hue³³pĩ³³/²²kiã³² | 旧时相当于半个银圆的一种银币
算盘 sən²¹/²²puã²⁴
厘戥 li²⁴/²¹ten³² | 戥子
秤 tsʰen²¹
磅秤 pɔŋ³²/³³tsʰen²¹
盘秤 puã²⁴/²¹tsʰen²¹
钩秤 kau³³/²²tsʰen²¹
秤盘 tsʰen²¹/²²puã²⁴
秤花 tsʰen²¹/³³hue³³/²² | 秤星儿
秤稿 tsʰen²¹/²²ko³² | 秤杆儿。稿：杆
秤钩 tsʰen²¹/²²kau³³ | 秤钩子
秤砣 tsʰen²¹/²²tʰo²⁴ | 秤锤
　　秤锤 tsʰen²¹/²²tʰui²⁴
秤头索 tsʰen²¹/²²tʰau²⁴/²¹so⁴² | 秤纽
头粒 tʰau²⁴/²¹lia⁴⁵ | 称重量大的秤纽
二粒 zi²¹lia⁴⁵ | 称重量小的秤纽
秤翘 tsʰen²¹/²²kʰiau²¹ | 秤尾高（称物时）
秤疲 tsʰen²¹/²²pʰi²⁴ | 秤尾低（秤物时）
秤平 tsʰen²¹/²²pĩ²⁴ | 秤尾不高不低（秤物时）

（四）交通
火车 hə³²/³³tsʰia³³/²²
汽车 kʰi²¹/³³tsʰia³³/²²
客车 kʰe⁴²/³³tsʰia³³/²²
平车 pĩ²⁴/²¹tsʰia³³/²² | 平板车（人力运货的）
包车团 pau³³tsʰia³³/²²kiã³² | 小轿车
摩托车 boʔ(<-o)²⁴/²tʰoʔ³²/⁴tsʰia³³/²²
三轮车 sã³³/²²lon²⁴/²¹tsʰia³³/²²
黄包车 ɔŋ²⁴/²¹pau³³tsʰia³³/²² | 人力车（旧时一种用人拉的车，主要用来载人）
骹踏车 kʰa³³ta⁴⁵/²¹tsʰia³³/²² | 自行车
羊角车 iũ²⁴/²¹kaʔ³²/⁴tsʰia³³/²² | 独轮手推车
车毂 tsʰia³³/²²kɔ³² | 车轮
坐车 tsə⁴⁵/²¹tsʰia³³/²² | 乘车
开车 kʰui³³tsʰia³³/²²

船 tson²⁴
推船 tʰe³³tson²⁴｜撑船
帆 huan³³
蓬 pʰɔŋ²⁴｜船篷
船杆 tson²⁴ᐟ²¹kuã³³ᐟ²²｜桅杆
舵 to²¹
桨 tsiũ³²｜划船用的
跳板 tʰiau²¹ᐟ²²pan³²｜上下船用的
帆船 huan³³ᐟ²²tson²⁴
渔船 hɯ²⁴ᐟ²¹tson²⁴
海轮船 hai³²ᐟ³³lon²⁴ᐟ²¹tson²⁴｜轮船
过渡 kə²¹ᐟ²²tɔ²¹｜过摆渡（坐船过河）
路 lɔ²¹
马路 be³²ᐟ³³lɔ²¹｜公路
　汽车路 kʰi²¹ᐟ³³tsʰia³³ᐟ²²lɔ²¹
渡口 tɔ²¹kʰau³²

十九　文化教育

（一）学校
学堂 haʔ⁴⁵ᐟ²tən²⁴｜学校
上学 tsiũ⁴⁵ᐟ²¹o⁴⁵｜①上学（开始上小学，启蒙）。②上学（去上课）
　读书 tʰaʔ⁴⁵ᐟ²tsɯ³³ᐟ²²
去学堂 kʰɯ²¹ᐟ²²haʔ⁴⁵ᐟ²tən²⁴｜上学（去上课）
放暇 pan²¹ᐟ²²he²⁴｜放学
　放学 pan²¹ᐟ²²o⁴⁵
逃课 tʰau²⁴ᐟ²¹kʰo²¹｜逃学
私塾 sɯ³³ᐟ²²siɔʔ⁴⁵
放假 pan²¹ᐟ²²ka³²｜指放寒暑假

（二）教室、文具
教室 kau²¹ᐟ²²seʔ³²
上课 tsiũ⁴⁵ᐟ²¹kʰo²¹
落课 lo⁴⁵ᐟ²¹kʰo²¹｜下课
讲台桌 kan³²ᐟ³³tai²⁴ᐟ²¹to⁴²｜讲台
黑板 heʔ³²pan³²
粉笔 hon³²ᐟ³³peʔ³²

黑板刷 heʔ³²panʔ³²/³³sɔʔ³² ｜板擦儿
点名册 tian³²/³³miã²⁴/²¹tsʰe⁴² ｜点名簿
书 tsɯ³³
书六 tsɯ³³/²²laʔ⁴⁵ ｜书包
古书 kɔ³²/³³tsɯ²² ｜古籍
簿 pʰɔ⁴⁵ ｜本子
字簿 zi²¹pʰɔ⁴⁵ ｜作业本
字墨 zi²¹baʔ⁴⁵ ｜识字的水平
课本 kʰo²¹/²²pon³²
书 tsɯ³³
图画 tɔ²⁴/²¹ue²¹ ｜画儿
　图 tɔ²⁴
连环图 lian²⁴/²¹uan²⁴/²¹tɔ²⁴ ｜小人书
铅笔 ian²⁴/²¹peʔ³²
橡皮 tsʰiũ²¹pʰə²⁴
铅笔刀 ian²⁴/²¹peʔ³²/⁴to³³
钢笔 kɔŋ³³peʔ³²
毛笔 mãu²⁴/²¹peʔ³²
笔套 peʔ³²/⁴tʰo²¹ ｜笔帽（保护笔头的套儿）
笔筒 peʔ³²/⁴tan²⁴
墨砚 baʔ⁴⁵/²hĩ²¹ ｜砚台
　砚 hĩ²¹
磨墨 bua²⁴/²¹baʔ⁴⁵ ｜研墨（动宾）
墨汁 baʔ⁴⁵/²tsaʔ³²
刮笔 kui⁴²/³³peʔ³² ｜捺笔（动宾）
渡 tɔ²¹ ｜洇（墨水滴落在纸上向四处散开或渗透）
　洇 en³³
钢笔水 kɔŋ³³peʔ³²/⁴tsui³² ｜墨水儿（钢笔用的）
蓝墨水 lan²⁴/²¹baʔ⁴⁵/²tsui³²
格尺 ke⁴²/³³tsʰieu⁴² ｜尺子

（三）读书识字

读书侬 tʰaʔ⁴⁵/²tsɯ³³/²²lan²⁴ ｜读书人
晓叻字嘅 hiau³²/³³ləʔ⁰zi²¹ke⁰ ｜识字的
饣会晓字嘅 bue²¹hiau³²/³³zi²¹ke⁰ ｜不识字的
背书 pue²¹tsɯ³³/²²

考试 $kʰɔ^{32/33}si^{21}$
鸭卵 $a^{42/33}lən^{45}$｜零分
头名 $tʰau^{24/21}miã^{24}$｜第一名
尾溜名 $bə^{32/33}liu^{33/22}miã^{24}$｜最后名

（四）写字
模字帖 $bɔ^{24/21}zi^{21}tʰiaʔ^{32}$｜临帖
涂嘞 $tʰɔ^{24}lə^0$｜用墨水、颜料等遮盖住（字画）
拭嘞 $tsʰe^{42}lə^0$｜擦掉（字画）
写白骹猪 $sia^{32/33}pe^{45/21}kʰa^{33/22}tuu^{33/22}$｜写白字（写错字）
颠倒写 $tian^{33}to^{32}sia^{32}$｜笔顺不对
拍草稿 $pʰa^{42/33}tsʰau^{32/33}ko^{32}$｜起稿子

二十　文体活动

（一）游戏、玩具
踢逃 $tʰeʔ^{32/4}tʰo^{24}$｜玩儿
箬婆拍鸡 $heʔ^{45/2}bo^{24}pʰa^{42/33}kue^{33/22}$｜老鹰抓小鸡（一种游戏）
暗摸鸡 $an^{21/22}bo^{33}kue^{33/22}$｜捉迷藏（一人蒙住眼睛，摸索着去捉在他身边来回躲避的人）
　　暗摸猫 $an^{21/22}bo^{33}niãu^{33/22}$
踢毽 $tʰaʔ^{32/4}kian^{21}$｜踢毽儿
风吹 $huan^{33}tsʰə^{33/22}$｜风筝
抾□ $kʰieu^{42/33}kʰɔʔ^{45}$｜抓子儿（几个小石子或其他小粒物品，上抛其一，做规定动作后接住）
拍弹子 $pʰa^{42}tan^{21}tsi^{32}$｜弹球儿
　　拍珠团 $pʰa^{42}tsu^{33}kiã^{32}$
□碗 $kaʔ^{45/2}uã^{32}$｜打水撇儿（用碎碗片、瓦片斜击水面以使连续跳跃）。□ $kaʔ^{45}$：丢
　　摒水碗 $pʰian^{24/21}tsui^{32/33}uã^{32}$｜摒：摔，扔
　　敲碗柿 $kʰa^{21}uã^{32/33}pʰə^{21}$｜敲：打。碗柿：碎碗片
踢榜 $tʰaʔ^{32/4}pɔŋ^{32}$｜跳房子
猜拳 $tsʰai^{33/22}kon^{24}$｜划拳（喝酒时）
拍命 $pʰa^{42/33}ban^{21}$｜出谜语。拍：打
猜命 $tsʰai^{33/22}ban^{21}$｜猜谜语
不倒翁 $poʔ^{32/4}to^{32}ɔŋ^{33/22}$
拍赌 $pʰa^{42/33}tɔ^{32}$｜打赌

拌缴 puã²¹kiau³² ｜赌博
牌九 pai²⁴ᐟ²¹kiu³²
麻将 mã²⁴ᐟ²¹tsiã²¹
拌骰子 puã²¹ᐟ²²tau²⁴ᐟ²¹tsi³² ｜掷色子
砥大细 te⁴²ᐟ³³tua²¹sue²¹ ｜压大或压小，押宝。砥：压
炮团 pʰau²¹ᐟ²²kiã³² ｜爆竹
两响 lian³²ᐟ²¹hian³² ｜二踢脚（一种连响两次的爆竹）
放炮 pan²¹ᐟ²²pʰau²¹ ｜放鞭炮
烟花炮 ian³³hue³³ᐟ²²pʰau²¹ ｜烟花

（二）体育

将军棋 tsioŋ³³ᐟ²²kon³³ᐟ²²ki²⁴ ｜象棋
揭棋 kia²⁴ᐟ²¹ki²⁴ ｜下棋
车 kɯ³³ ｜象棋棋子
卒团 tso⁴⁵kiã³² ｜卒子，象棋棋子
冲兵 tsʰioŋ³³pen³³ᐟ²² ｜拱卒
乌子 ɔ³³ᐟ²²tsi³² ｜黑子
和棋 hɔ²⁴ᐟ²¹ki²⁴
拔河 paʔ⁴⁵ᐟ²hо²⁴
跳索 tʰiau²¹ᐟ²²so⁴² ｜跳绳
洗浴 sue³²ᐟ³³eʔ⁴⁵ ｜游水
游泳 iu²⁴ᐟ²¹en³²
踮水汩 tian²¹ᐟ²²tsui³²ᐟ³³bi²¹ ｜潜水。踮：躲藏。◎《广韵·质韵》"美笔切"下："汩，潜藏也。"
踮汩 tian²¹ᐟ²²bi²¹
拍球 pʰa⁴²ᐟ³³kiu²⁴ ｜打球

（三）武术、舞蹈

拍拳 pʰa⁴²ᐟ³³kon²⁴ ｜打拳
拍春斗 pʰa⁴²ᐟ³³tsen³³ᐟ²²tau³² ｜翻跟头
踏跷 ta⁴⁵kʰiau³³ᐟ²² ｜踩高跷
走悬骹 tsau³²ᐟ³³kuĩ²⁴ᐟ²¹kʰa³³ᐟ²² ｜悬：高；骹：脚
悬骹稿 kuĩ²⁴ᐟ²¹kʰa³³ᐟ²²ko³² ｜踩高跷时所登用的木棒。稿：杆
倚飞鱼 kʰia³³ᐟ²²pə³³ᐟ²²hu²⁴ ｜倒立。倚：站
迎灯 ŋiã²⁴ᐟ²¹ten³³ᐟ²² ｜①舞灯彩。②特指舞龙灯
迎龙灯 ŋiã²⁴ᐟ²¹len²⁴ᐟ²¹ten³³ᐟ²² ｜舞龙灯
弄狮 lan²¹sai³³ᐟ²² ｜舞狮子

拍秋千 pʰa⁴²/³³tsʰiu³³tsʰian³³/²² ｜ 打秋千
爬龙船 pe²⁴/²¹len²⁴/²¹tson²⁴ ｜ 划龙舟
拍柴槌 pʰa⁴²/³³tsʰa²⁴/²¹tʰui²⁴ ｜ 打棍子
比刀 pi³²/³³to³³/²² ｜ 耍刀
对拍 tui²¹/²²pʰa⁴² ｜ 对打
窣 tso⁴⁵ ｜ 发射，射击。△～箭
做把戏 tsue²¹/²²pa³²/³³hi²¹ ｜ 变戏法（变魔术）
讲古 kan³²/³³kɔ³² ｜ 讲故事

（四）戏剧

装戏 tsən³³/²²hi²¹ ｜ 演戏
嘉礼团戏 ka³³/²²le³²/³³kiã³²/³³hi²¹ ｜ 木偶戏（提线木偶戏）
　嘉礼戏 ka³³/²²le³²/³³hi²¹
嘉礼团 ka³³/²²le³²/³³kiã³² ｜ 木偶（提线木偶）
大侬戏 tua²¹lan²⁴/²¹hi²¹ ｜ 大戏（大型戏曲）
戏院 hi²¹/²²ĩ²¹
戏台 hi²¹/²²tai²⁴
戏囝 hi²¹/³³kiã³² ｜ 戏子
乌面将军 ɔ³³/²²ben²¹tsiɔŋ³³kon³³/²² ｜ 黑脸
花面 hue³³/²²ben²¹ ｜ 花脸
丑脚 tsʰiu³²/³³kiə³² ｜ 小丑
小生 sieu³²/³³sen³³/²²
□娘 kia²¹niũ²⁴ ｜ 小旦
拍旗呃 pʰa⁴²/³³ki²⁴e⁰ ｜ 跑龙套的
品囝 pʰen³²/³³kiã³² ｜ 笛子
洞箫 tɔŋ²¹siau³³/²² ｜ 箫
哨子 sau²¹/²²tsi³²
大卡 tua²¹kʰa³² ｜ 大钹
喇叭囝 la²¹ba³³/²²kiã³² ｜ 唢呐

二十一　动作行为

（一）一般动作

□ ŋiãu⁴⁵ ｜ 动。△袂～（不会动，动不了）
摇 ieu²⁴ ｜ △～头壳（摇头）
丟 tə⁴² ｜ 点。△～头壳（点头）
迎 ŋiã²⁴ ｜ 抬。△头壳～起（头抬起来）

啄 tɔʔ³² | 低，耷拉。△头壳~倒（头低着）

庌 hɔ²¹ | 仰。△头壳~倒（头仰着）

越 o⁴⁵ | 回，转。△头壳~转（头转过来）

展 tʰian³² | ①睁（眼睛）。△目珠~开（眼睛睁开）。②张（嘴）。△~喙（张开嘴巴）

瞪 ten³² | 瞪。△~目珠（瞪眼）

䁙 kʰue⁴² | 闭。△目珠~倒（眼睛闭上）。◎《广韵·洽韵》"古洽切"下："䁙，眼细暗。又眇也。一曰目睫动。"

瞜 nĩ⁴² | 眨。△~目珠（眨眼）。◎《集韵·葉韵》"昵辄切"下："瞜，目动。"

看 kʰuã²¹ | △~书、~电视

看着 kʰuã²¹/²²tieu⁴⁵/²¹ | 看见。△无~伊（没看见他）

　　看见 kʰuã²¹/²²kĩ²¹

暎 iã³² | 稍看一下。△这本书借我~半工（这本书借给我看半天）。◎《集韵·映韵》"于庆切"下："暎，视也。"

䀹 sian³³ | 很快地偷偷看一下。△从门缝~着伊（从门缝中瞧见他）。◎《集韵·咸韵》"师咸切"下："䀹，暂见也。"

听 tʰiã³³ | △~歌、~咀话（听话）

听见 tʰiã³³/²²kĩ²¹ | △~枪声

鼻 pʰi²¹ | 闻。△汝~一下即花芳怀芳（你闻一下这花香不香）

闭 pi²¹ | △~喙（闭嘴）

　　合 haʔ⁴⁵

翘 kʰiau²¹ | 噘。△~喙（噘嘴）

　　嘟 tu³³

食 tsiaʔ⁴⁵ | ①吃。△~糖。②喝。△~酒（喝酒）。③吸。△~薰（吸烟）

啉 len³² | 喝。△~酒（喝酒）。◎《广韵·覃韵》"卢含切"下："啉，酒巡匝曰啉。"《集韵·覃韵》"卢含切"下："啉，饮毕曰啉。"

吞 tʰon³³ | 吞，咽。△~药丸（吞药丸）

含 kan²⁴ | △~一喙水（含一口水）

䬨 ka⁴⁵ | 咬。△~索（咬绳子）。◎《集韵·巧韵》"下巧切"下："䬨，齧骨。"

齧 kʰue²¹ | 啃。△~骨头 ◎《集韵·屑韵》"诘结切"下："齧，噬也。"

哺 pɔ²¹ | 嚼。△~花生米。◎《广韵·暮韵》"薄故切"下："哺，食在口。"《说文》："哺，咀也。"

舐 tsi⁴⁵ | 舔。△~盘（舔盘子）

吮 tsən⁴⁵｜吮吸，舔。△～奶、～指ⱼ头团（吮手指头）

嗽 su⁴²｜吮吸。△～奶。◎《集韵·觉韵》"色角切"下："嗽，吮也。"

啜 tsʰə⁴²｜大口用力吃带汤的食物，连喝带吃。△～嘞两大碗汤粉。《广韵·薛韵》"陟劣切"，《说文》："啜，尝也。"

嗌 pon²⁴｜吹。△灯火～乌嘞（灯吹灭了）◎《集韵·魂韵》"步奔切"下："嗌，吐也。"

斟 tsen³³｜吻。△～喙（亲嘴）

□ tsiu⁴²

揭 kia²⁴｜①举。△手～起（手举起来）。②抬。△～头壳（头抬起来）。③扛。△～锄头。◎《广韵·月韵》"居竭切"下："揭，揭起，《说文》：'高举也'。"

揲 iaʔ⁴⁵｜招（手），摇动（手）。△～手。◎《广韵·葉韵》"与涉切"下："揲，揲揲，动貌。"

抻 tsʰən³³｜伸。△手～出来。◎《集韵·真韵》"痴邻切"下："抻，申也，引戾也。"

放手 pan²¹/²²tsʰiu³²｜撒手，放开手。△快团～（快点放开手）

拍手 pʰa⁴²/³³tsʰiu³²｜拍手，拍巴掌。△～欢迎

　拍巴掌 pʰa⁴²/³³pa³³/²²tsiũ³²

背后跟 puĩ²¹/²²au⁴⁵/²¹kən³³/²²｜背着手ⱼ

叉手 tsʰa³³/²²tsʰiu³²｜叉着手ⱼ（双手交叉在胸前）

鳖 pi⁴²｜挽（袖子）。△～手捥（挽袖子，卷袖子）

挊 loʔ⁴⁵｜挊（袖子）。△～手捥（挊袖子，袖子往上推）

胳时 kɔʔ²si²⁴｜胳肢（在别人身上抓挠，使发痒）。△查某团侬惊～（女孩子家怕咯吱）

摸 mĩ³³｜①攥。△～拳头（握拳）。②抓。△～一把米

摸 bɔ³³

挲 so³³｜①抚摸。△～猫背脊。②搓。△～草索（搓草绳）

捏 nĩ⁴⁵

拍 pʰa⁴²｜打。△～侬（打人）、～毛线衣、～工、～算、～扑克

敲 kʰa²¹｜敲打，击打。△～门（敲门）、～头壳（敲打头）。◎《广韵·效韵》"口教切"下："敲，击也。"

　摧 kʰɔʔ³²

掴 kuaʔ³²｜用巴掌打。△～喙䩉（打脸）。◎《广韵·麦韵》"古获切"下："掴，打也。"

搧 sian³²｜用巴掌打。△～一巴掌。◎《集韵·线韵》"式战切"下："搧，

批也。"

撚 lian³² ｜①掐（用手指）。△～喙䩉（掐脸）。②撮。△～滴囝盐（撮一点儿盐）

叉 tsʰe³³ ｜ 掐（用手的虎口）。△～胫稳（掐脖子）

□ kʰĩ⁴⁵

捘 tsʰon²¹ ｜ 拧。△～大腿、～面巾（拧毛巾）。◎《广韵·慁韵》"子寸切"："捘，《左传》'涉佗捘卫侯之手'。《说文》："推也。"《增韵》："挤也，掐也。"

旋 tsʰon⁴⁵

□ ŋiã²¹ ｜ 砸。△用石头～蛇

揬 tʰu⁴² ｜ 捅，刺。△～一刀、～嘞一个洞（捅了一个洞）。◎《广韵·没韵》"陀骨切"下："揬，搪揬。"

挭 kɔŋ²¹ ｜ 撞击。△头壳互石头～一个包（脑袋被石头撞了一个包）

抗 kʰɔŋ²¹ ｜ 挨，碰，砸。△～杯（干杯）

扦 tsʰen³³ ｜ 插

拆 tʰia⁴² ｜①拆除，拆卸。△～老厝（拆老房子）。②撕。△～报纸

擘 pe⁴² ｜ 掰。△馒头～开两爿

挽 ban³² ｜①摘。△～菜。②拔。△～鸡毛。◎《广韵·阮韵》"无远切"下："挽，引也。"

扼 aʔ³² ｜ 折。△笔～断

抠 ɔ³² ｜ 抠，掏。△～耳囝（掏耳朵）

挖 ui⁴²

搰 koʔ⁴⁵ ｜ 挖。△～番薯、～地洞。◎《广韵·没韵》"户骨切"下："搰，掘地。"

錾 tsan⁴⁵ ｜①凿。△跍石板咯～字（在石板上凿字）。②按。△～图钉。◎《集韵·阚韵》"藏滥切"下："錾，镌石。"

扇 sian²¹ ｜ 动词。△～扇（扇扇子）

推₂ tʰe³³ ｜ 撑。△～伞、～船

勘 kʰan²¹ ｜ 盖。△～鼎盖（盖锅盖）

甲 ka⁴² ｜ 盖。△～被（盖被子）

□ tĩ²¹ ｜ 顶，抵。△针～（顶针儿）

掌 tʰĩ²¹ ｜ 顶住，支撑。△～门：用棍棒等把关上的门顶住。◎《广韵·映韵》"耻孟切"下："掌，支柱也。"

□ lui³² ｜ 拉。△索～断嘞（绳子拉断了）

拔 pə²¹ ｜ 拉；拔。△～索（拉绳子）、～铁钉（拔铁钉）

曳 tsʰua²¹｜①带，领。△～囝囝（带小孩）、～伊去学堂（领他去学校）。②娶。△～老妈（娶老婆）。◎《广韵·祭韵》"余制切"下："曳，牵也，引也。"

拖 tʰua³³｜拉。△～平车（拉平板车）

搡 sɔŋ³²｜推。△～车、～倒去（推倒）。◎《集韵·送韵》"先孔切"下："搡，推也。"

推₁ tʰui³³｜△～羊角车（推独轮车）

拭 tsʰe⁴²｜擦。△～汗、～黑板

擦 tsʰue²¹｜①擦，蹭。△～手～破皮。②涮、洗。△鼎～（炊鼎）。◎《广韵·霁韵》"七计切"下："擦，挑取也。"

揞 ŋ³³｜遮盖，封闭。△～目珠（揞眼睛）

挠 ziau²¹｜手指轻轻地抓。△～痒（挠痒痒）

刮 kui⁴²｜划。△～火药（划火柴）

楔 sue⁴²｜塞，把东西放进有空隙的地方。△纸条从门缝咯～入去（纸条从门缝中塞进去）

沓 tʰa⁴⁵｜摞，叠。△碗～起来（碗叠起来）。◎《广韵·合韵》"徒合切"下："沓，重也，合也。"

搅 kiau³²｜①搅拌。△鼎咯呃菜～一下（锅里的菜搅拌一下）。②混。△佮绿豆、红豆～一起（把绿豆、红豆混在一起）

冲 tsʰiɔŋ³³｜掺，把一种东西混合到另一种东西里去。△即酒～嘞水（这酒掺了水）

担 tã³³｜挑。△～担（挑担子）

㧞 kəŋ³³｜抬。△～轿（抬轿子）。◎《广韵·唐韵》"古郎切"下："㧞，举也。"

揭 kia²⁴｜扛。△～锄头

挩 tʰue⁴⁵/tʰe⁴⁵｜①拿。△手咯～嘞一本书（手里拿了一本书）。②给。△～我看一下（给我看看）。◎《集韵·屑韵》"徒结切"下："挩，捎取也。"

捞 lau³³｜掏。△从书包咯佮书～出来（从书包里把书掏出来）

□ lə⁴²｜提。△～一桶水来

捾 kuã²¹｜垂手提。△～一桶水（提一桶水）。◎《集韵·换韵》"乌版切"下："捾，引取也。"

捧 pʰɔŋ³²｜（用双手）捧。△～花生

贮 tue³²｜装；盛。△～糜（盛饭）。◎《广韵·语韵》"丁吕切"下："贮，积也。"

□ pʰan²⁴｜端。△～菜、～碗

□ hiã⁴² | 搂。△~柴（搂柴火）

抱 pʰo⁴⁵ | 抱。△~囝囝（抱小孩）

领 niã⁴² | 用背脊背。△~囝囝（背小孩）

掠 lia⁴⁵ | 抓，捉。△~鱼、~壮丁

缚 paʔ⁴⁵ | 系，绑，捆。△~鞋带（系鞋带）、~贼（捆小偷）

敨 tʰau³² | 解，释放。△~索（解绳子）、~气（呼气，呼吸）。◎《广韵·厚韵》"天口切"下："敨，展也。"

剉 tsʰo²¹ | 砍。△~树◎《广韵·过韵》"粗卧切"下："剉，破也。"《玉篇》："剉，斫也。"

刣 tʰai²⁴ | 杀；砍。△~猪（杀猪）、~头（砍头）

□ kuã²¹ | 砍。△~肉（砍肉；买肉）

削 sia⁴² | 削（皮）。△~苹果、~甘蔗

撬 kʰiau³² | △门~开

揸 ia⁴² | 挑。△~刺（用针挑刺儿）。◎《集韵·葉韵》"益涉切"下："揸，捏也。"《集韵·庚韵》"除庚切"下："捏，《博雅》：'捏抡，择也。'"

走 tsau³² | ①走。△~路。②跑。△飞飞~（跑）

行 kiã⁴⁵ | 走。△~路

遘 kau²¹ | 到。△~厝（到家）、~城里去。◎《广韵·候韵》"古候切"下："遘，遇也。"

碰到 pʰɔŋ²¹lə(<to)²¹/⁰ | 遇到，遇见

缀 tə²¹ | 跟。△~倒伊（跟着他）、~伊去（跟他去）。◎《广韵·祭韵》"陟卫切"下："缀，连缀。"

跳 tʰiau²¹ | 跳跃，跳动。△~舞、~高

蹔 tsã²⁴ | 立地往上跳。△一~有五尺悬（一跳有五尺高）。◎《集韵·覃韵》"祖含切"下："蹔，《博雅》：'止也'。"

纵 tsɔŋ²⁴ | 跳。△~起来

鳖 piaʔ³² | （鱼等）横躺在地上向上蹦

起跳 kʰi³²/³³tʰiau²¹ | 跑。△蹽蹽走，怀通~（慢走，别跑）

逃走 tʰau²⁴/²¹tsau³²

拦 nuã²⁴ | 不让通过，阻挡。△~路

遮 zia³³ | 遮挡。△徛开，怀通~倒我（站开，别挡住我）

执 tseʔ³² | 追。△~倒（追上）

徛 kʰia⁴⁵ | ①站。△~起（站起来）、~倒（站住）。②竖。△毛管箭~起来（寒毛竖起来）。③住，居住。△~厝（住房子）。◎《广韵·纸韵》"渠绮切"下："徛，立也。"

坐 tsə⁴⁵｜①坐。△～倒（坐下）、～骹涂（坐地上）。②乘坐。△～车、～飞机

跍₁kʰu²⁴｜蹲。△～倒（蹲下，蹲着）。◎《广韵·模韵》"苦胡切"下："跍，蹲貌。"

踏 ta⁴⁵｜踩。△～倒烂涂（踩着烂泥巴）

踢 tʰaʔ³²｜△～被（踢被子）、～一骹（踢一脚）

顿 tən²¹｜跺。△～骹（顿脚）

令 len²¹｜跴。△骹～起（脚跴起来）

踮 tian²¹｜躲藏。△～得铺骹底（躲在床底下）

炸 tsa²¹｜挤。△街路～得很（街上很挤）、～上车

　　挤 tsi³²

伐 huã⁴⁵｜跨。△即条沟～过去（这条沟跨过去）

邋 lɔʔ⁴⁵｜涉，趟（水）。△～水

爬 pe²⁴

□so²⁴｜△囝囝屎跍骹涂～（小孩在地上爬）

踅 sə⁴⁵｜①绕，转。△拍～（打转）。②转动，拧。△～瓶盖。◎《集韵·薛韵》"似绝切"下："踅，旋倒也。"

倚 ua²¹｜靠。△～得墙咯（靠在墙上）。◎《广韵·纸韵》"於绮切"下："倚，依倚。"

□kʰue³³｜蹭。△跍墙咯～痒（贴着墙蹭痒）

跋 pua⁴⁵｜跌，摔。△～一跤（摔一跤）。◎《广韵·末韵》"蒲拨切"下："跋，跋躠，行貌也。"《集韵·泰韵》"博盖切"下"跋"同"跜"，"跜，赖跜，行不正。"

跋倒 pua⁴⁵to³²/⁰｜跌倒，摔跤。△伊～嘞（他摔倒了）、路滑容易～（路滑容易摔跤）

跷骹 kʰiau³³kʰa³³/²²｜跷脚。△好好坐倒，怀通～（好好坐着，别跷脚）

溜倒 liu³²to³²/⁰｜滑倒。△落雨天走路容易～（下雨天走路容易滑倒）

跘 pʰan²¹｜绊。△骹互索～倒跋一跤（脚被绳子绊住摔了一跤）

覆 pʰaʔ³²｜①趴。△～得桌咯睏（趴在桌子上睡）。②底朝上翻过来。△橱桌～得骹涂咯（柜橱翻倒在地上）

躃 pʰi⁴²｜趴。△侬～得骹涂咯（人趴在地上）。◎《广韵·昔韵》"必益切"下："躃，人不能行也。"

□bi⁴²｜覆盖，紧趴。△蛤蟆～塍堪—做假死（歇后语）◎《广韵·锡韵》"莫狄切"下："幎，覆也，亦作幂。"

搬 puã³³｜△～东西、～厝（搬家）

囥 $k^h\partial n^{21}$ ｜①藏，收藏。△～书、～钱。②放，放置。△书～桌咯（书～在桌上）。◎《集韵·宕韵》"口浪切"下："囥，藏也。"

掣 ts^hua^{42} ｜①抢。△～钱、拍～（抢劫）。②抽搐；抖动；发抖。◎《广韵·祭韵》"尺制切"下："掣，掣曳。"《广韵·薛韵》"昌列切"下："掣，挽也，又揭也，取也。"

　　扣扣掣 $k^heu^{21}k^heu^{21}ts^hua^{42}$ ｜不停地颤抖

　　　骨骨掣 $koʔ^2 koʔ^2 ts^he^{42}$

壶 $hɔ^{24}$ ｜打捞。△佮沉叻溪底呃东西～起来（把沉在水底的东西捞上来）

□ $kaʔ^{45}$ ｜掷，扔。△～石头

□ he^{42} ｜扔；丢弃。△破鞋～唠去（破鞋子扔了去）

□唠 $kaʔ^{45/2}lau^{45}$ ｜①扔掉。△破鞋～去（破鞋子扔了去）。②丢失。△皮夹子～（钱包丢了）

□ ho^{42} ｜甩、洒（液体）。△汗～叻骹涂（汗洒在地上）

掖 ia^{21} ｜撒。△～药末（撒药粉）、～种（撒种，播种）

揙 p^hian^{24} ｜摔，扔，使落下而破损。△发起火来佮碗～了去（发起火来把碗摔了）。◎《集韵·先韵》"蒲眠切"下："揙，击也。"

摒 $piã^{21}$ ｜摒除。△～垃圾

□ $ĩ^{42}$ ｜扔，丢弃。△面巾邋遢～唠去（毛巾太脏扔了去）

拌 $puã^{21}$ ｜掸。△桌咯呃飓埃～唠去（桌子上的灰尘掸掉）

揌 $ts^h\partial^{21}$ ｜寻找。△～东西。◎《集韵·贿韵》"徂贿切"下："揌，拉也。"

　　揌到咯 $ts^h\partial^{21}to^0 l\partial^0$ ｜找着了

抾 k^hieu^{42} ｜①捡，拾取。△书落骹涂咯，～起来（书掉在地上，捡起来）。②收拾。△～起东西出门。◎《集韵·业韵》"讫业切"下："抾，持也。"

拣 $kuĩ^{32}$ ｜挑选，选择

夹 kue^{45} ｜从两个相对的方面加压力，使物体固定不动。△老虎钳～倒指ㄦ头囝（老虎钳夹着手指）

□ t^hue^{42} ｜垫。△桌骹～悬囝（桌腿垫高一些）

砥 te^{42} ｜压。△用石头～倒（用石头压住）。◎《广韵·陌韵》"陟格切"下："砥，碻也。"

掩 ian^{32} ｜埋。△～叻涂底（埋在地下）

□ t^hon^{21} ｜填。△～涂（填土）

　　填 $tian^{21}$

必 pe⁴²｜裂。△门～开。◎《集韵·质韵》"卑吉切"下："必，《说文》：'分极也'。"

裂 li⁴⁵｜破裂。△喙□ən²¹ 皮～开（嘴唇裂开）

浮 pʰu²⁴｜漂浮。△油珠～嘚水面咯（油珠浮在水面上）

□ tsʰioŋ²⁴｜冲。△水～落来（水冲下来）

沃 a⁴²｜浇，灌。△～水（浇水）、～雨（淋雨）。◎《广韵·沃韵》"乌酷切"下："沃，灌也。"

喷 pʰon²¹｜溅。△水～嘚身躯咯（水溅在身上）

盘 pʰuã²⁴｜溢。△煮糜米饮～出来（煮稀饭米汤溢出来）

呛 tsʰian²¹｜呛。△食茶～倒嘞（喝茶呛着了）

□ ke⁴⁵｜噎，哽。△囝囝屎食果冻～倒嘞（小孩子吃果冻噎住了）

烙 loʔ³²｜烫。△滚水～倒手（热水烫着了手）

落 laʔ⁴⁵｜①掉落，脱落。△树箬～下来（树叶掉下来）。②失落，丢失。△手机～嘞（手机丢了）

加 ke³³｜①加合。△二～三等于五。②增加。△～工钱。③多。△～食团（多吃点）。④剩。△食糜怀通～糜（吃饭别剩饭）

□ nã⁴²｜凹。△桌面～落去（桌面凹下去）

塌 tʰaʔ³²

陷 han²¹

广 koŋ³²｜凸。△头壳～一个包出来（头上凸出来一个包）

（二）语言、心理

呾 tan²¹｜说。△拍电话～嘞半个钟头（打电话说了半个小时）

呾话 tan²¹/²²ue²¹｜说话。△老侬家爱～（老人家喜欢说话）

腔口 kʰiũ³³/²²kʰau³²｜口语，口音

叫 kieu²¹｜叫；喊。△～什名字（叫什么名字）、～伊去（喊他去）

喝 hua⁴²｜喊。～伊去（喊他去）

应 en²¹｜答应。△问伊半日伊怀～（问他半天他不答应）

插喙 tsʰa⁴²/³³tsʰui²¹｜插嘴。△大侬呾话，囝囝怀通～（大人说话，小孩子别插嘴）

掣喙 tsʰua⁴²/³³tsʰui²¹｜插嘴，抢话说。掣：抢

争 tsĩ³³｜争论，争辩

争喙 tsĩ³³/²²tsʰui²¹｜争吵

劝 kʰən²¹｜安慰

相反 sã³³/²²buĩ³²｜抬杠。△两兄弟～

顶喙 ten³²/³³tsʰui²¹｜顶嘴

骂 mã²¹

相骂 sã³³/²²mã²¹｜吵架

鄙削 pʰi³²/³³siaʔ³²｜取笑

啰嗦 lo³³so²²｜唠叨

吩咐 hon³³/²²hu²¹

谈天 tʰan²⁴/²¹tʰian³³/²²｜聊天

　　超天 tsʰiau³³/²²tʰian³³/²²

拉鳖 la³³/²²piaʔ³²｜吹牛

咀浮话 tã²¹/²²pʰu²¹ue²¹｜撒谎

怀做声 m̩²¹tsue²¹/²²siã³³/²²｜不言语，不吭声

投 tau²⁴｜投诉。△～恁老师（向你们老师投诉）

带信 tua²¹/²²sen²¹｜捎信

晓叻 hiau³²/³³lə⁰｜知道。△伊～（他知道）。◎"叻 lə⁰"是"得 təʔ⁰"的弱化变读

𣍐晓 bue⁴⁵/²¹hiau³²/³³｜不知道。△伊～（他不知道）

认叻 zen²¹lə⁰｜认得，认识。△我～即侬（我认识这个人）

　　认得着 zen²¹təʔ⁰tieu⁴⁵

认𣍐着 zen²¹bue⁴⁵/²¹tieu⁴⁵｜不认得，不认识。△即侬我～（这个人我不认识）

懂 tɔŋ³²

相熟 siɔŋ³³/²²seʔ⁴⁵｜相识。△我佮伊～（我和他相识）

想 siũ⁴⁵

想想一下 siũ⁴⁵/²¹siũ⁴⁵tse⁰｜想想

忖 tsʰon³²｜想，考虑。△～办法

望 ban²¹｜盼望、指望

记嘚 ki²¹tə⁰｜记住

𣍐记嘞 bue⁴⁵/²¹ki²¹lə⁰｜忘记了

想倒嘞 siũ⁴⁵to⁰lə⁰｜想起来了

无想倒 bo²⁴/²¹siũ⁴⁵to³²/⁰｜没料到

估 kɔ³²｜估量

猜 tsʰai³³｜猜测

主张 tsu³²/³³tiũ³³/²²｜对于如何行动持有某种见解

笑 tsʰieu²¹｜①笑。△爱～（喜欢笑）。②讥笑。△～侬（讥笑别人）

吼 hau³²｜①发生大的响声。△风呼呼～。②啼哭。△即囝囝爱～（这孩子喜欢哭）。◎《广韵·厚韵》"呼厚切"下："吼，牛鸣。"

兴 hen²¹｜得意。△做侬怀通～过头（做人别得意过头）

见笑 kian²¹⁾²²siau²¹｜惭愧

愁侬 tsʰeu²⁴lan²⁴⁾⁰｜发愁

惊 kiã³³｜①怕，害怕。△～走暗路（害怕走夜路）。②担心。△～伊无食饱（担心他没有吃饱）

惊倒 kiã³³to³²⁾⁰｜吓着了

焦急 tsiau³³keʔ³²｜着急

狂 kɔŋ²⁴｜着急，慌忙

　慌 hɔŋ³³

气 kʰi²¹｜生气（因不合心意而不愉快）

闭气 pi²¹⁾²²kʰi²¹｜憋气（有委屈或烦恼而不能发泄）

发火 huaʔ³²⁾⁴hə³²｜发脾气

数念 siau²¹⁾²²lian²¹｜挂念

　挂意 kua²¹⁾²²i²¹

放心 pan²¹⁾²²sen³³⁾²²

相信 siɔŋ³³⁾²²sen²¹

怀疑 huai²⁴⁾²¹i²⁴

提神 tʰe²⁴⁾²¹sen²⁴｜留神

拍筌鳌 pʰa⁴²⁾³³taʔ⁴gau²¹｜怄气（闹别扭，生闷气）。△老公老妈过日子怀通～（两口子过日子别怄气）

痛 tʰiã²¹｜疼爱。△大侬～囝囝（大人疼孩子）

悚 sen⁴⁵｜娇惯，纵容。△大侬怀通～囝囝（大人别娇惯孩子）

爱 ai²¹｜①对人或事物有很深的感情。△～国家。②喜欢。△～唱歌。③希望，期望。△大侬～囝女好（大人希望子女好）

阿咾 o³³lo³²｜夸赞。◎《集韵·皓韵》"卢皓切"下："咾，声也。"

怪 kuai²¹｜抱怨

　记恨 ki²¹⁾²²hən²¹

目珠红 baʔ⁴⁵⁾²tsiu³³⁾²²aŋ²⁴｜眼红，忌妒

爱惜 ai²¹⁾²²seʔ³²

讨厌 tsʰo³²⁾³³ian²¹

嫌弃 hian²⁴⁾²¹kʰi²¹

恨 hən²¹

（三）意愿可能

卜 bo⁴²｜要。动词。①希望得到。△即本书我～（这本书我要）。②需要。△做一条裤～偌秺布（做一条裤子要多少布）？紫湖遘上饶坐车～坐

两个钟头（紫湖到上饶坐车要坐两个小时）

卜 bo⁴² ｜要。助动词。①表示做某件事的意志。△伊～学开车（他要学开车）。②须要；应该。△超过一米二十～买半票。③将要。△天～落雨嘞（天要下雨了）

卜挃 bo⁴²ti⁴⁵ ｜要。动词。希望得到，同"卜"①。△即两卷书送互汝，～吗？（这两本书送给你，要吗？）

怀挃 m̩²¹ti⁴⁵ ｜不要。动词。不希望得到，不需要。△即种手机我～（这种手机我不要）

会 ue⁴⁵ ｜①懂得，通晓。动词。△～英文。②表示有能力做。△十个月就～走路。③表示有可能实现。△明日～落雨

会得 e⁴⁵/²¹teʔ³² ｜能够。助动词。表示有条件实现某种动作行为。△明日有闲～去（明天有空能够去）

会使得 e⁴⁵/²¹sai³²teʔ⁰ ｜可以。助动词。表示许可。△即穑伊做～，汝做㑑使得（这事他做可以，你做不行）

会干 ue⁴⁵kan²¹ ｜能成，可以，行。助动词。表示有能力，也表示答应、许可。△即穑伊做，～吗？（这事他做，能成吗？）——～（行）

㑑 bue⁴⁵ ｜①不会。助动词。表示没有能力做。△两岁还～走路。②不会。助动词。表示没有可能实现。△明日～落雨。③不。副词。用在动补（动词性成分带结果补语成分）结构中间，表示不可能达到某种结果，一般充当可能补语的否定形式。△我对～起伊（我对不起他）。◎"无会 bo²⁴/²¹ue⁴⁵"的合音变读

㑑得 bue⁴⁵/²¹teʔ³² ｜不能，不能够。助动词。表示没有条件实现某种动作行为。△无闲～去（没空不能够去）

㑑使 bue⁴⁵/²¹sai³² ｜不可以，不行。助动词。表示不可以发生某种动作行为。△别伲呃东西～撦（别人的东西不可以拿）

㑑使得 bue⁴⁵/²¹sai³²teʔ⁰ ｜不可以，不行。助动词。表示不允许。△即穑伊做会使得，汝做～（这事他做可以，你做不行）

着 tieu⁴⁵ ｜得。助动词。表示意志上或事实上的必要。△即穑～汝家几去（这事情得你自己去）

免 bian³² ｜助动词。①不用，表示事实上没有必要。△家几伲，～客气（自己人，不用客气）。②别，不要，表示禁止和劝阻。△落雨嘞，～出门（下雨了，别出门）

有通 u⁴⁵tʰan³³/²² ｜能够，可以，有得。助动词。表示因某种原因或条件而能够实现某种行为。△团团屎听呾话～去（小孩子听话可以去）、即厝有钱书～读（家里有钱有书读）

弯 uan³³｜◎"有通 u⁴⁵tʰan³³/²²"的合音变读

怀通 m̩²¹tʰan³³｜不可以，不要。助动词。表示禁止和劝阻。△花～挽（花不要摘）

无通 bo²⁴/²¹tʰan³³/²²｜①用于动词之前，表示因某种原因或条件而不能实现某种行为，相当于普通话的"不能""没得"。△囝囝屎怀乖～去（小孩子不乖不能去）、即厝无钱书～读（家里没钱没得书读）。②表示主观上不愿意、不同意发生某种动作行为，相当于普通话中的"不肯"。△伊拍嘞我，我无通让伊呃（他打了我，我不肯放过他的）

无通 buan²⁴｜◎"无通 bo²⁴/²¹tʰan³³"的合音变读

有法 u⁴⁵/²¹huaʔ³²｜能够，助动词。用于动词和动词性短语前面，表示有条件实现某种动作行为。△落雨天无车无法出门，有车～出门（下雨天没车子不能出门，有车子能够出门）

有法 ua²⁴｜◎"有法 u⁴⁵/²¹huaʔ³²"的合音变读

无法 bo²⁴/²¹huaʔ³²｜不能够，助动词。用于动词和动词性短语前面，表示没有条件或情理上不许可实现某种动作行为。△落雨天无车～出门（下雨天没车子不能出门）

无法 bua²⁴｜◎"无法 bo²⁴/²¹huaʔ³²"的合音变读

（四）判断存在

是 si⁴⁵｜△我～学生、阮～福建祖（我们是福建的祖籍）

怀是 m̩²¹si⁴⁵｜不是

有 u⁴⁵｜△～钱、～闲（有空）

无 bo²⁴｜没有。△～钱、～闲（没空）

怀当 m̩²¹tən²¹｜不当，不如。△种粮食～种薰栽（种粮食不如种烟叶）

怀如 m̩²¹zu²⁴｜不如

怀值 m̩²¹taʔ⁴⁵｜不如

跍 ₂kʰu³²｜在。△许厝～上饶（家在上饶）、～南昌读书

伫 tu⁴⁵｜◎《广韵·语韵》"直吕切"下："伫，久立。"

那 nã²¹

二十二 形容修饰

大 tua²¹

大只 tua²¹tsia⁴²｜（以"只"计量的动物）体形大。△即只牛～（这头牛大）

细 sue²¹｜小

细只 sue²¹/²²tsia⁴²｜（以"只"计量的动物）体形小。△即只牛～（这

头牛小)

秄 tsue²¹ | 多。◎《集韵·霁韵》"才诣切"下:"秄,《说文》:'获,刈也。一曰撮也。'"

少 tsieu³² | 数量小

了 liau³² | ①完。△菜食～嘞（菜吃完了）。②糟糕。△～嘞,车票落了嘞（糟了,车票掉了）

粗 tsʰɔ³³ | △索～（绳子粗）

幼 iu²¹ | 细。△沙～（沙子细）、索幼（绳子细）

悬 kuĩ²⁴ | 高。△伊侬很～（他个子很高）、即垛厝很～（这座房子很高）

矮 ue³² | 高度小。△伊侬很～（他个子很矮）、即垛厝很～（这座房子很矮）

长 tən²⁴ | 两点之间距离大。△头毛～（头发长）

短 tə³² | 两端之间距离小。△头毛～（头发短）

厚 kau⁴⁵ | 扁平物上下两面之间的距离大。△书～

薄 po⁴⁵ | 扁平物上下两面之间的距离小。△纸～

直 teʔ⁴⁵ | 成直线的。△路～

弯 uan³³ | 弯曲。△路～

赳 kʰiu²⁴ | 弯,卷曲。△头毛～。◎《集韵·尤韵》"渠尤切"下:"赳,足不伸也。"

阔 kʰua⁴² | 宽。△路～

狭 ue⁴⁵ | 窄。△路～

远 hŋ⁴⁵ | 空间的距离长。△路～

近 kən⁴⁵ | 空间的距离短。△路～

崎 kia⁴⁵ | 陡。△山路～

斜 tsʰia²⁴ | 倾斜。△墙有团～嘞,卜倒嘞（墙有点儿倾斜了,要倒了）

歪 uai³³

满 muã³² | 全部充实;达到容量的极点。△侬坐～嘞（人坐满了）、水缸水贮～嘞（水缸水装满了）

空 kʰan³³ | 里面没有东西。△箱咯～嗰（箱子里空的）

利 lai²¹ | 锋利。△刀～

钝 ton⁴⁵ | 不锋利。△刀～

紧 ken³² | 物体受到几方面的拉力或压力所呈现的状态。△索缚～团（绳子捆紧一些）

松 san³³ | 松散。△索无缚紧,～嘞（绳子没有捆紧,松了）

深 tsʰen³³ | 从上到下或从外到里的距离大。△水～

浅 tsʰian³² ｜从上到下或从外到里的距离小。△水～

清 tsʰĩ³³ ｜液体或气体纯净，没有混杂的东西。△～水

□on⁴⁵ ｜浊，液体或气体不纯净，有混杂的东西。△～水

密 baʔ⁴⁵ ｜事物之间距离近；事物的部分之间空隙小。△秧栽～嘞（秧苗栽密了）

疏 sue³³ ｜稀疏。△秧栽～嘞（秧苗栽稀疏了）

㝩离 lan³³li²¹ ｜距离大，离得开

焦 ta³³ ｜没有水分或水分很少。△曝～（晒干）

澹 tan²⁴ ｜湿。△互雨拍～嘞（被雨淋湿了）。◎《广韵·敢韵》"徒敢切"下："澹，澹淡，水貌。"又读"徒甘切"

洘 kʰo³² ｜稠。△糜1～（稀饭稠）。◎《广韵·皓韵》"苦浩切"下："洘，水干。"

潐 ka²¹ ｜稀。△糜1～（稀饭稀）。◎《集韵·效韵》"古孝切"下："潐，水也。"

油 iu²⁴ ｜油腻。△菜忒～嘞（菜太油腻了）

□tsɯ²¹

生 tsʰĩ³³ ｜食物没有煮过或煮得不够。△～食（生吃）

熟 seʔ⁴⁵ ｜食物加热到可以吃的程度。△糜～嘞（饭熟了）

烂 nuã²¹ ｜固体物质组织被破坏或水分增加后松软。△牛肉煮得很～、～涂（烂泥巴）

糜 bue²¹ ｜烂。△鞋～嘞。◎《广韵·支韵》"靡为切"下："糜，糜粥。"《释名》："糜，煮米使糜烂也。"

破 pʰua²¹ ｜①破烂。△裤～嘞一个洞（裤子破了一个洞）。②破开。△～西瓜

脆 tsʰə²¹ ｜较硬的食物容易折断破碎。△饼很～（饼干很～）

冇 pʰã²¹ ｜不结实，内部空虚、疏松。△发糕很～、～秋（瘪谷）

硬 ŋĩ⁴⁵ ｜物体内部的组织紧密，受外力作用后不易变形。△石头～

软 lən³² ｜物体内部的组织疏松，受外力作用后容易变形。△柿～（柿子～）

新 sen³³ ｜刚出现的。△～书

旧 ku²¹ ｜经过长时间或经过使用而变色或变形的。△～书

□tsĩ³² ｜嫩。△蒜团荠很～（蒜苗很嫩）

清气 tsʰen³³ʴ²²kʰi²¹ ｜干净。△间咯很～（房间里很干净）

邋遢 laʔ⁴tʰaʔ³² ｜肮脏。△间咯很～（房间里很肮脏）

扎齐 tsaʔ⁴tsue²⁴ ｜整齐。△间咯东西摆叻～（房间里东西摆得很整齐）

乱 luan²¹｜凌乱。△间咯东西～得很（房间里东西乱得很）

闹热 nãu²¹ziaʔ⁴⁵｜热闹。△街路咯很～（街上很热闹）

冷淡 len³²/³³tan²¹｜冷清。△街路咯很～（街上很冷清）

  冷静 len³²/³³tsen²¹

  静 tsen²¹

光 kən³³｜亮。△间咯很～（房间里很亮）

暗 an²¹｜光线不足；黑暗。△间咯很～（房间里很暗）

  □hiã³²

早 tsa³²｜时间在先的。△来得～

晏 uã²¹｜晚。△来～嘞（来晚了）

乌 ɔ³³｜黑。△～布

红 an²⁴

青 tsʰan³³｜蓝。△～布

绿 leʔ⁴⁵

白 pe⁴⁵｜△～布、～菜

殕 pʰu³²｜灰（颜色）。◎《广韵·虞韵》"芳武切"下："殕，食上生白毛。"

  灰 hui³³

黄 ŋ²⁴

重 tan⁴⁵｜重量大。△即担担～叻很（这担担子重得很）

轻 kʰen³³｜重量小。△许担担较～团（那担担子更轻些）

快 kʰuai²¹｜速度高。△走～团（走快些）

蹽 liau²⁴｜速度低。△走～团（走慢些）

蹽蹽 liau²⁴/²¹liau²⁴｜慢慢地。△～走（慢走）

枵 iau³³｜饿。△腹肚～嘞（肚子饿了）

饱 pa³²｜满足了食量

喙焦 tsʰui²¹/²²ta³³｜渴。△～嘞食碗茶（渴了喝碗茶）

咸 kian²⁴｜像盐的味道。△菜忒～（菜太咸）

饗 tsiã³²｜淡，味道不浓；不咸。△菜～了无味道（菜淡了没有味道）

◎《集韵·敢韵》"子敢切"下"饗"同"憸"，"憸，澉憸，无味。"

  芳 pʰan³³｜香。△花～

  臭 tsʰau²¹｜（气味）难闻

  酸 sən³³｜像醋的气味或味道

  甜 tĩ⁴⁵｜像糖和蜜的味道

  鲜 sian³³｜鲜美。△肉汤～

  苦 kʰɔ³²｜像胆汁或黄连的味道

辣 lua⁴⁵｜像姜、蒜、辣椒等有刺激性的味道

涩 siaʔ³²｜像明矾或不熟的柿子使舌头感到麻木干涩的味道

臭臊 tsʰau²¹/³³tsʰo³³/²²｜腥。△煮鱼放囝醋袂~（煮鱼放些醋不会腥）

臭尿破 tsʰau²¹/²²zieu²¹pʰua²¹｜像尿骚味的臊气。△伊身躯有滴囝~（他身上有些臊气）

凿目 tsʰaʔ⁴⁵/²baʔ⁴⁵｜刺眼。△电灯光~

钻耳囝 tsən²¹/²²hi⁴⁵/²¹kiã³²｜刺耳。△声说~（声音刺耳）

抖 tiu³²｜颠。△石头囝路骑车~得很（石头路骑车颠得厉害）

砧 tian³³｜硌。△褪赤骹走石头囝路~骹（打赤脚走石头路硌脚）

痒 tsiũ⁴⁵

雾 bu²¹｜①雾气，水蒸气凝结成的悬浮的微小水滴。②模糊不清楚。△目珠看书有囝~（眼睛看书有些模糊）

好 ho³²｜①优点多的；使人满意的。△~侬（好人）、歌唱得~。②用在动词前，表示使人满意的性质在哪方面。△~看、~食（好吃）

否 pʰai³²｜①坏，不好，质次（质量差）。△侬~（人坏）、东西~。②破，破烂。△落囝~嘞（袋子破了）

老 lau⁴⁵｜①年岁大。△侬~骹先老（人老首先是脚老）。②蔬菜长得过了适口的时期。△蒜囝芎忒~嘞（蒜苗太老了）。③食物火候大。△卵炒~嘞（蛋炒老了）

后生 hau²¹sĩ³³/²²｜年轻。△比我~、~囝（年轻人）

大汉 tua²¹han²¹｜长大，年纪大。△细汉怀听大侬言，~卜叫可怜（小时候不听大人的话，长大了要叫可怜）

细汉 sue²¹/²²han²¹｜年幼

肥 pui²⁴｜①肥（指动物）。△猪~。②胖（指人）。△侬~（人胖）

瘖 san³²｜瘦（不肥，不胖）。△侬~（人瘦）。◎《广韵·梗韵》"所景切"下："瘖，瘦瘖。"

腈 tsiã³³｜瘦（指肉）。△~肉。◎《集韵·清韵》"子盈切"下："腈，肉之粹者。"

幼秀 iu²¹/²²siu²¹｜①精致。△即垺碗很~（这块碗很精致）。②精细。△伊食东西很~（他吃东西很精细）。③秀气。△即查某囝生嘱很~（这女孩子长得很秀气）

清水 tsʰen³³sui³²｜（女性）漂亮。△即查某囝生嘱很~（这女孩长得很漂亮）

起劲 kʰi³²/³³ken²¹

仿 hoŋ³²｜美

俊 tson²¹

食毛 tsiaʔ²bən²⁴

崇 sɔŋ²⁴｜丑。△即查某生噃很～（这女人长得很丑）

否看 pʰai³²/³³kʰuã²¹｜①难看，不漂亮。△即查某～（这女人难看）。②不好看。△即本书～（这本书不好看）

高兴 kau³³/²²hen²¹

畅 tʰiɔŋ²¹｜高兴，快活，痛快，舒服。△日子～（日子快活）

舒服 su³³/²²hɔʔ⁴⁵

酸涩 sen³³/²²siaʔ³²｜酸痛，劳累

辛苦 sen³³/²²kʰɔ³²

恶过 ɔ⁴²/³³kə²¹｜难过，难受。△腹肚～（肚子里难受）

否势 pʰai³²/³³si²¹｜①不好意思。△头一回见丈母姐很～（头一回见岳母很不好意思）。②不妥当。△即穑弄得有滴囝～（这事搞得有点不妥）

惊否势 kiã³³/²²pʰai³²/³³si²¹｜害羞，怕丑。△囝囝屎～怀敢见侬客（小孩子害羞不敢见客人）

乖 kuai³³

调皮 tiau²⁴/²¹pʰə²⁴

得侬惜 teʔ³²/⁴lan²⁴/²¹sieu⁴²｜可爱。△即囝囝很～（这孩子很可爱）

势 gau²⁴｜能干。△即后生囝真～（这年轻人真能干）。◎《集韵·豪韵》"牛刀切"下："势，《说文》：'健也'。"

劵 kian²¹｜◎《广韵·养韵》"其两切"下："劵，追也，勉力也。"

无用 bo²⁴/²¹iɔŋ⁴⁵｜无能，没有本事

无干 bo²⁴/²¹kan²¹

有干 u⁴⁵kan²¹｜有能力，有本事

骨力 koʔ³²/⁴laʔ⁴⁵｜勤快

□□pʰon²²sə²¹

懒 lan³²｜懒惰

心好 sen³³/²²ho³²｜善良

心煞 sen³³/²²saʔ³²｜心狠，残忍

忠直 tiɔŋ³³/²²teʔ⁴⁵｜正直

爽直 sɔŋ³²/³³teʔ⁴⁵｜直爽

聪明 tsʰan³³/²²miã²⁴

鬼 kui³²｜机灵。△即后生囝～得很（这后生很机灵）

稳在 on³²/³³tsai⁴⁵｜做事稳当，为人成熟

勇 iɔŋ³²｜笨。△即侬有囝～（这人有些笨）

撒脱 $p^he?^{32/4}t^hɔ?^{32}$ ｜动作敏捷迅速
伶俐 $lan^{24}li^{21}$ ｜利落
量大 $liɔŋ^{21}tua^{21}$ ｜大方
小气 $sieu^{32/33}k^hi^{21}$ ｜吝啬
浮 p^hu^{24} ｜为人不实在，不踏实
糊涂 $hɔ^{24/21}tɔ^{24}$
笨 pon^{45}
戆 $gɔŋ^{21}$ ｜傻
　　呆 gai^{24}
二百五 $zi^{21}pa^{42/33}gɔ^{45}$ ｜傻，傻子
死 si^{32} ｜死板
癖 $p^hia?^{32}$ ｜孤僻
横 $huĩ^{24}$ ｜蛮横
　　横担 $huĩ^{24/21}tã^{33/22}$
狡猾 $kau^{32/33}ua^{45}$
番 $huan^{33}$ ｜乱来，不懂事理
古板 $ku^{32/33}pan^{32}$ ｜执拗（固执任性）
下流 $ha^{21}liu^{24}$
娆 $hiau^{24}$ ｜（女子）举止轻佻、风骚。◎《广韵·肴韵》"胡茅切"下："娆，淫。"
忙 ban^{24}
无闲 $bo^{24/21}uĩ^{24}$ ｜忙，不得空
有闲 $u^{45/33}uĩ^{24}$ ｜闲
　　闲 $uĩ^{24}$
容易 $iɔŋ^{24/21}i^{21}$
恶 o^{42} ｜①难。△穑～做（事情难做）。②慢。△走得即哇～（走得这么慢）
着 $tieu^{45}$ ｜对（没错）。△即稿互伊咀～嘞（这事被他说对了）
错 ts^ho^{21}
要紧 $iau^{21/22}ken^{32}$
无要紧 $bo^{24/21}iau^{21/22}ken^{32}$ ｜不要紧，没关系
正装 $tsiã^{21/22}tsən^{33/22}$ ｜地道。△即间店是～嘞四川风味（这间店是地道的四川风味）
共 $kiɔŋ^{21}$ ｜同，相同。△我嘞手机佮汝～牌子（我的手机和你牌子相同）
无共 $bo^{24/21}kiɔŋ^{21}$ ｜不相同。△佮别侬～（和别人不同）

平 pĩ²⁴ | 相同，一样。△两个侬～悬（两人一样高）

    平平 pĩ²⁴/²¹pĩ²⁴

    平般 pĩ²⁴/²¹puan³³

    一样 tseʔ⁴⁵/²iũ²¹

    无一样 bo²⁴/²¹tseʔ⁴⁵/²iũ²¹ | 不一样

二十三　位置方向

许顶 hə⁴²/³³ten³² | 上边，上面

    啊顶 aʔ²ten³²

    顶面 ten³²/³³ben²¹

即底 tseʔ³²/⁴tue³² | 下边，下面

    下面 e⁴⁵/²¹ben²¹

    下爿 e⁴⁵/²¹puĩ²⁴

    底下 tue³²/³³e⁴⁵

许里 hə⁴²/³³lai⁴⁵ | 里边，里面（说话人位于所指空间之外）。△汝遘～入去（你进里面去）

即里 tseʔ³²/⁴lai⁴⁵ | 里边，里面（说话人位于所指空间之内）。△汝遘～入来（你进里面来）

    啊里 aʔ⁴lai⁴⁵

    里面 lai⁴⁵/²¹ben²¹

    里爿 lai⁴⁵/²¹puĩ²⁴

许外 hə⁴²/³³gua²¹ | 外边，外面

    啊外 aʔ⁴gua²¹

    外面 gua²¹ben²¹

    外爿 gua²¹puĩ²⁴

头前 tʰau²⁴/²¹tsuĩ²⁴ | ①前边，前面。△～来嘞一个囝囝屎（前面来了一个孩子）。②先前，以前或某个时间以前。△～伊跕城里教书（先前他在县城教书）

后尾 au⁴⁵/²¹bə²¹ | 后边，后面

    后面 au⁴⁵/²¹ben²¹

    后壁 au⁴⁵/²¹bia⁴²

落后 lo⁴⁵/²¹au⁴⁵ | 末尾

尾溜 bə³²/³³liu³³/²² | ①尾巴。△狗～。②末尾（最后面）。△排队排嘚～（排队排在末尾）

对门 tui²¹/²²bən²⁴ | 对面

对面 tui$^{21/22}$ben^{21}
半中央 puã$^{21/22}$tɔŋ^{33}ŋ$^{33/22}$｜中间
　　中央 tɔŋ^{33}ŋ$^{33/22}$
边头 pĩ^{33}tʰau$^{24/0}$｜旁边
舷 kĩ^{24}｜（物体的）边沿。◎《集韵·先韵》"胡先切"下："舷，船边也。"△桌～（桌子边沿）
　　舷头 kĩ^{24}tʰau$^{24/0}$
角 kaʔ^{32}｜（物体的）角。△桌～（桌子角）
近边 kən^{21}pĩ$^{33/22}$｜附近
面头前 ben^{21}tʰau$^{24/21}$tsuĩ^{24}｜跟前儿
　　面前 ben^{21}tsuĩ^{24}
　　目前 bɔʔ$^{45/2}$tsuĩ^{24}
大爿 tua^{21}puĩ$^{24/0}$｜左边。爿：边
　　□手爿 mãi^{33}tsʰiu^{32}puĩ$^{24/0}$｜□mãi^{33}手：左手
　　□手 mãi^{33}tsʰiu^{32}
细爿 sue$^{21/22}$puĩ$^{24/0}$｜右边。细：小
　　正手爿 tsiã$^{21/22}$tsʰiu^{32}puĩ$^{24/0}$｜正手：右手
　　正手 tsiã$^{21/22}$tsʰiu^{32}
东爿 tan$^{33/22}$puĩ$^{24/0}$｜东边，东面
西爿 sai$^{33/22}$puĩ$^{24/0}$｜西边，西面
顺面 son^{21}ben^{21}｜（物体）正的一面
反面 pan$^{32/33}$ben^{21}｜（物体）反的一面
横头 huĩ$^{24/21}$tʰau^{24}｜物体横着的一端
　　横 huĩ^{24}
骹涂 kʰa$^{33/22}$tʰɔ^{24}｜地面上。△扫～（扫地）、落叨～（掉在地上）
涂底 tʰɔ$^{24/21}$tue^{32}｜地面之下。△掩叨～（埋在地下）
桌顶 to$^{42/33}$ten^{32}｜桌上
桌骹 to$^{42/33}$kʰa$^{33/22}$｜桌子底下
　　桌下 to$^{42/33}$e^{45}
桌墘 to$^{42/33}$kĩ^{24}｜桌子的边沿
铺骹 pʰɔ^{33}kʰa$^{33/22}$｜床底下
大门外 tua^{21}bən$^{24/21}$gua^{21}
　　门外 bən$^{24/21}$gua^{21}
墙外 tsʰiũ$^{24/21}$gua^{21}
窗子外面 tʰan$^{33/22}$tsi^{32}gua^{21}ben^{21}｜窗户外头面

车外面 tsʰia³³⁾²²gua²¹ben²¹｜车外
山前 suã³³⁾²²tsuĩ²⁴
山后 suã³³⁾²²au⁴⁵
天咯 tʰĩ³³⁾²²lə⁰｜天上
山咯 suã³³⁾²²lə⁰｜山上
路咯 lɔ²¹lə⁰｜路上
街路咯 kue³³⁾²²lɔ²¹lə⁰｜街上
车咯 tsʰia³³lə⁰｜车上
墙咯 tsʰiũ³³⁾²²lə⁰｜墙上
门咯 bən²⁴lə⁰｜门上
桌咯 to⁴²lə⁰｜桌上
椅咯 i³²lə⁰｜椅子上
边咯 pĩ³³⁾²²lə⁰｜边上
手咯 tsʰiu³²lə⁰｜手里
心咯 sen³³⁾²²lə⁰｜心里

二十四　代词

我 gua³²
汝 lɯ³²｜你
伊 i³³｜他（她、它）
阮 gon³²｜我们
伯 lan³²｜咱们
恁 len³²｜你们
佴 en³³｜他们
我嘅 gua³²ke⁰｜我的。△即本书是～（这本书是我的）
别侬 paʔ⁴⁵⁾²lan²⁴｜别人
大团 tai²¹kiã³²｜大家
家几 kaʔ(<-a)³³⁾⁴ki²¹｜自己
仠侬 sian²⁴｜谁。◎"什侬 siaʔ³²⁾⁴lan²⁴"（什么人）的合音变读
即 tsi⁴²｜指示代词，表示近指，相当于普通话的"这"
许 hu⁴²｜①指示代词，表示远指，相当于普通话的"那"。②指示代词，表示顺着上文的语意申说应有的结果，相当于普通话的"那么"。
　　是 si⁴⁵｜疑问代词，相当于普通话的"哪"，作限定成分，后面带数量词性和名词性成分，询问事物和时间。△汝卜～一支笔？（你要哪一支笔？）伊～一年考到大学？（他哪一年考上大学？）

即个 tsi⁴²ke⁰ | 这个
许个 hɯ⁴²ke⁰ | 那个
是一个 si⁴⁵/²¹tseʔ⁴⁵/²ke²⁴ | 哪个
　　是个 si⁴⁵/²¹ke²⁴
是数 si⁴⁵/²¹sɔ²¹ | 什么时候
即忽个 tsi⁴²hɔʔ⁴ke²⁴ | 这些
许忽个 hɯ⁴²hɔʔ⁴ke²⁴ | 那些
即囝 tsi⁴²kiã³² | 这些
许囝 hɯ⁴²kiã³² | 那些
□个什 lən²¹ke²¹siã⁴² | 哪些
即在 tsi⁴²s(<ts)ai⁴⁵/⁰ | 这里
　　即里 tsi⁴²lai⁴⁵
　　即落 tsi⁴²lo⁴⁵/⁰
许在 hɯ⁴²s(<ts)ai⁴⁵/⁰ | 那里
　　许里 hai⁴² | "许里 hɯ⁴²lai⁴⁵/⁰"的合音变读
　　　货 hə²¹
什所在 siã⁴²/³sɔ³²/³³s(<ts)ai⁴⁵ | 什么地方
哪在 la²¹s(<ts)ai⁴⁵ | 哪里
　　底囝 teʔ(<-i)³²/²kiã³²
即哇 tsua⁴² | 这么。△~贵。◎"即哇 tsi⁴²ua⁰"的合音变读
许哇 hua⁴² | 那么。△~贵。◎"许哇 hɯ⁴²ua⁰"的合音变读
安生 ãi⁴²/³³sĩ³³/⁰ | 这样。△~做就对嘞（这样做就对了）
　　安 ãi⁴²
　　即安 tsiãi⁴² | ◎"即安 tsi⁴²ãi⁴²"的合音变读
样生 iũ³³sĩ³³/⁰ | 那样。△~做
庄法 tsɔŋ³³huaʔ³² | 怎样（做）
　　怎样 tsiaʔ³²/⁴iũ²¹
怎样弄法 tsiaʔ³²/⁴iũ²¹lɔŋ²¹/²²huaʔ³² | 怎么办
什 siã⁴² | 什么。△汝买~？（你买什么？）
嘛 ba²¹ | ①为什么（问原因）。△汝安~呢？（你这样是为什么呢？）②干什么（向行动）。△汝~呢？（你干什么呢？）
　　仟东西 siɔŋ³³sue³³/²² | 什么东西（物品）。◎"什东西 siaʔ³²/⁴tɔŋ³³sue³³/²²"的合音变读
　　弄什 lɔŋ²¹/²²siã⁴² | 干什么；为什么
　　为什事 ui²¹siaʔ³²/⁴sɯ²¹ | 为什么

偌 lua²¹｜多。表示对程度的疑问。△～大？

偌个 lua²¹ke²⁴｜多少。表示对数量的疑问。△～钱？

二十五　副、介、连词

（一）副词

最 tsui⁴²｜表示某种属性超过所有同类的人或事物。△弟兄三个伊～悬（弟兄三人他最高）

忒 tʰai⁴²｜太，表示程度过分。△～贵赡舍得买（太贵不舍得买）

伤 siɔŋ³³｜太，表示程度过分，以至于难以承受。△菜较～咸，否食（菜太咸，不好吃）

很 hən³²｜表示程度相当高，用于形容词之前。△今旦～滚（今天很热）

煞 saʔ³²｜同"很"，表示程度相当高，用于形容词之后，前有助词"得"连接。△今旦滚得～（今天热得很）

□ hɔŋ⁴²｜非常，十分，极，程度高于"很""煞"。△伊～会食酒（他非常会喝酒）

实在 seʔ⁴⁵ᐟ²tsai⁴⁵｜的确。△小张～聪明

较 kʰaʔ³²｜更，更加，表示程度上又深了一层或者数量上进一步增加或减少。△今旦比昨日～热（今天比昨天更热）

抑较 aʔ³²ᐟ⁴kʰaʔ³²｜同"较"，程度高于"较"。更，更加，表示程度上又深了一层或者数量上进一步增加或减少。△今旦比昨日～热（今天比昨天还更热）

随微 sui²⁴ᐟ²¹bi²⁴｜稍微。△我比伊～悬团（我比他稍微高些）

无什 bo²⁴ᐟ²¹saʔ³²｜没什么，不怎么，不太。△身体～好（身体不太好）

统 tʰɔŋ³²｜都。△大囝～来嘞（大家都来了）

嗒 təʔ⁴｜都。◎"都 tɔ³³"的变读。

拢共 lɔŋ³²ᐟ³³kiɔŋ²¹｜一共，总共。△阮地方～百把侬（我们这地方总共一百来人）

拢总 lɔŋ³²ᐟ³³tsɔŋ³²

一起 eʔ³²ᐟ⁴kʰi³²｜①一共，合在一起。△～偌个钱？（一共多少钱？）②一同，一块儿。△我佮汝～去（我和你一块儿去）

净 tsen²¹｜净，光，单纯而没有别的。△囝囝屎～食菜怀食糜（小孩子光吃菜不吃饭）

喏 nãu²⁴｜只，仅限于某个范围。△喏会呾，赡作（只会说，不会做）

就是 tsi²¹si⁴⁵｜△我～去着一回（我只去过一回）。◎"tsi²¹"是"tsiu²¹"的变读

就是 tsi²⁴｜◎"就是 tsi²¹si⁴⁵"的合音变读

只有 tsiu⁴²｜只有，仅有。△阮许厝～我佮小弟两个侬（我家只有我和弟弟两个人）。◎"只有 tsi⁴²u⁴⁵"的合音变读

干焦 kan³³/²²ta²²｜单单，只，仅。△大团嗒赚倒嘞钱，～伊一个侬折本（大家都赚到了钱，只有他一个人亏本）

有滴囝 u⁴⁵ti⁴²/³³kiã³²｜有点儿。△天～寒侬（天有点儿冷）

　　有点囝 u⁴⁵ten³²/³³kiã³²

另外 len²⁴/²¹gua²¹｜表示在所说的范围之外。△伊食嘞三碗糜无食饱，～又食嘞一个番薯（他吃了三碗饭没有吃饱，另外又吃了一个红薯）

先 suĩ³³｜表示行为或事件发生在前。△～食酒，再食糜（先喝酒，再吃饭）

当 tən³³｜正。△桃树～开花

那 nã²¹｜①在。△伊～上海拍工（他在上海打工）。②正在。△我～食糜，等歇再去（我在吃饭，等会儿再去）。③边，一边。△～走～呾（一边走，一边说）

卜 bo⁴²｜快，将要。△天～光嘞（天快亮了）

　　卜快 bo⁴²kʰuai²¹

就 tsiu²¹｜表示在很短的时间以内。△我食嘞糜～去（我吃了饭就去）

　　即 tseʔ³²｜◎"就 tsiu²¹"的变读

马上 mã³²/³³siɔŋ²¹｜立刻

赶紧 kuã³²/³³ken³²｜赶快

酣 han³³｜快，赶快。△卜落雨啦，～走！（要下雨了，快走！）

快囝 kʰuai²¹kiã³²｜快，赶快，快点。△～起来（快起床）

较快 kʰa²¹/²²kʰuai²¹｜趁早儿。△天卜晏嘞，～倒去（天快暗了，趁早儿回去）

□ so²¹｜①快，赶快。△汝～去（你快去）。②一直，总是。△腹肚～痛去（肚子一直痛）

永古 en³²/³³kɔ³²｜永远

一路来 tseʔ⁴⁵/²lɔ²¹lai²⁴｜一向。△伊～嗒省得很（他一向都很节俭）

随时 sui²⁴/²¹si²⁴｜不拘什么时候

造造 tsau²¹/²²tsau²¹｜经常。△伊～来买东西（他常常来买东西）

早晏 tsa³²/³³uã²¹｜早晚，或早或迟。△伊即哇贪心～卜有穑啯（他这么贪心早晚要出事的）

统是 tʰɔŋ³²/³³si⁴⁵｜总是。△快团走！怀通～跍货呾话（快走！别总是在那里说话）

一边 tseʔ⁴⁵/²pĩ³³ | △～走～呾（一边走一边说）

边 pĩ³³

堪堪 kʰan³³kʰan⁰ | ①恰恰，正。△鞋怀大怀细，我称～合适。（鞋子不大不小，我穿正合适）。②刚、刚刚，行动或情况发生在不久以前。△我～遘，抑无食早起（我刚到，还没吃早饭）

乍 tsaʔ³² | ①同"堪堪"②，刚，刚刚。△我～遘，抑无食早起（我刚到，还没吃早饭）。②才。△汝嘛即久～来啊？（你怎么这时候才来啊？）③就。△我食嘞糜～去（我吃了饭就去）

堪堪好 kʰan³³kʰan⁰ho³² | ①刚好，正合适。△四十码呃鞋我称～（四十码的鞋子我穿正好）。②恰巧，正巧。△我上班无赶到班车，～碰到我呃同事开车去单位（我上班没有赶上班车，恰巧遇见我的同事开车去单位）

谦谦好 kʰian³³kʰian⁰ho³²

接倒 tsiaʔ³²to⁰ | 接着，连续。△～几回统赢嘞（连续几次都赢了）

接叻 tsiaʔ³²lə⁰ | ◎是"接倒 tsiaʔ³²to⁰"的弱化变读

一交火 tseʔ⁴⁵/²kau³³/²²hə³² | 一下子，表示时间短暂。△伊许厝～死唠三只猪（他家一下子死了三头猪）

一下手 tseʔ⁴⁵/²e⁴⁵/²¹tsʰiu³²

一下囝 tseʔ⁴⁵/²e⁴⁵/²¹kiã³² | 一会儿。△坐～就走嘞（坐了一会儿就走了）

又 iu²¹ | 表示重复或继续。△伊～来嘞

抑 aʔ³² | 还，现象继续存在或动作继续进行。△我～有作业无做好（我还有作业没有做好）、八点了～无起来（八点了还没起床）

再 tsai²¹ | 表示又一次。△今日落班嘞，汝明日～来（今天下班了，你明天再来）

压 aʔ³² | 也，表示同样。△汝去，我～卜去（你去，我也要去）

肯定 kʰen³²/³³tiã²¹ | 肯定。△伊～卜来（他肯定要来）

无 bo²⁴ | 没有，没，副词。①表示"已然"的否定。△天抑～光（天还没有亮）。②表示"曾经"的否定。△昨日我～去

怀 m̩²¹ | 不，用在动词前面表示否定。△明日我～去

免 ben³² | ①别，不要。△书～摒嗯，园叻桌咯！（书别拿着，放在桌上！）②不必要、不用。△车票我买好啦，汝～买啦（车票我买好了，你不用买了）

惊叻 kiã³³lə⁰ | 恐怕，估计兼担心。△～卜落雨（恐怕要下雨）

宁愿 len²⁴/²¹guan²¹ | 宁可。△～买贵嗰怀买否嗰（宁可买贵的，不买差的）

呣挃 be²¹ti⁴² | ①不要。△伊嗰东西我～（他的东西我不要）②别。△即稿～互伊晓得（这事别让他知道）

泼空 pʰɔʔ³²/⁴kʰɔŋ³³/²² | 突然。△大天晴～落起雨来（大晴天突然下起

雨来）

道□ tau²⁴ʹ²¹ti²⁴｜①特意。△即是～买互汝嘅（这是特意买给你的）。②故意。△～捣乱

调□ tiau²¹ti²⁴

浪管 lan²¹kuan³²｜随便。△～呾呾嘅（随便说说的）

顺便 son²¹pian²¹｜△汝去食堂食糜～给我带一碗扁食来（你去食堂吃饭顺便给我带一碗馄饨来）

无事无故 bo²⁴ʹ²¹sɯ²¹ʹ²²bo²⁴ʹ²¹kɔ²¹｜好好地，无缘无故。△上嘞一个月班～就怀做嘞（上了一个月班好好地就不干了）

白白 pe⁴⁵ʹ²¹pe⁴⁵｜没有效果，徒然。△稽无弄好，～去嘞一日（事情没有办好，白白去了一天）

白白卵 pe⁴⁵ʹ²¹pe⁴⁵ʹ²¹lan⁴⁵

干消 kan³³ʹ²²siau³³ʹ²²

白 pe⁴⁵

野 ia⁴⁵｜胡，胡乱，随意乱来。△～呾（胡说）、～弄（胡搞，乱来）

相佮 sã³³ʹ²²kaʔ³²｜互相，表示彼此同样对待的关系。△朋友着～帮忙（朋友得互相帮忙）

当面 tən³³ben²¹｜面对面（做某件事）。△有话～呾（有话当面说）

尻川后 kʰa³³tsʰən³³ʹ²²au⁴⁵｜背地，私下。尻川：屁股。△怀通～呾别侬呃否话（别背地说别人的坏话）

一个侬 tseʔ⁴⁵ʹ²keʔ²⁴ʹ²¹lan²⁴｜独自，就自己一个人，单独地。△～出门着小心（一个人出门得小心）、～伫厝（独自在家）

密密 baʔ⁴⁵ʹ²baʔ⁴⁵｜一阵阵紧接着。△今旦整日天～落雨，无法出门（今天一整天连连下雨，没有办法出门）

眛眛 bue²¹ʹ³³bue³²｜偷偷。△无侬看着，伊～走嘞（没人看见，他偷偷走了）

偷偷眛眛 tʰau³³tʰau³³ʹ²²bue²¹ʹ³³bue³²

偏偏 pʰian³³pʰian³³ʹ²²｜偏，表示故意跟客观要求或显示情况相反。△伊喝我去我～怀去（他叫我去我偏不去）

到底 to²¹ʹ²²ti³²｜用在问句里，表示深究。△伊～卜去抑是怀去（他到底要去还是不去）？

根本 kən³³pon³²｜本来，从来。△伊～未晓得即稽（他根本不知道这事儿）

总无 tsɔŋ³²ʹ³³bo²⁴｜难道，加强反问的语气。△伊考得到，～我就考贂到？（他能考上，难道我就考不上？）

好叻 ho^{32}lə$ʔ^0$｜幸好，幸亏。△遭路咯天落雨嘞，～我带嘞雨伞（到路上天下雨了，幸好我带了雨伞）。◎"叻 lə$ʔ^0$"是"得 lə$ʔ^0$"的弱化变读

横直 han$^{24/21}$teʔ^{45}｜反正，表示肯定语气。△免狂，～抑早（不着急，反正还早）

横正 han$^{24/21}$tsiã$^{21/24}$

靠怀了 k^{h}o$^{21/22}$m̩^{21}liau^{32}｜也许，说不定，不很肯定。△明日～卜落雨（明天说不定要下雨）

弄嘞怀好 lɔŋ$^{21/22}$lə^{0}m̩^{21}ho^{32}｜恐怕，表示估计兼担心。△～我会留级

无论 bo$^{24/21}$lon^{21}｜万一，表示可能性较小的假设（用于不如意的事）。△明日～落雨压无要紧，我有雨伞（明日万一下雨也不要紧，我有雨伞）

差滴囝 ts^{h}a$^{33/22}$ti$^{42/33}$kiã^{32}｜差点儿。△～跋倒（差点儿摔倒）

险 hian^{32}

大谱 tai^{21}p^{h}ɔ^{32}｜大概。△我～晓叻（我大概知道）

（二）介词、连词

佮 aʔ^{32}｜①和，连词。△我～伊统姓王（我和他都姓王）。②和，介词。△稻怀通～别侬咀（事情不要和别人说）。③把，介词。△～门关倒（把门关上）。④向，介词。△～伊借一本书（向他借一本书）。⑤替，给。△汝～我写封信（你替我写一封信）、～伊开车（给他开车）

互 ha^{21}/hɔ^{21}｜被，介词。△～狗咬嘞一喙（被狗咬了一口）。◎"ha^{21}"是"hɔ^{21}"的变读

尽 tsen^{32}｜任，任凭，介词。△一斤五角，～汝拣（一斤卖五角，任你挑）

在 tsai^{21}

由 iu^{24}

随 sui^{24}

对 tui^{21}｜△老王～我很好

对倒 tui$^{21/22}$to^0｜对着。△老王～我笑

掠 lia^{45}｜对，朝。△～伊看看（对他看了看）

望 ban^{21}｜往，朝。△～东走、～后面看

往 ɔŋ^{32}

随倒 sui$^{24/21}$to$^{32/0}$｜沿着。△～溪舷走（沿着河边走）

趁 t^{h}an^{21}｜利用（时间、机会）。△～滚食（趁热吃）、～放假出去旅游

照 tsiau^{21}｜按。△～伊咀呃做（按他说的做）。△～道理大团过年嗒卜倒去啯（按道理大家过年都要回家去的）

遘 kau^{21}｜到。△会开～礼拜六

从 tsɔŋ²⁴ | 从，自从。△~南昌来、~明日起

揭 kia²⁴ | 拿。△~毛笔写

用 en²¹

除去 tu²⁴kʰɯ²¹ | 除了。△~伊，大团统来嘞（除了他，大家都来了）

怀然 m̩²¹zian²⁴ | 不然，否则。△快团走，~卜赶狯倒嘞（快走，不然要赶不上了）

佮我 kaʔ³²/²gua³² | 给我。虚用，加重语气。△汝~食了即碗糜去！（你给我把这碗饭吃了去！）

佮……叫 kaʔ³²/²…kieu²¹ | 管……叫。△有团所在~番薯~山药（有些地方管红薯叫山药）

用……当 en²¹…tən²¹ | 拿……当。△有团所在煮糜~釉草~柴烧（有些地方做饭拿稻草当柴烧）

因为 en³³/²²ui²¹

如果 zɯ²⁴/²¹ko³²

假使 ka³²/³³sɯ³²

怀管 m̩²¹kuan³² | 不管。△~车票偌贵，阮嗒卜倒去过年（不管车票多贵，我们都要回去过年）

二十六　数量词

（一）数词

一 eʔ³² | ①序数。△第~。②基数。△十~、两百~十、十~个、两百~十斤

一 tseʔ⁴⁵ | 基数，只单独用在量词和"百""千""万""亿"之前。△~个、~斤、~百、~千、~万、~亿

二 zi²¹ | ①序数。△第~。②基数。△十~、两百~十、十~个、两百~十斤

两 lən²¹ | 二，基数，只单独用在量词和"百""千""万""亿"之前）。△~个、~斤、~百、~千、~万、~亿

三 sã³³

四 si²¹

五 gɔ⁴⁵

六 laʔ⁴⁵

七 tsʰeʔ³²

八 pue⁴²

九 kau³²

十 saʔ^{45}

百 pa^{42}

千 tsʰuĩ^{33}

万 ban^{21}

十一 tsaʔ$^{45/2}$eʔ^{32}

二十 zi^{21}tsaʔ^{45}

五十五 gɔ$^{45/21}$tsaʔ$^{45/2}$gɔ^{45}

一百 tseʔ$^{45/2}$pa^{42}

百一 pa$^{42/33}$eʔ^{32} | 一百一十

一百十一 tseʔ$^{45/2}$pa^{42}tsaʔ$^{45/2}$eʔ^{32} | 一百一十一

　　一百一十一 tseʔ$^{45/2}$pa^{42}eʔ^{32}tsaʔ$^{45/2}$eʔ^{32}

两百五 lən^{21}pa$^{42/33}$gɔ^{45} | 二百五十

一千 tseʔ$^{45/2}$tsʰuĩ^{33}

一万一 tseʔ$^{45/2}$ban^{21}eʔ^{32} | 一万一千

　　万一 ban^{21}eʔ^{32}

一万零一百 tseʔ$^{45/2}$ban^{21}len^{24}tseʔ$^{45/2}$pa^{42} | 一万零一百

倈个 lua^{21}ke^{24} | 几个

　　几个 kui$^{32/33}$ke^{24}

□秾个 hɔŋ^{42}tsue^{21}ke^{24} | 好些个

好几个 ho$^{32/33}$kui$^{32/33}$ke^{24}

一滴团 tseʔ$^{45/2}$ti$^{42/33}$kiã^{32} | 一点儿

　　滴团 ti$^{42/33}$kiã^{32}

　　点团 ten$^{32/33}$kiã^{32}

十几个 tsaʔ$^{45/2}$kui$^{32/33}$ke^{24} | 十多个（比十个多）

一百较加 tseʔ$^{45/2}$pa^{42}kʰaʔ^{24}ke^{33} | 一百多个

上下 tsiũ^{21}e^{45} | 上下，附于数量词之后，表示大致是这个数量。△十个～、一千斤～

　　上落 tsiũ^{21}lo^{45}

无遘十个 bo$^{24/21}$kau$^{21/22}$tsaʔ$^{45/2}$ke^{24} | 不到十个

分 hon^{33} | 分，表示分数。△十～之一

半个 puã$^{21/22}$ke^{24}

一半 tseʔ$^{45/2}$puã^{21}

一半较加 tseʔ$^{45/2}$puã^{21}kʰa$^{21/22}$ke^{33} | 一大半儿

整个 tsiã^{21}ke^{24} | 整个。△～吞落去（整个吞下去）

(二)量词

项 han²¹ | 件。△一～事

个 ke²⁴ | ①个。△一～侬（一个人）。②只。△一～鸡

只 tsia⁴² | ①只。△一～狗。②头。△一～牛。③匹。△一～马。④口。△一～猪。⑤艘。△一～军舰。⑥条。△一～船

群 kon²⁴ | ①群。△一～侬（一群人）。②阵。△一～雨

阵 ten²¹ | 伙。△一～侬（一伙人）

   班 pan³³

仙 sian³³ | 尊。△一～佛公（一尊菩萨）

家 ke³³ | 家，户。△一～侬家（一户人家）

   户 hɔ²¹

龛 kʰan³³ | 家。△一～店（一家铺子）

间 kuĩ³³ | △一～房间

板 pan³² | 座。△一～桥（只用于木桥）

落 lo⁴⁵ | 进。△三～厝（三进的房子）

片 pʰĩ²¹ | 扇。△一～门

爿 puĩ²⁴ | 堵。△一～墙。◎《字彙》"蒲闲切"下："爿，片。"

身 sen³³ | 套。△一～因□tsiũ²⁴（一套衣裳）

身躯 sen³³kʰu³³⁄²² | 身。△一～涂（一身泥土）

腹 paʔ³² | ①肚。△一～话（一肚子话）。②泡。△一～屎

骹 kʰa³³ | ①只。△一～手、一～鞋。②根。△一～箸（一根筷子）。③个。△一～桶。◎《集韵·支韵》"渠羁切"下："骹，一足。"

喙 tsʰui²¹ | 口。△啉一～水（喝一口水）

口 kʰau³² | △一～井、一～鼎（一口锅）

尾 bə³² | 条。△一～鱼、一～蛇

丘 kʰu³³ | 块。△一～田

厢 siũ³³ | 畦。△一～菜地

   股 kɔ⁴²

斤种 kən³³tsen³² | 两分地为"一斤种地"。△四～塍（八分田）

窟 kʰoʔ³² | 口。△一～井

科 kʰo³³ | 团。△一～涂（一团泥）

堆 tui³³ | △一～沙

垛 tə²¹ | ①块。△一～豆腐。②元。△一～钱。③片。△一～云。④个。△一～碗。⑤把。△一～交椅。⑥张。△一～桌（一张桌子）。⑦所。△一～厝（一所房子）。⑧座。△一～桥

各 kɔʔ³² ｜ 块，团。△一～砖、一～涂（一团土块）

支 ki³³ ｜ ①根。△一～头毛（一根头发）、一～薰（一根香烟）。②把。△一～刀。③条。△一～扁担

串 tsʰən²¹ ｜ △一～葡萄、一～炮团（一串鞭炮）

岫 siu²¹ ｜ 窝。△一～老鼠团（一窝小老鼠）

伏 pu²¹ ｜ 窝。△一～猪团（一窝小猪）

把 pe³² ｜ △一～刀、一～锄头、一～秤、一～芹菜

摸 mĩ³³ ｜ 把。△一～米

蕊 lui³² ｜ 朵。△一～花

葩 pʰa³³ ｜ ①条。△一～狗尾溜（一条狗尾巴）。②盏。△一～灯

蔸 tau³³ ｜ 棵。△一～树

丛 tsan²⁴

瓣 pan²¹ ｜ 瓣儿。△一～橘子

周 tsiu³³ ｜ 片。△一～西瓜

爿 puĩ²⁴

皮 pʰə²⁴ ｜ 片。△一～箬（一片叶子）

□ pʰu⁴⁵ ｜ ①丛。△一～草。②窝。△一～蜂

箍 kʰɔ³³ ｜ 段。△一～柴（一段木头）

节 tsaʔ³² ｜ ①节。△一～课。②段。△一～甘蔗

抹 buaʔ³² ｜ 袋。△食一～薰（抽一袋烟）

瓶 pʰen²⁴ ｜ △一～醋

瓮 an²¹ ｜ 坛。△一～酒

栱 kɔŋ³² ｜ 杯。△一～茶

瓯 au³³ ｜ ①杯。△一～酒。②碗。△一～水

鼓 kɔ³² ｜ 壶。△一～酒

帖 tʰiaʔ³² ｜ 服。△一～药

顶 ten³² ｜ △一～轿、一～头帽（一项帽子）

领 niã³² ｜ ①床。△一～被（一床被子）。②顶。△一～蠓帐（一顶蚊帐）。③件。△一～衫（一件上衣）

盏 tsuã³² ｜ △一～灯

盒 aʔ⁴⁵ ｜ △一～洋火（一盒火柴）

张 tiũ³³ ｜ △一～纸、一～钞票、一～铺（一张床）

刀 to³³ ｜ △一～纸

卷 kən³² ｜ 本。△一～书

封 hɔŋ³³ ｜ △一～信

沓 tʰaʔ⁴⁵ ｜ △一～纸
双 san³³ ｜ △一～鞋
对 tui²¹ ｜ △一～花瓶
角 kaʔ³² ｜ △一～钱
分 hon³³ ｜ △一～钱
台 tai²⁴ ｜ △一～戏
横 huĩ²⁴ ｜ 行。△一～字
出 tsʰoʔ³² ｜ △一～戏
盘 puã²⁴ ｜ △揭一～棋（下一盘棋）
圈 kʰuan³³ ｜ △拍一～麻将（打一圈麻将）
叉 tsʰa³³ ｜ 拃（大拇指与中指或小指张开的长度）：△门五～阔（门五拃宽）
寻 tsʰĩ²⁴ ｜ 庹（两臂平伸两手伸直的长度）：△车四～粗（车四度长）
揽 lan³² ｜ 抱（两臂围抱的长度）：△树三～粗（树三抱粗）
顿 tən²¹ ｜ 餐，顿。△食三～糜（吃三餐饭）
回 hə²⁴ ｜ 趟，次。△走一～、有一～
　　趟 tʰan²¹
　　过 kə²¹
摆 pai³² ｜ 次（一段时间）。△去一～
遍 pian²¹ ｜ △看一～
下 e²¹ ｜ 下（动作的次）。△拍一～（打一下）

二十七　附加成分等

（一）形容词叠音成分
光向向 kən³³/²²hiã²²hiã⁴² ｜ 很光亮
暗懂懂 an²¹/²²tɔŋ²²tɔŋ⁴² ｜ 很暗
　　暗摸摸 an²¹/²²bɔ³³bɔ²²
白滂滂 pe⁴⁵/²¹pʰɔŋ³³pʰɔŋ²¹ ｜ 白花花
白锡锡 pe⁴⁵/²¹siaʔ⁴siaʔ³² ｜ 特别白
乌塔塔 ɔ³³/²²tʰaʔ⁴tʰaʔ³² ｜ 特别黑
乌麻麻 ɔ³³mã²²mã⁴² ｜ 很黑
红泡泡 an²⁴/²¹pʰa³³pʰa²¹ ｜ 特别红，红彤彤
红支支 an²⁴/²¹ki³³ki²¹ ｜ 很红
绿显显 leʔ⁴⁵/²hian⁴⁵hian³² ｜ 绿得耀眼
黄古古 ŋ²⁴/²¹kɔ²²kɔ⁴² ｜ 很黄

青雪雪 tsʰĩ³³′²²sə³³sə⁴² ｜青得刺眼
青苓苓 tsʰĩ³³′²²len²²len²⁴ ｜很青
长溜溜 tən²⁴′²¹liu³³liu²² ｜很长
短粒粒 tə³²′³³liaʔ⁴liaʔ³² ｜很短
直溜溜 tieʔ⁴⁵′²liu³³liu²² ｜特别直
直便便 tieʔ⁴⁵′²pian²²pian⁴² ｜很直
弯虬虬 uan³³′²²kʰiu²¹kʰiu²⁴ ｜很弯曲
崎板板 kia²¹pan³³pan⁴² ｜很陡峭
尖吉吉 tsian³³′²²keʔ⁴keʔ³² ｜特别尖
圆滚滚 ĩ²⁴′²¹kon³³kon²¹ ｜圆溜溜
圆另另 ĩ²⁴′²¹len²¹len³³ ｜很圆
幼抹抹 iu²¹′²²buaʔ⁴buaʔ³² ｜很细腻
厚督督 kau⁴⁵′²¹toʔ⁴toʔ³² ｜很厚
薄稀稀 po⁴⁵′²¹hi²²hi³³ ｜很薄
肥落落 pui²⁴′²¹lɔʔ⁴lɔʔ³² ｜很肥，很胖
瘦支支 san³²′³³ki²²ki³² ｜很瘦
冇松松 pʰã²¹′²²sɔŋ²¹sɔŋ³³ ｜很松散，不结实
光溜溜 kən³³liu²²liu²² ｜光光的，没有遮盖
光可可 kən³³kʰo²²kʰo²¹ ｜（地面）光秃秃，寸草不生
平阔阔 pĩ²⁴′²¹kʰo³³kʰo²¹ ｜很平很开阔
静赤赤 tsen²¹tsʰeʔ⁴tsʰeʔ³² ｜很安静
重拐拐 tan⁴⁵′²¹kuai²²kuai⁴² ｜（物品）很沉重
轻便便 kʰen³³′²²pian²²pian⁴² ｜（物品）很轻
　轻蒙蒙 kʰen³³′²²ban³³ban²²
洘噎噎 kʰo⁴²′³³iaʔ⁴iaʔ³² ｜（稀饭等）很稠
潋落落 ka²¹lɔʔ⁴lɔʔ³² ｜（稀饭等）很稀
硬壳壳 ŋĩ²¹kʰɔʔ³²′⁴kʰɔʔ³² ｜硬邦邦
软糊糊 lən³²′³³kɔ²⁴′²¹kɔ²⁴ ｜很软
溜刮刮 liu³³kuaʔ²kuaʔ⁴⁵ ｜很滑
芳燕燕 pʰan³³′²²ĩ³³ĩ²¹ ｜香喷喷
臭荾荾 tsʰau²¹′²²hian³³hian²² ｜臭烘烘
严鳖鳖 gan²⁴′²¹pi²²pi⁴² ｜很冷
　清鳖鳖 tsʰen²¹′²²pi²²pi⁴²
　清幽幽 tsʰen²¹′²²iu³³iu³³′²²
　寒休休 kuã²⁴′²¹hiu³³hiu³²

滚烙烙 kon$^{32/33}$lo^{33}lo^{22}｜很热，很烫
　　烧滚滚 sieu$^{33/22}$kon$^{32/33}$kon^{32}
　　烧乎乎 sieu$^{33/22}$hu^{33}hu^{22}
焦抱抱 ta$^{33/22}$pɔ^{33}pɔ^{22}｜特别干燥
澹咯咯 tan$^{24/21}$lə^{22}lə^{42}｜很湿
浑碰碰 hon^{21}pʰɔŋ^{22}pʰɔŋ^{42}｜（水）很浑浊
油滋滋 iu$^{24/21}$tsɯ^{22}tsɯ^{42}｜很油腻
酸罐罐 sən$^{33/22}$kuan^{22}kuan^{42}｜很酸
　　酸溜溜 sən$^{33/22}$liu^{22}liu^{33}
　　酸委委 sən$^{33/22}$ui^{33}ui^{32}
甜溜溜 tĩ$^{33/22}$liu^{22}liu^{33}｜很甜
苦裊裊 kʰɔ$^{32/33}$niãu^{22}niãu^{42}｜很苦
咸咄咄 kian$^{24/21}$tɔʔ^{4}tɔʔ^{32}｜特别咸
咸咯咯 kian$^{24/21}$lə^{22}lə^{45}｜很咸
辣呵呵 lua$^{45/21}$hə^{33}hə^{22}｜很辣
饱东东 pa$^{32/33}$tɔŋ^{33}tɔŋ^{22}｜很饱
枵虎虎 iau$^{33/22}$hɔ$^{32/33}$hɔ^{32}｜很饿
直揆揆 teʔ$^{45/2}$tʰu^{22}tʰu^{42}｜说话很直
活溜溜 gua$^{45/21}$liu^{33}liu^{22}｜（人）很机灵
呆咄咄 gai$^{24/21}$tɔʔ^{4}tɔʔ^{32}｜（人）很呆板
兴搭搭 hen$^{21/22}$taʔ^{4}taʔ^{32}｜很得意
鬼咯咯 kui$^{32/33}$lə^{22}lə^{42}｜很圆滑

（二）虚字

咯 lə⁰｜名词性后缀，表示方位。△路～（路上）、间～（房间里）

嘅 ke^{24}/ke⁰｜①的，结构助词，用于定语与名词性词语之间。△我～书、肥落落～囝囝（胖乎乎的小孩）、去着～所在（去过的地方）。②的。句末语气词。△即穚我晓得～（这事儿我知道的）

呃 e⁰｜的，结构助词，同"嘅"①，"嘅"的弱化变读

嘞 lə⁰｜①了，结构助词，附于动词之后表动作完成语义。△来～侬客（来了客人）、放～学倒去（放了学回家）。②了，句末语气词，用于句末表示变化或出现新的情况。△今年十岁～、即穚我晓得～（这事儿我知道了）

唠 lau⁰｜了，结构助词，附于动词之后表动作完成语义，具有结果意味。△死～三只猪、卖～菜去学堂（卖了菜去学校）

呋 au⁰｜了，结构助词，"唠"的弱化变读

着 tieu^{45}｜①着，结构助词，附于动词之后表动作达到目的或有了结果。

△看～（看见）、拍～头壳（打着脑袋）。②过。结构助词，表经历语义。△去～上海（去过上海）

倒 to³² ｜到，结构助词，附于动词之后表示动作有结果。△书买～嘞（书买到了）、无钓～鱼（没有钓到鱼）

过 kə²¹ ｜过，结构助词，附于动词之后表动作重行，有更正、弥补语义。△作文无写好写～（作文没有写好重新写）

一下 [tse⁰] ｜结构助词，附于动词之后表示动作短暂或尝试，由动词之后表示动量小的数量词"一下[tseʔ⁴⁵′² e²¹]"弱化减缩而成。△汝看～（你看看、你看一看）

添 tʰĩ³³ ｜结构助词，附于动词之后表示动作重行，有补足数量语义。△食～（再吃）、食碗～（再吃一碗）

得 təʔ³²′⁰ ｜得，结构助词，用于动词、形容词与其补语之间。△好～很

叻 ləʔ⁰ ｜得，结构助词，同"得"，"得 təʔ³²"的弱化变读

噶 kə⁰ ｜结构助词，用于动词、形容词与其结果补语之间。"遘 kau²¹"（到）的弱化变读。△拍～死死（打死）

嘚 tə⁰ ｜①在动词后，作动词的补语，表示人或事物的位置。△睏～铺咯（睏在床上）。②住，动词，作动词的补语，表示牢固稳当。△记～（记住）。③着，"倒 to³²"的弱化变读。△坐～、坐～看书

啦 la⁰ ｜句末语气词，表示变化或出现新的情况。△呾嘞一句，依无看着啦！（说了一句，人不见啦！）

咖 ka⁰ ｜句末语气词，"嗰啊"的合音变读，相当于普通话的"的呀"，表示肯定和惊叹的语气。△无想到伊侬有即哇呆～！（没有想到他人有这么傻的呀！）

呀 ia⁰ ｜句末语气词，表示惊讶。△即哇贵呀！（这么贵呀！）

噢 ɔ⁰ ｜句末语气词，表示催促、祈求。△快囝去～！（快点儿去噢！）

喏 nõ⁰ ｜句末语气词，表示确认事实，使对方信服（含有指示兼夸张的语气），相当于普通话的"呢"。△汝看即是恁爹买互我呃手机～！（你看这是父亲买给我的手机呢！）

呢 nẽ⁰/nĩ⁰ ｜①句末语气词，表示疑问。△即是仕侬呃书～？（这是谁的书呢？）②句中语气词，表示停顿。△后尾～伊就考倒嘞（后来呢他就考上了）

吗 mã⁰ ｜句末语气词，表示疑问。△即本书汝卜～？（这本书你要吗？）

嚜 mẽ⁰ ｜句末语气词，表示疑问，有商询意味。△即本书汝卜～？（这本书你要吗？）

第四章　紫湖闽南话语法

语法是语言的结构规则，包括结构成分和结构方式。方言语法主要指方言中除了与共同语相同的以外而具有方言特色的那部分结构成分和结构方式。方言语法的特点也需要通过方言与共同语以及其他方言的比较来显示。本章考察紫湖闽南话语法的主要特点，并录列紫湖闽南话的语法例句。

第一节　词法特点

词法是词的构成及其变化的规则。本节考察紫湖闽南话中名词（包括方位词）、动词、形容词、代词和副词、介词、助词等各类实词、虚词在构成和运用方面具有方言特色的语法面貌。

一　名词词缀和表性动物名称以及方位词的构成

紫湖闽南话名词的语法特点主要考察几个名词词缀和表性动物名称的构成，方位词的构成也附于此予以讨论。

（一）名词词缀

1. 亲属称谓名词前缀"恁[len^{32}]"

亲属称谓在语言中属于使用频率很高、稳定性较强的基本词汇。方言的特色往往在亲属称谓的构成上有所表现。紫湖闽南话中亲属称谓最具特色的是有一个构词前缀"恁[len^{32}]"。以下是紫湖闽南话中以"恁[len^{32}]"为前缀构成的亲属称谓词语：

（01）恁太 len$^{32/33}$tʰai$^{21/42}$（曾祖父）　　恁公 len$^{32/33}$koŋ$^{33/22}$（祖父）
　　　恁妈 len$^{32/33}$mã^{32}（祖母）　　　　恁爹 len$^{32/33}$tia$^{33/42}$（父亲）
　　　恁妈 len$^{32/33}$ba^{32}（母亲）　　　　恁伯 len$^{32/33}$pe^{42}（伯父）
　　　恁姆 len$^{32/33}$m̩^{32}（伯母）　　　　恁叔 len$^{32/33}$tse^{42}（叔父）
　　　恁婶 len$^{32/33}$tsen^{32}（叔母）　　　恁舅 len$^{32/33}$ku^{45}（舅父）
　　　恁妗 len$^{32/33}$ken^{45}（舅母）　　　恁婆 len$^{32/33}$po^{24}（姨母）

以上亲属称谓词语都用于称呼长辈亲属，且多用于面称。例如：

（02）曾祖父：

恁太 len³²/³³tʰai²¹/⁴²（面称）——太公 tʰai²¹/³³kɔŋ³³/²²（背称）

祖父：

恁公 len³²/³³kɔŋ³³/²²（面称）——公 kɔŋ³³（背称）

祖母：

恁妈 len³²/³³mã³²（面称）——妈 mã³²（背称）

父亲：

恁爹 len³²/³³tia³³/⁴²/爹 tia³³/⁴²（面称）——老岁 lau⁴⁵/²¹hə²¹（背称）

母亲：

恁妈 len³²/³³ba³²/妈妈 mã³³mã³²（面称）

——老母 lau⁴⁵/²¹bu³²（背称）

"恁太 len³²/³³tʰai²¹/⁴²""恁公 len³²/³³kɔŋ³³/²²""恁妈 len³²/³³mã³²"是唯一的面称形式，"恁爹 len³²/³³tia³³/⁴²""恁妈 len³²/³³ba³²"是面称形式之一。再如：

（03）叔父：

叔 tse⁴²/恁叔 len³²/³³tse⁴²（面称）

舅父：

舅 ku⁴⁵/恁舅 len³²/³³ku⁴⁵（面称）

"叔[tse⁴²]"和"恁叔[len³²/³³tse⁴²]""舅[ku⁴⁵]"和"恁舅[]len³²/³³ku⁴⁵]"虽然都可以用作面称，但"叔[tse⁴²]""舅[ku⁴⁵]"一般不单用，多与排行序数连用，比如说"二叔""三舅"，不区分排行顺序时还是多称"恁叔[len³²/³³tse⁴²]""恁舅[len³²/³³ku⁴⁵]"。

紫湖闽南话中的亲属称谓名词前缀"恁[len³²]"，根据本书作者所掌握的资料，在本土闽南方言和赣东北闽南方言的其他许多地点方言中，都未见使用的情况。关于"恁[len³²]"的音义来源以及记录用字，询之紫湖当地的前辈读书人，以为其义在表示尊敬，可以写作"令"字。但"令"为古去声浊声母字，作前字时并不变读33调值。本书记词所用的第二人称形式"恁"（你们）字读上声，作前字时变读恰好是33调值，这一前缀从语音上看与"恁[len³²]"完全同音。再说从语义联系上看，汉语中亲属称谓构成也与人称形式有所关联，比如共同语中"他爹""他三舅"之类。就闽南方言的情况看，本书作者所见《泉州方言与文化》一书有"引公[in⁵⁵kɔŋ³³]（祖父）""引妈[in⁵⁵mã⁵⁵]（祖母）"①两词，其中"引"则似应与第三人称复数

---

① 参见王建设、张甘荔著《泉州方言与文化（下）》，两词国际音标写法和调值标示按本书体例有所调整。鹭江出版社1994年版，第184页。

"伫 [in³³]（他）"有关联。

在本土闽南方言比如泉州话、厦门话中，也有"恁爸""恁母"的说法，但不属于亲属称谓而是用于自称，且含义较粗鄙，相当于普通话的"老子""老娘"。[①]这与紫湖闽南话中作亲属称谓名词前缀的"恁[len³²]"在语义色彩上是迥异的，不过还是可以为本书确定用第二人称形式"恁"字作为这一富有特色的亲属称谓前缀的本字，提供一定的佐证。

2．名词小称后缀"囝[kiã³²]"和"呦[niũ³²]"

（1）"囝[kiã³²]"

"囝"是紫湖闽南话中最常用的一个名词词缀。词缀"囝"由词根演变而来。"囝"本义为"儿子"，是闽方言的一个特征词。《集韵·狝韵》"九件切"下："闽人呼儿曰囝。""囝"称"儿子"，必须独立成词。作为常用的构词语素，"囝"作词根时，除了表示"儿子"语义以外，扩大称谓范围不区分性别用以称"子女"，并进一步引申用以称"孩子"。例如：

（01） i³³ u⁴⁵ sã³³ᐟ²² ke²⁴ kiã³²ᐟ³³zi³², tseʔ⁴⁵ᐟ² ke²⁴ kiã³², lən⁴⁵ᐟ²¹ ke²⁴ tsa³³ᐟ²² bɔ³²ᐟ³³kiã³²。

　　伊有三个囝儿，一个囝，两个查某囝。（他有三个子女，一个儿子，两个女儿）

（02）囝孙 kiã³²ᐟ³³son³³ᐟ²²（子孙）　　　契囝 kʰue²¹ᐟ²²kiã³²（干儿子）

　　丈夫囝 ta²¹ᐟ²²pɔ³³kiã³²（男孩儿）

　　查某囝 tsa³³ᐟ²²bɔ³²ᐟ³³kiã³²（女孩儿）

　　月里囝 gə⁴⁵ᐟ²¹lai⁴⁵ᐟ²¹kiã³²（婴儿）　师囝 sai³³kiã³²（徒弟）

上述两例，"囝孙""契囝"中的"囝"都用"儿子"本义，"囝儿"中的"囝"指"子女"，"丈夫囝""查某囝""月里囝""师囝"中的"囝"都表"孩子"引申义。

"囝"的意义进一步虚化成为词缀，主要充当名词词缀。这些名词分别是称人名词、动植物名词和无生物名词。例如：

（03）A．新妇囝 sen³³ᐟ²²pu⁴⁵ᐟ²¹kiã³²（童养媳）

　　　B．单身囝 tuã³³ᐟ²²sen³³ᐟ²²kiã³²（单身汉）

　　　　老妈囝 lau⁴⁵ᐟ²¹mã³²ᐟ³³kiã³²（老太太）

　　　　后生囝 hau²¹sĩ³³kiã³²（小伙子）

　　　　同姒囝 tan²⁴ᐟ²¹sai²¹ᐟ³³kiã³²（妯娌）

　　　　兄弟囝 hiã³³ᐟ²²ti⁴⁵ᐟ²¹kiã³²（兄弟）

　　　C．戏囝 hi²¹ᐟ³³kiã³²（戏子）

[①] 参见周长楫主编《闽南方言大词典》，福建人民出版社2007年版，第351页。

婊囝 piau³²/³³kiã³²（婊子）

D. 分糜囝 pon³³mãi³³kiã³²（乞丐。分糜：讨饭）

天吊囝 tʰĩ³³/²²tiau²¹kiã³²（天杀的。骂人话）

否囝 pʰai³²/³³kiã³²（流氓恶棍。否：坏）

上述例（03）中的称人名词，A 类词的"囝"带有从"儿子、孩子"引申出来的表小的附加义，"新妇囝"与"新妇（儿媳）"相比较，是可以称作"小"媳妇的。B 类、C 类词中"囝"仅是一个无附加义的构词词缀。其中 B 类中"单身囝""老妈囝"的"囝"是构词所必需的；"后生囝""同姒囝""兄弟囝"的"囝"可以省说，"囝"带有表亲昵的附加义。D 类词的词根是动词、形容词性的，"囝"带有从"小"引申出来的表轻蔑的附加义。

（04）A. 牛囝 gu²⁴/²¹kiã³²（牛犊）

鸡母囝 kue³³bu³²/³³kiã³²（小母鸡）

树囝 tsʰiu²¹kiã³²（树苗）

芋囝 ɔ²¹kiã³²（芋头子）

B. 豹囝 pa²¹/³³kiã³²（豹子）

兔囝 tʰɔ³²/³³kiã³²（兔子）

燕囝 ĩ²¹/³³kiã³²（燕子）

蒜囝 sən²¹/³³kiã³²（大蒜，整株的）

韭囝 ku³²/³³kiã³²（韭菜）

李囝 li³²/³³kiã³²（李子）

上述例（04）中的动植物名词，A 类词的"囝"带有从"儿子、孩子"引申出来的表小的附加义，"牛囝""鸡囝""鸡母囝""芋囝"与"牛""鸡""鸡母（母鸡）""芋母（母芋头）"相比较都是小的，"树囝"与长成了的树相比较也是小的树。B 类词所表示动植物从形体看一般也较小（"豹囝"除外），但词缀"囝"本身并不具有表小义，故称说小兔子时还需再加上表小的"囝"构成"兔囝囝[tʰɔ³²/³³kiã³²/³³kiã³²]"的说法。

（05）A. 饭店囝 pon²¹tuĩ²¹/³³kiã³²（小饭馆）

肠囝 tən²⁴/²¹kiã³²（小肠）

雨毛囝 hɔ⁴⁵/²¹bən²⁴/³³kiã³²（毛毛雨）

手巾囝 tsʰiu³²/³³kən³³/²²kiã³²（手绢）

头毛囝 tʰau²⁴/²¹bən²⁴/²¹kiã³²（刘海）

暗暝囝 an²¹/²²mĩ²⁴/²¹kiã³²（傍晚）

食动喙囝 tsiaʔ⁴⁵/²tan²¹tsʰui²¹/²²kiã³²（吃零食。动喙：动嘴）

B. 耳囝 hi⁴⁵/²¹kiã³²（耳朵）

指儿头囝 tsen$^{32/33}$tʰau$^{24/21}$kiã^{32}（手指）
巷囝 han^{21}kiã^{32}（巷子）
炮囝 pʰau$^{21/22}$kiã^{32}（爆竹）
包车囝 pau^{33}tsʰia$^{33/22}$kiã^{32}（小轿车）

上述例（05）中的无生物名词，A类词的"囝"都带有表小的附加义："饭店囝"是小的饭店，"肠囝"是与"大肠"相比较的，"雨毛囝"是很小的雨，"手巾囝"比"手巾（一种长毛巾）"相对更小，"头毛囝"对全部头发来说就是小的"头毛（头发）"，"暗暝囝"还不是非常晚的"暗暝（夜晚）"，"食动喙囝"只是吃点小零食而不是正儿八经的"大"吃。B类词所称说的无生物从形体看一般也较小，但词缀"囝"本身并不起着表小的作用。

词缀"囝"还可以表示数量的少。例如：

（06）A．一下囝 tseʔ$^{45/2}$e$^{45/21}$kiã^{32}（一会儿）
　　　一滴囝 tseʔ$^{45/2}$ti$^{42/33}$kiã^{32}（一点儿）
　　B．〔有〕点囝〔u^{45}〕ten$^{32/33}$kiã^{32}（〔有〕点儿）
　　　〔差〕滴囝[tsʰa^{33}]ti$^{42/33}$kiã^{32}（〔差〕点儿）
　　C．好囝 ho^{32}kiã^{0}（好点。△病较~嘞：病好些了）
　　　快囝 kʰuai^{21}kiã^{0}（快点。△~走，走~）

上述例（05）中，A、B两类词"囝"附于表示少量的数量结构或量词之后，有了帮助表数量少的意味。A类词中须有表数量少的"一"，B类词量词前不带"一"，直接附于动词"有""差"之后构成表示程度轻的副词。C类词"囝"直接附于形容词之后成为量词，表示略微的意思。

（2）"呦[niũ^{32}]"

"呦"是紫湖闽南话中与"囝"有关的一个具有表小义的名词词缀。"呦"附于"囝"之后，作为一个复音节的词缀"囝呦"，附于某些动物名词之后构成小称。例如：

（07）鸡囝呦 kue^{33}kiã$^{32/33}$niũ^{32}（小鸡儿）
　　　鸭囝呦 a$^{42/33}$kiã$^{32/33}$niũ^{32}（小鸭儿）
　　　兔囝呦 tʰɔ$^{32/33}$kiã$^{32/33}$niũ^{32}（小兔儿）

例（07）中这类动物名词小称，不仅有表小义，而且还有表示亲昵的附加义。

（二）表性动物名称的构成

汉语中称呼动物需要指称其性别时，一般由动物总名语素加表性语素构成表性动物名称。这类表性动物名称中，表性语素有位于动物总名语素之前（表性语素 + 动物总名语素）和位于动物总名语素之后（动物总名语素 + 表性语素）的两种结构位置，其构造格式可以按表性语素的位置分为"前位式"和"后位式"两种。汉语方言的表性动物名称通过构造格式以及所使用的表性语素显示其区域性特点。

紫湖闽南话中表性动词名称主要为"后位式"结构，所使用的表性语素主要有"牨[kan^{32}]""牯[kɔ^{32}]"（雄性动物）和"母[bu^{32}]"（雌性动物）。例如：

雄性动物

公牛：牛牯 gu$^{24/21}$kɔ^{32}　　　　　　　牛牨 gu$^{24/21}$kan^{32}

公猪：猪牯 tɯ$^{33/22}$kɔ^{32}（专指用于交配的那种）

公狗：狗牯 kau$^{32/33}$kɔ^{32}

公羊：羊牯 iũ$^{24/21}$kɔ^{32}

公猫：猫牯 niãu$^{33/22}$kɔ^{32}　　　　　　猫牨 niãu$^{33/22}$ kan^{32}

公老虎：虎牯 hɔ$^{32/33}$kɔ^{32}

雌性动物

母牛：牛母 gu$^{24/21}$bu^{32}

母狗：狗母 kau$^{32/33}$bu^{32}

母猫：猫母 niãu$^{33/22}$bu^{32}

母猪：猪母 tɯ$^{33/22}$bu^{32}（专指用于繁殖生小猪的那种）

母鸡：鸡母 kue$^{33/22}$bu^{32}

母老虎：虎母 hɔ$^{32/33}$bu^{32}

母鸭：鸭母 a$^{42/33}$bu^{32}

雄性动词名称表性语素还有使用"角[kaʔ^{32}]"和"公[kɔŋ^{33}]"的。例如：

公鸭：鸭角 a$^{42/33}$kaʔ^{32}　　　　　　公鸡：鸡角 kue$^{33/22}$kaʔ^{32}

公猪：猪公 tɯ^{33}kɔŋ$^{33/22}$（一般称说）

"角[kaʔ^{32}]"只用于构成雄性家禽名称。"公[kɔŋ^{33}]"表猪雄性只能位于前位。

表性语素"牯""母"还有构成不表示性别的事物名词的用法。例如：

虱母 saʔ$^{32/4}$bu^{32}（虱子）

拳头母 kon$^{24/21}$tʰau$^{24/21}$bu（拳头）

石头牯 tsieu$^{45/21}$tʰau$^{24/21}$kɔ^{32}（大的、圆形的石头）

"虱母"是动物名词但不表示性别。"拳头母"是人体的部位，"石头牯"是无生物，也不涉及表示性别。

（三）方位词的构成

方位词表示方向和相对位置关系以及处所名称。方位词按结构特点可以分为单纯方位词和合成方位词两类。

紫湖闽南话的单纯方位词有：

a. 东 tan^{33}　　　南 lan^{24}　　　西 sai^{33}　　　北 paʔ^{32}

b. 顶 ten³² 下 e⁴⁵ 前 tsuĩ²⁴ 后 au⁴⁵ 里 lai⁴⁵ 外 gua²¹
c. 爿 puĩ²⁴ 面 ben²¹
d. 底 tue³² 头 tʰau²⁴ 骹 kʰa³³ 尾 bə³² 墘 kĩ²⁴
e. 咯 lə⁰

上述单纯方位词中，a 组表示方向，b 组、c 组、d 组和 e 组表示位置。

紫湖闽南话中单纯方位词较少单独使用。a 组单纯方位词可以构成某些地理名词，例如"溪东""北坪"，或者用于某些固定说法，例如"东呾西呾（七说八说）""走东走西（走了很多地方）"。

b 组单纯方位词可以单独附于名词之后，比如说"厝顶（房子上面）""桌下""面前""山后""城里""大门外"，但较少使用。须注意紫湖闽南话口语中无方位词"上"，与普通话"上"相当的方位词是"顶"。

c 组单纯方位词中"爿"和"面"意义相同，表示方向的 a 组单纯方位词更主要的是与 c 组中的"爿""面"构成合成方位词：

东爿 tan³³puĩ²⁴　　南爿 lan²⁴puĩ³⁴　　西爿 sai⁵³puĩ²⁴
北爿 paʔ³²/⁴puĩ²⁴　东面 tan³³ben²¹　　南面 lan²⁴ben²¹
西面 sai³³ben²¹　　北面 paʔ³²/⁴ben²¹

b 组单纯方位词可以与 c 组单纯方位词构成合成方位词：

顶爿 ten³²/³³puĩ²⁴　　下爿 e⁴⁵/²¹puĩ²⁴　　前爿 tsuĩ²⁴puĩ²⁴
后爿 au⁴⁵/²¹puĩ²⁴　　里爿 lai⁴⁵/²¹puĩ²⁴　　外爿 gua²¹puĩ²⁴
顶面 ten³²/³³ben²¹　　下面 e⁴⁵/²¹ben²¹　　前面 tsuĩ²⁴ben²¹
后面 au⁴⁵/²¹ben²¹　　里面 lai⁴⁵ben²¹　　外面 gua²¹ben²¹

d 组单纯方位词主要附于名词之后构成合成方位词：

涂底 tʰɔ²⁴/²¹tue³²（地底下）
铺骹 pʰɔ³³kʰa³³/²²（床底下）
厝脊尾 tsʰu²¹/²²tseʔ³²/⁴bə³²（屋顶上）
横头 huĩ²⁴/²¹tʰau²⁴（物体横着的一端）
桌墘 to⁴²/³³kĩ²⁴（桌子的边沿）

e 组有一个单独的单纯方位词"咯[lə⁰]"。"咯"的使用范围比较广，一般附于名词之后表示方位、处所及范围。表示事物的位置时，相当于普通话中的方位词"上"；表示事物的处所和范围时，相当于普通话中的方位词"里"。例如：

天咯 tʰĩ³³/²²lə⁰（天上）　　路咯 lɔ²¹lə⁰（路上）
铺咯 pʰɔ³³lə⁰（床上）　　街路咯 kue³³/²²lɔ²¹lə⁰（街上）
门咯 bən²⁴lə⁰（门上）　　边咯 pĩ³³/²²lə⁰（边上）
车咯 tsʰia³³lə⁰（车上）

　　　　　手咯 tsʰiu³²lə⁰（手里）　　　　　心咯 sen³³/²²lə⁰（心里）
　　　　　溪咯 kʰue³³ lə⁰（河里）
　　紫湖闽南话中方位词构成与指示空间的指示代词也有关系。例如：
　　　　　许里 hə⁴²/³³lai⁴⁵（里面）　　　　即里 tseʔ³²/⁴lai⁴⁵（里面）
　　　　　许顶 hə⁴²/³³ten³²（上面）
　　　　　许外 hə⁴²/³³gua²¹（外面）
　　　　　　　　　　　　　　　　　　　　即底 tseʔ³²/⁴tue³²（下面）

　　上述合成方位词由单纯方位词前加指示代词"许[hə⁴²]（那）""即[tseʔ³²]（这）"构成。特别值得注意的是，"里"可以分别前加远指代词"许"和近指代词"即"，"顶"和"外"只能前加远指代词"许"，"底"只能前加近指代词"即"。方位词构成与指示空间的指示代词之所以有这样的选择组合，应该取决于语言使用者的语境空间意识。说话人身处某处所，指称外面只能用表远指的"许"；称说里面，则有指称身边所处的里面和身边以外的里面的分别，需以表近指的"即"和表远指的"许"加以确定；由于人说话时一般都在地面上，指称上面，适合使用表远指的"许"，指称下面，则适合使用表近指的"即"。

　　关于位置"左""右"的方位词：

　　紫湖闽南话中右边称"正手〔爿〕[tsiã²¹/²²tsʰiu³²〔puĩ²¹〕]（正手边）"，左手称"囗手〔爿〕[mãi³³tsʰiu³²〔puĩ²¹〕]（反手边）"。因一般人惯用右手，右手为正。又礼俗八仙桌上座两个座位以左为尊，故左边又称"大爿[tua²¹puĩ²¹]（大边）"，右边又称"细爿[sue²¹/²²puĩ²¹]（小边）"。

二　动词的体

　　考察紫湖闽南话的动词，着重考察动词体的表达情况。

　　"体"是一种表示动作行为进行状态的重要语法范畴。汉语中的体主要以附加虚词的语法形式来表现。汉语表现体的形态手段大都从词汇手段变化而来，其具体来源复杂，虚化程度不一，同时方言与共同语之间在体的形式和意义方面也往往有较大差异。因此，体的表达是考察方言动词特点的重要方面。

　　本书对紫湖闽南话中动词体的面貌作系统考察。以下把动词（包括动词短语以及动词化的形容词）体的形式即动词与其所带虚词的组合称为体结构，体结构中作为附加成分的虚词称为体标记，体标记所表示的语法意义称为体意义。

（一）进行体

　　进行体表示动作正在进行。普通话中动词的进行体有体标记在动词之前的前标式体结构"在 + 动词"和体标记在动词之后的后标式体结构"动词 + 着"的两种体结构。比如"他在看书""他看着书"。这两种体结构还可以糅合使用，比如"他在看着书"。

紫湖闽南话中没有后标式进行体结构，有与普通话"在 + 动词"结构同结构类型的"那[nã²¹] + 动词"的前标式进行体结构。前标式的进行体标记是副词"那[nã²¹]"。例如：

（01）hə³²/³³gua²¹ nã²¹ lo⁴⁵/²¹hɔ⁴⁵，bo²⁴/²¹huaʔ³²/⁴ tsʰoʔ³²kʰɯ²¹。
　　 许外那落雨，无法出去。（外面在下着雨，没法出门。）
（02）kʰue³³ lə⁰ u⁴⁵/²¹ hɔŋ⁴² tsue²¹ hɯ²¹kiã³² nã²¹ iu²⁴。
　　 溪咯有□秾鱼团那游。（河里有许多小鱼在游着。）

表示进行体意义的"那[nã²¹]"还可以说成"那货[nã²¹hə²¹]"。例如：

（03）hə⁴⁵gua²¹ nã²¹hə²¹ lo⁴⁵/²¹ hɔ⁴⁵，tieu²¹ tua²¹/²² hɔ⁴⁵/²¹suã²¹。
　　 许外那货落雨，着带雨伞。（外头在下雨，要带伞。）
（04）lɯ³² nã²¹ tsʰiũ²¹/²² siã⁴²？——gua³² bo²⁴/²¹ tsʰiũ²¹，gua³² nã²¹hə²¹ pan²¹/²² loʔ⁴⁵/²en³³/²²。
　　 汝那唱什？——我无唱，我那货放录音。（你在唱什么？——我没在唱，我放着录音呢。）

与普通话中的进行体标记"在"一样，紫湖闽南话中作进行体标记的成分由表存在意义的实义动词虚化而来。紫湖闽南话中，与"那货[nã²¹hə²¹]"有相同作用的还有"伫货[tɯ⁴⁵hə²¹]""跍货[kʰu³²/³³hə²¹]"。例如：

（05）sĩ³³sĩ³³/²² tɯ⁴⁵hə²¹ kʰon²¹，m̩²¹tʰan³³ hua⁴² i³³/²²。
　　 先生伫货睏，怀通喝伊。（老师正在睡觉，别喊他。）
（06）ken³²/³³kiã³²/³³sai³² kʰu³²/³³hə²¹ hau³²，kʰuai²¹ kiã³²/⁰ kʰɯ²¹ pʰo⁴⁵ tse⁰ i³³/²²。
　　 团团屎跍货吼，快团去抱一下伊。（小孩正在哭，快去抱抱他。）

"伫货[tɯ⁴⁵hə²¹]""跍货[kʰu³²/³³hə²¹]"和"那货[nã²¹hə²¹]"中的"货[hə²¹]"实际上是一个表示处所（表"那里"义）的指示代词，只不过在进行体结构中"货[hə²¹]"的处所义已经虚化。这种虚化的情况在上述例（04）中表现得很突出。例（03）"许外那货落雨"，因为"落雨"所发生的场所"许外"位于说话人语境空间意识中的远处，"货"似乎还可见指示空间的语义，但在例（04）中，"我那货放录音"所言是说话者自身所进行的动作，"货"显然不会有表示近指的语义，"那货[nã²¹hə²¹]"已经完全凝固并虚化为一个纯粹的体标记成分。

"那货[nã²¹hə²¹]"与"伫货[tɯ⁴⁵hə²¹]""跍[kʰu³²/³³hə²¹]"语义和功能相同。"伫[tɯ⁴⁵]"和"跍[[kʰu³²]"都有动词的用法，比如说"老王伫许厝（老王在家里）",可见"那[nã²¹]"应也具备表示存在的语义。只是在现实语用中,由于"那[nã²¹]"比"伫[tɯ⁴⁵]"和"跍[[kʰu³²]"更经常用作进行体标记,一般不再用于表示存在,比如不说"老王那[nã²¹]许厝","那[nã²¹]"仅具有时间副词的语义和功能。

表正在进行时间意义的"那[nã²¹]"还可以叠用,即两个"那[nã²¹]"分别置于两个动词前面,表示两项动作同时正在进行,"那[nã²¹]……那[nã²¹]……"的叠用格式语义大致相当于普通话中的"一边……一边……"。例如:

(07) lən²¹ ke²⁴ᐟ⁰ lan²⁴ nã²¹ᐟ⁴⁵ tsau³² nã²¹ᐟ⁴⁵ tã²¹, tseʔ⁴⁵ᐟ²e⁴⁵ᐟ²¹kiã³² tsiu²¹ kau²¹ lə⁰。
两个侬那走那呾,一下囝就遭嘞。(两人一边走一边说,一会儿就到了。)

(二)完成体

完成体表示动作或事件的完成。普通话中以助词"了"为完成体标记,"了"附于动词之后构成"动词 + 了"格式的完成体结构,表达动作、事件"完成"的体意义。比如"吃了饭再去学校"中的"吃了"。普通话中"了"还可以用于句子末尾,表示动作行为所产生的状况已经成为事实,即表示"已然"意义。一般把表示完成的"了"称作"了₁",把表示已然的"了"称作"了₂"。

仔细考察,完成体所表示的语义包含有两种:一种语义表示动作或变化在某一参照时点已经完毕,另一种语义表示动作或变化在某一参照时点已经生成某种结果。前一种"完成"语义的表达关注点在动作或变化"过程的结束",后一种"完成"语义的表达关注点在动作或变化"结果的产生"。为了有所分别,本书称表示前一种语义的完成体为"过程完成体",表示后一种语义的完成体为"结果完成体"。

在普通话中,完成体的体标记只有"了"一个。"了"在作完成体标记时,兼具表过程完成意义和结果完成意义的功能。例如:

a. 在南昌住了两年。　　　　　b. 拆了旧房子建新房子。

a 句中的"了"表示的是过程完成意义,可以称为"了₁a";b 句中的"了"表示的是结果完成意义,可以称为"了₁b"。由于普通话中"了₁a"与"了₁b"同形,研究者一般也对普通话中"了₁"所包含的两种"完成"语义不加以区分。

紫湖闽南话中完成体结构格式与普通话相同,有所差异的是与普通话的"了₁"相对应的完成体标记的形式。紫湖闽南话中作动词完成体标记的有"嘞[lə⁰]"和"唠[lau⁰]""呋[au⁰]"3 个助词。由于"呋[au⁰]"实际上是"唠[lau⁰]"的弱化变读,紫湖闽南话中的完成体标记应该是"嘞[lə⁰]"和"唠

[lau⁰]"（"吥[au⁰]"）两个。就两个助词参与构成完成体结构的情况看，在表示具体完成语义上还是有类型差异的。例如：

（01）gua³² tu⁴⁵ lan²⁴ᐟ²¹tsʰiɔŋ³³ᐟ²² kʰia⁴⁵ lə⁰ lən²¹ nĩ²⁴ lə⁰。
　　　我伫南昌徛嘞两年嘞。（我在南昌住了两年了。）

（02）en³³ tsiaʔ⁴⁵ᐟ² lə⁰ an²¹ᐟ³³mãi³³ᐟ²² kʰu²¹ᐟ²² kʰuã²¹ᐟ³³ hi²¹ lə⁰。
　　　佢食嘞暗糜去看戏嘞。（他们吃过晚饭看戏去了。）

（03）tso²¹zeʔ⁴⁵ lau⁴⁵ᐟ²¹ɔŋ²⁴ tiau²¹ lə⁰ tseʔ⁴⁵ᐟ² bə³² tua²¹hu²⁴，gua³² bo²⁴ᐟ²¹ tiau²¹ᐟ²² to³²ᐟ³³ hu²⁴。
　　　昨日老王钓嘞一尾大鱼，我无钓倒鱼。（昨天老王钓了一条大鱼，我没有钓到鱼。）

（04）i³³ hə⁴²ᐟ³³tsʰu²¹ tseʔ⁴⁵ᐟ²kau³³hə³² si³² au⁰ sã³³ tsia⁴² tu³³ᐟ²²。
　　　伊许厝一交火死吥三只猪。（他家一下子死了三头猪。）

（05）gua³² sue³² lau⁰ eʔ⁴⁵ la⁰，ken³³nuã²¹ m̩²¹ pʰa⁴² lan²⁴ᐟ²¹kiu²⁴ lə⁰。
　　　我洗唠浴啦，今旦怀拍篮球嘞。（我洗好澡啦，今天不打篮球了。）

例（01）中完成体结构"徛嘞"表达的只能是过程完成意义，因为"徛"的动作本无所谓结果，"嘞"相当于普通话的"了₁a"。例（02）中"食嘞"对于"去看戏"来说主要是突出一个过程阶段，所以可以用"过"来对译，"嘞"也相当于普通话的"了₁a"。例（03）中完成体结构"钓嘞"表达的应兼有过程完成意义和结果完成意义，只是从与"无钓倒"对举表述看，"钓嘞"表示一种"获得"的结果，但在紫湖闽南话中，对于"获得"的结果并不与过程加以区别。只有在例（04）中"死吥"表达一种"去除、消失"的结果的情况下，体标记才使用与"嘞"不同的"唠/吥"，"唠/吥"相当于普通话的"了₁b"。

例（05）中"洗唠浴"虽然也可以对译为"洗过澡"，但完成体结构应该主要在强调动作的完结，所以也可以在对译为普通话时说"洗好澡"。作补语的"好"表示动作"完成、结束"。可见在紫湖闽南话中表示"完结"语义的完成体标记也是与"嘞"不同的"唠/吥"。

紫湖闽南话中的过程完成体标记"嘞[lə⁰]"其语音形式应与普通话的"了[lə⁰]"同形，本书只是为了在字形上有所区别才写作"嘞"。结果完成体标记"唠[lau⁰]""吥[au⁰]"则应该来源于表示"完结"意义的动词"了[liau³²]"。例如：

（06）ue²⁴ pʰai³² au⁰ la⁰。tsʰau³³ᐟ²²pʰieu²¹ en²¹ liau³² la⁰。
　　　鞋否吥啦。钞票用了啦。（鞋子破了。钱用完了。）

例（06）中"否吥"与"用了"对举，表明句中助词"吥[au⁰]"与动词"了[liau³²]"的功用是相同的。动词"了[liau³²]"在句中作补语,表明助词"呋[au⁰]"在结构上也有类似于补语的功能。只是作为体标记的"呋[au⁰]"与动词结合的紧密度要高于补语"了[liau³²]"与动词结合的紧密度。

由于紫湖闽南话中结果完成体标记"唠[lau⁰]""呋[au⁰]"包含有表示动作结果的语义,一些结果完成体结构在对译为普通话时还需使用动词补语成分而不能用"了"。例如:

(07) tʰau²⁴/²¹bo²¹ ha²¹ huan³³ tsʰə³³ au⁰ la⁰。
　　　头帽互风吹呋啦。(帽子被风吹走啦。)

例(07)译说为普通话时就不能说成"帽子被风吹了啦",需以含有"去除"义的动词"走"做补语以表达体标记"呋[au⁰]"的结果语义。

(三)经历体

经历体表示在过去的时间里曾经发生的动作行为或变化,而这个动作行为或变化并未持续到现在。普通话中动词经历体意义的表达方式是以助词"过"作体标记附于动词之后构成"动词 + 过"格式的经历体结构。

紫湖闽南话中动词经历体结构类型与普通话相同,所不同的是动词后附体标记是"着[tieu⁴⁵]"。例如:

(01) i³³ kʰɯ²¹ tieu⁴⁵/²¹ siɔŋ²¹hai³², bo²⁴/²¹ kʰɯ²¹/²² tieu⁴⁵ paʔ³²/⁴kiã³³。
　　　伊去着上海,无去着北京。(他去过上海,没去过北京。)

(02) lɯ³² kaʔ³²/⁴ i³³/²² tã²¹ tieu⁴⁵ tsi⁴² kiã⁴⁵ sɯ²¹ mã⁰? ——gua³² kaʔ³²/⁴ i³³/²² tã²¹ tieu⁴⁵/²¹ la⁰。
　　　汝佮伊呾着即件事吗? ——我佮伊呾着啦。(你告诉过他这件事吗? ——我告诉过他了。)

作经历体标记的助词"着[tieu⁴⁵]"由表示"碰触、挨上"语义的动词"着[tieu⁴⁵]"演变而来。动词"着[tieu⁴⁵]"还有表示"对、正确的"的引申义,并且还可作动词补语,表示动作的结果。因此要注意分别一些形似结构的语义和结构差异。例如:

(03) gua³² bɔ²⁴/²¹ tsʰai³³/²² tieu⁴⁵。//gua³² bɔ²⁴/²¹ tsʰai³³/²² tieu⁴⁵。
　　　我无猜着。(我没有猜过。//我没有猜着。)

(04) gua³² bɔ²⁴/²¹ pʰa⁴² tieu⁴⁵ i³³。//gua³² bɔ²⁴/²¹ pʰa⁴² tieu²¹ i³³。
　　　我无拍着伊。(我没有打过他。//我没有打着他。)

(05) gua³² kʰuã²¹/²² tieu⁴⁵ i³³。//gua³² kʰuã²¹/²² tieu²¹ i³³。
　　　我看着伊。(我见过他。//我看见他。)

例(03)中的"着",分别是经历体标记和表示"对、正确的"语义的形容词;例(04)、(05)中的"着",分别是经历体标记和表示结果意义的动词。例（03）中两个"着"，语音形式相同，是两个同形成分；例（04）、（05）中的两个"着"，语音形式有别，仅在书面上同形。作为经历体标记的"着"，语音特点是连读中不变调。

（四）持续体

持续体表示动作状态的持续，即动作所产生的状态在某一段时间内保持不变。普通话中主要用"动词 ＋ 着"格式表示持续体意义。体结构中的体标记"着 zhe"属于助词，由用于动词之后表示结果意义的动词"着 zháo"虚化而来。

紫湖闽南话中也使用与普通话相同的体标记位于动词之后的后标式持续体结构，只不过体结构中的体标记主要是"嘚[tə⁰]""叻[lə⁰]"，其体结构格式为"动词 ＋ 嘚[tə⁰]/叻[lə⁰]"。例如：

（01）lɯ³² tsə⁴⁵ tə⁰！bian³² kʰia⁴⁵ kʰi³²lai⁰！
　　　汝坐嘚！免徛起来！（你坐着！别站起来！）

（02）to³² tə⁰ kʰuã²¹/²² tsɯ³³/²² bo²⁴/²¹siã⁴² ho³²！
　　　倒嘚看书无什好！（躺着看书不太好！）

（03）bian³²/³³ kɔŋ²⁴！tsə⁴⁵ lə⁰ tã²¹。
　　　免狂！坐叻呾。（别急！坐着讲。）

"嘚[tə⁰]"是动词"倒[to³²]"弱化变读，"叻[lə⁰]"则是"嘚[tə⁰]"的进一步弱化变读。

紫湖闽南话中的持续体结构还有变化的格式。例如：

（04）tã²¹ lə⁰ tã²¹ lə⁰ i³³ hau³² kʰi³²lai²⁴ lə⁰。
　　　呾叻呾叻伊吼起来嘞。（说着说着他哭起来了。）

例（04）中持续体结构"呾叻"叠用作为连动结构的前一动作部分，表示在前一动作状态持续过程中发生后一动作。

持续体所表示的动作状态持续的语义与其他的动作状态有着关联。一些表示其他体意义的句子，也有兼表持续意义的情况。

表示存在的存现句都具有状态持续的性质。在这类存现句中，助词"嘞[lə⁰/la⁰]"附于动词之后，表示某种情况或者动作发生了，且发生后一直保持持续的状态。"嘞[lə⁰/la⁰]"所构成的体结构兼表完成语义和持续语义。例如：

（05）lɔ²¹ lə⁰ tʰen²⁴/²¹ lə⁴⁵ tseʔ⁴⁵/² pe³²/³³ tsʰia³³/²²。
　　　路咯停嘞一把车。（路上停着一辆车。）

（06）pʰɔ³³ lə⁰ to³²/³³ la⁰ tseʔ⁴⁵/² ke²⁴/²¹ lan²⁴。
　　　铺咯倒啦一个侬。（床上躺着一个人。）

从表达功能来看，例（05）、（06）一类句子更倾向于表示动作完成之后状态的持续,故普通话中对应译说时以使用持续体标记"着"为宜。

(07) bən²⁴ kʰui³³ tə⁰ hə²¹,luɯ³² kaʔ(<-a)³³/⁴kiʔ²¹ zeʔ⁴⁵kʰuɯ²¹ tʰue³³。

门开嘚货,汝家己入去捎。(门开着的,你自己进去拿。)

例(07)中持续体结构"开嘚"后附远指处所意义已经虚化的"货[hə²¹]",动词"开"实际已经带有"嘚[tə⁰]""货[hə²¹]"两个体标记,兼表持续和进行两种体意义。

(08) i³³ tã²¹ tse⁰ tã²¹ tse⁰ hau³² kʰi³²/⁰lai⁰ lə⁰。

伊咀一下咀一下吼起来嘞。(他说着说着哭起来了。)

例(08)中动词后附表示动作短暂语义的助词"一下[tse⁰]",本为短暂体标记的"一下[tse⁰]"(见下)置于"动词 + 一下 + 动词 + 一下"的结构之中也因之兼表持续语义。

(五)短暂体

短暂体的语义可以分为两个方面,一表短时,即表示动作行为持续时间的短暂,二表尝试,即表示动作行为的尝试性。由于动作行为的短暂与尝试在语义上有密切的联系,因而这二者常常合一称作短暂体,也称为短时尝试体。普通话中主要用"动词 +〔一〕+ 动词""动词 + 一下""动词重叠式 + 看""动词 + 宾语/补语 + 看"等格式来构成动词的短暂体结构。

紫湖闽南话中的短暂体与普通话结构类型基本相同。例如:

(01) tsau³² a⁰,lan³² tsʰoʔ³²/kʰuɯ²¹ tsiaʔ⁴⁵/²¹tsiaʔ⁴⁵/²¹ te²⁴,tsʰiau³³tsʰiau³³/²² tʰian³³。

走啊,伯出去食食茶,超超天。(走吧,咱们出去喝喝茶,聊聊天。)

(02) gua³² taʔ(<tʰau)²⁴/²kʰaʔ³² u⁴⁵/²¹ ti⁴²/³³kiã³² hen²⁴,siũ³²/³³ kʰuɯ²¹ to³² tse⁰。

我头壳有滴团眩,想去倒一下。(我有点头晕,想去躺一躺。)

(03) luɯ³² tsʰi²¹ tsiaʔ⁴⁵ tse⁰ i³³ lɔŋ²¹ e⁰ tian³²/³³sen³³/²² tsai²¹/²² kʰuɯ²¹。

汝试食一下伊弄呃点心再去。(你尝尝他做的点心再走吧。)

(04) lan²⁴ aʔ³²/⁴ bo²⁴/²¹ kau²¹/²² tsue²⁴,tã³² tseʔ³²e²¹kiã³² tsai²¹/²²tã²¹。

依抑无遘齐,等一下团再咀。(人还没到齐,等一会儿再说。)

上述例(01)由动词重叠式表示短暂语义。要注意的是紫湖闽南话中能重叠的只限于单音节动词,且两个动词之间不能插入数词"一"。例(02)、(03)、(04)中的短暂体标记"一下[tse⁰]"由在动词之后表示动量小的数量词"一下[tseʔ⁴⁵/² e²¹]"弱化减缩而成,具有了助词的性质。

(六)重行体

重行体表示动作重复进行。普通话中一般用"再/重 + 动词 + 补语"

格式的重行体结构。重行体的体标记是"再""重",其位置都是在动词前。"再 + 动词 + 补语"格式与"重 + 动词 + 补语"格式表义有所分别:前式所表语义为先前的动作进行得不够,重行的动作用以补足数量,可称 A 式;后式所表语义为先前的动作进行得不好,重行的动作用以更正、弥补,可称 B 式。

紫湖闽南话中的重行体按体标记位置的不同可以分前标式和后标式两种。前标式的体标记是"再",这种前加式重行体结构格式与普通话相同。能体现出紫湖闽南话重行体方言特色的是后附式重行体结构,有"动词 + 体标记 + 补语"和"动词 + 补语 + 体标记"两种格式。后标重行体标记有"凑""添"和"过"3 个。这种后标式标记还经常和"再"一起构成糅合式。例如:

(01) gua^{32} suĩ$^{33/22}$ kʰu^{21} lə^0, len^{32} lən^{21} ke^0 lan^{24} tsai$^{21/33}$ ke$^{33/22}$ tsə^{45} tseʔ$^{45/2}$ e^{21}。
　　我先去嘞,恁两个侬再加坐一下。(我先走了,你们俩再多坐一会儿。)

(02) lai^{24}, tsai$^{21/22}$ len$^{32/33}$ tseʔ$^{45/2}$ au^{33}! // len$^{32/33}$ tseʔ$^{45/2}$ au^{33} tʰĩ^{33}!
　　来,再啉一瓯!//啉一瓯添!(来,再喝一杯!)

(03) lɯ^{32} aʔ$^{32/4}$si$^{45/21}$ tsia$^{45/2}$ tseʔ$^{45/2}$ uã$^{32/33}$ mãi$^{33/22}$,〔tsai$^{21/33}$〕tsia$^{45/2}$ tseʔ$^{45/2}$ uã^{32} tsʰau$^{21/33}$ tʰĩ$^{33/22}$。
　　汝抑是食一碗糜,〔再〕食一碗凑添。(你才吃了一碗米饭,再吃一碗吧。)

(04) gua^{32} sən^{21} təʔ^0 tʰai^{42} kʰuai^{21} lə^0, sən$^{21/22}$ tsʰo^{21} au^0 la^0, ha^{21} gua^{32} sən$^{21/22}$ kə^{21}/tsai$^{21/22}$ sən^{21} tseʔ$^{45/2}$ pian^{21}。
　　我算得忒快嘞,算错呔啦,互我算过/再算一遍。(我算得太快算错了,让我重新算一遍。)

上述例子中,例(01)、(02)、(03)属于 A 式。其中,例(01)"再加坐一下"的重行体结构与普通话相同;例(02)兼有前标式和后标式两种重行体结构;例(03)中的后标重行体标记是"凑添",由东南方言中通常作后标重行体标记的"凑"和"添"糅合而成。值得注意的是紫湖闽南话中"凑"不单独作重行体标记,比如"再吃一碗"可以说"食一碗添"或"食一碗凑添",但不能说"食一碗凑"。

例(04)属于 B 式。例中"算过一遍"虽然也可以换说成"再算一遍",但不能换说成"算一遍添/凑添",因为不是已经算了的遍数不够,而是已经算了的算错了,需要重新再算。

（七）起始体

起始体表示动作行为的开始。普通话中动词起始体意义主要有两种表达方式：一是在动词前加上具有起始义的动词"开始"构成"开始 ＋ 动词"格式的前标式起始体结构，比如说"开始唱歌了"；二是把趋向意义已经虚化的趋向动词"起来"附于动词之后构成"动词 ＋ 起来"格式的后标式起始体结构，比如说"唱起来了"，而且"起来"中间还可以插入宾语，比如说"唱起歌来"。这两种起始体格式有时候可以结合在一起使用，构成"开始 ＋ 动词 ＋ 起来"格式的糅合式起始体结构，比如说"开始唱起来了"。

紫湖闽南话中起始体结构和体标记与普通话基本相同。例如：

（01）i^{33} $tsiu^{32}$ $tsia?^{45/2}$ $lə^0$ $hən^{42}$ $tsue^{21}$ $lə^0$，$k^hui^{33/22}si^{24}$ $ia^{45}tã^{21}$。
伊酒食嘞□秾嘞，开始野呾。（他酒喝了很多，开始说胡话。）

（02）en^{33} pa^{42} $k^hi^{32}lai^0$ $lə^0$，$k^huai^{21}kiã^{32}$ $k^hɯ^{21}$ $k^hən^{21}kue^{32}$。
個拍起来嘞，快團去劝解。（他们打起来了，快去劝架。）

（03）i^{33} ha^{21} lan^{21} $mã^{21}$ au^0 $tse?^{45/2}$ $tən^{21}$，hau^{32} $k^hi^{32/0}lai^{24/0}$ $lə^0$。
伊互侬骂呎一顿，吼起来嘞。（他被骂了一顿，哭了起来。）

（04）i^{33} $tse?^{45/2}$ $kau^{33/22}hen^{21}$ $tsiu^{21}$ $ts^hiũ^{21/22}$ $k^hi^{32/33}$ $ko^{33/22}$。
伊一高兴就唱起歌。（他一高兴就唱起歌来了。）

（八）已然体

已然体表示动作行为所产生的状况已经成为事实。普通话中在句子末尾附加"了"表示已然语义，例如"我们两人等了你半天了"，其中句中动词后的"了"为"了$_1$"，是表示动作或事件完成了的体助词；句末的"了"称为"了$_2$"，是表已然的语气词，有时也兼表完成，例如"他来了"中的"了"。

紫湖闽南话中已然体的表示方法与普通话一样，使用与完成体同形的标记附加在句子末尾而构成。例如：

（01）en^{33} $tsia?^{45/2}$ $lə^0$ $an^{21/33}mãi^{33/22}$ $k^hɯ^{21/22}$ $k^huã^{21/33}$ hi^{21} $lə^0$。
個食嘞暗糜去看戏嘞。（他们吃过晚饭看戏去了。）

（02）$ken^{32/33}kiã^{32/33}sai^{32}$ $tua^{21}han^{21}$ $lə^0$ $tsiu^{21}$ $m̩^{21}$ $t^hiã^{33}$ $tã^{21/22}hue^{21}lə^0$。
團團屎大汉嘞就怀听呾话嘞。（孩子大了就不听话了。）

（03）ts^hai^{21} bue^{32} $lə^0$ $mã^0$？——$bue^{32}lə^0$。
菜买嘞吗？——买嘞。（买菜了吗？——买了。）

例（01）、（02）句中的"嘞"是完成体标记，句末的"嘞"是已然体标记。

例（03）中问句"菜买嘞吗"中的"嘞"是完成体标记，答句"买嘞"中的"嘞"兼属完成体标记和已然体标记。

语气词用于句子末尾，有的可以借用为已然体标记。例如：

（04）lo⁴⁵/²¹ hɔ⁴⁵ la⁰。hɔ⁴⁵ bo²⁴/²¹ lɔ⁴⁵ la⁰，tĩ³³ bo⁴² tsĩ²⁴ la⁰。

落雨啦。雨无落啦，天卜晴啦。（下雨啦。雨不下啦，天要晴啦。）

（05）gua³² sue³² lauº eʔ⁴⁵ la⁰，ken³³nuã²¹ m²¹ pʰa⁴² lan²⁴/²¹kiu²⁴ la⁰。

我洗唠浴啦，今旦怀拍篮球啦。（我洗过澡啦，今天不打篮球啦。）

例（04）、（05）中句末语气词"啦"都兼有表示已然语义的功能。

由于已然体与其他体实际并不处在一个层面上，因此已然体可以与完成体等其他体叠用。例如：

（06）i³³ kʰia⁴⁵ keº huu⁴² tseʔ⁴⁵/² tə²¹/²² tsʰu²¹to³² lauº lə⁰。

伊徛嘓许一垛厝倒唠嘞。（他住的那幢房子倒塌了。）

（07）ue²⁴ pʰai³² auº la⁰。

鞋否吙啦。（鞋子破啦。）

例（06）中句末完成体标记"唠"与已然体标记"嘞"叠用，例（06）中句末完成体标记"吙"与已然体标记"啦"叠用。

三 形容词的构成格式和程度表达

考察紫湖闽南话的形容词，主要讨论形容词的构成格式和形容词的程度表示两个方面的情况。

（一）形容词的特别构成格式

紫湖闽南话中构成形容词有以下几种比较特别的格式。

1. "大X"式和"细X"式

紫湖闽南话中，形容词"大[tua²¹]"和"细[sue²¹]（小）"可以作为语素分别与量词结合，构成两组彼此对应的"大X"式和"细X"式的复合形容词。例如：

大只 tua²¹tsia⁴²　　　　　细只 sue²¹/²²tsia⁴²
大碗 tua²¹uã³²　　　　　　细碗 sue²¹/²² uã³²

"只"是专用量词，"碗"是借用量词。"大只"和"细只"分别描写以"只"计量的物体体积大或体积小，"大碗"和"细碗"分别描写"碗"所容盛的物体的量大或量小。例如：

（01）tsi⁴² tsia⁴²/⁰ lau⁴⁵/²¹ hɔ³² tsen³³ tua²¹ tsia⁴²，huɹ⁴² tsia⁴² lau⁴⁵/²¹ hɔ³² hua⁴² sue²¹/²² tsia⁴²。

即只老虎真大只，许只老虎喝细只。（这只老虎真大，那只老虎那么小。）

（02）tsua⁴² tua²¹ uã³² mãi³³ tsiaʔ⁴⁵ᐟ² be⁴⁵ᐟ²¹ lo⁴⁵。
即哇[tsua⁴²]大碗糜食岭落。（这么大碗的饭吃不下。）
tsua⁴² sue²¹ᐟ²² uã³² mãi³³ bo²⁴ᐟ²¹ kau²¹ᐟ²² tsiaʔ⁴⁵。
即哇[tsua⁴²]细碗糜无够食。（这么小碗的饭不够吃。）

专用量词所构成的"大X"式和"细X"式形容词，只是一般地描写物体体积的大和小；借用容器为量词所构成的"大X"式和"细X"式形容词，除了描写容器本身的大和小以外，还有描写容器容盛物体是否饱满。比如说"糜大碗"，不仅是碗大，盛得也很满，说"糜细碗"，不仅是碗小，盛得也不满。

紫湖闽南话中有部分量词可以与"大"和"细"组合构成"大X"式和"细X"式的对应形容词，有：

个 ke²⁴｜①个。△一～侬（一个人） ②只。△一～鸡
爿 puĩ²⁴｜堵。△一～墙
喙 tsʰui²¹｜口。△啉一～水（喝一口水）
口 kʰau³²｜△一～井、一～鼎（一口锅）
尾 bə³²｜条。△一～鱼、一～蛇
丘 kʰu³³｜块。△一～田
厢 siũ³³｜畦。△一～菜地
堆 tui³³｜△一～沙
垛 tə²¹｜①块。△一～豆腐。②元。△一～钱。③片。△一～云。④个。△一～碗。⑤把。△一～交椅。⑥张。△一～桌（一张桌子）。⑦所。△一～厝（一所房子）。⑧座。△一～桥
支 ki³³｜①根。△一～头毛（一根头发）、一～薰（一根香烟）。②把。△一～刀。③条。△一～扁担
把 pe³²｜△一～刀、一～锄头、一～秤、一～芹菜
摸 mĩ³³｜把。△一～米
皮 pʰə²⁴｜片。△一～箬（一片叶子）
□ pʰu⁴⁵｜①丛。△一～草。②窝。△一～蜂
箍 kʰɔ³³｜①段。△一～柴（一段木头）。②截。△一～甘蔗
瓶 pʰen²⁴｜△一～醋
瓮 an²¹｜坛。△一～酒
鼓 kɔ³²｜壶。△一～酒
盒 aʔ⁴⁵｜盒儿。△一～火柴、一～首饰

紫湖闽南话中有一组相对应的"大X"式和"细X"式形容词，其中语素X不属于量词：

大汉 tua²¹han²¹（年纪大）　　细汉 sue²¹⁄²²han²¹（年幼）

这一组形容词表义和功能类型与"大只""细只"完全相同。

2．"X 侬"式

"X 侬"式也是紫湖闽南话中一类有特点的形容词特别格式。紫湖闽南话中有较多的"X 侬"式的词语。例如：

（01）气侬 kʰi²¹lan²⁴⁄⁰（使人生气）
　　　烦侬 huan²⁴lan²⁴⁄⁰（使人烦恼）
　　　爱侬 ai²¹lan²⁴⁄⁰（使人喜欢。爱：喜欢）
　　　惊侬 kiã³³lan²⁴⁄⁰（使人害怕。惊：害怕）

（02）严侬 gan²⁴lan²⁴⁄⁰（使人感觉到冰冷）
　　　滚侬 kon³²lan²⁴⁄⁰（使人感觉到热。滚：热）
　　　辣侬 lua⁴⁵lan²⁴⁄⁰（使人感觉到辣）
　　　臭侬 tsʰau²¹lan²⁴⁄⁰（使人感觉到臭）
　　　酸侬 sən³³lan²⁴⁄⁰（使人感觉到酸痛）

（03）揬侬 tʰu⁴²lan²⁴⁄⁰（使人感觉到刺人。揬：戳，刺）
　　　烙侬 lo⁴²lan²⁴⁄⁰（使人感觉到烫人。烙：烫）
　　　排侬 pʰai²⁴lan²⁴⁄⁰（使人感觉到被呵斥。排：呵斥）
　　　鉸侬 ka⁴⁵lan²⁴⁄⁰（使人感觉到被咬）
　　　吵侬 tsʰau³²lan²⁴⁄⁰（使人感觉到被吵闹）

"X 侬"格式中的"X"都是动词性的，与表示受动者即受事的"侬（人）"构成动宾关系，这种动宾关系是一种"致动"关系，即致使宾语发生某个动作。（01）组中"X"表示心理活动，是使"侬（人）"产生某种心理活动，比如"爱侬"是使人喜欢。（02）组中"X"表示感知，是使人产生某种感觉，比如"滚侬"是使人感觉热。（03）组"X"表示一般动作，这一动作直接施与受动者，比如"揬侬"是刺人，但这只是从受动者一方获得的感觉上来说的。因此需要注意（03）组"X 侬"式词语与一般动宾短语的区别。例如：

（04）tsi⁴² ken³²⁄³³kiã³²⁄³³sai³² ue⁴⁵⁄²¹ ka⁴⁵⁄²¹ lan²⁴ e⁰。
　　　即团团屎会鉸侬呃。（这孩子会咬人的。）

（05）ken³³⁄²²nuã²¹ zeʔ⁴⁵⁄²tʰau²⁴ tsua⁴² ka⁴⁵lan²⁴⁄⁰ ka⁰。
　　　今旦日头即哇鉸侬咖。（今天太阳这么咬人的呀。咬人：比喻阳光毒辣）

例（04）中的"咬侬[ka⁴⁵⁄²¹ lan²⁴]"只是一般的动宾短语。而（05）中的"咬侬[ka⁴⁵lan²⁴⁄⁰]"就是属于"X 侬"式的形容词了。因为"咬侬"之前已经有有表示程度的状语。另外值得注意的是，"X 侬"式的形容词中的"侬"

都读轻声。这显然也是语法格式影响词语语音形式的结果。

3．"XX起"式

"XX起"式是紫湖闽南话中另一种单音节形容词重叠带后附成分的形容词特别格式。"XX起"格式中的"起"则显见由动词虚化而来。

紫湖闽南话中有许多"XX起"式词语。例如：

（01）横横起 huĩ^{21}huĩ^{21}kʰi^{32}（描写非常蛮横的状态）
　　　尖尖起 tsian^{33}tsian$^{33/22}$kʰi^{32}（描写非常尖的状态）
　　　懵懵起 bɔŋ$^{32/33}$bɔŋ$^{32/33}$kʰi^{32}（描写非常懵懂的状态）
　　　凶凶起 hiɔŋ^{33}hiɔŋ$^{33/22}$kʰi^{32}（描写非常凶横的状态）
　　　□□起 tson^{33}tson$^{33/22}$kʰi^{32}（描写非常妩媚的状态。□tson^{33}：漂亮）

（02）昂昂起 gɔŋ$^{24/21}$gɔŋ$^{24/21}$kʰi^{32}（描写昂头的状态）
　　　翘翘起 kʰiau$^{21/22}$kʰiau$^{21/33}$kʰi^{32}（描写物体上翘的状态）
　　　排排起 pai$^{24/21}$pai$^{24/21}$kʰi^{32}（描写呵斥人的状态。排：呵斥）
　　　掠掠起 liaʔ$^{45/2}$liaʔ$^{45/2}$kʰi^{32}（描写走路急的状态。掠：追赶）
　　　嘟嘟起 tu^{33}tu^{33}kʰi^{32}（描写嘟嘴巴的状态）

（01）组中的 X 是形容词。（02）组中的 X 本属动词，但它们重叠并后附"起"就已具备了形容词的功能，即不再表动作而是表状态了。"XX起"格式中的 X 因重叠也常常表示程度强化。说眼睛"翻翻起"，即指翻白眼翻得很厉害；说脸"乌乌起"，即指脸上黑黑的，沉着脸，脸色难看。不过它们的表义功能主要还在于描述状态，即形容翻白眼和脸色难看的具体样子。许多"XX起"式形容词还由所表达的具体形象进一步发展出引申用法来。说某人嘴巴"尖尖起"，可以是实指其长相，也可以是描述其好说人闲话、坏话的秉性。

"XX起"式形容词是紫湖闽南话中富有表现力的一类形容词。

4．"XXA"式

"XXA"式形容词中，A 是动词或形容词语素，叠音成分 XX 作中心语素 A 的修饰性成分。紫湖闽南话中有一类"XXA"的词语。例如：

（01）嘻嘻笑 hi^{33}hi$^{33/22}$tsʰieu^{21}（描写微笑的状态）
　　　圈圈转 kʰuan^{33}kʰuan$^{33/22}$tən^{32}（描写兜圈子乱转的状态）
　　　颠颠倒 tian^{33}tian$^{33/22}$to^{32}（描写走路不稳的状态）
　　　喇喇呾 laʔ^{2}laʔ^{2}tã^{21}（描写乱说话的状态。呾：说话）
　　　派派跛 pʰai$^{21/22}$pʰai$^{21/22}$pua^{45}（描写走路跟跟跄跄的状态）
　　　骨骨掣 koʔ^{2}koʔ^{2}tsʰeʔ^{32}（描写浑身发抖的状态。掣：发抖）
　　　嗒嗒响 taʔ^{4}taʔ^{4}xian^{32}（描写吃东西嘴巴砸砸有声的状态）
　　　溜溜长 liu^{33}liu$^{33/22}$tən^{24}（描写物体细长的状态）

上述词语中，中心语素 A 多为动词性语素，前面的叠音成分 XX 对中心语素起着修饰作用，整个词的语义表达功能主要在描摹动作进行的状态，其在语法功能上已经属于形容词。XX 有部分对动作做具体描写，比如"圈圈转"中"圈圈"即描写兜圈子；有部分则以某种拟声成分描摹动作的音感形象，以增强语言表达的形象性，比如"喇喇呾"即以"喇喇"描写乱说话的状态，"喇喇"并不真是对说话声音的模拟。

5."AXX"式

"AXX"式在普通话中也是很活跃的一种构成形容词生动形式的构词格式。方言此类词语的特色主要体现在作为叠音成分的"XX"与普通话有所不同。例如：

（01）溜刮刮 liu^{33}kua?^{2}kua?^{45}（描写非常滑）

　　　重拐拐 tan$^{45/21}$kuai^{22}kuai^{42}（描写非常沉重）

　　　轻便便 k^{h}en$^{33/22}$pian^{22}pian^{42}（描写非常轻）

　　　严鳖鳖 gan$^{24/21}$pi^{22}pi^{42}（描写非常冷）

　　　滚烙烙 kon$^{32/33}$lo^{33}lo^{22}（描写非常热、烫）

　　　焦抱抱 ta$^{33/22}$pɔ^{33}pɔ^{22}（描写非常干燥）

　　　澹咯咯 tan$^{24/21}$lə^{22}lə^{42}（描写非常湿）

　　　光向向 kən$^{33/22}$hiã^{22}hiã^{42}（描写非常光亮）

　　　红泡泡 an$^{24/21}$p^{h}a^{33}p^{h}a^{21}（描写特别红，红通通）

　　　红支支 an$^{24/21}$ki^{33}ki^{21}（描写非常红）

　　　暗懂懂 an$^{21/22}$tɔŋ^{22}tɔŋ^{42}（描写非常暗）

　　　　暗摸摸 an$^{21/22}$bɔ^{33}bɔ^{22}

　　　酸罐罐 sən$^{33/22}$kuan^{22}kuan^{42}（描写非常酸）

　　　　酸溜溜 sən^{33}liu^{22}liu^{33}

上述"AXX"式词语，有的一个中心语素 A 分别带几个不同的叠音成分"XX"，比如："红泡泡"和"红支支"，"暗懂懂"和"暗摸摸"，"酸罐罐"和"酸溜溜"。"红泡泡"与"红支支"表义有所差异，是不同的词；"暗懂懂"与"暗摸摸"表义没有什么显著差异，是同义词。

（二）形容词程度的表达

形容词表示性质状态。事物的性质状态是有程度的差异的。语言中表现性质状态的程度差异有着多种方式。从大的方面说，这些方式有着使用词汇手段和使用语法手段的不同。具体使用什么样的词汇手段或语法手段，使得不同的语言或方言构成了自身的不同于其他语言或方言的表达形容词程度的特点。以下考察紫湖闽南话中形容词程度表达方面的情况。

上述"X 侬"式、"XX 起"式、"XXA"式和"AXX"式 4 种格式的形容词，其表达上有一个共同特点，就是都具有形象生动性，这 4 种格式可以称为形容词的生动格式。具有形象生动特点的形容词，往往也显示出程度较高的特点。除了"X 侬"式以外的"XX 起"式、"XXA"式和"AXX"式 3 种格式的形容词，如果其中心语素 A 属于形容词性的话，便与中心语素 A 独立充当的形容词形成了程度差异的对应。例如：

（01）凶——凶凶起 hiɔŋ^{33}hiɔŋ^{33}kʰi^{32}
　　　长——溜溜长 liu^{33}liu^{33}tən^{24}
　　　红——红机机 an$^{24/21}$ki^{33}ki^{21}

例（01）中，"凶凶起""溜溜长""红机机"都比可以称为形容词原级的"凶""长""红"有着更高的程度表示，也可以称之为形容词的比较级。

形容词的重叠也是表示程度的一种常见语法手段。紫湖闽南话中的形容词重叠情况见以下例子：

（02）i^{33} ben^{21}pʰue ɔ^{33}ɔ$^{33/22}$。
　　　伊面䩗乌乌。（他脸黑黑的。）
（03）kaʔ$^{32/4}$ i^{33} pʰa^{42} kə^{0} si$^{32/33}$ si^{32}。
　　　佮伊拍嗝死死。（把他打死。）
（04）i^{33} kaʔ$^{32/4}$ to^{42} tsʰeʔ$^{32/4}$ lə^{0} tsʰən^{33}kʰi$^{21/45}$ tsʰən^{33}kʰi^{21}。
　　　伊佮桌拭嘞清气清气。（他把桌子擦得干干净净的。）

例（02）、（03）中"乌乌""死死"一类的单音节重叠形式没有什么特别，只是这种重叠式在使用时与普通话相比较有不同的特点：作谓语、补语，不带附加成分。例（04）"清气清气"则显示出与普通话不同的 ABAB 式的重叠特点（普通话中 ABAB 式属于双音节动词重叠特点而非双音节形容词重叠特点）。

形容词以带程度副词的方式来表示程度是最常用的词语外部的表达手段。以下看紫湖闽南话中的程度副词（包括某些有着类似程度副词的作用的词语）的情况。例如：

（01）gua^{32} pi^{32} i^{33} sui$^{24/21}$bi^{24} kuĩ^{24}。
　　　我比伊随微悬。（我比他稍高。）
（02）i^{33} bo$^{24/21}$siã$^{42/33}$ kuĩ^{24}，u^{45} ten$^{32/33}$kiã$^{32/0}$ sãn^{32}。
　　　伊无什悬，有点团瘖。（他身材不高，有点瘦。）
（03）ken$^{33/22}$nuã^{21} tʰĩ^{33} hən^{32} kon^{32}。
　　　今旦天很滚。（今天天很热。）

（04）kue$^{33/22}$lɔ^{21} lə^0 u$^{45/21}$ hɔŋ^{42} tsue^{21} lan^{24}。
　　　街路咯有□秼侬。（街上有很多人。）
（05）siã$^{24/21}$lai^{45} e^0 tsʰu^{21} tʰai^{42} kui^{21} bue$^{32/33}$ be^{45} kʰi^{32}。
　　　城里呃厝忒贵买鲙起。（城里的房子太贵买不起。）
（06）tsʰai^{21} kʰaʔ$^{32/4}$ siũ^{33} kian^{24}，pʰai$^{32/33}$tsiaʔ^{45}。
　　　菜较伤咸，否食。（菜太咸，不好吃。）
（07）hiã$^{33/22}$ti^{45} sã^{33} ke^{24} i^{33} te^{21}eʔ^{32} kuĩ^{24}。
　　　兄弟三个伊第一悬。（弟兄三个他最高。）
（08）gua^{32} lau^{21}kɔŋ^{33} pi$^{24/21}$kʰi^{21} bue$^{45/21}$ hiau^{32} lua^{21} ho^{32}。
　　　我老公脾气鲙晓偌好。（我丈夫脾气不知道多好。）
（09）gua^{32} lau^{21}kɔŋ^{33} pi$^{24/21}$kʰi^{21} ho^{32} ləʔ^0 hən^{32}/saʔ^{32}。
　　　我老公脾气好叻<u>很</u>/<u>煞</u>。（我丈夫脾气好得很。）
（10）tsi^{42} tã^{21} han$^{33/22}$tsɯ^{24} tan^{45} si$^{32/33}$ lan^{24}。
　　　即担番薯重死侬。（这担红薯重死人。）

例（01）、（02）中的"随微[sui$^{24/21}$bi^{24}]""无什[bo$^{24/21}$siã^{42}]""有点囝[u^{45}ten$^{32/33}$kiã$^{32/0}$]"分别是"稍微""不怎么""有点儿"的意思，属于表轻微程度的副词。例（03）中的"很[hən^{32}]"、例（04）中的"□[hɔŋ^{42}]"都对应普通话的"很"，例（03）中的"很"应是来自普通话的借词，不过在现实语用中，"很[hən^{32}]"与"□[hɔŋ^{42}]"在语义上已经有了分化，即"□[hɔŋ^{42}]"所表示的程度比"很[hən^{32}]"还要更高。例（05）中的"忒[tʰai^{42}]"和例（06）中的"伤[siũ^{33}]"都表示程度过分，其中"伤[siũ^{33}]"还有程度过甚造成了不好后果的意思。例（07）中"第一[te^{21}eʔ^{32}]"是表示形容词最高级意义的副词。例（08）中，"鲙晓偌好"意为"不知道多好"，即极言其好，也表示形容词的最高级意义，只是"鲙晓偌好"已经属于一种句式结构，"鲙晓偌 [bue$^{45/21}$ hiau^{32} lua^{21}]"并未构成一个词的格式。例（09）、（10）中的"很[hən^{32}]""煞[saʔ^{32}]""死侬[si$^{32/33}$ lan^{24}]"附于形容词之后的表示程度高的成分，"很"和"煞"之前还需结构助词"得（叻）"与形容词联结。例（10）中的"死侬"是动宾结构而非偏正结构，"重死侬"即"重得使人死"的意思，以极言形容词的程度，且带有嫌恶语义。

四　代词的构成和运用

代词是具有替代或指称功能的一种特殊的词类。从替代或指称的对象看，代词通常分为人称代词、疑问代词、指示代词三大类。

（一）人称代词

紫湖闽南话中人称代词系统构成与普通话基本相同。有所差异的是一些人称代词的具体形式。紫湖闽南话的人称代词系统见下表。

人称	单数	复数	
		排除式	包括式
第一人称	我 gua^{32}	阮 goŋ^{32}（我们）	俷 lan^{32}（咱们）
第二人称	汝 lɯ^{32}（你）	恁 len^{32}（你们）	
第三人称	伊 i^{33}（他、她）	個 en^{33}（他们、她们）	
自指		家几 kaʔ^{24}ki^{21}（自己）	
他指		别侬 paʔ$^{45/2}$lan^{24}（别人）	
全指		大囝 tai^{21}kiã^{32}（大家）	

值得注意的是紫湖闽南话中第一、二、三人称复数形式的构成使用了"内部曲折"来构形，即通过词语内部的语音变化来表示语法意义。"我[gua^{32}]"和"阮[goŋ^{32}]""汝[lɯ^{32}]"和"恁[len^{32}]""伊[i^{33}]"和"個[en^{33}]"，都以有无鼻音韵尾[n]来区别单数复数，即单数形式无鼻音尾，复数形式由单数形式与鼻音尾组合而成。

第一、二、三人称代词单数"我[gua^{32}]""汝[lɯ^{32}]""伊[i^{33}]"与和普通话中的"我""你""他"相当。第一人称及第二人称代词一般指人不指物，"伊"可以指人也可以指物。当"我汝伊"指人时，用法差不多，可以作主语、宾语和定语。作定语时可以带定语标记"嘅"，有时也可以不带表示领属。例如：

（01）gua^{32} ke^{24} sɯ^{21} en^{21} be^{45} to^{32} lɯ^{32} tã^{21}。
　　我嘅事用袂倒汝呾。（我的事用不着你说。）

（02）gua^{32} lau^{21}koŋ^{33} pi$^{24/21}$kʰi^{21} ho^{32} ləʔ^{45} saʔ^{32}。
　　我老公脾气好叻煞。（我丈夫脾气好得很。）

第三人称单数"伊"除了可以指人以外，还可以指物。但是都用于回指，即指句内前面部分已经提到的事物，所以只能出现在非主语的位置上。第一种一般出现在处置句当中，置于介词之后，用来回指前面的受事者，且一般指物。例如：

（03）bən^{24} kaʔ$^{32/4}$ i$^{33/22}$ kuĩ^{33} kʰi^{32}lai^{0}！
　　门佮伊关起来！（把门关上！）

在非处置句中，也可以用"伊"表示回指。例如：

（04）tsi^{42} zi^{21} sian^{24} sia^{32} e^{0}? sian^{24} kɔ$^{32/33}$ təʔ^{0} to^{32} gua^{32} tsiu^{21} tsioŋ$^{32/33}$ i$^{33/22}$ tsaʔ$^{45/2}$ tə^{21} e$^{33/22}$pĩ$^{33/22}$。
　　即字仵侬写呃？仵侬估得倒我就奖伊十垛花边。（这是谁写的字？

谁猜得出我就奖励谁十块钱。)

例（04）中的"伊"就用来复指前面的"仟侬"。

"阮[gon³²]"相当于普通话中的"我们"，是不包括听话者的排除式。"伯[lan³²]"是"咱们"的意思，是包括听话者的包括式。试比较：

（05）gon³² lən²¹ ke²⁴/⁰ lan²⁴ tan³²/³³ luɯ³² puã²¹/²² ke²⁴/⁰ tsen³³/²²tʰau²⁴ lə⁰, lan³² sã³³/²² ke²⁴/⁰ lan²⁴ eʔ³²/⁴kʰi³² kʰu²¹ tsiaʔ⁴⁵/² mãi³³！

阮两个侬等汝半个钟头嘞，伯三个侬一起去食糜！（我们两人等了你半个钟头了，咱们三人一块去吃饭吧！）

"恁[len³²]"是"你们"的意思，称听话一方的多个人。"個 [en³³]"是"他们"的意思，称说话人和听话人以外的多个人。"恁""個"的用法与普通话的"你们""他们"基本相同。

"家己[kaʔ⁴kiʔ²¹]""别侬[paʔ⁴⁵/²lan²⁴]""大囝[tai²¹kiã³²]"相当于普通话中的"自己、自个儿"，"别人、人家"，"大家、大伙儿"，用法也基本相同。

"别侬"可以有单说"侬"的省略形式，表示与"家己"相对的意义，称代某个人、某些人以外的人，在句子中表示他指，意为"别人"。例如：

（06）i³³ ha²¹ lan²¹ mã²¹ au⁰ tseʔ⁴⁵/² tən²¹, hau³² kʰi³²/⁰lai²⁴ lə⁰。

伊互侬骂呎一顿，吼起来嘞。（他被别人骂了一顿，哭了起来。）

（二）指示代词

指示代词的作用是指示事物、性状等的空间与说话人所处位置的距离的远近。紫湖闽南话中指示代词作近指、远指两分。近指代词和远指代词分别以核心语素"即[tsi⁴²]（这）"和"许[huɯ⁴²]（那）"构成。下表列出紫湖闽南话的代词系统。

指代对象		近指	远指
人或事物	单数	即 tsi⁴²	许 huɯ⁴²
	复数	即忽个 tsi⁴²hɔʔ⁴ke²⁴（这些） 即囝 tsi⁴²kiã³²（这些）	许忽个 huɯ⁴²hɔʔ⁴ke²⁴（那些） 许囝 huɯ⁴²kiã³²（那些）
处　所		即在 tsi⁴²sai⁰（这里） 即落 tsi⁴²lo⁰（这里） 即里 tsi⁴²lai⁴⁵（这里）	许在 huɯ⁴²sai⁰（那里） 许里 hai⁴²（那里） 货 hɔ²¹（那里）
时　间		即时 tsi⁴²si²⁴（这时候） 即年数 tsi⁴²nĩ²⁴/²¹sɔ²¹（这时候）	许时 huɯ⁴²si²⁴（那时候） 许年数 huɯ⁴²nĩ²⁴/²¹sɔ²¹（那时候） □数 hŋ⁴²sɔ²¹（那时候）
方　式 性　状		安生 ãi³³sĩ⁰（这样） 安 ãi⁴²（这样） 即安 tsiãi⁴²（这样）	样生 iũ³³sĩ⁰（那样）
程　度		即唯 tsua⁴²（这么）	许唯 hua⁴²（那么）

指代人、物时所用单音的指示代词"即[tsi⁴²]""许[huɯ⁴²]",一般不单独使用,需前加量词或数量短语。例如:

（01） tsi⁴² tsiɔŋ³² sɯ²¹ tieu⁴⁵/²¹ tsiau²¹/²² kui³³ten²¹ tsʰɯ³²/³³li³²。
即种事着照规定处理。(这种事情要按规定处理。)

（02） huɯ⁴² tseʔ⁴⁵/² ke²⁴ tsiau³²/³³kiã³² pə³³ tsau³² lə⁰。
许一个鸟囝飞走嘞。(那只鸟儿飞走了。)

（03） tsi⁴² lən²¹ kən³²/³³ tsɯ³³/²² san²¹ hɔ²¹ lɯ³²,bo⁴²ti⁴⁵ mã⁰?——tsi⁴² kən³²/³³ bo⁴²,huɯ⁴² kən³²/³³ m̩²¹ti⁴⁵。
即两卷书送互汝,卜挃吗?——即卷卜,许卷怀挃。(这两本书送给你,要不要?——这本要,那本不要。)

指代人、物复数的近指代词有"即忽个 tsi⁴²hɔʔ⁴ke²⁴""即囝 tsi⁴²kiã³²",远指代词有"许忽个 huɯ⁴²hɔʔ⁴ke²⁴""许囝 huɯ⁴²kiã³²"。"即忽 hɔʔ⁴ 个""许忽 hɔʔ⁴ 个"所指代的人或物的数量较多,"即囝 tsi⁴²kiã³²""许囝 huɯ⁴²kiã³²"所指代的人或物的数量较少。

指代处所的近指代词有"即在[tsi⁴²sai⁰]""即落[tsi⁴²lo⁰]""即里[tsi⁴²lai⁴⁵]",远指代词有"许在[huɯ⁴²sai⁰]""许里 hai⁴²]"。"即在[tsi⁴²sai⁰]"是"即所在[tsi⁴²so³²/³³tsai⁴⁵]"的合音变读。"许里 hai⁴²]"是"许里[huɯ⁴²lai⁴⁵]"的合音变读。表近指的"即落[tsi⁴²lo⁰]"缺少相对应的远指形式。表远指的另有一个也缺少对应近指形式的"货[hə²¹]"。与"许在"和"许里"相比较,"货"所指代的空间更为空泛、不确定一些。例如:

（04） lɯ³² kau²¹/²² la²¹sai⁴⁵ kʰɯ²¹?——gua³² kau²¹/²² huɯ⁴²sai⁰/hə²¹ kʰɯ²¹。
汝遘哪儿去?——我遘许在/货去。(你去哪儿?——我去那儿。)

例（04）中回答去"许在",指示的处所方向是确定的,回答去"货",很大程度上是一种虚与委蛇的姑罔答之的说法。"货"的指示语义的虚化,是因为用于作动词进行体标记的原因。比如说"伊那货食糜(他正在吃饭)","货"已经没有了指代空间的语义,成为一个纯粹的体标记的构成成分。(参见本节"动词的体"部分。)

指代时间的近指、远指代词以"时""年数"加上"即""许"分别构成。"即时[tsi⁴²si²⁴]"所指代的时间范围较小,"许年数[huɯ⁴²nĩ²⁴/²¹sɔ²¹]"所指代的时间范围较大。"囗数[hŋ⁴²sɔ²¹]"是"许年数[huɯ⁴²nĩ²⁴/²¹sɔ²¹]"的合音变读。

指代方式、性状的有相对应的一组近指、远指代词"安生[ãi³³sĩ⁰]"和"样生[iũ³³sĩ⁰]"。"安[ãi⁴²]"是"安生[ãi³³sĩ⁰]"的省略形式。"即安 tsiãi⁴²"是"即"与"安"的合音形式。

指代程度的相对应的一组近指、远指代词"即哇[tsua⁴²]"和"许哇[hua⁴²]"由"即""许"带上表示惊叹的语气词"哇[ua⁰]"构成，并各凝合成一个合音形式。

紫湖闽南话中构成指示代词的核心语素"即"和"许"，其对空间位置的指示还体现在一些方位词语的构成上，即"即"和"许"还参与构成一些与空间位置有关的方位词语。比如："即里[tseʔ³²/⁴lai⁴⁵]（里面）""许里[hə⁴²/³³lai⁴⁵]（里面）""即底[tseʔ³²/⁴tue³²]（下面）""许顶[hə⁴²/³³ten³²]（上面）""许外[hə⁴²/³³gua²¹]（外面）"。（参见本节"方位词的构成"部分）

"即"和"许"对空间位置的指示还体现在个别名词的构成上。紫湖闽南话中，"家"一词有"即厝[tseʔ³²/⁴tsʰu²¹]"和"许厝[hə⁴²/³³tsʰu²¹]"两种说法。"厝"是"房子"，"即厝"相当于"这房子"，"许厝"相当于"那房子"。称自己家为"我即厝"时，表明说话者正在家里，称"我许厝"时，表明说话者在家以外的地方。

（三）疑问代词

紫湖闽南话的疑问代词多为复合词，很少单音节疑问代词单独作为语法成分，比如表示问物意义的"什[siã⁴²]"。同时，"什[siã⁴²]"还可以作为自由语素与其他语素组合构成其他询问意义的疑问代词，比如"什所在""为什事"等。以下列出紫湖闽南话的疑问代词系统。

询问对象		
物	单数	什 siã⁴²（什么） 仟东西 sioŋ⁴²/³³sue³³/²²（什么物品） 是一个 si²¹tseʔ⁴⁵/²ke²⁴（哪个） 是个 si²¹ke²⁴（哪个）
	复数	□个什 nən²¹ke²¹siã⁴²（哪些）
人		仟侬 sian²⁴（谁）
处　所		什所在 siã³³sɔ³²/³³sai⁴⁵（什么地方） 哪在 la²¹sai⁴⁵（哪里） 底囝 teʔ²¹kiã³²（哪里）
时　间		是数 si²¹sɔ²¹（什么时候）
方　式		怎样 tsiaʔ⁴iũ²¹（怎样） 怎样弄法 tsiaʔ⁴iũ²¹lɔŋ²¹/²²huaʔ³²（怎么办） 庄法 tsɔŋ³³huaʔ³²（怎样）
程　度		偌 lua²¹（多）
数　量		偌个 lua²¹ke²⁴（多少）
原　因		弄什 lɔŋ²¹/²²siã⁴²（为什么） 嘛[ba²¹]（为什么） 为什事 ui²¹siaʔ³²/⁴suɨ²¹（为什么）
行　动		弄什 lɔŋ²¹/²²siã³²（干什么） 嘛[ba²¹]（干什么）

下面按照问话的目标分类叙述各类疑问代词的情况。

1. 问物

问物的疑问代词有两类。一类是"什[siã⁴²]"和以"什[siã⁴²]"为核心语素构成的"仟东西 siɔŋ³³sue³³/²²"（"什东西[siã⁴²tɔŋ³³sue³³/²²]"的合音形式），这一类疑问代词与普通话中的"什么"相对应，询问"什么""什么东西"。另一类是以"是[si²¹]"为核心语素构成的"是一个[si²¹tseʔ⁴⁵/²ke²⁴]""是个[si²¹ke²⁴]"，这一类疑问代词与普通话中的"哪个"相对应，询问诸事物中的"哪个"或"哪一些"。

2. 问人

普通话中最基本的形式是"谁"，其代替形式"哪位"是敬称，用"什么人"则略欠敬意。紫湖闽南话中问人的疑问代词没有这种敬重与否的分别，一般通用的只有"仟侬 siaŋ²⁴"（"什侬[siã⁴²lan²⁴]"的合音形式）。

4. 问处所

构成问处所的疑问代词的核心语素有"什[siã⁴²]""哪[la²¹]""底[teʔ²]" 3 个，分别构成"什所在[siã³³sɔ³²/³³sai⁴⁵]""哪在[la²¹sai⁴⁵]""底囝[teʔ²kiã³²]" 3 个疑问代词。"什所在[siã³³sɔ³²/³³sai⁴⁵]"询问的是具体的"什么地方"，"哪在[la²¹sai⁴⁵]""底囝[teʔ²kiã³²]"询问是"哪里"。

5. 问时间

问时间的疑问代词只有"是数[si²¹sɔ²¹]"一个，以前述问物的"是[si²¹]"为核心语素构成，相当于普通话中的"什么时候"。

6. 问方式

询问方式的基本疑问代词是"怎样[tsiaʔ⁴iũ²¹]"，与普通话相同。"怎样弄法[tsiaʔ⁴iũ²¹lɔŋ²¹/²²huaʔ³²]"由"怎样"扩大至询问动作如何进行，相当于普通话的"怎么办"，已不能归入单纯的疑问代词。"庄法[tsɔŋ³³huaʔ³²]"是"怎样弄法[tsiaʔ⁴iũ²¹lɔŋ²¹/²²huaʔ³²]"的合音形式，语义和用法则与"怎样"相同。

7. 问程度和问数量

询问程度与询问数量相关。紫湖闽南话中对程度的提问和对数量的提问都用"偌[lua²¹]"：问程度时说"偌"，问数量时再带"个"说"偌个[lua²¹ke²⁴]"。

8. 问原因和问行动

询问原因和问行动相关。"弄什[lɔŋ²¹/²²siã⁴²]"相当于普通话的"干什么""为什么"，既可以对原因作提问，也可以对行动作提问。"嘛[ba²¹]"也兼对原因和行动作提问。"为什事[ui²¹siaʔ³²/⁴sɯ²¹]"专用以问原因，相当于普通话的"为什么"。

五 否定副词

否定副词是用于动词（包括助动词）、形容词之前充当状语，对动词、形容词所表示的动作、情状作否定的一类词。普通话中的否定副词主要有"不""没（没有）"和"别""甭"。"不"主要用于否定意愿和情状；"没（没有）"用来否定已然的事实或变化；"别"用于禁止或劝阻；"甭"与"别"语义相当，也能表示劝阻，但更强调客观上的不需要，比如说"这么晚了，甭去了"，它一般不用于表示禁止。

紫湖闽南话中有 3 个否定副词：

"怀[m̩²¹]"　　"无[bo²⁴]"　　"免[bian³²]"

（一）否定副词"怀[m̩²¹]"

1. 副词"怀"的基本用法

"怀"单独作为否定副词有两种用法。

一种用法是表示否定，用于动词、动词性结构之前，表示对动作行为的否定，相当于普通话中的"不"。例如：

（01）huĩ²⁴ᐟ²¹teʔ⁴⁵ gua³² m̩²¹ kʰu²¹。

　　　横直我怀去。（反正我不去。）

（02）lɯ³² to²¹ᐟ²²ti³² taʔ³²ᐟ⁴en²¹ m̩²¹ taʔ³²ᐟ⁴en²¹ i³³？

　　　汝到底答应怀答应伊？（你到底答应不答应他？）

"怀"还有一种用法是单用，作否定性回答。例如：

（04）lɯ³² pen²⁴ᐟ²¹si²⁴ tsiaʔ⁴⁵ᐟ² hon³³ᐟ²² mã⁰？——m̩²¹，gua³² bo²¹ tsiaʔ⁴⁵ hon³³ᐟ²²。

　　　汝平时食薰吗？——怀，我无食薰。（你平时抽烟吗？——我不抽烟。）

2. 副词"怀"的固定组合

（1）"怀通[m̩²¹tʰan³³]"

"怀通"用于祈使句，在动词和动词性结构之前作助动词，表示不可以、不要发生某种动作行为，含有劝告、祈求的意思。相当于普通话中的"不可以、不要、别"。例如：

（01）hue³³ m̩²¹tʰan³³ᐟ²² ban³²！

　　　花怀通挽！（花不要摘！）

（02）ha²¹ i³³ tseʔ⁴⁵ᐟ² ki³³ᐟ²² peʔ³²！m̩²¹tʰan³³ᐟ²² ha²¹ i³³ᐟ²² tsʰau³³ᐟ²²pʰieu²¹！

　　　互伊一支笔！怀通互伊钞票！（给他一支笔！别给他钱！）

（03）lɯ³² bo⁴² kʰui³³ᐟ²² tsʰia³³ e⁰，m̩²¹tʰan³³ᐟ²² tsiaʔ⁴⁵ᐟ² tsiu³²！

　　　汝卜开车呃，怀通食酒！（你要开车的，别喝酒！）

（2）"怀爱[m̩²¹ai²¹]"

"怀爱[m̩²¹ai²¹]"用于动词和动词性结构之前作助动词，表示不喜欢、不愿意发生某种动作行为，与"爱[ai²¹]（喜欢）"相对。例如：

（04）gua³² ai²¹/²² tsau³² lə²¹, m̩²¹ai²¹ tsə⁴⁵/²¹ tsʰia³³/²²。
　　我爱走路，怀爱坐车。（我喜欢走路，不喜欢坐车。）

（二）否定副词"无[bo²⁴]"

紫湖闽南话中，作否定副词的"无"由动词"无"演变而来。动词"无"用于名词和名词性结构之前，相当于普通话中作动词的"没有（没）"，与"有[u⁴⁵]"相对。例如：

（01）bən²⁴ kʰui³³ lə⁰, hə⁴²/³³lai⁴⁵ bo²⁴/²¹ lan²⁴。
　　门开嘞，许里无侬。（门开着，里面没人。）

作动词的"无"或否定"领有、具有"，比如"无钱"即没有钱，与"有钱"相对；或否定"存在"，"许里无侬"即没有人在。

从动词的否定存在的语义出发，"无"还可以引申出"不见、丢失"的意义来。例如：

（02）i³³ ke⁰ kʰa³³taʔ⁴⁵/²tsʰia³³/²² bo²⁴ lau⁰ la⁰。
　　伊嘅骹踏车无唠啦。（他的自行车丢了。）

1. 副词"无"的基本用法

"无"单独作否定副词，其基本用法是用于动词、动词性结构和形容词、形容词性结构之前，对动作行为和性质状态作否定，相当于普通话中作副词的"没（没有）"。例如：

（01）lu³² nã²¹ tsʰiũ²¹/²² siã⁴²？——gua³² bo²⁴/²¹ tsʰiũ²¹, gua³² nã²¹ hə²¹ panʔ²¹/²² loʔ⁴⁵/²en³³/²²。
　　汝那唱什？我无唱，我那货放录音。（你在唱什么？——我没在唱，我放着录音呢。）

（02）i³³ kʰɯ²¹ tieu⁴⁵/²¹ sioŋ²¹hai³², bo²⁴/²¹ kʰɯ²¹/²² tieu⁴⁵ paʔ³²/⁴kiã³³。
　　伊去着上海，无去着北京。（他去过上海，没去过北京。）

（03）tʰo²⁴ an²⁴ lau⁰ e⁰ ue⁴⁵/²¹ tsiaʔ⁴⁵ teʔ⁰, bo²⁴/²¹ an²⁴ e⁰ bue⁴⁵/²¹ tsiaʔ⁴⁵ teʔ⁰。
　　桃红唠呃会食得，无红呃赡食得。（桃子红了的可以吃，没红的不能吃。）

（04）tsi⁴² tʰo²⁴ bo²⁴/²¹ siã⁴²/bo²⁴/²¹ lua²¹ an²⁴, pʰai³²/³³ tsiaʔ⁴⁵。
　　即桃无什/无偌红，否食。（这桃子不红，不好吃。）

上述例（01）、（02）中"无"所否定的是动词、动词性结构，其中例（01）是对已然的事实的否定，例（02）是对曾经的事实的否定。例（03）、（04）中"无"所否定的是形容词，其中例（03）是对已然的变化（形容词

"红"表示一种动态的变化)的否定,例(04)是对静态情状的的否定。值得注意的是,例(04)中对静态情状作否定,"无"不能直接用于形容词之前,需后附"什[siã^{42}](什么)"和"偌[lua^{21}](多少)"构成"无[bo$^{24/21}$ siã^{42}]""无偌[bo$^{24/21}$ lua^{21}]"的结构,"无什红""无偌红"字面上看起来是"不怎么红""没有多少红",其实就是"不红"。

2. 副词"无"的固定组合

(1)"无通[bo^{24}tʰan$^{33/22}$]"

"无通"有读[buan^{24}]的合音变读,本书写作"无通"。"无通[buan^{24}]"义与"无通[bo^{24}tʰan^{33}]"同。

"无通"用于动词和动词性短语之前作助动词,表示因某种原因或条件而不能实现某种动作行为,相当于普通话中的"没得……",即"不能够"做某事,与"有通[u^{45}tʰan$^{33/22}$]"相对。例如:

(01) lɯ^{32} u$^{45/21}$ tsĩ^{24} u^{45}tʰan$^{33/22}$ tsiaʔ^{45}, i^{33}bo$^{45/21}$ tsĩ^{24} bo^{24}tʰan$^{33/22}$ tsiaʔ^{45}。

汝有钱有通食,伊无钱无通食。(你有钱有得吃,他没钱没得吃。)

(02) i^{33} lau^{21}kɔŋ^{33} pi$^{24/21}$kʰi^{21} ho^{32} lə^{0} buan^{24} tã^{21}!

伊老公脾气好朆无通呾!(他丈夫脾气好得没得说!)

上述两例中,"无通食"是没有条件吃,吃不上。"无通呾"是没得说,不可能有所挑剔,"无通呾"成为一个固定格式,极言程度高。

"无通"用于形容词、形容词性短语前面作助动词,表示对性质状态的否定,相当于普通话中的"不"。例如:

(03) i^{33} lan^{24} bo^{24}tʰan$^{33/22}$ pui^{24}, u$^{45/21}$ ten$^{32/33}$kiã$^{32/33}$san^{32}。

伊侬无通肥,有点团瘦。(他人不胖,有点儿瘦。)

(04) i^{33} buan^{24} pi^{32} gua^{32} kuĩ^{24} lua^{21}ke^{24}, tsi^{24} pi^{32} gua^{32} kuĩ^{24} puã$^{21/22}$ kɔŋ^{33}hon$^{33/22}$。

伊无通比我悬偌个,就是比我悬半公分。(他不比我高多少,只比我高半公分。)

"无通"作助动词,还可以表示主观上不愿意、不同意发生某种动作行为。例如:

(05) i^{33} pʰa^{42} lə^{0} gua^{32}, gua^{32} bo$^{24/21}$tʰan^{33} liɔŋ^{21} i^{33} e^{0}。

伊拍嘞我,我无通让伊呃。(他打了我,我不肯放过他的。)

"无通"还有作一般动词的用法,用于主谓短语之前,表示不准许某人实现某种动作行为。例如:

(06) i^{33} bo$^{24/21}$ bue$^{32/33}$ pʰieu^{32}, bo$^{24/21}$tʰan^{33} i^{33} tsiũ$^{45/21}$ tsʰia^{33}。

伊无买票,无通伊上车。(他没买票,不准他上车。)

（2）无法[bo$^{24/21}$hua?^{32}]

"无法"有读[bua^{24}]的合音变读，本书写作"无法"。"无法[bua^{24}]"义与"无法[bo$^{24/21}$hua?^{32}]"同。

"无法"用于动词和动词性短语前面作助动词，表示没有条件或情理上不许可实现某种动作行为，相当于普通话的"不能够"。例如：

（07）lo$^{45/21}$ho^{45} tʰi^{33} bo$^{24/21}$ tsʰia^{33} bo$^{24/21}$hua?^{32} tsʰo?$^{32/4}$bən^{24}, u$^{24/21}$ tsʰia^{33} u^{45}hua?^{32} tsʰo?$^{32/4}$bən^{24}。

　　落雨天无车无法出门，有车有法出门。（下雨天没车子不能出门，有车子能够出门。）

（08）tsi^{42} kiã^{45} suɯ^{21} gua^{32} bo$^{24/21}$hua?$^{32/4}$ kuai$^{21/22}$ pa?$^{45/2}$lan^{24}, tsɯ^{32} len$^{24/21}$〔keɯ?^{21}〕kuai$^{21/22}$ ka?^{4}ki^{21}。

　　即件事我无法怪别侬，只能〔够〕怪家己。（这件事情我不能怪人家，只能怪自己。）

上述例（07）"无法"表示没有条件做某事，与"有法"相对。例（08）"无法"表示不可以做某事，不与"有法"相对，相对的说"只能够"。

（3）无什[bo$^{24/21}$siã^{42}]

"无什"用于形容词和形容词性短语前面作助动词，表示对性质状态的一种委婉的否定，相当于普通话的"不太""不怎么"的意思。例如：

（09）to^{32} tə^{0} kʰuã$^{21/33}$ tsɯ$^{33/22}$ bo$^{24/21}$siã^{42} ho^{32}！

　　倒嘚看书无什好！（躺着看书不太好！）

（10）i^{33} bo$^{24/21}$ siã$^{42/33}$ kuĩ^{24}, u^{45} ten$^{32/33}$kiã$^{32/33}$ san^{32}。

　　伊无什悬，有点囝瘖。（他不太高，有点瘦。）

（4）呣会 [bue/be^{45}]

"呣会 [bue^{45}/be^{45}]"是"无会[bo$^{24/21}$ue^{45}]"的合音变读，紫湖闽南话中有读[ue]、[e]两种韵母的读法。"会[ue^{45}]"是助动词，用在动词和动词性短语之前，表示有能力做某事或有可能做某事。"无"对"会"作否定所组成的凝固成一个音节的固定结构"呣会"，用在动词和动词性短语之前，则表示没有能力做某事或没有可能做某事，其语法功能相当于一个助动词，与普通话中的"不会"同义。例如：

（11）nãu^{24} ue^{21} tan^{21}, bue^{21} tso^{42}。

　　喏会呾，呣会作。（只会说，不会做。）

（12）mã$^{24/21}$ze?^{45} i^{33} ue^{21} lai^{24} bue^{21} lai^{24} a^{0}？

　　明日伊会来呣会来啊？（明天他会不会来？）

"呣会"用在动补（动词性成分带结果补语成分）结构中间，表示不可能达到某种结果，一般充当可能补语的否定形式，相当于普通话中的"不"。

例如：

（13）tui²¹/²²lian²⁴ tieu⁴⁵/²¹ en²¹ mãu²⁴/²¹peʔ³² sia³²，en²¹ kɔŋ³³peʔ³² sia³² kʰuã²¹/²² bue²¹/⁴⁵ tieu⁴⁵。

对联着用毛笔写，用钢笔写看觅着。（对联要用毛笔写，用钢笔写看不见）。

（14）gua³² tui²¹/²² lə⁰ kʰi³² i³³，i³³ tui²¹/²² bue⁴⁵ kʰi³² gua³²。

我对叻起伊，伊对觅起我。（我对得起他，他对不起我。）

"觅"还有作一般动词的用法，用在名词和名词性结构前面，表示不懂得、不通晓某事物，与"会"相对。例如：

（15）i³³ e²¹ en³³/²²bən²⁴，bue⁴⁵/²¹ go²⁴/²¹bən²⁴。

伊会英文，觅俄文。（他会英文，不会俄文。）

"觅"还构成"觅得[bue⁴⁵/²¹teʔ⁰]"。作为一个复合的否定词，"觅得"的用法是作助动词，用于动词和动词性短语之前，表示不可能实现某种动作行为，相当于"不能""不能够"，与"会得[ue⁴⁵/²¹teʔ³²]"相对。例如：

（16）i³³ u⁴⁵/²¹ãi²⁴ e⁴⁵/²¹teʔ³² kʰu²¹，gua³² bo²¹/²¹ãi²⁴ bue⁴⁵/²¹teʔ³² kʰu²¹。

伊有闲会得去，我无闲觅得去。（他有空能够去，我没空不能够去。）

"觅"还构成"觅使[bue⁴⁵/²¹sai³²]"。作为一个复合的否定词，"觅使"的用法是作助动词，用于动词和动词性结构之前，或用在"得[teʔ⁰]"之前，表示不可以发生某种动作行为，相当于"不可以""不行"，与"会使[ue⁴⁵/²¹sai³²]""会使得[ue⁴⁵/²¹sai³²teʔ⁰]"相对。例如：

（17）paʔ⁴⁵/²lan²⁴ e⁰ tɔŋ³³sue³³/²² bue⁴⁵/²¹sai³² tʰue³³。

别侬呃东西觅使捫。（别人的东西不可以拿。）

（18）tsi⁴² sɯ²¹ i³³ tso⁴² e⁴⁵/²¹sai³²teʔ⁰，lu³² tso⁴² bue⁴⁵/²¹sai³²teʔ⁰。

即事伊作会使得，汝作觅使得。（这事他做可以，你做不行。）

（三）否定副词"免[bian³²]"

紫湖闽南话中，作否定副词的"免"由动词"免"演变而来。动词"免"用于名词和名词性结构之前，表示"除去、除掉"，或表示"避开、避免"。例如：

（01）免费 bian³²/³³hui²¹ 免职 bian³²/³³tseʔ³²

（02）免疫 bian³²/³³eʔ⁴⁵ 免灾 bian³²/³³tsai³³/²²

上述例（01）中的"免"表"去除"义，例（02）中的"免"表"避免"义。

作否定副词的"免"用于动词、动词性结构之前，对动作行为作否定，有两种用法：

一种用法是用在祈使句当中，表示禁止和劝阻，相当于普通话的"别、不要"。例如：

（03）bian³²⁄³³ kɔŋ²⁴! tsiaʔ⁴⁵⁄⁴ lau⁰ an²¹⁄³³ mãi³³⁄²² tsai²¹⁄³³ to²¹ kʰu²¹。
免狂！食唠暗糜再倒去。（别急！吃了晚饭再回去。）

（04）tsɯ³³⁄²² bian³² tʰue²¹⁄²² tə⁰，kʰən²¹⁄²² lə⁰ to⁴² lə⁰！
书免挩嘚，囥叼桌咯！（书别拿着，放在桌上！）

另一种用法是用在非祈使句中，表示事实上没有必要，相当于普通话的"不必要、不用"。例如：

（05）tsʰia³³ pʰieu²¹ gua³² bue³² au⁰ la⁰，lɯ³² bian³²⁄³³ bue³² la⁰。
车票我买哤啦，汝免买啦。（车票我买好了，你不用买了。）

（06）mã²⁴⁄²¹ zeʔ⁴⁵ kʰui³³⁄²² hue²¹ lan³² tieu²¹ kʰu²¹ bian³²⁄³³ kʰu²¹ nĩ⁰？——lɯ³² tieu²¹ kʰu²¹，gua³² bian³² kʰu²¹。
明日开会佰着去免去呢？——汝着去，我免去。（明天开会咱们得去还是不必去？——你得去，我不必去。）

"免"用于表示禁止和劝阻时，与前述否定词"怀通"同义，都用于否定听话者的正在进行或将要进行的动作行为，但两者语义蕴含的内容和语气轻重程度存在差别。试比较：

（07）bian³²⁄³³／m̩²¹ tʰan³³⁄²² ha²¹ i³³⁄²² tsʰau³³⁄²² pʰieu²¹！
免／怀通互伊钞票！（别给他钱！）

（08）lɯ³² bo⁴² kʰui³³⁄²² tsʰia³³ e⁰，m̩²¹ tʰan³³⁄²² tsiaʔ⁴⁵⁄² tsiu³²！
汝卜开车呃，怀通食酒！（你要开车的，别喝酒！）

上述例（07）"免"和"怀通"可以互换着说，只是说"免"时语气较轻，说"怀通"时语气较重。例（08）所否定的将要发生的动作行为有着可以预见的消极后果，则一般只适合说"怀通"而不说"免"。至于上述例（05）表示动作行为不必要的句义的句子，更是只能说"免"。如果说"车票怀通买啦"，会给人以"买了车票"就损失了钱或说话者就不高兴的感觉。例（06）中"我免去"的动作主体是说话者，则不能说"我怀通去"，因为"怀通"禁止和劝阻的对象是听话者。

六　介词"佮"

"佮[kaʔ³²]"是紫湖闽南话中一个使用范围很广、使用频率很高的虚词。"佮[kaʔ³²]"在语用中最主要的功用是作介词。汉语中，几乎所有的介词都是由动词虚化而来的，但虚化的程度不一。虚化程度高的就丧失了动作、行为的意义，成为纯粹的介词；虚化程度低的，仍保留了部分动作、行为的意义，就兼属动词和介词。

"佮[kaʔ³²]"在紫湖闽南话中还有动词的用法。比如说"伊□hɔŋ⁴² 会佮侬（他非常善于与人搞好关系）"，比如"相佮[sã³³kaʔ³²]（共同拥有）""佮好[kaʔ³²ho³²]（和好）"，其中"佮"的本来动词意义即"聚合、共同"。①

"佮"由动词本义引申出表示联合的意义，用作连词。例如：

（01）gua³² kaʔ³² i³³ tʰɔŋ³² sĩ²¹/²² ɔŋ²⁴。
　　　我佮伊统姓王。（我和他都姓王。）

"佮"用作介词，有多种用法。例如：

（02）sɯ²¹ m̩²¹tʰan³³ kaʔ³² paʔ⁴⁵/²lan²⁴ tã²¹。
　　　事怀通佮别侬呾。（事情不要和别人说。）

（03）kaʔ³² bən²⁴ kuĩ³³ kʰi³²lai²⁴/⁰。
　　　佮门关起来！（把门关起来！）

（04）kaʔ³² i³³ tsieu³² tseʔ⁴⁵/² kən³² tsɯ³³。
　　　佮伊借一卷书。（向他借一本书。）

（05）lɯ³² kaʔ³² gua³² sia³² tseʔ⁴⁵/² hɔŋ³³ sen²¹。
　　　汝佮我写一封信。（你替我写封信。）

作虚词的"佮"除了作为连词和介词使用，还可以构成一个类似固定短语的"佮我[kaʔ³²/⁴ua³²]（给我）"的结构，在句子中虚用，具有加重语气的功能。例如：

（06）lɯ³² kaʔ³² gua³² tsia⁴⁵ lə⁰ tsi⁴² uã³² mãi³³ kʰu²¹！
　　　汝佮我食嘞即碗糜去！（你给我吃了这碗饭！）

"佮"还可以与"喝[hua⁴²]（叫、喊）"构成一个"佮……喝"的结构，相当于普通话中的"管……叫"，结构中"佮"的作用与"把"相近。例如：

（07）hoʔ⁴⁵kian²¹/²²lan²⁴ kaʔ³² tʰai²¹/²²iɔŋ²⁴ hua⁴² zeʔ⁴⁵/²tʰau²⁴。
　　　福建侬佮太阳喝日头。（福建人管太阳叫日头。）

七　结构助词"嘅/呃"和"得/叻""嗝"

结构助词附着在其他语言单位前后构成一定结构关系。结构助词的特征在于附着性很强，一般读轻声。紫湖闽南话中的结构助词从与所附中心成分的关系上看可以分为两类，即一类用作定语标志，一类用作补语标志。

紫湖闽南话中状语与中心语之间的结构标志呈零形式。

（一）定语标志

紫湖闽南话中与普通话的结构助词"的 de"相当的是"嘅[ke²⁴]"和"呃[e⁰]"。"呃[e⁰]"是"嘅[ke²⁴]"的弱化变读。值得注意的是"嘅[ke²⁴]"有读重读的情况，且读重读时读阳平调，与数量词"个[ke²⁴]"同调。

---

① 《广韵·合韵》"古合切"下："佮，併佮，聚。"

"嗰[ke^{24}]"和"呃[e^0]"作助词用在定语和中心语之间。例如：
（01） gua^{32} ke^{24} sur^{21} en^{21} be^{45} to^{32} lur^{32} tã^{21}。
　　　我嗰事用刹倒汝呾。（我的事用不着你说。）
（02） gua^{32} hɔ^{21} lur^{32} e^0 tsur^{33} si$^{45/21}$ gua^{32} ka$^{21/22}$ tai^{21}ha?^{45} e^0 len$^{32/33}$ku^{45} sia^{32} e^0。
　　　我互汝呃书是我教大学呃恁舅写呃。（我给你的书是我教大学的舅舅写的。）

"嗰[ke^{24}]"和"呃[e^0]"也可构成"嗰"（"呃"）字短语，整个短语相当于一个名词。例如：
（03） tsi^{42} tse?$^{45/2}$ bə^{32} hu^{24} bo$^{24/21}$ si^{45} gua^{32} ke^0。
　　　即一尾鱼无是我嗰。（这条鱼不是我的。）
（04） tsi^{42} kiã^{45} si$^{45/21}$ an^{24} e^0, hu^{42} kiã^{45} si$^{45/21}$ lan^{24} e^0
　　　即件是红呃，许件是蓝呃。（这件是红的，那件是蓝的。）

紫湖闽南话中作为定语标记的"嗰[ke^{24}]"和"呃[e^0]"语法功能与普通话中的"的"基本相同，除了可以作定语标记以外，也同样能用于句尾或句中停顿处表示某种肯定语气，表明事情的本来情况，本来如此，确实如此。例如：
（05） tsai^{42} ãi^{42} sen$^{33/22}$kʰɔ^{32} lo^{45}kʰɯ^{21} bo^{42} sĩ$^{33/22}$ pĩ^{21} e^0。
　　　再安辛苦落去卜生病呃。（再这样累下去会生病的。）
（06） i^{33} ue^{45} lai^{24} e^0。
　　　伊会来呃。（他会来的。）

（二）补语标志

紫湖闽南话中与普通话的结构助词"得de"相当的是"得[tə?^{4}]""叻[lə^0]"和"嗝[kə^0]"。"叻[lə^0]"是"得[tə?^{4}]"的弱化变读。"得[tə?^{4}]""叻[lə^0]"和"嗝[kə^0]"作助词用在中心语和补语之间。紫湖闽南话中，表情状的补语常带补语标志"得[tə?^{4}]""叻[lə^0]"。例如：
（01） i^{33} tsau$^{32/33}$ lɔ^{21} tsau^{32} lə^0 hɔŋ^{42} kʰuai^{21}。
　　　伊走路走叻□快。（他走路走得很快。）
（02） gua^{32} sən$^{21/22}$ tə?^{4} tʰai^{42} kʰuai^{21} lə^0, sən$^{21/22}$ tsʰo^{21} au^0 la^0。
　　　我算得忒快嘞，算错呋啦。（我算得太快了，算错啦。）

在中心语与结果补语之间可以插入"得[tə?^{4}]""叻[lə^0]"表示结果的可能性，此时的"得[tə?^{4}]""叻[lə^0]"不仅联系中心语和补语，而且本身也有了"可能"义。例如：
（03） lu^{32} ke^0 hue^{21} gua^{32} tiã^{33} lə^0 tɔŋ^{32}；i^{33} ke^0 hue^{21} gua^{32} tiã^{33} be^{45} tɔŋ^{32}。
　　　汝嗰话我听叻懂；伊嗰话我听刹懂。（你的话，我听得懂；他的话，我听不懂。）

（04） puã$^{21/22}$ uã$^{32/33}$ mãi$^{33/22}$ tsia?$^{45/2}$ be^{45} pa^{32}。u$^{45/21}$ tsua^{42} tsue^{21} mãi$^{33/22}$ tsia?^{45} lə^0 pa^{32}。

半碗糜食呅饱。有即侪糜食叻饱。（半碗饭吃不饱。有这么多饭吃得饱。）

（05） gua^{32} tui$^{21/22}$ lə^0 k^{h}i^{32} i^{33}，i^{33} tui$^{21/22}$ be^{45} k^{h}i^{32} gua^{32}。

我对叻起伊，伊对呅起我。（我对得起他，他对不起我。）

紫湖闽南话中，结果补语表示造成恶果、置于不如意境地意义时，中心语与补语之间可以插入"嗝[kə^0]"。"嗝[kə^0]"是动词"遘[kau^{21}]"的弱化变读，语义相当于普通话的"到"。例如：

（06） lau$^{45/21}$hə^{21} hɔ^{21} kiã^{32} k^{h}i$^{21/22}$ kə^0 p^{h}ui$^{21/22}$hui^{42}。

老岁互囝气嗝呸血。（父亲被儿子气到吐血。）

（07） ka?^{42} i^{33} p^{h}a^{42} kə^0 si$^{32/33}$si^{32}。

佮伊拍嗝死死。（把他打死。）

第二节　句法特点

句法是组词造句的规则，包括句子（词组）的构成、句子成分和句子类型等内容。本节通过紫湖闽南话与普通话的比较，着重考察紫湖闽南话中相关句式和语序方面的主要语法特点。

一　句式

句式是句子的类型格式。以下考察紫湖闽南话中的处置句、"互"字句、比较句三种主要的有方言特点的句式。

（一）处置句

所谓处置，就是动作的发出者即施事对动作的接受者即受事施加某种影响并造成某种后果。处置句作为一种句子格式，其语义功能是表示受事受到动作的影响而产生某种结果或状态。

紫湖闽南话表示句子所要表达的处置语义有两种方法。一种是使用动宾结构把受事置于宾语位置，或把受事置于句首充当受事主语。例如：

（01） lɯ^{32} siɔŋ^{24} tse^0 gua^{32} ts^{h}ə^{33} ke^0 tĩ^{33}kə^{32}。

汝尝一下我炊嗰甜粿。（你尝尝我蒸的甜粿。）

（02） tsi^{42} pon$^{32/33}$ tsɯ^{33} san^{21} hɔ^{21} lɯ^{32}。

即本书送互汝。（这本书送给你。）

（03） to^{42} ts^{h}e?$^{32/4}$ ts^{h}en^{33}k^{h}i^{21} lə^0 bo^{24} a^0?

桌拭清气嘞无啊？（桌子擦干净了吗？）

上述例句从句子格式来看，与不表示处置语义的一般句子无异，通常也不把这类句式归纳为处置句。

紫湖闽南话中表示句子所要表达的处置语义的另一种方法是使用句式标记，处置句式标记与受事组成特定的句子格式从而表示处置句义。一般所谓处置句，即指这类具有句式标记的表示处置语义的句子。紫湖闽南话中能表现方言处置句特色的，主要是作为句式标记的介引受事成分的介词以及所由组成的句式结构与普通话有所差异。

紫湖闽南话中处置句有两种句子格式。例如：

（04）lu^{42} ka?$^{32/4}$ tsi^{42} uã^{32} mãi$^{33/22}$ tsia?^{45} au^0 kʰɯ^{21}, tsai$^{21/22}$ ka?$^{32/4}$ uã^{32} sue^{32} tse^0。

汝佮即碗糜食呍去，再佮碗洗一下。（你把这碗饭吃了去，再把碗洗一下。）

（05）pan$^{21/22}$ he^{24} e^0 si$^{24/21}$ hau^{21} i^{33} bo$^{24/21}$ ka?$^{32/4}$ tsɯ$^{33/22}$la^{45} pə$^{21/22}$ to^{21}kʰɯ^{21}。

放暇呃时候伊无佮书六背倒去。（放学时他没有把书包拿回家。）

（06）hɯ^{42} pon^{32} tsɯ^{33} gua^{32} ka?$^{32/4}$ i$^{33/22}$ kʰən^{21} to^{42}lə^0 lə^0。

许本书我佮伊园桌咯嘞。（那本书我放在桌上了。）

（07）tsi^{42} tsia$^{42/33}$ gu^{24} ka?$^{32/4}$ i$^{33/22}$ kʰan$^{33/22}$ to^{21}kʰɯ^{21}！

即只牛佮伊牵倒去！（把这头牛牵回家去！）

例（04）、（05）的句子格式是"**佮 ＋ 受事 ＋ 动词**"，例（06）、（07）的句子格式是"**受事 ＋ 佮 ＋ 伊 ＋ 动词**"，前式可以称为 A 式处置句式，后式可以成为 B 式处置句式。

A 式处置句式与普通话中"把 ＋ 受事 ＋ 动词"的处置句式句子格式基本相同，差别只在所用句式标记不同。普通话的处置句式标记是"把"，"把"用作表示处置时属于介词，来源于表示"拿持"义的动词的"把"。例如：

（08）双手把着冲锋枪。（把：动词）

——把冲锋枪挂在胸前。（把：介词）

紫湖闽南话中的处置句式标记"佮[ka?^{32}]"来源于表示"聚合、共同"意义的动词"佮[ka?^{32}]"。"佮"用作处置句式标记，其语义引申依据是：施事发出动作，动作施于受事，施事与受事因动作形成事物之间的相互联系。

B 式处置句式不见于普通话，是最能体现紫湖闽南话特色的句式。句式中所用第三人称代词"伊"已经虚化了其代词的实指意义。例（06）、（07）照直对译普通话可以说"那本书我把它放在桌上了""这头牛把它牵回家去"，但在语感上这种说法一般是不被接受的。实际上"伊"已经与"佮"整个凝合成了一个复音节的处置句式标记。

要注意分辨与 B 式处置句式在结构上构成同形句或形似句的句子。例如：

(09) a. 即只牛佮伊牵倒去！（这头牛牵回家去！）
　　 b. 即只牛佮伊牵倒去！（这头牛替他牵回家去！）
　　 c. 即只牛佮我牵倒去！（这头牛替我牵回家去！）
　　 d. 即只牛佮我牵倒去！（这头牛牵回家去！）
　　 e. 即只牛佮汝牵倒去。（这头牛替你牵回家去。）

上例中 a 句"伊"指句首受事，"佮伊"虚化为句式标记，句子属于 B 式处置句式。b 句"伊"指句外的与事者，"佮"是引介行为对象的介词，相当于普通话"替"的意思。a 句与 b 句构成同形关系。

c 句、d 句"佮"后所带为第二人称代词"我"，与 a 句、b 句构成形似句子。因人称代词非"伊"，两句都不会是处置句。"我"非施事，也非受事，只是句中与事者。同时句子结构为"受事 ＋ **佮** ＋ **我** ＋ 动词"格式的 c 句、d 句也是两个同形句：c 句"佮我"是实指，d 句"佮我"语义虚化，不再表示行为对象而只是用于增强语势，表示向听话者发出一个命令或请求。

d 句格式的句子人称代词只能用第一人称代词"我"，因为句子表达的是说话人要求听话人做某事，而这种命令或祈求都是从"我"发出的，不能用"我"以外别的人称代词。

e 句人称代词既非第三人称，也非第一人称，其句式只能与 c 句同类型。由于"佮"所带人称代词为第二人称代词"汝"，故句子不能是祈使句，因为祈使句的听话人不能同时充当行为的对象，即不能表达"这头牛〔你〕替你牵回家去"的意思。

紫湖闽南话表示处置句义还有一种特殊的格式，就是当动作有直接宾语和间接宾语两个宾语时，处置句式标记"佮"后带间接宾语，用于动词之前，表示作间接宾语的人物受事受动作的影响所发生的结果或状态。例如：

(10) hui^{42} ke$^{24/0}$ bue^{21} ieu^{45} e^{0} kaʔ$^{32/4}$ i$^{33/22}$ pʰian$^{21/22}$ au^{0} tseʔ$^{45/2}$ tsʰuĩ$^{33/22}$ tə^{21} e^{33} pĩ$^{33/22}$。

　　　　许个卖药呃佮伊骗呋一千垛花边。（那个卖药的骗了他一千块钱。）

上例句子格式为"**佮** ＋ 受事$_1$ ＋ 动词 ＋ 受事$_2$"的句子，普通话可以相对应的句式是"动词 ＋ 受事$_1$ ＋ 受事$_2$"的双宾语句。

（二）"互"字句

与"佮[kaʔ^{32}]"同样作为活跃的句式标记参与构成句式结构的，紫湖闽南话中还有一个句式标记"互[hɔ²¹]"[①]。由于"互[hɔ²¹]"所参与构成的句式有几类，本书将这几类句式统称为"互"字句。

作句式标记的"互"有分别属于动词和属于介词的不同情况，介词"互"由动词"互"演变而来。见以下例子：

（01） hɔ²¹ i³³ tseʔ⁴⁵/² ki³³/²² peʔ³² ! m̩²¹tʰan³³/²² hɔ²¹ i³³/²² tsʰau³³/²²pʰieu²¹ !
互伊一支笔！怀通互伊钞票！（给他一支笔！别给他钱！）

（02） tsi⁴² sɯ²¹ hɔ²¹ gua³² tsʰon³² tse⁰。
即事互我忖一下。（这事让我想一想。）

（03） hɯ²⁴ hɔ²¹ niãu³³ ka⁴⁵ kʰɯ²¹ lə⁰。
鱼互猫鲛去嘞。（鱼被猫叼走了。）

上述例（01）中"互"属于动词，例（02）、（03）中"互"属于介词。作动词的"互"表示"给予、交付"语义。"互"是方言中的通俗写法，其本字是"与"。"《集韵·语韵》演女切：'与，〈说文〉：赐予也。'古以母字在闽南话白读音（说话音）声母可以读[t, tʰ]，由[tʰ]音可演变为[h]声母。韵母在闽南话白读音可读[ɔ]。"[②]

例（01）中，句式标记"互"是句子的主要动词，相当于普通话的"给"，后面带两个宾语，一个是指人宾语，位置在前，一个是指物宾语，位置在后。句子语义是表示使某人得到某物。这一句子的句式结构是"**互** ＋ 受事₂（人）＋ 受事₁（物）"，与普通话中通常所称的"双宾语句"句式结构类型相同，有所不同的是具体的动词。本书称例（01）一类"互"字句为 A 类"互"字句。

例（02）中，句式标记"互"是介词，表示"容许"或"听任"，相当于普通话的"让"。句子语义表示容许、听任某人做某事。这一句子的句式结构是" 受事 ＋ **互** ＋ 施事 ＋ 动词 "。这类"互"字句可称为 B 类"互"字句。

例（03）中，句式标记"互"也是介词，相当于普通话的"被"，表示句首的主语（有时可以省略）是受事，"互"所引出的对象往往是施事，不能省略。这一句子的句式结构是" 受事 ＋ **互** ＋ 施事 ＋ 动词 "，与 B 类"互"字句相同，所不同的是介词的介引语义。这类"互"字句可称为 C 类"互"字句。

紫湖闽南话中 A 类"互"字句有两种变式。例如：

---

① 口语中"互"有口腔较为松弛的[ha²¹]的读音。
② 参见周长楫主编《闽南方言大词典》，福建人民出版社 2007 年版，第 114—115 页。

(04) niã⁴²mã⁰ tʰue⁴⁵/²¹ au⁰ te⁴²/³³nĩ²⁴ tsʰau³³/²²pʰieu²¹ hɔ²¹ gua³²。
□妈撒呋砥年钞票互我。（外婆给了我压岁钱。）

(05) ten³²/³³ ke⁰ gə⁴⁵ gua³² tsieu³²/³³ hɔ²¹ i³³ sã³³ pa⁴²/³³ tə²¹ e³³/²²pĩ³³/²²。
顶个月我借互伊三百垛花边。（上个月我借给他三百块钱。）

例（04）的句式结构是"给予义动词＋受事₁（物）＋互＋受事₂（人）"，指物宾语之前的动词是与"互"同义的也表示"给予"义的"撒（给）、借、送、卖"等。普通话中没有与之相对应的句式，不能照直对译，只能以双宾语句来译说。例（05）的句式结构是"给予义动词＋互＋受事₂（人）＋受事₁（物）"，这类句式普通话中有句式与之相对应。

例（04）、（05）一类句子还可以有省略句式标记"互"的说法，句式结构分别为："给予义动词 ＋ 受事₁（物）＋ 受事₂（人）""给予义动词 ＋ 受事₂（人）＋ 受事₁（物）"。例如：

(06) a. pen²⁴/²¹iu³² tsieu³²/³³ au⁴⁵ tseʔ⁴⁵/² kuĩ³³ pan²⁴/²¹kuĩ³³/²² ha²¹ i³³/²²。
朋友借呋一间房间互伊。（朋友借给他一间房间。）

b. pen²⁴/²¹iu³² tsieu³²/³³ au⁴⁵ tseʔ⁴⁵/² kuĩ³³ pan²⁴/²¹kuĩ³³/²² i³³/²²。
朋友借呋一间房间伊。（朋友借给他一间房间。）

(07) ten³²/³³ ke⁰ gə⁴⁵ gua³² san²¹/²² i³³ sã³³ pa⁴²/³³ tə²¹ e³³/²²pĩ³³/²²。
顶个月我送伊三百垛花边。（上个月我送给他三百块钱。）

不过例（06）中的 b 句和例（07）因不用句式标记"互"，已不属于"互"字句。这两类句子普通话中也没有结构类型相同的句子与之相对应。

C 类"互"字句的句式结构与语义功能与普通话的以"被"作句式标记的"被"字句相同。紫湖闽南话与普通话所不同的是，普通话中的"被"字句可以不出现动作的施事，而紫湖闽南话中的 C 类"互"字句的施事是必现的。例如：

(08) tsi⁴² kiã⁴⁵/²¹ sɯ²¹ bian³²/³³ hɔ²¹ i³³/²² hiau³²lə⁰。
即件事免互伊晓呐。（这件事情别让他知道。）

(09) i³³ hɔ²¹ lan²⁴/²¹ mã²¹ au⁰ tseʔ⁴⁵/² tən²¹, hau³² kʰi³²/⁰lai²⁴/⁰ lə⁰。
伊互侬骂呋一顿，吼起来嘞。（他被骂了一顿，哭了起来。）

例（08）中"互"所介引的对象（施事）是句义结构中所必须提供的，自然不能缺少。例（09）中"互"所介引的对象（施事）已经虚指或虚化为无所指，但在紫湖闽南话中例（09）一类句子"互"仍还带上表示"别人"义的"侬[lan²⁴]"，而这一成分在普通话的"被"字句式中是可以省略的。

（三）比较句

比较句指表示比较的句子。比较即把两种事物或人，或者同一种事物或人的两个方面加以对比。比较句中作对比的双方是比较体，作比较的内容是由形容词或形容词性的短语充当的比较项。

比较句中的比较项在对比点上既可以是差异性的,也可以是相似性的或同一性的。比较句据此可以分差级比较和同级比较两类。

1. 差级比较

甲、乙两事物相比较,甲超过乙或甲不如乙叫差级比较,也即差比。差比句又可以分为两种,一种表示甲超过乙的"过之"意义,另一种表示甲不如乙的"不及"意义。

(1) 表示"过之"意义的差比。例如:

(01) nuĩ²¹tsi³³ pi³²/³³ len²⁴/²¹gan³² kui²¹。
荔枝比龙眼贵。(荔枝比龙眼贵。)

(02) ken³³/²²n (＜t) uã²¹ pi³² tso²¹zeʔ⁴⁵ kʰaʔ³²/⁴ kon³²。
今旦比昨日较滚。(今天比昨天更热。)
sieu³²/³³ti⁴⁵ pi³²/³³ tua²¹hiã³³ aʔ³²/⁴ kʰaʔ⁴ huĩ²⁴。
小弟比大兄抑较悬。(弟弟比哥哥还更高。)

(03) i³³ kuĩ²⁴ kə²¹/²² lur³²。
伊悬过汝。(他比你高。)

上述例(01)、(02)两例的句式属于一类,基本句式结构为与普通话相同的"甲 + 比 + 乙 — 比较项",除比较体和比较项以外,有比较词"比"联结甲、乙两个比较体。两例句式有不同的是,例(02)的句式比例(01)在比较项之前多了"较""抑"两个副词,其中"较[kʰaʔ³²]"(更)表示在程度上深了一层或数量上有所增加、减少,"抑[aʔ³²]"(还)表示在某种程度之外有所增加或在某个范围以外有所补充。紫湖闽南话中以使用例(02)句式为常见。

例(03)的句式结构"甲 + 比较项 + 过 + 乙"与例(01)、(02)的句式相比较有很大不同。表现在三个方面:一是语序不同,比较项置于甲、乙两个比较体之间;二是比较词不同,比较词是表示"超过"义的"过";三是语法结构不同,比较词与其所介引的比较体乙构成的介宾短语置于比较项所充当的谓语中心成分之后作补语。

(2) 表示"不及"意义的差比。例如:

(04) sieu³²/³³ti⁴⁵ pi³²/³³ tua²¹hiã³³ bo²⁴/²¹kan²¹。
小弟比大兄无干。(弟弟比哥哥没用。)

(05) gua³² bo²¹ i³³ hua⁴² ai²¹/²² tsiaʔ⁴⁵/² tsiu³²。
我无伊许哇爱食酒。(我没有他那么爱喝酒。)
nuĩ²¹tsi³³ bo²⁴/²¹ len²¹gan³² ho⁴⁵tsiaʔ⁴⁵。
荔枝无龙眼好食。(荔枝没有龙眼好吃。)

上述例（04）的句式结构其实与表示"过之"意义的例（01）的"甲 ＋ 比 ＋ 乙＋ 比较项"句式相同，只是比较项本身带有"不及"意义。例（04）的句式与例（01）的句式可以理解为构成反义句式。比如"小弟比大兄无干"与"小弟比大兄有干（弟弟比哥哥有本事）"在语义上便是互为反义的。但这种反义关系是依靠"无干"与"有干"的词语反义构成而不是句式结构构成的，故例（04）还不能真正归入表示"不及"意义的差比句。

例（05）的句式结构也是与表示"过之"意义的例（01）的"甲 ＋ 比 ＋ 乙 ＋ 比较项"句式相对应的变式，其句式为"甲 ＋ **无** ＋ 乙＋ 比较项"。句式中所用比较词是"无[bo^{24}]"，"无"不仅在结构上联结甲、乙两个比较体，而且本身也就包含"不及"意义。作为比较词，"无"与"比"在构成句式时结构上联结甲、乙两个比较体的功能是相同的，但在表达功能上是不同的，"无"直接表示了"不及"意义，"比"则并不直接表达两个比较体究竟是"过之"还是"不及"。因此例（05）一类句子才是真正意义上的表示"不及"意义的差比句。试比较：

（06）a．荔枝比龙眼贵。
　　　b．荔枝比龙眼便宜。
　　　c．荔枝无龙眼贵。
　　　d．荔枝无龙眼便宜。

例（06）中 a 句与 c 句、b 句与 d 句构成句式上的反义关系，a 句与 b 句、c 句与 d 句并不构成句式上的反义关系。

表示"不及"意义的差比句式中，不但可以对两个人、物作比较，还可以是对两种行为的比较。例如：

（07）tsau$^{32/33}$lɔ^{21} m̩^{21}taʔ^{45} tsə$^{45/21}$ tsʰia$^{33/22}$。
　　　走路怀值坐车。（走路不如坐车。）

例（07）的句式中比较词是以否定副词"怀"构成的"怀值[m̩^{21}taʔ^{45}]（不如）"，句式所表达的意义相当于普通话"没……好"。这一句子没有出现比较项，因为"甲 ＋**怀值** ＋ 乙＋ 比较项"句式中"怀值"与"无"一样，已经有着"不及"语义，在不需要特别表明比较项内容的情况下，句子是可以略去比较项的。

2．同级比较

比较甲、乙两事物是否相等叫同级比较，又叫等比。紫湖闽南话中等比句的句式结构类型与普通话"甲 ＋ 跟 ＋ 乙 ＋ 一样 ＋ 比较项"的句式基本相同。普通话中的等比句式中，"跟……一样"是联系比较双方的比较词，形容词（或形容词性短语）所充当的比较项则是比较的内容。紫湖闽南话中等比句与普通话有所不同的是相当于"跟"的联系比较双方的介词不同，相当于"一样"的表示相等意义的形容词有更多的表达方式。例如：

（01）a. gua^{32} ka$?^{32/4}$ i^{33} tse$?^{45/2}$iũ^{21} kuĩ^{24}。
我佮伊一样悬。（我跟他一样高。）
b. lau$^{45/21}$ɔŋ^{24} ka$?^{32/4}$ lau$^{45/21}$tiũ$^{33/22}$ pĩ$^{24/21}$〔pĩ$^{24/21}$〕kuĩ^{24}。
老王佮老张平〔平〕悬。（老王跟老张一样高。）
c. gua^{32} ka$?^{32/4}$ i^{33} pĩ$^{24/21}$puã$^{33/22}$/kiɔŋ^{21}〔puã$^{33/22}$〕kuĩ^{24}。
我佮伊平般/共〔般〕悬。（我跟他一样高。）

（02）lau$^{45/21}$ɔŋ^{24} ka$?^{32/4}$ lau$^{45/21}$tiũ$^{33/22}$ tsʰa$^{33/22}$po$?^{32/4}$to$^{33/22}$ kuĩ^{24}。
老王佮老张差不多悬。（老王跟老张差不多高。）

上述例（01）中的等比句，表示比较的双方性状完全相同，例（02）中的等比句表示比较的双方性状大致相同。句式中所用介词都是"佮[ka$?^{32}$]"，表示相等的词语除与普通话相同的"一样""差不多"以外还有"平〔平〕""平般""共〔般〕"。

上述例句都是肯定句，句子如作否定式，其句式则如下：

（03）a. lau$^{45/21}$ɔŋ^{24} ka$?^{32/4}$ lau$^{45/21}$tiũ$^{33/22}$ bo^{24} pĩ$^{24/21}$ kuĩ^{24}。
老王佮老张无平悬。（老王跟老张不一样高。）
b. lau$^{45/21}$ɔŋ^{24} bo^{24} ka$?^{32/4}$ lau$^{45/21}$tiũ$^{33/22}$ pĩ$^{24/21}$ kuĩ^{24}。
老王无佮老张平悬。（老王没跟老张一样高。）

（04）tsi^{42} tsiɔŋ^{32} gan$^{24/21}$se^{42} ka$?^{32/4}$ hur^{21} tsiɔŋ^{32} gan$^{24/21}$ se^{42} bo^{24} tse$?^{45/2}$iũ^{21}。
即种颜色佮许种颜色无一样。（这种颜色和那种不一样。）

上述例（03）中 a 句的句式结构为"甲 ＋ 佮 ＋ 乙 ＋ 无 ＋ 一样 ＋ 比较项"，b 句的句式结构为"甲 ＋ 无 ＋ 佮 ＋ 乙＋ 一样 ＋ 比较项"。两种句式对比较的否定有所不同：a 句是对所比较性状的否定，b 句所否定的则是比较的对象。

二 语序和结构

（一）状语后置

汉语中，谓词性词语的附加成分有置于谓词性词语的前面和后面的两种结构位置，从句法关系上看，位于谓词性中心成分之前起修饰限制作用的附加成分称为状语，位于谓词性中心成分之后起补充说明作用的修饰成分称为补语。描写方言语法时所谓状语后置，是指普通话中通常作状语的成分在方言中相应地后移置于谓词性中心成分之后作补语。紫湖闽南话中状语后置的情况有以下两种：

1. 时间词后置

普通话中"先、后、早、晚、迟"等时间词通常置于动词之前，作表示时间先后的状语。紫湖闽南话在表示时间先后时，除了用与普通话相同的语序外，还常常将时间词后置，或将两种用法叠置。例如：

（01）gua^{32} k^{h}ɯ$^{21/22}$ uã^{21} lə^0 puã$^{21/22}$ ke^{24} tsen$^{33/22}$ t^{h}au^{24}，bo$^{24/21}$ kuã$^{32/33}$ to$^{32/33}$ ts^{h}ia$^{33/22}$。

我去晏嘞半嗰钟头，无赶倒车。（我晚去/去晚了半个钟头，没有赶上车。）

（02）gua^{32} suĩ$^{33/22}$ k^{h}ɯ^{21} lə^0, len^{32} lən^{21} ke^0 lan^{24} tsai$^{21/33}$ ke$^{33/22}$ tsə^{45} tsəʔ$^{45/2}$ e^{21}。

我先去嘞，恁两个依再加坐一下。（我先走了，你们俩再多坐一会儿。）

（03）〔suĩ^{33}〕tsiaʔ$^{45/2}$ tsiu^{32} k^{h}i^{32}，tsai$^{21/33}$ tsiaʔ$^{45/2}$ mãi$^{33/22}$。

〔先〕食酒起，再食糜。（先喝酒，后吃饭。）

上述例（01）中，表示时间晚的"晏[uã^{21}]"在紫湖闽南话中通常只用于动词之后，而普通话中相应的"晚"有用于动词之前和之后两种位置而以用于动词之前为常见。例（02）、（03）中的"先"，紫湖闽南话和普通话都只作状语用于动词之前，但例（03）中的"起[k^{h}i^{32}]"作为紫湖闽南话中另一个表示时间在先的时间副词，则只能居于动词之后作补语。

2. 动作加量词语后置

普通话中，通常用"再 + 动词 + 数量"结构格式表示动作在原来的基础上加量。比如"再吃一碗""再算一遍"。紫湖闽南话中表达同样意思时一般有两种方式，一种方式是与普通话相同在动词前面附加副词"又"或"再"作状语，另一种方式是使用表示加量意义的动词"添"或"凑添"附于动词之后作补语。例如：

（01）lai^{24}，tsai$^{21/33}$ len$^{32/33}$ tseʔ$^{45/2}$ au^{33}！// len$^{32/33}$ tseʔ$^{45/2}$ au^{33} t^{h}ĩ^{33}！

来，再啉一瓯！// 啉一瓯添！（来，再喝一杯！）

（02）tã^{21} lə^0 tseʔ$^{45/2}$ pian^{21}，iu$^{21/24}$ tã^{21} tseʔ$^{45/2}$ pian^{21}。

咀嘞一遍，又咀一遍。（说了一遍，又说一遍。）

（03）lɯ^{32} aʔ$^{32/4}$si^{21} tsiaʔ$^{45/2}$ tseʔ$^{45/2}$ uã$^{32/33}$ mãi$^{33/22}$，〔tsai$^{21/33}$〕tsiaʔ$^{45/2}$ tseʔ$^{45/2}$ uã^{32} ts^{h}au$^{21/33}$ t^{h}ĩ$^{33/22}$。

汝抑是食一碗糜，〔再〕食一碗凑添。（你才吃了一碗米饭，再吃一碗吧。）

（04）gua^{32} sən$^{21/22}$ təʔ^0 t^{h}ai^{42} k^{h}uai^{21} lə^0，sən$^{21/22}$ ts^{h}o^{21} au^0 la^0，ha^{21} gua^{32} sən$^{21/22}$ kə^{21}/tsai$^{21/33}$ sən^{21} tseʔ$^{45/2}$ pian^{21}。

我算得忒快嘞，算吷错啦，互我算过/再算一遍。（我算得太快算错了，让我重新算一遍。）

上述例子"啉一瓯添""食一碗凑添""算过一遍"的"添""凑添""过"都是后置于动词之后表示动作加量的。

（二）宾语和补语的位置

动词中心成分后面同时带有宾语成分和补语成分时，句子结构就有一个宾语和补语位置孰前孰后的句法安排问题。方言与普通话的语法差异有时也表现在动词之后宾语和补语的位置顺序上。紫湖闽南话与普通话相对比，有所差异的有以下两种情况。

一种情况是，动词后面同时带表示可能的补语和表示对象的宾语时，在否定句式中，紫湖闽南话会有两种句法结构格式。例如：

（01） i^{33} p^{h}a$^{42/33}$ be$^{21/45}$ kə^{21}gua^{32}/gua^{32}m^{21} kə^{21}。
伊拍𣍐过我/我怀过。（他打不过我。）

（02） i^{33} tui$^{21/22}$ be$^{21/45}$ k^{h}i^{32} gua^{32}/gua^{32}m^{21} k^{h}i^{32}。
伊对𣍐起我/我怀起。（他对不起我。）

例（01）、（02）中普通话说法只有"动词 ＋ 否定词 ＋ 补语 ＋ 宾语"一种格式，紫湖闽南话则有"动词 ＋ 否定词 ＋ 补语 ＋ 宾语"和"动词 ＋ 否定词 ＋ 宾语 ＋ 补语"两种格式。值得注意的是，紫湖闽南话中的这两种否定句式中所使用的否定词是不同的，与普通话相同句式中用的是"𣍐[be^{21}]"，不同于普通话的句式中用的是"怀[m^{21}]"。

还有一种情况是，动词后面同时带表示加量的补语和表示数量的宾语时，紫湖闽南话也会有两种句法结构格式。例如：

（03） gua^{32} sən$^{21/22}$ kə^{21} tseʔ$^{45/2}$ pian^{21}/ tseʔ$^{45/2}$ pian^{21} kə^{21}。
我算过一遍/一遍过。（我重新算一遍。）

例（03）兼有"动词 ＋ 补语 ＋ 宾语"和"动词 ＋ 宾语 ＋ 补语"两种格式的表示动作加量的句子，只限于动作的加量补语是对原来动作的更正弥补的一类，而非只是单纯补足数量的一类。比如"算一遍添（再算一遍）"就不能还说成"算添一遍"。

第三节　语法例句

本节选录紫湖闽南话语法例句 100 句。

语句记音使用国际音标。音标下以宋体汉字记录方言语句，括号内的楷体字是与方言语句对应的共同语说法。

01．tsɯ³³ kʰən²¹ lə⁰ to⁴² lə⁰。
　　书　园　叻　桌　咯。（书放在桌子上。）
02．tan³²/³³ kau²¹/²² kau³²/³³ tian³²/³³ tsen³³/²² tsaʔ³²/⁴ tsau³²。
　　等　遘　九　点　钟　乍　走。（等到九点钟才走。）
03．tsi⁴² pon³²/³³ tsɯ³³ san²¹ hɔ²¹ lɯ³²。
　　即　本　书　送　互　汝。（这本书送给你。）
04．gua³²/³³ kaʔ³²/⁴ lɯ³² eʔ³²/⁴ kʰi³²/³³ kʰɯ²¹。
　　我　佮　汝　一起　去。（我跟/和你一块儿去。）
05．gua³² pi³²/³³ i³³ kʰaʔ³²/⁴ kuĩ²⁴。
　　我　比　伊　较　悬。（我比他更高。）
06．gua³² ke⁰ pe⁴² hɔ²¹ i³³ lɔŋ²¹ kaʔ³²/⁴lau⁴⁵ lə⁰
　　我　嘅　笔　互　伊　弄　□唠　嘞。（我的笔被他弄丢了。）
07．tsi⁴² tsiɔŋ³² sɯ²¹ tieu⁴⁵/²¹ tsiau²¹/²²/an²¹/²²tsiau²¹ kui³³ten²¹ tsʰɯ³²/³³li³²。
　　即　种　事　着　照　/按/按照　规　定　处理。
　　（这种事情要按规定处理。）
08．tseʔ⁴⁵/² kən³³ gɔ²¹ kaʔ³²，tsen³²/³³/tsai²¹/iu²⁴/²¹/sui²⁴/²¹ lɯ³² kuĩ³²/tʰieu³³/²²。
　　一　斤　五　角，尽　/在/由/随　汝　拣/挑。
　　（一斤五角，任你挑。）
09．bue²¹ m̩²¹ bue²¹ iu²⁴/²¹/tsai²¹/sui²⁴/²¹ lɯ³²，bue³²/³³ m̩²¹ bue³² iu²⁴/tsai²¹
　　卖　怀　卖　由/在/随　汝，买　怀　买　由/在
/sui²⁴ gua³²。
/随　我。（卖不卖由你，买不买由我。）
10．tsui³² eu²¹/²² kon³² tsaʔ³²/⁴ ue⁴⁵/²¹ tsiaʔ⁴⁵ teʔ⁰/ len²¹keu²¹tsiaʔ⁴⁵/u⁴⁵/²¹huaʔ³²/⁴
　　水　沃　滚　乍　会　食　得/能够食/有法
tsiaʔ⁴⁵。
食。（水烧开才能喝。）
11．tsi⁴²s(＜ts)ai⁴⁵/⁰ gua³² lai²⁴ tieu⁰。
　　即在　我　来　着。（这里我曾经来过。）
12．bo⁴² lo⁴⁵/²¹hɔ⁴⁵ la⁰，han³³ tsau³²。
　　卜　落雨　啦，酣　走！（要下雨了，快走！）
13．lai²⁴，tsai²¹/²² len³²/³³ tseʔ⁴⁵/² au³³！// len²¹ tseʔ⁴⁵/² au³³ tʰĩ³³！
　　来，再　啉　一　瓯！// 啉　一　瓯　添！
　　（来，再喝一杯！）
14．tsaʔ(＜-a)³²/⁴kʰi³² pʰa⁴²/³³ kʰi³²，paʔ³²/⁴tɔ³² tʰɔŋ³²/³³si⁴⁵ sɔ²¹ tʰiã²¹ kʰɯ²¹/
　　早起　　拍　起，腹肚　统是　□　痛　去/

tɯ²¹ hə²¹ tʰian²¹。
仵 货 痛。（从早上起，肚子一直在疼。）

15. i³³ hɔŋ³²/³³ ue²¹ tsiaʔ⁴⁵/² tsiu³²。
伊 □ 会 食 酒。（他很会喝酒。）

16. tsʰai²¹ kʰaʔ³²/⁴ siũ³³ kian²⁴，pʰai³²/³³tsiaʔ⁴⁵。
菜 较 伤 咸， 否食。（菜太咸，不好吃。）

17. lan²¹kuan³³ sue³²/³³ tse²¹。
浪管 洗 一下。（随便洗一下。）

18. gua³² hɔŋ³²/³³ tsʰen²¹tsʰiũ⁴⁵ kʰuã²¹/²² tieu⁴⁵/²¹ i³³。
我 □ 亲像 看 着 伊。（我好像见过他。）

19. tiau²¹tĩ²⁴ mən²¹ i³³。
调□ 问 伊。（故意问他。）

20. i³³ tsau²¹tsau⁴⁵ lai²¹ bue³²/³³ tɔŋ³³sue³³/²²。
伊 造造 来 买 东西。（他常常来买东西。）

21. aʔ⁴ u⁴⁵ lən²¹ ke⁰ lan²⁴ bo²⁴/²¹ lai²⁴。
抑 有 两个 侬 无 来。（还有两个人没来。）

22. gua³² tsaʔ³²/⁴/kʰian³³kʰian³³/²² kau²¹，aʔ⁴ bo²⁴/²¹ tsiaʔ⁴⁵/² mãi³³。
我 乍 / 谦谦 遘，抑 无 食 糜。
（我刚到，还没吃饭。）

23. tsi⁴² kiã⁴⁵/²¹ en³³tsiũ⁴⁵ bo²⁴/²¹siã³² tən²⁴ bo²⁴/²¹siã³² tə³²，kʰian³³kʰian³³/²²
即 件 因□ 无什 长 无什 短， 谦谦
haʔ⁴⁵/²sen³³/ho³²。
合身 /好。
（这件衣服不长不短正合适。）

24. hɯ⁴²s(<ts)ai⁴⁵/⁰ tsɔŋ²¹ tsʰia³³ lə⁰，m̩²¹ kuan³²/³³ i³³/ho³²lə⁰ gua³² bo²⁴/²¹
许在 撞 车 嘞，怀 管 伊/好叻 我 无
kʰɯ²¹。
去。（那里撞车了，幸亏我没去。）

25. huĩ²⁴/²¹teʔ⁴⁵ gua³² m̩²¹ kʰɯ²¹。
横直 我 怀 去。（反正我不去。）

26. i³³ kʰo²¹/²²m̩²¹liau³² ue⁴⁵ lai⁰。
伊 靠 怀 了 会 来。（他可能会来。）

27. lɔŋ²¹/²² lə⁰ m̩²¹ ho³² i³²/³³ ken³³/²² lai²⁴ lə⁰。
弄 嘞 怀 好 伊 已经 来 嘞。（恐怕他已经来了。）

28. nãu²⁴ ue²¹ tan²¹，bue²¹ tso⁴²。

哢　会　呾，觋　作。（只会说，不会做。）

29. i^{33} ke^0 $k^ha^{33}ta^{45/21}ts^hia^{33/22}$ $bo^{24/21}$ $k^hu\tilde{a}^{21/22}$ $tieu^{45}$/ bo^{24} lau^0 la^0。
　　伊　嗰　骹踏车　　　　　无看着　　／无　唠　啦。
　　（他的自行车不见了。）

30. i^{33} $bue^{32/33}$ $lə^0$ $tseʔ^{45/2}$ $bə^{32}$ $s\tilde{a}^{33}$ $kən^{33/22}$ tan^{45} ke^0 $li^{32/33}hu^{24}$。
　　伊买　嘞　一　尾　三　斤　　重　嗰　鲤鱼。
　　（他买了一条三斤重的鲤鱼。）

31. tsi^{42} $tseʔ^{45/2}$ $bə^{32}$ hu^{24} $bo^{24/21}$ si^{45} gua^{32} ke^0。
　　即　一　　尾　鱼　无是　我　嗰。（这条鱼不是我的。）

32. i^{33} k^hia^{45}/$hieu^{42}$ ke^0 hu^{42} $tseʔ^{45/2}$ $tə^{21/22}$ $ts^hu^{21}to^{32}$ lau^0 $lə^0$。
　　伊　徛／歇　　嗰　许　一　垛　厝　倒唠嘞。
　　（他住的那幢房子塌了。）

33. $liau^{24/21}liau^{24/21}$ $tsau^{32}$，$bian^{32/33}$ $kɔŋ^{24}$/$hɔŋ^{33/22}$!
　　嘹嘹　　　走，　免　狂／慌!（慢慢走，别急!）

34. i^{33} $liau^{24/21}liau^{24}$ k^hia^{45} lau^0 $k^hi^{32}lai^0$/$k^hi^{32/33}lai^{24}$ $lə^0$。
　　伊　嘹嘹　　徛　唠起来　／起来　嘞。（他慢慢地站了起来。）

35. $huan^{33}$ $tseʔ^{45/2}$ $kon^{24/21}$ $tseʔ^{45/2}$ kon^{21} $ts^hə^{33}$ $lə^0$。
　　风　一　群　一　　群　吹　嘞。（风一阵一阵地吹着。）

36. to^{42} $tseʔ^{32/4}$ $ts^hen^{33}k^hi^{21}$ $lə^0$ bo^{24} a^0/$m\tilde{a}^0$?
　　桌　拭　　清气　　嘞无啊/吗?（桌子擦干净了吗?）

37. i^{33} $ka^{32/4}$ to^{42} $ts^he^{42/4}$ $lə^0$ $ts^hen^{33}k^hi^{21}$ $ts^hen^{33}k^hi^{21}$。
　　伊　佮桌　拭　叻清气　　　清气。
　　（他把桌子擦得干干净净的。）

38. i^{33} $tsau^{32/33}$ $lɔ^{21}$ $tsau^{32}$ $lə^0$ $hɔŋ^{42}$ k^huai^{21}。
　　伊　走　路　走　叻□　快。（他走路走得很快。）

39. i^{33} $tsiu^{32}$ $tsiaʔ^{45/2}$ $lə^0$ $hɔŋ^{42}$ $tsue^{21}$ $lə^0$, $k^hui^{33/22}si^{24}$ $ia^{45}t\tilde{a}^{21}$。
　　伊酒　食　嘞□　秭嘞，开始　野呾。
　　（他酒喝了很多，开始说胡话。）

40. i^{33} $kau^{21/22}$ $tsu^{33}la^{45}$ $lə^0$ $lə^{42}$/$mɔ^{33}$ $lə^0$ $tseʔ^{45/2}$ pe^{32} $so^{32/33}si^{24}$ $ts^hoʔ^{32/4}lai^0$。
　　伊　遭书六　　咯□/摸　嘞　一　把　钥匙　　　出来。
　　（他从书包里摸出一把钥匙来。）

41. lu^{32} ke^0 hue^{21} gua^{32} $ti\tilde{a}^{33}$ $lə^0$ $tɔŋ^{32}$, i^{33} ke^0 hue^{21} gua^{32} $ti\tilde{a}^{33}$ $m̩^{21}$ $tɔŋ^{32}$。
　　汝　嗰话　我　听叻懂，伊嗰话　我　听　怀　懂。
　　（你的话我听得懂，他的话我听不懂。）

42. gua^{32} tui$^{21/22}$ lə^0 kʰi^{32} i^{33}, i^{33} tui$^{21/22}$ bue^{45} kʰi^{32} gua^{32}。
　　我　对　叻起伊，伊对　㑥　起　我。
（我对得起他，他对不起我。）

43. i^{33} kau^{33}hen$^{21/22}$ lə^0 bo^{42} si^{32}。
　　伊　高兴　叻卜死。（他高兴得要死。）

44. hu^{42}s(<ts)ai$^{45/0}$ hɔŋ^{42} hŋ^{45}, tsiɔʔ$^{32/4}$tsiɔʔ^{32} tsau^{32} lə^0 sã^{33} kan$^{33/22}$ tsaʔ$^{32/4}$ tsau$^{32/33}$ kau^{21}。
　　许在　　　□远，足足　走嘞三工乍　走　遘。（那儿很远，走了整整三天才走到。）

45. tsau^{32} lə^0 hɔŋ^{42} ku^{32}, kʰa$^{33/22}$pan$^{32/33}$tue^{32} taʔ$^{32/4}$ kʰi$^{32/33}$ pʰa^{32} lə^0。
　　走嘞□久，骹板底　　嗒起泡嘞。
（走了很久，脚底都起泡了。）

46. kue$^{33/22}$lɔ^{21} lə^0 lan^{24} hɔŋ^{42} tsue^{21}。
　　街路　咯侬　□秽。（街上人真多。）

47. kue$^{33/22}$lɔ^{21} lə^0 u$^{45/21}$ hɔŋ^{42} tsue^{21} lan^{24}。
　　街路　咯有　□秽侬。（街上有很多人。）

48. huʔ^{42} tseʔ$^{45/2}$ ke^{24} tsiau$^{32/33}$kiã^{32} pə^{33} tsau^{32} lə^0。
　　许　一　个　鸟囝　飞　走　嘞。（那只鸟儿飞走了。）

49. i^{33} lia^{45} to$^{32/0}$ tseʔ$^{45/2}$ ke^0 tsiau$^{32/33}$kiã^{32}。
　　伊掠倒　一　个　　鸟囝。（他逮着了一只鸟儿。）

50. gua^{32} san$^{21/22}$ i^{33} tseʔ$^{45/2}$ kən$^{32/33}$ tsɯ^{33}/ tseʔ$^{45/2}$ kən$^{32/33}$ tsɯ^{33} hɔ^{21} i^{33}。
　　　我　送伊一　卷　书／一　卷　书互伊。
（我送他一本书。）

51. i^{33} kaʔ$^{32/4}$ gua$^{32/33}$ tã^{21} tseʔ$^{45/2}$ kiã$^{45/21}$ sɯ^{21}。
　　伊佮　我　咀　一　　件　事。（他告诉我一件事。）

52. tsʰu^{21} hə$^{42/33}$lai^{45} an$^{21/22}$tɔŋ^{33}tɔŋ^{42} /an$^{21/22}$bɔ^{33}bɔ^{22} ke^0。
　　厝　许里　暗懵懵　／暗摸摸　　嘅。
（屋子里黑咕隆咚的。）

53. i^{33} hə$^{42/33}$tsʰu^{21} tsʰen^{33}kʰi$^{21/45}$ tsʰen^{33}kʰi^{21} ke^0。
　　伊许厝　清气　　　清气　　嘅。（他家里干干净净的。）

54. i^{33} bo$^{24/21}$siã$^{42/33}$ kuĩ^{24}, u^{45} ten$^{32/33}$kiã^{32} sãn^{32}。
　　伊无什　悬，有点囝　　瘦。（他不太高，有点瘦。）

55. kʰue$^{33/22}$ ben^{21} u^{45} gɔ$^{45/21}$paʔ^{42} bi^{32} kʰua^{42}。
　　溪　面有　五百　米　阔。（河面有五百米宽。）

56. mən^{24} kaʔ$^{32/4}$ i$^{33/22}$ kuĩ^{33} kʰi^{32}lai^0！//kaʔ$^{32/4}$ mən^{24} kuĩ^{33} kʰi^{32}lai^0！
　　门　佮　伊　关　起来！//佮　　门　关　起来！（把门关上！）
57. to^{42} kaʔ$^{32/4}$ i^{33} /kaʔ$^{32/4}$ to^{42} tsʰe^{42} tse^{21}。
　　桌　佮　伊 /佮　　桌　拭　一下。（把桌子擦一擦。）
58. en^{23}tsiũ^{24} tʰɔŋ^{32} kaʔ$^{32/4}$ i$^{33/22}$ siu^{33} zeʔ^{45}lai^0。//kaʔ$^{32/4}$ en^{33}tsiũ^{24} tʰɔŋ^{32} siu^{33}
　　因囗　统　佮　伊　收　入来。// 佮　　因囗　统　收
zeʔ^{45}lai^0。
入来。（把衣服都收进来。）
59. lɯ^{32} kaʔ$^{32/4}$ kʰa^{33}ta$^{45/21}$tsʰia$^{33/22}$ tsieu^{32} gua^{32} kʰia^{24} kui$^{32/33}$ kan$^{33/22}$。
　　汝　佮　　骹踏车　　借　我　骑　几　工。
　　（你把自行车借我骑几天。）
60. m̩^{21}tʰan^{33} kaʔ$^{32/4}$ kʰa^{33}ta$^{45/21}$tsʰia$^{33/22}$ lɔŋ$^{21/22}$ bo^{24} lə^0。// kʰa^{33}ta$^{45/21}$tsʰia$^{33/22}$
　　怀通　佮　　骹踏车　　弄　无　嘞。//　　骹踏车
m̩^{21}tʰan^{33} lɔŋ$^{21/22}$ bo^{24} lə^0。
怀通　弄　无　嘞。（别把自行车弄丢了。）
61. hɯ^{24} hɔ^{21} niãu^{33} ka^{45} kʰɯ^{21} lə^0。
　　鱼　互　猫　　皎　去　嘞。（鱼被猫叼走了。）
62. hue^{33}pʰon^{24} hɔ^{21} lan$^{24/21}$ tʰue^{21} lə^0 hɔŋ^{42} tsue^{21} ke^{24} kʰɯ^{21}。
　　花盆　　互　侬　掇　嘞囗　秼　个　去。
　　（花盆被人搬走了好些个。）
63. m̩^{21}tʰan^{33} /bian$^{32/33}$ hɔ^{21} i^{33} hiau$^{32/33}$lə^0。
　　怀通 / 免　　互　伊　晓叻。（别让他知道。）
64. en^{33} tsiaʔ$^{45/2}$ lə^0 an$^{21/22}$mãi$^{21/22}$ kʰɯ$^{21/22}$ kʰuã$^{21/33}$ hi^{21} lə^0。
　　個　食　嘞　暗糜　　去　看　戏　嘞。
　　（他们吃过晚饭看戏去了。）
65. gon^{32} mã$^{24/21}$zeʔ^{45} tsə$^{45/21}$ hui$^{33/22}$ki$^{33/22}$ kʰɯ$^{21/22}$ siɔŋ^{21}hai^{32}/kau$^{21/22}$
　　阮　明日　坐　　飞机　　去　上海 / 遘
siɔŋ^{21}hai^{32} kʰɯ^{21}。
上海　　去。（我们明天坐飞机去上海。）
66. gua^{32} taʔ^{32}(<tʰau)$^{24/2}$kʰa^{32} u$^{45/21}$ ti$^{42/33}$kiã^{32} hen^{24}，siũ$^{32/33}$ kʰɯ^{21} to^{32} tse^{21}。
　　我　头壳　　　有　滴团　眩，想　去　倒 一下。
　　（我有点头晕，想去躺一下。）
67. i^{33} kuai$^{21/22}$ gua^{32} lai^{24} uã^{21}lə^0。
　　伊　怪　我　来　晏　啦。（他责怪我来晚了。）
68. lɯ^{32} ke^0 piau^{32} tson^{32} mã^0？
　　汝　嘅　表　准　吗？（你的表准吗？）

69. tsiɔŋ$^{24/21}$ tsi^{42}s(<ts)ai^{45} kau$^{21/22}$ huɯ^{42}s(<ts)ai^{45} u^{45} lua^{21}hŋ^{45} nĩ^{0}?
　　　从　　　即在　　　迣　许在　　　有　偌　远　　呢？
　　（从这儿到那儿有多远？）

70. i^{33} ke^{0} en^{33}tsiũ^{24} sue$^{32/33}$ tsʰen^{33}kʰi^{21} lə^{0}, lɯ^{32} ke^{0} nĩ^{0}?
　　伊　嘅　因□　　洗　　清气　　嘞，汝　嘅　呢？
　　（他的衣服洗干净了，你的呢？）

71. tsui^{32} tʰiau^{21}/kon^{32} lə^{0} bo^{24} a^{0}?
　　水　　跳／滚　嘞 无　啊？（水开了没有？）

72. i^{33} tsʰiũ$^{21/33}$ko$^{33/22}$ ho$^{32/33}$〔tiã$^{33/22}$〕m̩^{21} ho$^{32/33}$tiã$^{33/22}$?
　　伊　唱歌　　　好　〔听〕　怀　好听　？
　　（他唱歌好不好听？）

73. lɯ^{32} pʰa$^{32/33}$〔sən^{21}〕m̩^{21} pʰa$^{32/33}$sən^{21} kʰɯ^{21} a^{0}?
　　汝　拍〔算〕　　怀　拍算　　去　啊？
　　（你打算没打算去呀？）

74. mã$^{24/21}$zeʔ^{45} lɯ^{32} ue^{21}/len$^{24/21}$keu^{21} lai^{24} mã^{0}?
　　明日　　汝　会／能够　　来　吗？（明天你能不能来？）

75. mã$^{24/21}$zeʔ^{45} i^{33} ue^{21} lai^{24} bue^{21} lai^{24} a^{0}?
　　明日　伊　会　来　狯　来　啊？（明天他会不会来？）

76. gua^{32} tieu^{45} kʰɯ^{21} bian$^{32/33}$ kʰɯ^{21} a^{0}? m̩^{21} kʰɯ^{21} ue^{45} kan^{21} mã^{0}?
　　我　　着　去　免　去　啊？怀　去　会　干　吗？
　　（我要不要去？不去行吗？）

77. mã$^{24/21}$zeʔ^{45} kʰui$^{33/22}$hue^{21} lan^{32} tieu^{21} kʰɯ^{21} bian$^{32/33}$ kʰɯ^{21} nĩ^{0}?
　　明日　　　开会　　伲　着　去　免　去　呢？
　　（明天开会咱们得去还是不必去？）
　　——lɯ^{32} tieu$^{45/21}$ kʰɯ^{21}, gua^{32} bian^{32} kʰɯ^{21}。
　　——汝　着　去，　我　免　去。（你得去，我不必去。）

78. u^{45} ãi^{42} ke^{0} sɯ^{21} mã^{0}? ——bo^{24} ke^{0}。
　　有　安　嘅　事　吗？——无　嘅。（有这事吗？——没有的。）

79. tsi^{42} lən^{21} kən$^{32/33}$ tsɯ$^{33/22}$ san^{21} ho^{21} lɯ^{32}, bo^{42}〔ti^{45}〕mã^{0}?
　　即　两　卷　　书　送　互　汝，卜〔挃〕吗？
　　（这两本书送给你，要不要？）
　　tsi^{42} tseʔ$^{45/2}$ kən^{32} bo^{42}, huɯ^{42} tseʔ$^{45/2}$ kən^{32} m̩^{21}ti^{45}。
　　即　　一　　卷　卜，许　　一　　卷　怀挃。

（这本要，那本不要。）

80. gua³² i³²/³³ ken³³/²² kaʔ³²/⁴ i³³ tã²¹ lə⁰, tsɔŋ³²/³³ bo²⁴ i³³ bue²¹ki²¹ tə⁰ mã⁰?
    我 已经 佮 伊 呾 嘞，总无 伊 烩 记 嘚 吗？
    （我已经告诉他了，难道他忘了吗？）

81. gua³² m̩²¹ kʰu²¹, siã²⁴ kʰu²¹nĩ⁰?
    我 怀 去，什侬 去 呢？（我不去，谁去呢？即：非我去不可）

82. gua³² kaʔ³²/⁴ i³³ pĩ²⁴/²¹〔pĩ²⁴/²¹〕/tseʔ⁴⁵/² iũ²¹ kuĩ²⁴。
    我 佮 伊 平〔平〕 / 一样 悬。（我跟他一样高。）

83. i³³ bo²⁴ gua³² tsua⁴² kuĩ²⁴。
    伊 无 我 即哇 悬。（他没有我这么高。）

84. gua³² bo²⁴/²¹ i³³ hua⁴² ai²¹/²² tsiaʔ⁴⁵/² tsiu³²。
    我 无 伊 许哇 爱 食 酒。（我没有他那么爱喝酒。）

85. sieu³²/³³ti⁴⁵ pi³²/³³ tua²¹hiã³³ aʔ³²/⁴ kʰaʔ⁴ huĩ²⁴。
    小弟 比 大兄 抑 较 悬。（弟弟比哥哥还更高。）

86. nuĩ²¹tsi³³ pi³²/³³ len²⁴/²¹gan³² kui²¹, aʔ³²/⁴ bo²⁴/²¹ len²¹gan³² ho⁴⁵tsiaʔ⁴⁵。
    荔枝 比 龙眼 贵，抑 无 龙眼 好食。
    （荔枝比龙眼贵，还没有龙眼好吃。）

87. i³³ ken³³n(<t)uã²¹ sĩ³³pĩ²¹lə⁰。
    伊 今旦 生病 嘞。（他今天病了。）

88. ken³²/³³kiã³²/³³sai³² tua²¹han²¹ lə⁰ tsiu²¹ m̩²¹ tʰiã³³ tã²¹/²²hue²¹lə⁰。
    囝囝㞗 大汉 嘞就 怀 听 呾话 嘞。
    （孩子大了就不听话了。）

89. tsʰai²¹ bue³² lə⁰ mã⁰?——bue³²lə⁰。
    菜 买 嘞 吗？——买 嘞。（菜买了吗？——买了。）

90. bian³²/³³ kɔŋ²⁴/hɔŋ³³/²²! tsiaʔ⁴⁵/² lau²¹ an²¹/³³mãi³³/²² tsai²¹/³³ to²¹kʰu²¹。
    免 狂 / 慌！ 食 唠 暗糜 再 倒去。
    （别急！吃了晚饭再回去。）

91. mən²⁴ kʰui³³ lə⁰, hə⁴²/³³lai⁴⁵ bo²⁴/²¹ lan²⁴。
    门 开 嘞，许里 无 侬。（门开着，里面没人。）

92. zeʔ⁴⁵kʰu²¹ tseʔ⁴⁵/² kʰuã²¹, pʰɔ³³ lə⁰ to³²/³³ laʔ⁰ tseʔ⁴⁵/² ke²⁴/²¹ lan²⁴。
    入去 一 看，铺 咯 倒 啦 一 个 侬。
    （进去一看，床上躺着一个人。）

93. bian³²/³³ kɔŋ²⁴/hɔŋ³³/²²! tsə⁴⁵ lə⁰ tã²¹。
    免 狂 / 慌！ 坐 叻 呾。（别急！坐着讲。）

94. tã²¹ lə⁰ tã²¹ lə⁰ / tã²¹ aʔ⁰ tã²¹ i³³ tsiu²¹ hau³² kʰi³²lai²⁴ lə⁰。
    呾 叻 呾 叻/呾 啊 呾 伊 就 吼 起来 嘞。

（说着说着他就哭起来了。）

95. hə$^{32/33}$gua^{21} tuɯ$^{45/21}$ hə^{21} lo$^{45/21}$ hɔ^{45}，tieu$^{45/21}$tua$^{21/22}$ hɔ$^{45/21}$suã^{21}。
    许外　伫　货　落　雨，着　带　雨伞。
    （外头在下雨，要带伞。）

96. hɔ^{45} hieu^{42} lə^{0}，lan^{32} tieu$^{45/21}$ tsau^{32} lə^{0}。
    雨　歇　嘞，伫　着　走　嘞。（雨停了，咱们得走了。）

97. i^{33} kʰɯ^{21} tieu$^{45/21}$ siɔŋ^{21}hai^{32}，bo$^{24/21}$ kʰɯ$^{21/22}$ tieu^{45} paʔ$^{32/4}$kiã^{33}。
    伊　去　着　上海，无　去　着　北京。
    （他去过上海，没去过北京。）

98. en^{33} pa^{42} kʰi^{32}lai^{0} lə^{0}，kʰᵃuai^{21}kiã^{32} kʰɯ^{21} kʰən^{21}kue^{32}。
    佃　拍　起来　嘞，快　囝　去　劝解。
    （他们打起来了，快去劝解。）

99. tsau^{32} a^{0}，lan^{32} tsʰoʔ$^{32/4}$kʰɯ^{21} tsiaʔ$^{45/2}$tsiaʔ$^{45/2}$ te^{24}，tsʰiau^{33}tsʰiau$^{33/22}$
    走　啊，伫　出去　食食　茶，超超
    tʰian^{33}。
    天。（走吧，咱们出去喝喝茶，聊聊天。）

100. mian^{32} hɔŋ^{33}，hieu^{42} tseʔ$^{45/2}$e^{21}kiã^{32} tsai$^{21/33}$ tsau^{32}。
     免　慌，歇　一下囝　再　走。
    （别急，歇一歇再走。）

第五章 紫湖闽南话标音语料

本章紫湖闽南话标音语料根据调查所得选择录列，共有50条谚语、20条歇后语、25条成语、20则谜语、12首儿童歌谣和4篇故事传说。

第一节 谚语、歇后语、成语

一 谚语

01．tsaʔ(<-a)$^{32/4}$kʰi^{32} he^{24}，an$^{21/22}$mĩ$^{21/22}$kiã^{32} hɔ^{45}；an$^{21/22}$mĩ$^{21/22}$kiã^{32} he^{24}，mã$^{24/21}$zeʔ^{45} bo$^{24/21}$tsui^{32} tsuã$^{33/22}$te^{24}。
早起霞，暗暝囝雨；暗暝囝霞，明日无水煎茶。
（早上出霞，傍晚就下雨；傍晚出霞，明天没水烧茶——明天天晴。）

02．hoŋ^{24} tsau$^{32/33}$ zeʔ^{45}，tʰĩ$^{33/22}$ nã^{45} pe^{45}；hoŋ^{24} tsau$^{32/33}$ tsʰɔʔ^{32}，hɔ^{45} nã^{45} ho^{42}。
云走入，天那白；云走出，雨那口。
（云往山里走，天眼看就放晴；云往山外走，雨眼看就洒落。）

03．hoŋ^{24} tsau$^{32/33}$ tan$^{33/22}$，hɔ^{45} tsuan$^{24/21}$ kʰan$^{33/22}$；hoŋ^{24} tsau$^{32/33}$ lan^{24}，hɔ^{45} nã^{45} lan^{24}；hoŋ^{24} tsau$^{32/33}$ sai$^{33/22}$，hɔ^{45} nã^{45} tʰai$^{33/22}$；hoŋ^{24} tsau$^{32/33}$ paʔ^{32}，hɔ^{45} nã^{45} laʔ^{32}。
云走东，雨全空；云走南，雨那淋；云走西，雨那筛；云走北，雨那落。（云往东走，雨全没了；云往南走，雨眼看就淋着；云往西走，雨眼看就筛落；云往北走，雨眼看就下着。）

04．tsaʔ$^{45/2}$tsʰeʔ^{32} tsaʔ$^{45/2}$pue^{42}，gə^{45} kʰi^{32} baʔ^{45} kʰue^{42}；tsaʔ$^{45/2}$pue^{42} tsaʔ$^{45/2}$kau^{32}，gə^{45} kʰi^{32} kue^{33} hau^{32}。
十七十八，月起目眙；十八十九，月起鸡吼。（农历十七十八，月亮升起来时人合眼睡觉；十八十九，月亮升起来时鸡叫快要天亮了。）

05．tsʰue$^{33/22}$eʔ^{32} lo^{45}，tsʰue$^{33/22}$zi^{21} suã^{21}；tsʰue$^{33/22}$sã^{33} lo^{45}，tu^{45} gə$^{45/21}$ puã^{21}。
初一落，初二散；初三落，挂月半。（初一下雨，初二就不会下雨；如果初三还下雨，那就要一直下到十五。）

06. ha²¹tsi²¹ tua²¹ tʰĩ³³ᐟ²²tsĩ²⁴, bo²⁴ᐟ²¹ hɔ⁴⁵ kau²¹ᐟ²² tsʰiu³³ᐟ²² kĩ²⁴。
夏至大天晴，无雨遘秋墘。
（夏至日天晴，天不下雨要持续到立秋前后。）

07. tua²¹tsʰɯ³² tua²¹ hɔ⁴⁵, pa⁴²ᐟ³³ zeʔ⁴⁵ kĩ²¹ᐟ²² sən³³。
大暑大雨，百日见霜。（大暑日下大雨，一百天后会下霜。）

08. tsʰiu³³ᐟ²² tsui²⁴ paʔ³²ᐟ⁴huan³³ᐟ²² tsue²¹ enᐟ³³ᐟ²²hɔ⁴⁵, tsʰiu³³ᐟ²² au⁴⁵ paʔ³²ᐟ⁴huan³³ᐟ²² uã⁴⁵ kau²¹ᐟ²² tue³²。
秋前北风桼阴雨，秋后北风旱遘底。
（立秋前刮北风，秋季多雨天；立秋后刮北风，整个秋季干旱。）

09. kiã³³ tsʰeʔ³²ᐟ⁴gə⁴⁵puã²¹ tsui³², m̩²¹ kiã³³ tsʰeʔ³²ᐟ⁴gə⁴⁵puã²¹ kui³²。
惊七月半水，怀惊七月半鬼。
（怕七月半涨水，不怕七月半的鬼。——七月半前后常发生水灾）

10. m̩²¹ kiã³³ han²⁴ᐟ²¹lɔ²¹ huan³³, tsi²⁴ kiã³³ᐟ²² han²⁴ᐟ²¹lɔ²²¹ hɔ⁴⁵。
怀惊寒露风，就是惊寒露雨。（不怕寒露日刮风，只怕寒露日下雨。——寒露日下雨预示冬季雨水多）

11. leʔ⁴⁵ᐟ²tan³³ᐟ²² u⁴⁵ hɔ⁴⁵ hɔŋ²⁴ᐟ²¹ nuã²¹tan³³ᐟ²², leʔ⁴⁵ᐟ²tan³³ᐟ²² bo²⁴ᐟ²¹ hɔ⁴⁵ hɔŋ²⁴ᐟ²¹ tsʰon³³ᐟ²²han²⁴。
立冬有雨防烂冬，立冬无雨防春寒。
（立冬日下雨，冬季雨水多；立冬日无雨，来年春天要防春寒。）

12. leʔ⁴⁵ᐟ²tan³³ᐟ²² bo²⁴ᐟ²¹ hɔ⁴⁵ tseʔ⁴⁵ᐟ² tan³³ᐟ²² tsĩ²⁴, leʔ⁴⁵ᐟ²tan³³ᐟ²² u⁴⁵ᐟ²¹ hɔ⁴⁵ tsʰon³³ᐟ²² m̩²¹ tsĩ²⁴。
立冬无雨一冬晴，立冬有雨春怀晴。
（立冬日无雨，冬季多晴天；立冬日下雨，来春少晴天。）

13. ta³³ tan³³ᐟ²²tsue⁴², tan²⁴ᐟ²¹ kə²¹ᐟ²²nĩ²⁴。
焦冬节，澹过年。（冬至天晴，过年将下雨。）

14. gɔ⁴⁵ᐟ²¹gə⁴⁵ tsaʔ⁴⁵ᐟ²kau³² tan²⁴ᐟ²¹ sen³³ᐟ²² lui²⁴, han³³ᐟ²²tsɯ²⁴ pi³²ᐟ³³ kə²¹ tua²¹ tsʰen²¹ᐟ²²tʰui²⁴。
五月十九瞋声雷，番薯比过大秤锤。
（农历五月十九这天打雷下雨，红薯长得比大秤锤还大。）

15. sieu³²ᐟ³³tsʰɯ³² bo²⁴ᐟ²¹ hɔ⁴⁵, iau³³ᐟ²² si³² lau⁴⁵tsʰɯ³²。
小暑无雨，枵死老鼠。（小暑不下雨，要饿死老鼠。——因旱而歉收）

16. leʔ⁴⁵ᐟ²tsʰiu³³ᐟ²² u⁴⁵ᐟ²¹ hɔ⁴⁵ iũ²¹iũ²¹ siu³³ᐟ²², leʔ⁴⁵ᐟ²tsʰiu³³ᐟ²² bo²⁴ᐟ²¹ hɔ⁴⁵ lan²⁴ᐟ²¹lan²⁴ iu³³ᐟ²²。
立秋有雨样样收，立秋无雨侬侬忧。
（立秋日下雨，作物收成好；立秋日不下雨，人人就要担忧歉收了。）

17. bo$^{24/21}$ kau$^{21/22}$ ken$^{33/22}$teʔ^{45} suĩ$^{33/22}$ tan^{21}lui^{24}, bo^{42} kuã^{24} si$^{32/33}$ lau$^{24/21}$ koʔ$^{32/4}$tʰui^{24}。
    无遘惊蛰先瞋雷,卜寒死老骨槌。(没到惊蛰先打雷,要冻死老骨头。)

18. lui^{24} kʰa$^{21/22}$ tsʰiu$^{33/22}$, kən^{33}liu$^{33/22}$liu$^{33/22}$。
    雷敲秋,光溜溜。(立秋时节打雷,天会大旱,农作物干枯死光。)

19. gə^{45} kau$^{21/22}$ tiɔŋ^{33}tsʰiu$^{33/22}$ taʔ$^{45/2}$piaʔ^{45} ben^{24}, lan^{24} kau$^{21/22}$ tiɔŋ$^{33/22}$nĩ^{24} suʔ^{21}giaʔ^{45} sen^{24}。
    月遘中秋特别明,人遘中年事业成。
    (月亮到中秋日特别亮,人到中年事业成功。)

20. tsʰiu^{21} lau^{45} kən^{33} tsue^{21}, lan^{24} lau^{45} ue^{21} tsue^{21}。
    树老根秭,侬老话秭。(树老根多,人老话多。)

21. lan^{24} pi$^{32/33}$ lan^{24}, kʰi$^{21/22}$ si$^{32/33}$ lan^{24}。
    侬比侬,气死侬。(人比人,气死人。)

22. lan^{24} kiã$^{33/22}$ tsʰɔʔ$^{32/4}$miã^{24} tuu^{33} kiã$^{33/22}$ pui^{24}。
    侬惊出名猪惊肥。(人怕出名猪怕壮。)

23. tsʰuĩ^{33} kʰɔ^{32} ban^{21} kʰɔ^{32}, ui^{21} lə^{0} paʔ$^{32/4}$tɔ^{32}。
    千苦万苦,为嘞腹肚。(千辛万苦,都是为了吃饱肚子。)

24. tseʔ$^{45/2}$ lan^{24} kʰɔ^{32} tseʔ$^{45/2}$ han^{21}, bo$^{24/21}$ lan^{24} kʰɔ^{32} siɔŋ$^{33/22}$tan^{24}。
    一侬苦一项,无侬苦相同。
    (一人苦一种情况,生活困苦没有人是相同的。)

25. u$^{45/21}$tsĩ^{24} lan^{24} kiã^{33} si^{32}, bo$^{24/21}$tsĩ^{24} lan^{24} kiã^{33} bo$^{24/21}$bi^{32}。
    有钱侬惊死,无钱侬惊无米。(有钱人怕死,没钱人怕没有米。)

26. ken^{33} kʰo$^{33/22}$ gən$^{24/21}$ kʰo$^{33/22}$, m̩^{21}taʔ^{45} kaʔ(<-a)$^{33/4}$ki^{21} ke^{0} kau$^{32/33}$kʰo$^{33/22}$。
    金窠银窠,怀值家己嘞狗窠。(金窝银窝,不如自己的狗窝。)

27. ho$^{32/33}$ be^{32} m̩^{21} tʰen$^{24/21}$ tue^{24}, ho$^{32/33}$ gu^{24} m̩^{21} tʰen$^{24/21}$ lue^{24}。
    好马怀停蹄,好牛怀停犁。(好马不停蹄,好牛不停犁。——人要不停地奋斗)

28. ho$^{32/33}$ teʔ^{32} tsʰɔʔ$^{32/4}$ ho$^{32/33}$ son^{32}, ho$^{32/33}$ lau^{21}hə^{21} tsʰɔʔ^{32} ho$^{32/33}$ kiã$^{32/33}$ son$^{33/22}$。
    好竹出好笋,好老岁出好囝孙。
    (好的竹子长好的笋,好的父亲培养出好的儿孙。)

29. lan$^{24/21}$tsen^{24} se$^{21/22}$suu^{21} pue$^{24/21}$tʰai^{42} kau^{24}, bo$^{24/21}$ tiã^{32} aʔ$^{32/4}$ bo$^{24/21}$ tsau^{21}。
    侬情世事陪忒够,无鼎抑无灶。
    (人情往来应酬太周到,有锅还没有灶。——应酬人情是个很重的负担)

30. kaʔ(< -a)³³/⁴kiʔ²¹ kʰa³³tsʰən³³/²² bo²⁴/²¹ heʔ⁴⁵, hian²⁴/²¹ paʔ⁴⁵/²lan²⁴ kʰa³³tʰui³² sĩ³³/²² heʔ⁴⁵。
家己尻川无肉，嫌别侬骹腿生肉。
(自己屁股无肉，嫌别人腿脚生肉。——眼红别人比自己情况更好)

31. tu³³kiã³² tʰan³³/²² baʔ⁴⁵/²lan²⁴ ke⁰ tso²⁴。
猪囝贪别侬啯槽。(小猪贪吃别人的猪槽里的猪食。——人总是贪别人的财物)

32. ken³²/³³kiã³²/³³sai³² m̩²¹ tʰiã³³ tua²¹lan²⁴/²¹ gian²⁴, tua²¹han²¹ bo⁴²/³³ kieu²¹/²² kʰɔ³²/³³lian²⁴。
囝囝屎怀听大侬言，大汉卜叫可怜。
(小孩子不听大人的话，长大了要叫苦的。)

33. sue²¹/²²han²¹ tʰau³³/²² han³³/²²pu²⁴, tua²¹han²¹ tʰau³³/²² gu²⁴。
细汉偷番瓠，大汉偷牛。(小时候偷南瓜，长大了偷牛。)

34. kʰuã²¹/³³ sã³³/²² nĩ²⁴/²¹ gu²⁴, pan²¹/²²sai³² pan²¹/²²zieu²¹ lan³²/³³teʔ³²/⁴ kʰu²⁴。
看三年牛，放屎放尿懒得跍。(放了三年牛，拉屎拉尿都懒得蹲下去。——长期在野外，丢失了礼仪)

35. bən²¹ lɔ²¹ kʰo²¹/²² tsʰui²¹/²²pʰue³², tsau³²/³³ lɔ²¹ kʰo²¹/²² kʰa³³/²²tʰui³²。
问路靠喙䫌，走路靠骹腿。(问路靠嘴巴，走路靠腿脚。——要勤问勤做)

36. kɔŋ³³ mã³² tʰiã²¹/²² tua²¹ son³³/²², lau⁴⁵/²¹hə²¹/²²bu³² tʰiã²¹/²² sue²¹/²² kiã³²。
公妈痛大孙，老岁母痛细囝。(祖父母疼长孙，父母疼小儿子。)

37. kʰuã²¹/³³ kiã³² kʰuã²¹/³³ sen³³/²²pu⁴⁵, m̩²¹taʔ⁴⁵ kaʔ(< -a)³³/⁴kiʔ²¹ sen³³ku³³/²² u⁴⁵。
看囝看新妇，怀值家己身躯有。
(看儿子儿媳妇的脸色，不如自己身上有钱。)

38. kieu²¹/³³ tu³³/²² kieu²¹/³³ kau³², m̩²¹taʔ⁴⁵ kaʔ(< -a)³³/⁴kiʔ²¹ tsau³²。
叫猪叫狗，怀值家己走。(叫猪叫狗,不如自己走。——求人不如求己)

39. lau⁴⁵tsʰɯ³² kaʔ³²/⁴ niãu³³ tsue²¹/²² sĩ³³/²²zeʔ⁴⁵。
老鼠佮猫做生日。(老鼠给猫祝寿。——所做的事并非真心实意)

40. tsʰĩ³³mĩ²⁴/²¹ kue³³ tə⁴² lə⁰ tseʔ⁴⁵/² bə³²/³³ tʰan²⁴。
青盲鸡啄嘞一尾虫。(瞎眼鸡啄了一条虫子。——侥幸碰上了好运气)

41. tsʰui²¹/³³kʰan³³/²² pa³² baʔ⁴⁵/²tsiu³³/²² bo²⁴/²¹ pa³²。
喙空饱目珠无饱。(嘴吃饱了眼睛没饱。——贪心太甚)

42. tai²¹kiã³² tseʔ⁴⁵⁾²iũ²¹ sen³³⁾²², ŋ²⁴⁾²¹tʰɔ³² pian²¹⁾²² sen²¹ ken³³⁾²²; sã³³⁾²² lan²⁴ si²¹⁾²² iũ²¹ sen³³⁾²², tʰan²¹⁾²²tsʰĩ²⁴ m̩²¹ kau²¹⁾²² bue³²⁾³³ ten³³sen³³⁾²²。
    大囝一样心，黄土变成金；三伲四样心，趁钱怀够买灯芯。
    （大家一样的心，黄土变成金；三个人四样心，赚钱不够买灯芯。）

43. hiã³³⁾²²ti⁴⁵ tɔŋ²⁴⁾²¹ sen³³⁾²², ŋ²⁴⁾²¹ tʰɔ³² pian²¹⁾²² ken³³⁾²²。
    兄弟同心，黄土变金。（兄弟同心，黄土变成金子。）

44. tsuan²⁴⁾²¹ ke³³⁾²² kʰən²⁴, tsʰu²¹⁾²² tsuĩ²⁴ tsʰu²¹⁾²² au⁴⁵ tsʰoʔ³²⁾⁴ ken³³⁾²² gən²⁴。
    全家勤，厝前厝后出金银。（全家勤劳，房前房后都出金银。）

45. m̩²¹ kiã³³⁾²² suã³³ kuĩ²⁴, tsi²⁴ kiã³³⁾²² kʰa³³ lən²⁴; m̩²¹ kiã³³⁾²² suɯ²¹ lan²⁴, tsi²⁴ kiã³³⁾²² lan²⁴ lan³²。
    怀惊山悬，就是惊骹软；怀惊事难，就是惊伲懒。
    （不怕山高，只怕脚软；不怕事难，只怕人懒。）

46. lən⁴⁵⁾²¹ lan²⁴ bo²⁴⁾²¹ siɔŋ³³⁾²² hian²⁴, tsʰo²¹⁾²² bi³² tsuɯ³²⁾³³mãi³³⁾²² aʔ³² ue²¹ lian²⁴。
    两伲无相嫌，糙米煮糜压会黏。（两个人不互相讨厌，糙米煮饭也会很黏。——夫妻恩爱，苦日子也能有好关系）

47. tso⁴²⁾³³tsʰan²⁴ tieu⁴⁵⁾²¹ u⁴⁵⁾²¹ ho³²⁾³³ tsʰan²⁴⁾²¹pĩ³³⁾²², hieu⁴²⁾³³ tsʰu²¹ tieu⁴⁵⁾²¹ u⁴⁵⁾²¹ ho³²⁾³³ tsʰu²¹⁾³³pĩ³³⁾²²。
    作塍着有好塍边，歇厝着有好厝边。
    （种田得有好的相邻的田，住房子得有好的邻居。——要择邻而居）

48. u⁴⁵⁾²¹ lua²¹tua²¹ ke⁰ kʰa³³⁾²², tsʰen²¹ lua²¹ tua²¹ ke⁰ ue²⁴。
    有偌大嘅骹，秤偌大嘅鞋。
    （有多大的脚就穿多大的鞋。——做事要从实际出发，量力而行）

49. tsĩ²⁴ lai²⁴ tʰan²¹ tau²¹⁾²² tsʰiu³², m̩²¹tʰan²⁴ tua²¹he²⁴ pʰə²¹⁾²² sieu³³tsiu³²。
    钱来趁遘手，怀通大虾配烧酒。
    （钱赚到了手，别大虾下烧酒。——有了钱也不可太享受）

50. u⁴⁵⁾²¹ tsĩ²⁴ tsiaʔ⁴⁵⁾² he⁴⁵, bo²⁴⁾²¹ tsĩ²⁴ kiu²⁴⁾²¹ pa³²。
    有钱食肉，无钱求饱。（有钱能吃肉，没有钱吃饱就行。）

二　歇后语

01. tsʰĩ³³⁾²²mĩ²⁴ tsiaʔ⁴⁵⁾² kue³³⁾²²tsi³²——sen³³ tiɔŋ³³⁾²² u⁴⁵⁾²¹ sɔ²¹
    青盲食瓜子——心中有数（盲人吃瓜子——心中有数）

02. tua²¹lan²⁴ kiau⁴²kʰi³²⁾⁰, ken³²⁾³³kiã³² tsian²¹⁾²² i³²——lau³²⁾³³kʰi²¹
    大伲觉起，囝囝占椅——老气（大人站起来，小孩占住椅子——装老资格）

03. gian$^{24/21}$lo$^{24/21}$ɔŋ^{24} tʰia$^{32/4}$ pɔ$^{21/22}$ko^{21}——kui$^{32/33}$ue^{21}lian$^{24/21}$pʰian$^{33/22}$
    阎罗王贴布告——鬼话连篇（阎王贴布告——鬼话连篇◎喻人胡说
    八道。）

04. ɔ$^{33/22}$ pʰen^{24} tue$^{32/33}$ tsiũ$^{21/22}$iu^{24}——kʰuã$^{21/22}$ be^{45} tsʰo$^{32/4}$lai^0
    乌瓶贮酱油——看怺出来（黑瓶子装酱油——看不出来）

05. bo$^{24/21}$ bi^{32} ka$^{33/22}$ lon^{21}gə^{45}——pʰai$^{32/33}$kə^{21}
    无米加闰月——否过（没有米再加上闰月——日子难过）

06. ha$^{24/21}$mã^{24} bi$^{42/33}$ tsʰan$^{24/214}$kʰan^{21}——tsue$^{21/22}$ke$^{32/33}$ si^{32}
    蛤蟆幂塍墩——做假死（青蛙伏在田埂上——装死）

07. laʔ$^{45/2}$gə^{45} ke^0 tʰĩ$^{33/22}$, ken$^{32/33}$kiã$^{32/33}$sai^{32} ke^0 ben^{21}——tã$^{21/22}$ pian^{21} tsiu^{21} pian^{21}
    六月嘅天，囝囝屎嘅面——咀变就变
    （六月的天，小孩子的脸——说变就变）

08. hə^{21}siũ^{21} pʰɔŋ$^{21/22}$to^0 təŋ$^{21/22}$ pen$^{33/22}$ke^0——ŋĩ^{45} pʰɔŋ$^{21/22}$ ŋĩ^{45}
    和尚碰倒当兵嘅——硬碰硬（和尚遇上当兵的——硬碰硬）

09. puã$^{21/33}$tʰĩ$^{33/22}$ ten^{32} ke^0 lo^{21}ten$^{33/22}$——ko$^{33/22}$ben^{24}
    半天顶嘅路灯——高明（半天上的路灯——高明）

10. kuã$^{33/22}$tsʰa$^{24/21}$tʰau^{24} pan$^{21/22}$ kɔŋ$^{21/22}$tsʰen^{21}——kiã$^{33/22}$ si$^{32/33}$lan^{24}
    棺柴头放贡铳——惊死侬（棺材头放铳——吓死人）

11. ko^{45}liu$^{33/22}$ kə$^{24/21}$ lə^0 hə$^{32/33}$hu$^{33/22}$——bue$^{45/21}$ piaʔ^{32}
    □溜糊嘞火灰——怺鳖（泥鳅粘了火灰——动弹不了 ◎喻有本事的
    人陷于困境也毫无办法。）

12. ban$^{32/33}$kiã^{32} tan^{33} lan$^{45/21}$pʰa$^{33/22}$——pʰai$^{32/33}$ pʰa^{42}
    蠓囝叮卵脬——否拍（蚊子叮阴囊——不好打 ◎喻想打击坏人又有
    所顾忌。）

13. sã$^{33/22}$tsaʔ$^{45/2}$an^{21} tsau$^{32/33}$lo^{21}——bo$^{24/21}$ iã^{32}
    三十暗走路——无影（三十夜晚走路——没有影子 ◎喻说话毫无
    根据。）

14. e$^{32/33}$kau^{32} hɔ^{21} ban^{32} tan$^{33/22}$——bo$^{24/21}$ ue^{21} tã^{21}
    哑狗互蠓叮——无话咀（哑巴遭蚊子叮咬——没话说 ◎喻对人的言
    行感到不满、失望而无话可说。）

15. tseʔ$^{45/2}$ liaʔ$^{45/2}$ tsʰan$^{24/21}$lə^{24} tsu$^{32/33}$ kau$^{32/33}$ uã$^{32/33}$ tʰəŋ$^{33/22}$——bo$^{24/21}$ bi^{21}
    一粒塍螺煮九碗汤——无味（一个螺蛳煮九碗汤——没有味道 ◎喻
    对人的言行感到索然无味。）

16. kue³³kiã³² pə³³ tsiũ⁴⁵/²¹ tsʰiu²¹——ke³²/³³ tsiau³²
    鸡囝飞上树——假鸟（小鸡飞上树——假鸟 ◎喻自以为本事大的人。）

17. tsʰen³³/²²tiau²⁴/²¹ pen³³/²²——ioŋ³²
    清朝兵——勇（清朝的兵——勇 ◎称赞人有勇气。清时士兵服装胸前、背后分别写"兵""勇"字样，两字连称，构成歇后语格式。）

18. tsʰau²¹/²²hia⁴⁵ pua⁴⁵ lo⁴⁵/²¹ tiã³²——tsʰau³²/³³ si³²
    臭蚁跋落鼎——炒死（蚂蚁掉到锅里——吵死 ◎"炒"谐音"吵"。）

19. bo²⁴/²¹ tue³² kuã³³/²²tsʰa²⁴——lau⁴⁵/²¹pan³²
    无底棺柴——漏板（没有底部的棺材——老板 ◎"漏"谐音"老"。）

20. puã²¹/²²mĩ²⁴ kiã³² tsʰɔʔ³²/⁴si²¹——hai⁴⁵ si²⁴/⁰ lan²⁴
    半暝囝出世——亥时侬（半夜里儿子出生——害死人 ◎"亥时"谐音"害死"。）

三 成语

01. pʰiau³³ tʰian³³/²² tua²¹ hɔ⁴⁵
    飘天大雨（漫天大雨。义同普通话"倾盆大雨""瓢泼大雨"。）

02. ɔ³³ tʰĩ³³/²² seʔ³²/⁴ an²¹
    乌天色暗（天色非常昏暗。义同普通话"天昏地暗"。）

03. si²¹/²² si²¹/²² kaʔ³²/⁴ kaʔ³²
    四四角角（形容物体方方正正。）

04. kɔ²⁴/²¹ li⁰ kɔ²⁴/²¹ taʔ³²
    糊哩糊嗒（形容物体非常黏稠。糊，粥类食品。）

05. en³³ ia³³/²² pɔŋ²⁴/²¹ pɔŋ²⁴
    飏埃埲埲（形容尘土飞扬。英牙：灰尘。埲：飞扬。◎《广韵·董韵》"蒲蠓切"下："瑜埲，尘起貌。"）

06. hui²⁴/²¹ tã³³/²² teʔ⁴⁵/² tən²¹
    横担直顿（形容东西放得纵横杂乱。义同普通话"横七竖八"。）

07. ĩ²⁴/²¹ ĩ²⁴/²¹ haʔ⁴⁵/² haʔ⁴⁵
    圆圆合合（形容事情非常圆满。）

08. tsaʔ⁴⁵/² tsʰen³³/²² gɔ⁴⁵/²¹ tsue⁴²
    十亲五节（所有的亲戚和其他社会关系。亲：亲戚；节：关节，联系。）

09. bo$^{24/21}$ ts^{h}en$^{33/22}$ bo$^{24/21}$ tsue^{42}
    无亲无节（没有亲戚和其他社会关系。义同普通话"无亲无故"。）
10. puã$^{24/21}$ suã$^{33/22}$ kə$^{21/22}$ niã^{32}
    盘山过岭（义同普通话"翻山越岭"。）
11. kuĩ$^{32/33}$ tsiã$^{33/22}$ kuĩ$^{32/33}$ pui^{24}
    拣脐拣肥（挑选对自己有利的。义同普通话"挑肥拣瘦。"）
12. bon^{21} tan^{33} bon^{21} sai$^{33/22}$
    问东问西（不看情势随意乱问，甚至问不该问的事。）
13. tã$^{21/22}$ k^{h}i^{32} tã$^{21/22}$ to^{32}
    呾起呾倒（形容说来说去、说个不停的样子。）
14. kieu$^{21/22}$ k^{h}ɔ^{32} kieu$^{21/22}$ la^{21}
    叫苦叫□（形容叫苦叫穷，叫苦不迭。）
15. ia^{45} lɔŋ^{21} ia^{45} k^{h}u^{21}
    野弄野去（形容做事情乱来。野：胡乱。）
16. sã^{33} bo^{24} zi^{21} si^{24}
    三无二时（每隔不久；时常。义同普通话"隔三岔五"。）
17. k^{h}an$^{33/22}$ ts^{h}ui^{21} pe$^{45/21}$ tsi^{45}
    空喙白舌（光说不做。义同普通话"空口说白话"。）
18. pan$^{32/33}$ t^{h}au^{24} lo$^{45/21}$ ben^{21}
    反头落面（耷拉着头，沉下脸。形容愁眉苦脸的样子。）
19. kui$^{32/33}$ t^{h}au^{24} sen$^{24/22}$ nãu^{32}
    鬼头神脑（形容行为鬼祟。义同普通话"鬼头鬼脑"。）
20. t^{h}au^{33} t^{h}au$^{33/22}$ bue$^{21/33}$ bue^{32}
    偷偷昧昧（行动不使人察觉。义近普通话"偷偷摸摸"。）
21. m̩^{21} ɔ$^{33/22}$ m̩^{21} pe^{45}
    怀乌怀白（形容说话说不清楚。）
22. hue$^{33/22}$ ts^{h}ui^{21} laʔ^2 kiau^{32}
    花喙□搅（形容说话撒谎、散布流言蜚语。花喙：撒谎。）
23. kan$^{32/33}$ li^0 kan$^{32/33}$ ɔ^{21}
    讲里讲拗（形容讲话口齿不清。）
24. ts^{h}au$^{32/33}$ si^{32} koʔ^{2}lo^{24}
    吵死骨碌（形容说话吵闹，令人烦。）
25. bɔ$^{24/21}$ tua^{21} bɔ$^{24/21}$ sue^{21}
    无大无细（没有大小长幼之别，不讲谦恭礼貌。）

第二节 谜语、歌谣

一 谜语

01. $t^h\tilde{\imath}^{33}$ $lə^0$ $tseʔ^{45/2}$ pu^{21} $tsiau^{32}$, $t^h\tilde{\imath}^{33}$ $tseʔ^{45/2}$ $kən^{33}$, $tsau^{32/33}$ $liau^{32/33}liau^{32}$。——$t^h\tilde{\imath}^{33}ts`\tilde{\imath}^{33/22}$

 天咯一菢鸟，天一光，走了了。——天星

 （天上一窝鸟，天一亮，走得光光的。——星星）

02. $tseʔ^{45/2}$ $ki^{33/22}$ $teʔ^{32/4}$ $kiã^{32}$ $liu^{33}liu^{33/22}$ $təŋ^{24}$, $hɔŋ^{24/21}sen^{24}$ $ban^{32/33}kiã^{32}$ $m̩^{21}$ $kã^{32/33}$ $tsən^{45}$。——$hɔ^{45/21}tsui^{32}$

 一枝竹囝溜溜长，蚊蝇蠓团怀敢呕。——雨水

 （一根竹子溜溜长，苍蝇蚊子不敢舔。——雨水）

03. $tseʔ^{45/2}$ ke^0 $ts^ha^{24/21}tau^{33/22}$ $ts^heʔ^{32}$ ke^0 $tɔŋ^{21}$。——$taʔ$ ($<t^hau)^{24/2}k^haʔ^{32}$

 一个柴菀七个洞。——头壳（一个树菀七个洞。——脑袋）

04. $ten^{32/33}$ $tsieu^{45}$ te^{42} $e^{45/21}$ $tsieu^{45}$, $tseʔ^{45/2}$ $tiau^{24/21}$ $t^hua^{33}sua^{33/22}$ $lia^{45/21}$ be^{45} $tieu^{45}$。——$ts^hui^{21/22}tsi^{45}$

 顶石矺下石，一条拖纱掠唅着。——喙舌

 （上面的石头压着下面的石头，一条拖纱抓不住。——舌头）

05. $tseʔ^{45/2}$ $tau^{33/22}$ ts^hiu^{21}, $lən^{21}$ $pə^{24/21}$ $hieu^{45}$, $k^huã^{21/22}$ lai^{24} $k^huã^{21/22}$ $k^huɯ^{21}$ $k^huã^{21/22}$ be^{45} $tieu^{45}$。——$hi^{45/21}kiã^{32}$

 一菟树，两皮箬，看来看去看唅着。——耳朵

 （一棵树，两片叶子，看来看去看不见。——耳朵）

06. $lən^{45/21}$ ke^0 $kiã^{32/33}sai^{32}$ $pĩ^{24/21}pĩ^{24/21}$ $kuĩ^{24}$, i^{33} bo^{42} $tsau^{32/33}$ $t^hau^{24/21}tsuĩ^{24}$, i^{33} bo^{42} $tsau^{32/33}$ $t^hau^{24/21}tsuĩ^{24}$。——$sãn^{33}k^ha^{33/22}$

 两个囝屎平平悬，伊卜走头前，伊卜走头前。——双骹

 （两个小孩一般高，他要走前头，他要走前头。——双脚）

07. $u^{45/21}$ $siã^{33}$ $bo^{24/21}$ $iã^{32}$, $u^{45/21}$ bi^{21} $bo^{24/21}$ $kian^{24/21}$ $tã^{45}$。——$ts^hau^{21/22}p^hui^{21}$

 有声无影，有味无咸淡。——臭屁

 （有声无影，有味道没有咸淡。——臭屁）

08. $gɔ^{45/21}$ ko^{32} lan^{45} zi^{21} so^{42}, $bən^{21}$ $lɯ^{32}$ ho^{32} $m̩^{21}$ ho^{32}。——ts^hiu^{32} $kia^{24/21}$ tu^{21}

 五稿揽二索，问汝好怀好。——手揭箸

 （五根杆子捆着两根绳子，问你好不好。——手拿筷子）

09. t^hau^{24} $tsian^{33/22}$ $bə^{32}$ $tsian^{33/22}$, $pan^{21/22}$ p^hui^{21} $ts^hau^{21/22}hian^{33}hian^{33/22}$, $tsiũ^{21}$

to⁴² bo²⁴⁾²¹ lan²⁴ hian²⁴。——kue³³

头尖尾尖，放屁臭苾苾，上桌无侬嫌。——鸡

（头尖尾尖，放屁臭烘烘，上了桌没有人嫌。——鸡）

10. suã³³lə⁰ tseʔ⁴⁵⁾², puʔ²¹ tsʰau³², u⁴⁵⁾²¹ kue³³ tʰɔ³²⁾³³tsiaʔ⁴⁵ bo²⁴⁾²¹ kue³³⁾²² hau³²。——kaʔ³²⁾⁴tsau⁵² kaʔ³²⁾⁴ tʰau²⁴⁾²¹bən²⁴

山咯一菢草，有鸡讨食无鸡吼。——虼蚤佮头毛

（山上一丛草，有鸡找食吃，没有鸡叫。——跳蚤和头发）

11. tsʰĩ³³⁾²²pɔ²¹ pau³³ pe⁴⁵⁾²¹pɔ²¹, pe⁴⁵⁾²¹pɔ²¹ pau³³ tsʰa²⁴⁾²¹sue³³⁾²², tsʰa²⁴⁾²¹ sue³³⁾²² pau³³ tau²¹ge²⁴, tsʰai³³ to³²⁾⁰ lə⁰ tʰue⁴⁵ kʰɯ²¹ pʰə²¹⁾²² te²⁴。——pʰau³³

青布包白布，白布包柴梳；柴梳包豆芽，猜倒嘞扫去配茶。——枹

（青布包白布，白布包梳子；梳子包豆芽，猜着了拿去配茶。——柚子）

12. si²¹⁾²²si²¹⁾²²kaʔ³²⁾⁴kaʔ³², ho³²⁾³³tsiaʔ⁴⁵ bian³² pe⁴²⁾³³ kʰaʔ³²。——tsui³²⁾³³tau²¹hu⁰

四四角角，好食免擘壳。——水豆腐

（四四方方，好吃不用掰壳。——豆腐）

13. paʔ³²⁾⁴tsai²⁴ tĩ²¹ paʔ³²⁾⁴tsai²⁴, be⁴⁵⁾²¹be⁴⁵ lau²⁴⁾²¹ tsʰɔ³²⁾⁴lai²⁴。——tsieu⁴⁵⁾²¹ bo²¹ bua²¹ tau²¹tsiũ³³⁾²²

腹脐口腹脐，白白流出来。——石磨磨豆浆

（肚脐顶着肚脐，白白的流出来。——石磨磨豆浆）

14. tseʔ⁴⁵⁾²tsia⁴² tɯ³³ tsaʔ⁴⁵⁾²zi²¹ e⁰ kʰi³², bo⁴² tsiaʔ⁴⁵⁾² tʰɔ²⁴ m̩²¹ tsiaʔ⁴⁵⁾² bi³²。——kʰau³³tsʰau³²⁾³³pe²⁴

一只猪十二个齿，卜食涂怀食米。——薅草耙

（一头猪有十二个牙齿，要吃泥土不吃米。——除草耙）

15. si²¹⁾²²si²¹⁾²²hɔŋ³³⁾²²hɔŋ³⁵⁾²², tɔŋ³³ŋ̍³³⁾²² tseʔ⁴⁵⁾² ke⁰ tsiau²¹①kɔŋ³³⁾²²。——gu²⁴⁾²¹tiau²⁴

四四方方，中央一个口公。——牛牢

（四四方方，中间一个大石头——牛圈）

16. si²¹⁾²²si²¹⁾²²kaʔ³²⁾⁴kaʔ³², ue⁴¹ tso⁴² bue²¹ tsiaʔ⁴⁵。——hɔŋ³³⁾²²sian²¹

四四角角，会作飻食。——风扇

（四四方方，会做事不会吃。——扇车）

17. lən⁴⁵⁾²¹ ke⁰ tsʰau³²⁾³³hia⁴⁵ kən³³ tseʔ⁴⁵⁾²tsia⁴² gu²⁴。——laʔ⁴⁵ zi²¹

两个草蚁抈一只牛。——"六"字（两只蚂蚁抬一头牛。——"六"

---

① "tsiau²¹"为"石头 tsieu⁴⁵⁾²¹tʰau²⁴"的合音变读。

18. tseʔ$^{45/2}$ zi^{21} pue$^{42/33}$ peʔ^{32}, bo$^{24/21}$ huĩ^{24} bo$^{24/21}$ teʔ^{45}。——ian^{24} zi^{21}

一字八笔，无横无直。——"炎"字

（一个字有八笔，没有横笔也没有直笔。——"炎"字）

19. sã$^{33/22}$ huĩ^{24} lən$^{45/21}$ teʔ^{45}, sioŋ^{21}tʰau^{24} m̩^{21} tʰoŋ$^{33/22}$ tʰoŋ$^{33/22}$ ha^{21}tʰau^{24}。——ka^{42} zi^{21}

三横两直，上头伓通通下头。——"甲"字

（三横两竖，上面不通通下面。——"甲"字）

20. tseʔ$^{45/2}$ tiau$^{24/21}$ tsaʔ$^{45/2}$zi^{21}lɔ^{21}, bo$^{42/33}$ tsau^{32} bo$^{24/21}$ tsʰoʔ$^{32/4}$lɔ^{21}。——tian^{24} zi^{21}

一条十字路，卜走无出路。——"田"字

（一条十字路，要走没有出路。——"田"字）

二 歌谣

01. 天乌乌（1）

tʰĩ^{33} ɔ$^{33/22}$ɔ^{33}, bo^{42} lo$^{45/21}$ hɔ^{45},

天乌乌，卜落雨，（天黑黑的，要下雨，）

kʰue$^{33/22}$kiã$^{32/33}$ huĩ^{24}, bo^{42} tsʰua^{21} bɔ^{32}。

溪囝鱼，卜曳某。（小河里的鱼，要娶老婆。）

hu^{24} kia$^{24/21}$ ten$^{33/22}$, he^{33} pʰa$^{42/33}$ kɔ^{32}。

鱼揭灯，虾拍鼓，（鱼举灯，虾打鼓，）

tsui$^{32/33}$kue$^{33/22}$ kən^{22} kieu^{21} tua^{21} paʔ$^{32/4}$tɔ^{32}。

水鸡抟轿大腹肚，（青蛙抬轿挺着大肚子，）

tsʰan$^{24/21}$lə^{24} kia$^{24/21}$ ki^{24} kieu$^{21/22}$ kan^{33}kʰɔ^{32}。

塍螺揭旗叫艰苦。（螺蛳举旗喊辛苦。）

02. 天乌乌（2）

tʰĩ^{33} ɔ$^{33/22}$ɔ^{33}, bo^{42} lo$^{45/21}$ hɔ^{45},

天乌乌，卜落雨，（天黑黑的，要下雨，）

si^{21}sɔ^{21} lo^{45}, tsʰue$^{33/22}$ si$^{21/22}$、gɔ^{45}。

是数落？初四、五。（什么时候下？初四、五。）

kʰue^{33}lə^{0} li$^{32/33}$hu^{24} ai$^{21/22}$ tsʰua^{21} bo^{32}。

溪咯鲤鱼爱曳某。（河里鲤鱼想娶老婆。）

03. 鸡角团（1）

kue$^{33/22}$kaʔ$^{32/4}$kiã^{32}, ke^{33}ke^{33} tʰi^{24},

鸡角团，嘎嘎啼，（小公鸡，嘎嘎叫，）
ken$^{33/22}$ te$^{24/21}$au$^{33/22}$, gən$^{24/21}$ te$^{24/21}$ si^{45}。
金茶瓯，银茶匙。（金茶杯，银茶勺。）
kɔ$^{33/22}$tiũ^{45} tsʰua^{21} kɔ$^{33/22}$i^{24},
姑丈曳姑姨，（姑父娶姑姑，）
kɔ$^{33/22}$i^{24} tsʰieu$^{21/22}$bi^{33}bi$^{33/22}$
姑姨笑眯眯。（姑姑笑眯眯。）

04. 鸡角团（2）
　　kue$^{33/22}$ kaʔ$^{32/4}$kiã^{32}, ben^{21} an$^{24/21}$an^{24},
　　鸡角团，面红红，（小公鸡，脸红红的，）
　　puã$^{24/21}$ suã$^{33/22}$ kə$^{21/22}$ niã^{32} san$^{21/22}$ tiũ$^{45/21}$lan^{24}。
　　盘山过岭送丈伓，（翻山越岭送丈人。）
　　tiũ$^{45/21}$ lan^{24} bo$^{24/21}$ tuɯ$^{45/33}$ tsʰu^{21},
　　丈伓无伫厝，（丈人没在家，）
　　tua^{21}kɔ^{32} sue$^{21/22}$i^{24} kua$^{42/33}$ tau^{21}hu^{21}。
　　大姑细姨刮豆腐。（大姑小姨破豆腐。）
　　kua^{42} kui$^{32/33}$ kɔʔ^{32}, kua^{42} sã$^{33/22}$ kɔʔ^{32}。
　　刮几□？刮三□。（破开几块？破开三块。）

05. 恁舅汝来
　　len$^{32/33}$ku^{45} lɯ^{32} lai^{24} gua^{32} m̩^{21} ti^{33},
　　恁舅汝来我怀知，（舅舅你来我不知，）
　　gua^{32} bo^{42} lia$^{45/21}$ kue$^{33/22}$ lai$^{24/21}$ kʰɯ^{21} tʰai^{24}。
　　我卜掠鸡来去刣。（我要捉鸡去宰杀。）
　　kue^{33} aʔ$^{32/4}$ sue^{21}, uã^{21} bue$^{32/33}$ he$^{33/22}$。
　　鸡抑细，换买虾。（鸡还小，换买虾。）
　　he^{33} sue$^{21/22}$ bə^{32}, uã^{21} tsʰə$^{33/22}$kə^{32}。
　　虾细尾，换炊粿。（虾很小，换炊粿。）
　　kə^{32} bo$^{24/21}$ seʔ^{45}, uã^{21} bue$^{32/33}$ heʔ^{45}。
　　粿无熟，换买肉。（粿没熟，换买肉。）
　　heʔ^{45} bo$^{24/21}$ nuã^{21}, uã^{21} mĩ^{21}suã^{21}。
　　肉无烂，换面线。（肉没烂，换面线。）
　　mĩ^{21}suã^{21}tən^{24}, uã^{21} be^{45}tʰən^{24}。

面线长，换麦糖①。（面线长，换麦糖。）
tʰən²⁴ ɔ³³/²²ɔ³³，uã²¹ bue³²/³³ tua²¹ hɯ²⁴/²¹kɔ³³。
糖乌乌，换买大鱼姑。（糖黑黑的，换买大鱼块。）

06．一群鸟囝
tseʔ⁴⁵/² kon²⁴/²¹ tsiau³²/³³kiã³² pə³³ kə²¹/²² tsʰiũ²⁴，
一群鸟囝飞过墙，（一群小鸟飞过墙，）
kʰuã²¹/²² tieu⁴⁵/²¹ paʔ⁴⁵/²lan²⁴ tsʰua²¹ sen³³/²²niũ²⁴。
看着别侬曳新娘。（看见别人娶新娘。）
tsʰon³²/³³ kʰi³²/⁰ kaʔ(-a)³³/⁴ki³² sã³³/²²tsaʔ⁴⁵/² kui³²，
忖起家已三十几，（想起自己三十几，）
uã³²/³³ tu²¹ bo²⁴/²¹ lan²⁴ kaʔ³²/⁴ lan³²/³³ sue³²。
碗箸无侬佮伯洗。（碗筷没人给咱洗。）

07．苦竹囝
kʰɔ³²/³³ teʔ³²/⁴kiã³²，kʰɔ³²/³³liu³³/²²liu³³/²²，
苦竹囝，苦溜溜，（苦竹子，苦溜溜，）
tseʔ⁴⁵/² kon²⁴/²¹ tsi³²/³³bə²¹kiã³² lo⁴⁵/²¹ han²⁴/²¹tsiu³³/²²。
一群姐妹囝落杭州。（一群姐妹下杭州。）
han²⁴/²¹tsiu³³/²² tsa³³bɔ³² pui²⁴ si⁴⁵/²¹ pui²⁴，
杭州查某肥是肥，（杭州妇女虽然胖，）
tseʔ⁴⁵/² kan³³/²² tsiaʔ⁴⁵ lə⁰ pʰua²¹/²² tsʰa²⁴/²¹ puĩ²⁴。
一工食啦嘞破柴凡。（整天吃了劈柴火。）
pʰua²¹/²² kui³²/³³ puĩ²⁴？pʰua²¹/²² sã³³/²² puĩ²⁴。
破几凡？破三凡。（劈几片？劈三片。）

08．天咯一各铜
tʰĩ³³lə⁰ tseʔ⁴⁵/² kɔʔ³²/⁴ tan²⁴，
天咯一各铜，（天上一块铜，）
laʔ³² lo⁰lai⁰ kʰɔŋ²¹/²² lo⁰② lan²⁴。
落落来抗啰侬。（掉下来砸着人。）
lan²⁴ bo⁴² tsau³²，kʰɔŋ²¹/²² lo⁰ kau³²。
侬卜走，抗啰狗。（人要走，砸着狗。）
kau³² bo⁴² pui²¹，kʰɔŋ²¹/²² lo⁰ tʰui²⁴。

---

① "麦糖 be⁴⁵tʰən²⁴" 是 "麦芽糖 be⁴⁵ge²⁴/²¹tʰən²⁴" 的合音变读。

② "lo⁰" 为 "倒 to³²" 的弱化变读。

狗卜吠，抗啰槌。（狗要叫，砸着槌。）
tʰui²⁴ bo⁴² kɔŋ²¹, kʰɔŋ²¹/²² lo⁰ kɔŋ³³。
槌卜杠，抗啰公。（槌要杠，砸着公公。）
kɔŋ²⁴ bo⁴² kʰi³², kʰɔŋ²¹/²² lo⁰ i³²。
公卜起，抗啰椅。（公公要起来，砸着椅子。）
i³² bo⁴² tsə⁴⁵, kʰɔŋ²¹/²² lo⁰ pʰə⁴⁵。
椅卜坐，抗啰被。（椅子要坐，砸着被子。）
pʰə²⁴ bo⁴² ka⁴², kʰɔŋ²¹/²² lo⁰ a⁴²。
被卜甲，抗啰鸭；（被子要盖，砸着鸭子。）
a⁴² bo⁴² tʰai²⁴, kʰɔŋ²¹/²² lo⁰ luɯ³² ke⁰ tua²¹ paʔ³²/³²to³²/³³tsai²⁴。
鸭卜刣，抗啰汝嘅大腹肚脐。（鸭子要宰杀，砸着你的大肚脐。）

09. 十胭歌
eʔ³²/⁴ lə²⁴ eʔ³²/⁴ kʰə³³kʰə²², zi²¹ lə²⁴ tsʰen³³kʰa³³/²²lə⁴⁵,
一胭一科科，二胭清骹□,（一个胭一科科，两个胭单脚跳，）
sã³³/²² lə²⁴ bo²⁴/²¹ bi³²/³³ tsɯ³², si²¹/²² lə²⁴ bo²⁴/²¹ pon²¹tsʰə³³/²²,
三胭无米煮，四胭无饭炊，（三个胭没有米煮饭，四个胭没有饭甑，）
gɔ⁴⁵/²¹ lə²⁴ gɔ⁴⁵/²¹ ken³³tsən³³/²², laʔ⁴⁵/² lə²⁴ bi³²/³³tʰau²⁴/²¹ tən²⁴,
五胭五金砖，六胭米头长，（五个胭有金砖，六个胭米头长①，）
tsʰeʔ³²/⁴ lə²⁴ tsʰeʔ³²/⁴ iã³³iã⁴², pue⁴²/³³ lə²⁴ pue⁴²/³³ kʰeʔ³²/⁴ tsiaʔ⁴⁵,
七胭七伢伢，八胭八乞食，（七个胭有七个孩子，八个胭是讨饭的，）
kau³²/³³ lə²⁴ kau³²/³³ tsiũ²¹ suã³³/²², tsaʔ⁴⁵/² lə²⁴ ho³²/³³ tən²¹/²² kuã³³/²²。
九胭九上山，十胭好当官。（九个胭上山，十个胭是做官的。）

10. 雷公困困顛
lui²⁴/²¹kɔŋ³³/²² kʰon²¹kʰon²¹ tan²⁴, a⁴²/³³kiã³² ko⁴⁵/²¹ lo⁴⁵/²¹ tsʰan²⁴。
雷公困困顛，鸭囝□落塍。（雷公隆隆响，鸭子滚下田。）
len³²/³³kɔŋ³³/²² tsʰoʔ³²/⁴lai²⁴/⁰ sian³³/²²,
恁公出来先，（公公先出来，）
kʰieu⁴²/³³ lə⁰ tseʔ⁴⁵/² ki³³/²² pʰua²¹/²² hə³²/³³hian³³/²²。
抾嘞一支破火鍁。（捡了一把破火锨。）
len³²/³³mã⁴² tsʰoʔ³²/⁴lai²⁴/⁰ kʰuã²¹,
恁妈出来看，（婆婆出来看，）
kʰieu⁴²/³³ lə⁰ tseʔ⁴⁵/² pe³²/³³ pʰua²¹/²² hɔ⁴⁵/²¹suã²¹。

---

① 米头长，意为长时间都有稻米吃。

抾嘞一把破雨伞。(捡了一把破雨伞。)

hɔ⁴⁵/²¹suã²¹ tseʔ⁴⁵/² kʰui³³, tseʔ⁴⁵/² ke⁰ ɔ³³/²²kui³³/²²。

雨伞一开,一个乌龟。(雨伞打开,一只乌龟。)

ɔ³³/²²kui³³/²² tseʔ⁴⁵/² pe⁴², tseʔ⁴⁵/² ke⁰ lan²⁴/²¹kʰe⁴²。

乌龟一擘,一个侬客。(乌龟掰开,一个客人。)

lan²⁴/²¹kʰe⁴² tseʔ⁴⁵/² tsʰieu²¹, tseʔ⁴⁵/² ten³²/³³ hue³³/²²kieu²¹。

侬客一笑,一顶花轿。(客人笑了,一顶花轿。)

hue³³/²²kieu²¹ tseʔ⁴⁵/² kən³³,

花轿一捆,(花轿一抬起来)

kən³³ kau²¹/²² niã³²/³³tʰau²⁴ pʰa⁴²/³³ kʰa³³tsʰən³³/²²,

捆迖岭头拍尻川。(抬到岭上打屁股。)

kʰa³³tsʰən³³/²² pʰa⁴²/³³ an²⁴/²¹an²⁴, tsue²¹/²² tsiu³²/³³pan²⁴。

尻川拍红红,做酒瓶。(屁股打红了,做酒瓶。)

tsiu³²/³³pan²⁴ m̩²¹ tʰen²¹ tsiu³², tsue²¹/²² tsʰau²¹/²²tsiu³²。

酒瓶怀停酒,做扫帚。(酒瓶不盛酒,做扫帚。)

tsʰau²¹/²²tsiu³² m̩²¹ sau²¹/²² tsʰu²¹, tsue²¹/²² gaʔ⁴⁵/²ku²¹。

扫帚怀扫厝,做月季。(扫帚不扫房子,做月季花。)

gaʔ⁴⁵/²ku²¹ m̩²¹ kʰui³³hue³³/²², tsue²¹/²² ka³²/³³pue³³/²²。

月季怀开花,做珓杯。(月季不开花,做珓杯。)

ka³²/³³pue³³/²² pɔʔ⁴⁵ m̩²¹ tən³², tsue²¹/²² hon³³kən³²。

珓杯博怀转,做薰卷。(珓杯丢不转,做烟卷。)

hon³³kən³² ka⁴⁵/³³ be⁴⁵ tʰɔŋ³³/²², tsue²¹/²² ue³²/³³kiã³²/³³kɔŋ³³/²²。

薰卷皎勿通,做矮囝公。(烟卷咬不通,做矮人公。)

ue³²/³³kiã³²/³³kɔŋ³³/²² pue²⁴/²¹ ue³²/³³kiã³²/³³mã³²,

矮囝公陪矮囝妈,(矮人公陪着矮人婆,)

ue³²/³³kiã³²/³³ mã³² hi³³/hi³³/²²tsʰieu²¹。

矮囝妈嘻嘻笑。(矮人婆嘻嘻笑。)

11. 褪赤骹

tʰən²¹/²²tsia⁴²kʰa³³/²², ban³²/³³ sən³³/²²tsa³³/²²。

褪赤骹,挽酸楂,(打赤脚,摘山楂。)

an²⁴ e⁰ tsiaʔ⁴⁵/² liau³²/³³liau³², tsʰĩ³³ e⁰ lau²⁴/²¹ to²¹lai²⁴。

红呃食了了,青呃留倒来。(红的吃完了,青的留回家。)

mã⁴² bo⁴² kʰa²¹, kiã³² bo⁴² tʰai²⁴。

妈卜敲,囝卜刮,(奶奶要打,儿子要杀。)

tʰai²⁴/²¹ teʔ²¹kiã³²? tʰai²⁴/²¹ paʔ³²/⁴tsai²⁴。

刣底囝，刣腹脐。（杀哪里？杀肚脐。）

pa?$^{32/4}$tsai^{24} tʰai$^{24/21}$ tse?$^{45/2}$ kʰui^{33}，tən$^{24/21}$kiã^{32} tua^{21}bu$^{32/33}$tui$^{33/22}$。

腹脐刣一开，肠囝大母堆。（肚脐一破开，肠子一大堆。）

en^{21} siã^{42} hau^{32}，lo^{45}tsʰɯ$^{32/33}$he?$^{45/2}$po^{24} ka?$^{32/4}$ tsʰan$^{24/21}$kau^{32}。

用什吼，老鼠箸婆佮䐁狗，（用什么哭？蝙蝠和大青蛙。）

en^{21} siã^{42} tsʰiã^{32}，uã$^{32/33}$tu^{24} lən$^{45/21}$ bə^{32} kʰɔ^{33}hɯ$^{24/21}$kiã^{32}。

用什请，碗橱两尾苦鱼囝，（用什么上供？碗橱里两条小苦鱼。）

en^{21} siã^{42} pai^{21}，niã$^{32/33}$ kiã$^{33/33}$sai^{21}。

用什拜，领囝婿。（用什么祭拜？背着女婿祭拜。）

12．囝囝屎抾籼穗

ken$^{32/33}$kiã$^{32/33}$sai^{32}，kʰieu^{42} tiu^{45}sui^{21}。

囝囝屎，抾籼穗。（小孩儿，拾稻穗。）

"kʰieu^{42} kui$^{32/33}$ sui^{21}？" "kʰieu^{42} lən$^{45/21}$ sui^{21}。

"抾几穗？""抾两穗。（"拾几穗？""拾两穗。"）

tse?$^{45/2}$ sui^{21} tsʰi^{21} kue$^{33/22}$，tse?$^{45/2}$ sui^{21} tsʰi^{21} a^{42}。"

一穗饲鸡，一穗饲鸭。"（一穗喂鸡，一穗喂鸭。"）

"a^{42} e^{0} a^{42} e^{0}，bo^{42} tʰai^{24} lɯ^{32}！"

"鸭哎鸭哎，卜刣汝！"（"鸭子呀鸭子，要杀你！"）

"tʰai$^{24/21}$ gua^{32} ba^{21}？""tʰai$^{24/21}$ lɯ^{32} m̩^{21} sĩ$^{33/22}$ lən^{45}。"

"刣我嘛？""刣汝怀生卵。"

（"为什么杀我？""杀你因为你不生蛋。"）

"gua^{32} tse?$^{45/2}$ kan$^{33/22}$ sĩ$^{33/22}$ tse?$^{45/2}$ ke^{24}，

"我一工生一个，（"我一天生一个。）

lən$^{45/21}$ kan$^{33/22}$ sĩ$^{33/22}$ tse?$^{45/2}$ san$^{33/22}$。

两工生一双。（两天生一双。）

bo^{42} tʰai^{24} tsiu^{21} tʰai$^{24/21}$ pʰan$^{33/22}$。"

卜刣就刣蜂。"（要杀就杀蜂。"）

"pʰan$^{33/22}$ e^{0} pʰan$^{33/22}$ e^{0}，bo^{42} tʰai^{24} lɯ^{32}！"

"蜂哎蜂哎，卜刣汝！"（"蜂呀蜂呀，要杀你！"）

"tʰai$^{24/21}$ gua^{32} ba^{21}？""tʰai$^{24/21}$ lɯ^{32} m̩^{21} sĩ$^{33/22}$ bie?^{45}。"

"刣我嘛？""刣汝怀生蜜。"

（"为什么杀我？""杀你因为你不生蜜。"）

"gua^{32} an^{21}si$^{24/0}$ lai$^{24/21}$ sĩ$^{33/22}$ be?^{45}，

"我暗时来生蜜，（"我夜里来生蜜，）

ze?^{45}si$^{24/0}$ kʰɯ^{21} tsʰai$^{32/33}$ hue$^{33/22}$。

日时去采花。（白天去采花。）

bo⁴² tʰai²⁴ tsiu²¹ tʰai²⁴/²¹ kue³³/²²。"

卜刣就刣鸡。"（要杀就杀鸡。）

"kue³³/²² e⁰ kue³³/²² e⁰，bo⁴² tʰai²⁴ lɯ³²！"

"鸡哎鸡哎，卜刣汝！"（"鸡呀鸡呀，要杀你！"）

"tʰai²⁴/²¹ gua³² ba²¹？""tʰai²⁴/²¹ lɯ³² m̩²¹ pu²¹ kiã³²。"

"刣我嘛？""刣汝怀菢囝。"

（"为什么杀我？""杀你因为你不孵小鸡。"）

"ten³²/³³ siu²¹ si⁴⁵/²¹ gua³² pu²¹,

"顶岫是我菢，（"前一窝是我孵，）

e⁴⁵/²¹ siu²¹ si⁴⁵/²¹ gua³² kʰu²⁴。

下岫是我跍。（后一窝是我蹲。）

bo⁴² tʰai²⁴ tsiu²¹ tʰai²⁴/²¹ gu²⁴。"

卜刣就刣牛。"（要牛就杀牛。"）

"gu²⁴ e⁰ gu²⁴ e⁰，bo⁴² tʰai²⁴ lɯ³²！"

"牛哎牛哎，卜刣汝！"（"牛呀牛呀，要杀你！"）

"tʰai²⁴/²¹ gua³² ba²¹？""tʰai²⁴/²¹ lɯ³² m̩²¹ lue²⁴/²¹ tsʰan²⁴。"

"刣我嘛？""刣汝怀犁塍。"

（"为什么杀我？""杀你因为你不犁田。"）

"ten³²/³³ tsʰan²⁴ si⁴⁵/²¹ gua³² lue²⁴,

"顶塍是我犁，（"上面的田是我犁，）

e⁴⁵/²¹ tsʰan²⁴ si⁴⁵/²¹ gua³² pe²¹。

下塍是我耙。（下面的田是我耙。）

bo⁴² tʰai²⁴ tsiu²¹ tʰai²⁴/²¹ be³²。"

卜刣就刣马。"（要杀就杀马。）

"be³² e⁰ be³² e⁰，bo⁴² tʰai²⁴ lɯ³²！"

"马哎马哎，卜刣汝！"（"马呀马呀，要杀你！"）

"tʰai²⁴/²¹ gua³² ba²¹？""tʰai²⁴/²¹ lɯ³² m̩²¹ pʰau³²/³³ lɔ²¹。"

"刣我嘛？""刣汝怀跑路。"

（"为什么杀我？""杀你因为你不跑路。"）

"ten³²/³³ lɔ²¹ si⁴⁵/²¹ gua³² pʰau³²,

"顶路是我跑，（"上面的路是我跑，）

e⁴⁵/²¹ lɔ²¹ si⁴⁵/²¹ gua³² tsau³²。

下路是我走。（下面的路是我走。）

bo⁴² tʰai²⁴ tsiu²¹ tʰai²⁴/²¹ kau³²。"

卜刣就刣狗。"（要杀就杀狗。）
"kau³²e⁰ kau³²e⁰, bo⁴²tʰai²⁴lɯ³²！"
"狗哎狗哎，卜刣汝！"（"狗呀狗呀，要杀你！"）
"tʰai²⁴ᐟ²¹gua³²ba²¹?" "tʰai²⁴ᐟ²¹lɯ³²m̩²¹kɔ²¹ᐟ²²tsʰu²¹。"
"刣我嘛？""刣汝怀顾厝。"
（"为什么杀我？""杀你因为你不看家。"）
"ten³²ᐟ³³tsʰu²¹si⁴⁵ᐟ²¹gua³²kɔ²¹,
"顶厝是我顾，（"上面的房子是我看护，）
e⁴⁵ᐟ²¹tsʰu²¹si⁴⁵ᐟ²¹gua³²son²⁴。
下厝是我巡。（下面的房子是我巡守。）
bo⁴²tʰai²⁴tsiu²¹tʰai²⁴ᐟ²¹tua²¹tɯ³³ᐟ²²ton²⁴。"
卜刣就刣大猪豚。"（要杀就杀大猪崽。）
"tua²¹tɯ³³ᐟ²²ton²⁴e⁰tua²¹tɯ³³ᐟ²²ton²⁴e⁰, bo⁴²tʰai²⁴lɯ³²！"
"大猪豚哎大猪豚哎，卜刣汝！"（"大猪崽呀大猪崽，要杀你！"）
"tʰai²⁴ᐟ²¹gua³²ba²¹?" "tʰai²⁴ᐟ²¹lɯ³²m̩²¹tsiaʔ⁴⁵ᐟ²pʰon³³。"
"刣我嘛？""刣汝怀食潘。"
（"为什么杀我？""杀你因为你不吃泔水。"）
"gua³²tsaʔ³²ᐟ⁴kʰi³²tsiaʔ⁴⁵ᐟ²tse⁴⁵ᐟ²tʰan³²ᐟ³³pʰon³³ᐟ²²,
"我早起食一桶潘，（"我早上吃一桶泔水，）
an²¹si²⁴ᐟ²¹tsiaʔ⁴⁵ᐟ²tse⁴⁵ᐟ²tʰan³²ᐟ³³an³²。
暗时食一桶饮。（晚上吃一桶米汤。）
bo⁴²tʰai²⁴tsen³²ᐟ³³lɯ³²tʰai²⁴, bo⁴²tsan³²tsen³²ᐟ³³lɯ³²tsan³²。"
卜刣尽汝刣，卜斩尽汝斩。"（要杀由你杀，要斩由你斩。）

第三节　故事、传说

一　箱咯呃铜钱

ɔŋ³²ᐟ³³nĩ²⁴, u⁴⁵ᐟ²¹tseʔ⁴⁵ᐟ²ke²⁴lau⁴⁵ᐟ²¹tʰau²⁴, i³³u⁴⁵ᐟ²¹sã³³ke²⁴ᐟ²¹kiã³²。lau⁴⁵ᐟ²¹tʰau²⁴kiã³³ᐟ²²lau⁴⁵lə⁰kiã³²kaʔ³²ᐟ⁴sen³³ᐟ²²pu⁴⁵m̩²¹tsʰi²¹i³³ᐟ²², tsiu²¹tsʰon³²ᐟ³³lə⁰tseʔ⁴⁵ᐟ²ke²⁴ᐟ²¹panʔ²¹huaʔ³²。i³³kaʔ³²ᐟ⁴hia⁴⁵ᐟ²¹pʰə²¹kʰən²¹ᐟ²²kəʔ⁰tseʔ⁴⁵ᐟ²kʰa³³siũ³³lə⁰, tau²⁴ᐟ²¹tĩ²⁴kieu²¹kiã³²kaʔ³²ᐟ⁴sen³³pu⁴⁵kaʔ³²ᐟ⁴siũ³³kən³³ᐟ²²kau²¹ᐟ²²pɔŋ²⁴ᐟ²¹iu³²hə⁴²ᐟ³³tsʰu²¹kʰu²¹kʰən²¹kʰi³²ᐟ⁰lai²¹ᐟ⁰。"ua⁴², tsua⁴²tan⁴⁵iaº！" i³³kiã³²tã²¹, "siũ³³lə⁰hə⁴²ᐟ³³lai⁴⁵kʰen³²ᐟ³³tiã²¹u⁴⁵ᐟ²¹tan²⁴ᐟ²¹tsĩ²⁴, hə⁴²ᐟ³³lan³²tai²¹kiã³²tieu⁴⁵ᐟ²¹ho³²ᐟ³³ho³²ken²¹ᐟ²²tiɔŋ²¹i³³ᐟ²²。"

往年，有一个老头，伊有三个囝。老头惊老嘞囝佮新妇怀饲伊，就忖嘞一个办法。伊佮瓦柿园嗝一骸箱咯，投口叫囝佮新妇佮箱抆遘朋友许厝去囥起来。"哇，即哇重呀！"伊囝咀，"箱咯许里肯定有铜钱，许伯大囝着好好敬重伊。"

从前，有一个老头，他有三个儿子。老头担心老了儿子和媳妇不赡养他，就想了一个办法。他把碎瓦片放进一只箱子里，故意叫儿子和媳妇把箱子抬到朋友家里藏起来。"哇，这么重啊！"他儿子说，"箱子里肯定有铜钱，那咱们大家得好好敬重他。"

tsi^{42} ke^0 lau$^{45/21}$t^{h}au^{24} kau^{33}tai^{21} i^{33} sã$^{33/22}$ ke^0 kiã^{32}, tsi^{42} k^{h}a^{33} siũ$^{33/22}$ tieu$^{45/21}$ tan$^{32/33}$ kau^{21} i^{33} si^{32} lau^0 tsai$^{21/22}$ kən^{33} kau^{21} tseʔ$^{\underline{32/4}}$ts^{h}u^{21} t^{h}au$^{32/33}$ k^{h}ui$^{33/22}$ k^{h}uã^{21}。 ãi$^{42/33}$sĩ$^{33/22}$, i^{33} e^0 kiã^{32} kaʔ$^{\underline{32/4}}$ sen$^{33/22}$pu^{45} tui$^{21/22}$ i^{33} bue$^{45/21}$ hiau^{32} lua^{21} ho^{32}。 sã$^{33/22}$ ke^0 kiã^{32} sen^{33} lə^0 t^{h}ɔŋ$^{32/33}$ si^{45} ãi^{42} tsʰon^{32}，gua^{32} bo^{42} ho$^{32/33}$ho^{32} tui$^{21/22}$ len$^{32/33}$tia^{42}，m̩^{21}zian^{24} huɯ^{32} lən^{21} e^0 hiã$^{33/22}$ti^{45} tui$^{21/22}$ i^{33} ho^{32}, len$^{32/33}$tia^{42} tsiu^{21} ue^{21} kaʔ$^{\underline{32/4}}$ tan^{21}tsĩ^{24} ke^{33} pon$^{33/22}$ teʔ$^{\underline{32/4}}$kiã^0 ha^{21} en^{33} hiã$^{33/22}$ti$^{45/21}$kiã^{32}。

即个老头交代三个囝，即骸箱着等遘伊死唠再抆遘即厝敨开看。安是，伊呃囝佮新妇对伊愐晓倿好。三个囝心咯统是安忖，我卜好好对恁爹，怀然许两个兄弟对伊好，恁爹就会佮铜钱加分滴囝互個兄弟囝。

这个老头交代三个儿子，这只箱子得等到他死了再抬到家里打开看。这样，他的儿子和儿媳妇对他不知道有多好。三个儿子心里都这么想，我要好好对老爹，不然那两个兄弟对他好，老爹就会把铜钱多分一点给他们兄弟。

lau$^{45/21}$t^{h}au^{24} k^{h}u$^{24/21}$ hə$^{32/33}$ts^{h}u^{21} kə$^{21/22}$ zeʔ$^{\underline{45/2}}$tsi^{32}，t^{h}iɔŋ$^{32/33}$ liə^0 saʔ$^{\underline{32}}$。 sã$^{33/22}$ ke^0 kiã^{32} kaʔ$^{\underline{32/4}}$ sã$^{33/22}$ ke^0 sen$^{33/22}$pu^{45} tui$^{21/22}$ i^{33} k^{h}a$^{\underline{32/4}}$k^{h}aʔ^{0}k^{h}i$^{21/22}$k^{h}i^{21}，kan^{33}kan$^{33/22}$ tsɯ$^{32/33}$ ho^{32} ts^{h}ai^{21} t^{h}e$^{45/21}$ i$^{33/22}$ tsiaʔ$^{\underline{45}}$。 kə^{21} lə^0 kui$^{32/33}$ nĩ^{24} lau$^{45/21}$t^{h}au^{24} kə$^{21/22}$sen$^{33/22}$ lə^0，sã^{33} hiã$^{33/22}$ti$^{45/21}$kiã^{32} kau$^{21/22}$ len$^{32/33}$tia^{42} e^0 pɔŋ$^{24/21}$iu^{32} hə$^{42/33}$ts^{h}u^{21} kaʔ$^{\underline{32/4}}$ huɯ^{32} ts^{h}eʔ$^{\underline{45/2}}$ k^{h}a^{33} siũ$^{33/22}$ kən^{33} to^{21}laiʔ^0。 kaʔ$^{\underline{32/4}}$ siũ^{33} tseʔ$^{\underline{45/2}}$ p^{h}a^{42} tsʰeʔ$^{\underline{45/2}}$ k^{h}ui^{33}，siũ^{33} hə$^{32/33}$lai^{45} t^{h}ɔŋ$^{32/33}$ si^{45} hia$^{45/21}$p^{h}ə^{21}。

老头跎许厝过日子，畅叻煞。三个囝佮三个新妇对伊客客气气，工工煮好菜撨伊食。过嘞几年老头过身嘞，三兄弟囝遘恁爹呃朋友许厝佮许一骸箱抆倒来。佮箱一拍一开，箱许里统是瓦柿。

老头在家过日子，舒服得很。三个儿子和三个儿媳妇对他客客气气，天天做好菜给他吃。过了几年老头去世了，三兄弟到老爹的朋友家里把那一只箱子抬回家来。把箱子一打开，箱子里全是瓦片。

二 汪状元呃故事

ɔŋ³³ tsɔŋ²¹uan²⁴ e⁰ miã²⁴ᐟ²¹zi²¹ kieu²¹ᐟ²² ɔŋ³³ en²¹ᐟ²²sen²⁴。ɔŋ³³ en²¹ᐟ²²sen²⁴ hə⁴²ᐟ³³tsʰu²¹ tɯ⁴⁵ᐟ²¹ hɔŋ³³ia⁴⁵ piʔ³²ᐟ⁴kʰau³² hə³²ᐟ³³lai⁴⁵ e⁰ ɔŋ³³ɔ³²。ɔŋ³³ɔ³² te²¹puã²⁴ hɔŋ⁴² ki²⁴ᐟ²¹kuai²¹，piʔ³²ᐟ⁴kʰau³² si⁴⁵ᐟ²¹ tseʔ⁴⁵ᐟ² ke²⁴ ka³²ᐟ⁴ bən²⁴ tseʔ⁴⁵ᐟ²iũ²¹ e⁰ suã³³kʰɔʔ³²。piʔ³²ᐟ⁴kʰau³² hə³²ᐟ³³gua²¹ u⁴⁵ lən²¹ tau³³ᐟ²² tsiũ³³ᐟ²²tsʰiu²¹，kɯ²¹ᐟ²²tã²¹ tseʔ⁴⁵ᐟ² tau³³ si⁴⁵ᐟ²¹ kɔŋ³³ e⁰，tseʔ⁴⁵ᐟ² tau³³ si⁴⁵ᐟ²¹ bu³² e⁰。

汪状元呃名字叫汪应辰①。汪应辰许厝伫枫叶毕口许里呃汪坞。汪坞地盘口奇怪，毕口是一个佮门一样呃山窟。毕口许外有两莞樟树，据咀一莞是公呃，一莞是母呃。

汪状元的名字叫汪应辰。汪应辰家在枫叶毕口里面的汪坞。汪坞地盘特别奇怪，毕口是一个像门一样的山谷。毕口外面有两棵樟树，据说一棵是公的，一棵是母的。

ɔŋ³²ᐟ³³nĩ²⁴ e⁰ ɔŋ³³ɔ³² piʔ³²ᐟ³³kau²¹ sue²¹，suã³³lai⁴⁵lan²⁴ᐟ⁰ sen³³ᐟ²²ua⁴⁵ piʔ³²ᐟ³³kau²¹ kʰɔ³²。ɔŋ³³ en²¹ᐟ²²sen²⁴ si²¹ᐟ²² hə²¹ e⁰ si²⁴ᐟ²¹hau²¹ aʔ³²ᐟ⁴ bue²¹ tã²¹ᐟ²² ue²¹。i³³ len³²ᐟ³³tia⁴² tã²¹ lə⁰：" han²⁴ᐟ²¹tsiã²⁴ tsʰi²¹ be⁴⁵ to³²，aʔ³²ᐟ⁴ m²¹taʔ⁴⁵ ka³²ᐟ⁴ i³³ niã³² tsʰoʔ³²ᐟ⁴kʰɯ⁰ bue²¹ lə⁰。"

往年呃汪坞比较细，山里侬生活比较苦。汪应辰四岁呃时候抑呣咀话。伊恁爹咀嘞："横正饲呣倒，抑怀值佮伊领出去卖嘞。"

往年的汪坞比较小，山里人生活比较苦。汪应辰四岁的时候还不会说话。他父亲说了："反正养不起，还不如把他带出去卖了。"

u⁴⁵ tseʔ⁴⁵ᐟ² kan³³ᐟ²²，len³²ᐟ³³tia⁴² pʰa⁴²ᐟ³³sən²¹ niã⁴²ᐟ²¹ i³³ᐟ²² tsʰoʔ³²ᐟ⁴kʰɯ⁰ bue²¹ lə⁰。tseʔ⁴⁵ᐟ² tsau³² tsau³²ᐟ³³ kau²¹ᐟ²² piʔ³²ᐟ⁴kʰau³² tsʰoʔ³²，lɔ²¹lə⁰ kʰuã²¹ᐟ²²lə⁰ tseʔ⁴⁵ᐟ² ke⁰ tsʰan²⁴ᐟ²¹kau³²。pʰɔʔ³²ᐟ⁴kʰɔŋ³³ᐟ²² kiã³² hua⁴² kʰi²¹lai⁰："len³²ᐟ³³tia⁴²，len³²ᐟ³³tia⁴²！lɯ³² kʰuã²¹，tsi⁴² ke⁰ 'tsʰoʔ³²ᐟ⁴' zi²¹！" len³²ᐟ³³tia⁴² tən³³ᐟ²²si²⁴ tsiu²¹ gai²⁴ lə⁰，sen³³lə⁰ tsʰon³²："ŋ²⁴？tsi⁴² ke⁰ kiã³² ue²¹ tã²¹ᐟ²² ue²¹ ka⁰！" tsiaʔ³²ᐟ⁴to⁰ iu²¹ pʰɔŋ²¹ᐟ²² tieu⁰ tseʔ⁴⁵ᐟ² tiau²⁴ᐟ²¹ kau²¹on³² to³² lɔ²¹ lə⁰，kiã³² iu²¹ tã²¹："len³²ᐟ³³tia⁴²，lɯ³² kʰuã²¹ᐟ²² tsi⁴² ke⁰ 'eʔ³²' zi²¹ nõ⁰！" lau⁴⁵ᐟ²¹hə²¹ ka³²ᐟ⁴ kiã³² niã⁴² tən³²ᐟ³³sen³³ᐟ²² to²¹kʰɯ²¹ lə⁰。

有一工，恁爹拍算领伊出去卖嘞。一走走遘毕口出，路咯看嘞一个朥狗。泼空团喝起来："恁爹，恁爹！汝看即个'出'字！"恁爹当时就呆啦，心咯忖："嗯？即个团会咀话咖！"接倒又碰着一条猴蜊倒路咯，团又咀："恁爹，汝看即个'一'字喏！"老岁佮团领转身倒去嘞。

---

① 汪应辰（1118—1176），玉山县紫湖镇汪坞村人，南宋高宗时状元。参见本书第10页注解①。

有一天，爹打算背他出去卖了，一走到毕口出去，路上看见一只大青蛙，突然儿子喊起来："爹，爹！你看这个'出'字！"爹当时就呆了，心想："嗯？这个儿子会说话的呀！"接着碰见一条蚯蚓躺在路上，儿子又说："爹，你看这个'一'字呢！"父亲把儿子转身背回家了。

ɔŋ³³ en²¹/²²sen²⁴ sue²¹/²²han²¹ e⁰ si²¹hau²¹ kaʔ³²/⁴ paʔ⁴⁵/²lan²⁴ e⁰ ken³²/³³ kiã³²/³³sai³² m̩²¹ siɔŋ³³/²²tan²⁴, lan²⁴ tsʰan³³/²²miã⁴², tso⁴²suɯ²¹ on³²/³³tsai⁴⁵. gɔ⁴⁵/²¹ hə²¹ tsiu²¹ hiau³²/³³lə⁰ tʰaʔ⁴⁵/²tsɯ³³/²², zen²¹ teʔ³²/⁴ tieu⁴⁵ hɔŋ⁴² tsue²¹ pʰian³³/²²pʰe ʔ³²/⁴ e⁰ zi²¹。i³³ hə⁴²/³³tsʰu²¹ hən³²/³³ kʰɔ³², an²¹/²²tʰau²¹ tʰaʔ⁴⁵/²tsɯ³³ bo²⁴/²¹ ten³³/²²iu²⁴, i³³ zeʔ⁴⁵si⁰ kʰɯ²¹ kʰieu⁴²/³³ tsʰa²⁴, en²¹ i³³/²² tian³²/³³ hə³² tsieu²¹ to⁰ kʰuã²¹/²² tsɯ³³。i³³ tsɔŋ²⁴/²¹ paʔ⁴⁵/²lan²⁴ hai⁴² tsieu⁴² lai⁰ e⁰ tsɯ³³, kʰuã²¹/²² tseʔ⁴⁵/² pian²¹ tsiu²¹ m̩²¹ hue²¹/²² bue⁴⁵/²¹kiʔ⁰。tsaʔ⁴⁵/² hə²¹ len²¹keu²¹ sia³²/³³ si³³/²², kau²¹/²² hiũ³³/²²hau²¹ kʰɯ²¹ kan³²/³³haʔ⁴⁵, hue²⁴/²¹taʔ³²/⁴ paʔ⁴⁵/²lan²⁴ e⁰ bən²¹ue²¹, i³³ tsau²¹tsau²¹/²⁴ si⁴⁵/²¹ tsʰɔʔ³²/⁴ gɯ³² ken³³/²² lan²⁴。u⁴⁵ tseʔ⁴⁵/² hə²⁴, kon²¹ lə⁰ e⁰ haʔ⁴⁵/²kuã³³ tsʰieu²¹ i³³, bən²¹ i³ tan²¹："han²⁴/²¹ gɯ²¹ tsaʔ⁴⁵/²sã³³/²² hə²¹ tsiu²¹ len²⁴/²¹keu²¹ sia³²/³³ bən²⁴/²¹tsiũ³³/²², tseʔ³²/⁴kɯ³² lɯ³² len²⁴/²¹keu²¹ lɔŋ²¹/²²siã⁴² nẽ⁰？"ɔŋ³³ en²¹/²²sen²⁴ tan²¹："kʰɔŋ³²/³³tsɯ³² i³³ u⁴⁵ sã³³tsʰuĩ³³/²² haʔ⁴⁵/²sen³³/²² tʰiã³³ i³³/²² kan³²/³³haʔ⁴⁵, tsiu⁴² lɯ³² aʔ³²/⁴si⁴⁵/²¹ ãi⁴²。"

汪应辰细汉呃时候佮别侬呃囝囝屎怀相同，侬聪明，作事稳在。五岁就晓叻读书，认得着□秾偏僻呃字。伊许厝很苦，暗头读书无灯油，伊日时去拔柴，用伊点火照到看书。伊从别侬□借书，看一遍就怀会唸记。十岁能够写诗，遘乡校去讲学，回答别侬呃问话，伊造造是出语惊侬。有一回，郡咯呃学官笑伊咀："韩愈十三岁就能够写文章，即久汝能够弄什呢？"应辰伊咀："孔子伊有三千学生听伊讲学，只有汝抑是安。"

汪应辰小的时候跟别人的小孩子不同，人聪明，做事稳当。五岁就知道读书，认识非常多的生僻字。他家里很苦，夜里读书没有灯油，他白天去捡柴火，用它点火照着看书。他从别人那里借来的书，看一遍就不会忘记。十岁能够写诗，到乡校去讲学，回答别人的问话，他经常是出语惊人。有一回，郡里的学官嘲笑他说："韩愈十三岁就能够写文章，现在你能够干啥呢？"汪应辰说："孔子他有三千学生听他讲学，只有你还是这样子。"

siau²¹hen³³/²² gɔ⁴⁵/²¹ nĩ²⁴, ɔŋ³³ en²¹/²²sen²⁴ kʰo³²/³³ tiɔŋ²¹/²² tsen²¹/²²sɯ²¹ te²¹ eʔ³²/⁴ miã²⁴, kʰian³³kʰian⁰tsaʔ⁴⁵/²pue⁴²/³³ hə³²。kʰo³²/³³kuã³³/²² bən²¹ i³³/²², tsi⁴² ke⁰ koʔ³²/⁴ke³³/²² en³³kai³³/²² tsɔŋ³³hua³² lɔŋ²¹。ɔŋ³³ en²¹/²²sen²⁴ hue²⁴/²¹taʔ³² tã²¹, i³³ zen²¹ui²¹ tsu²¹li³² koʔ³²/⁴ke³³/²² tieu⁴⁵/²¹ kan³²/³³ sen²¹/²²en²¹, tieu⁴⁵/²¹ i³²/³³ sen²¹/²²en²¹ ui²⁴/²¹ pon³²。hɔŋ²⁴/²¹te²¹ si²⁴/²¹si²⁴ tieu⁴⁵/²¹ ui²¹ lau⁴⁵/²¹paʔ⁴sen²¹ tsʰoŋ³². həŋ²⁴/²¹te²¹ kʰuã²¹/²² lə⁰ i³³ e⁰ bən²⁴/²¹tsiũ³³/²², tui²¹/²² i³³ tsi⁴² tã²¹/²²huaʔ³² hən³² ken³³/²²ki²⁴, mã³²siɔŋ²¹ həŋ³³ i³³/²² tən³³kuã³³/²².

绍兴五年①，汪应辰考中进士第一名，歉歉十八岁。考官问伊，即个国家应该庄法弄。汪应辰回答咀，伊认为治理国家着讲信用，着以信用为本，皇帝时时着为老百姓忖。皇帝看嘞伊呃文章，对伊即咀法很惊奇，马上封伊当官。

绍兴五年，汪应辰考中进士第一名，刚刚十八岁。考官问他，这个国家应该怎么搞。汪应辰回答说，他认为治理国家得讲信用，得以信用为本，皇帝时时得为老百姓考虑。皇帝看了他的文章，对他这说法很惊奇，马上封他当官。

hau⁴⁵/²¹ben²¹ nĩ⁰, ɔŋ³³ en²¹/²²sen²⁴ e⁰ tsiu²¹tsiaʔ³² taʔ³²/⁴tsui²¹ lə⁰ tsen²⁴/²¹kui²¹, ha²¹ i³³ lo⁴⁵/²¹ au⁰ kuã³³/²². tsui³²/³³au⁴⁵ ɔŋ³³ en²¹/²²sen²⁴ tsiu²¹ tsʰɯ²⁴/²¹kuã³³/²² to²¹lai²⁴/²¹ lə⁰. huʔ⁴²nĩ²⁴/²¹sɔ²¹, tiũ³³/²² kiu³²/³³sen²⁴ aʔ⁴⁵/² si⁴⁵ siu²¹ tsʰo²¹/²²tsiaʔ³², pian³²/³³ kau²¹/²² siau²¹tsiu³³/²². ɔŋ³²/³³zeʔ⁴⁵ e⁰ pəŋ²⁴/²¹iu³² tʰɔŋ³² m̩²¹ kaʔ³²/⁴ i³³/²² lai²⁴/²¹ɔŋ³², tsiu⁴² ɔŋ³³ en²¹/²²sen²⁴ an²¹/²²si²⁴ sia³²/³³sen²¹ kia²¹ hɔ²¹ i³³/²². tan³² kau²¹ tiũ³³/²² kiu³²/³³sen²⁴ e⁰ len³²/³³tia³² kə²¹/³³sen³³/²², həŋ⁴² tsue²¹lan²¹ aʔ³²/⁴ nã²¹ hə²¹ tã²¹/²² i³³ e⁰ pʰai³²/³³ue²¹, ɔŋ³³ en²¹/²²sen²⁴ m̩²¹kuã³²/³³ lɔ²¹ hŋ̍⁴⁵, aʔ³²/⁴ bo⁴² kuã³²/³³ kau²¹ tiũ³³/²² kiu³²/³³sen²⁴ hə⁴²/³³tsʰu²¹ kʰɯ³³/²² sieu³³hiũ³³/²². ɔŋ³³ en²¹/²²sen²⁴ si⁴⁵ tseʔ⁴⁵/² ke²⁴ tiɔŋ³³/²²teʔ⁴⁵ kã³²/³³ tã²¹/²²ue²¹ e⁰ lan²⁴, tu⁴⁵/²¹ tiau²⁴/²¹ten²¹ hə³²/³³lai⁴⁵ i³³/²² tsau²¹tsau²¹/²⁴ kaʔ³²/⁴ paʔ⁴⁵/²lan²⁴ i²¹/²²kian²¹ m̩²¹ haʔ⁴⁵, m̩²¹ ko³³/²²hen²¹ i³³/²² e⁰ lan²⁴ hən³² tsue²¹。

后面呢，汪应辰呃奏折得罪嘞秦桧，互伊落吠官。最后汪应辰就辞官倒来嘞。许年数，张九成②压是受挫折，贬遭邵州。往日呃朋友统怀伾伊来往，只有汪应辰按时写信寄互伊。等遭张九成呃恁爹过身，□秭侬抑那许咀伊呃否话，汪应辰怀管路远，抑卜赶遭张九成呃许厝去烧香。汪应辰是一个忠直敢咀话呃侬，佮朝廷许里伊造造佮别侬意见怀合，怀高兴伊呃侬很秭。

后来呢，汪应辰的奏折得罪了秦桧，被他降了官职。最后汪应辰就辞官回家了。那时候，张九成也是受挫折，贬到邵州。往日的朋友都不和他来往，只有汪应辰按时写信寄给他。等到张九成的父亲去世，非常多的人还在说他的坏话，汪应辰不顾路远，还要赶到张九成的家里去烧香吊唁。

---

① 公元1135年。
② 张九成（1092—1159），南宋绍兴二年（1132）廷试第一，钦点为状元，为官有政声，屡遭诬陷而贬官。

汪应辰是一个忠直敢说话的人，在朝廷里他常常与别人意见不合，不高兴他的人很多。

ue^{21} tã$^{21/22}$ tən$^{32/33}$lai$^{24/0}$, hɔ^{32}lə^{0} bo$^{24/21}$ tsue$^{21/22}$kuã$^{33/22}$ to^{21}lai$^{24/21}$, ɔŋ^{33} en$^{21/22}$sen^{24} tsui$^{21/22}$au^{45} si$^{45/21}$ tɯ$^{45/21}$ hə$^{42/33}$tsʰu^{21} kə$^{21/22}$sen$^{33/22}$ e^{0}。

话呾转来，好叨无做官倒来，汪应辰最后是伫许厝过身呃。

话说回来，幸亏没做官回家了，汪应辰最后是在家里去世的。

三 女神峰呃传说

ɔŋ$^{32/33}$nĩ^{24}, sã^{33}tsʰen$^{33/22}$suã^{33} lan^{24}ben^{21} suã^{33}kʰa$^{33/22}$ tseʔ$^{45/2}$ ke^{0} tue^{21}hŋ$^{33/22}$ lə^{0} kʰia$^{45/21}$ lə^{0} tseʔ$^{45/2}$ hɔ^{21} lan$^{24/21}$ke$^{33/22}$。tsi^{42} hɔ^{21} lan$^{24/21}$ke$^{33/22}$ hən$^{32/33}$ kʰɔ^{32}, hə$^{42/33}$tsʰu^{21} u^{45} tseʔ$^{45/2}$ ke^{0} tsa$^{45/2}$tsʰe$^{32/4}$ pue$^{42/33}$ hə^{21} e^{0} tsa$^{33/22}$bɔ$^{32/33}$kiã^{32}, kieu$^{21/22}$hɔ$^{45/2}$en$^{33/22}$。tsi^{42} tsa$^{33/22}$bɔ$^{32/33}$kiã^{32} sĩ$^{33/22}$ lə^{0} u$^{45/21}$ hua^{42} tsʰen^{33}sui^{32}。i^{33} tsau$^{21/22}$tsau^{21} kau$^{21/22}$ sã^{33}tsʰen$^{33/22}$suã^{33} hə$^{32/33}$lai^{45} tsʰo$^{21/22}$ tsʰa^{24} kʰieu$^{42/33}$ hiũ^{33}kɔ$^{33/22}$, aʔ$^{32/4}$ lian^{21} teʔ$^{32/0}$ tseʔ$^{45/2}$tsʰiu^{32} tso^{45} tsĩ^{21} e^{0} hɔ$^{32/33}$ pɔn$^{32/33}$sɯ^{21}, la$^{33/22}$ lə^{0} kʰui^{33} sã^{33}pa^{42} kən$^{33/22}$ e^{0} kiɔŋ^{33}, pa$^{32/4}$hua^{32}pa$^{32/4}$tiɔŋ^{21}。i^{33} ui$^{24/21}$lan^{24} hɔ$^{24/21}$sian^{21} u^{45} liɔŋ$^{24/21}$sen$^{33/22}$, ai$^{21/22}$ bɔŋ$^{33/22}$lan^{24}, tsʰu$^{21/33}$pĩ$^{33/22}$ lan^{24} tʰɔŋ$^{32/33}$ hi$^{32/33}$huã$^{33/22}$ i$^{33/22}$。

往年，三清山南面山骹一个地方咯徛嘞一户侬家。即户侬家很苦，许厝有一个十七八岁嘅查某囝叫伏英。即查某囝生叨有许哇清水。伊造造遘三清山许里刣柴拄香菇，抑练得一手乇箭呃好本事，拉叨开三百斤呃弓，百发百中。伊为人和善有良心，爱帮侬。厝边侬统喜欢伊。

往年，三清山南面山脚下一个村子住了一户人家。这户人家很苦，家里有一个十七八岁的女孩子叫伏英。这女孩子长得有那么漂亮的。她常常到三清山里边砍柴拾蘑菇，还练得一手射箭的好本事，能拉开三百斤的弓，百发百中。她为人和善有良心，喜欢帮助人。邻居都很喜欢她。

u^{45} tseʔ$^{45/2}$ kan$^{33/22}$, hɔʔ$^{45/2}$en$^{33/22}$ kau$^{21/22}$ lan$^{24/21}$tʰĩ$^{33/22}$bən^{24} kʰɯ^{21} kʰieu$^{42/33}$ hiũ^{33}kɔ$^{33/22}$。pʰɔʔ$^{32/4}$kʰɔŋ$^{33/22}$ tʰiã^{33} lə^{0} u^{45} lan$^{24/21}$ hua^{42}："kiu$^{21/22}$miã^{21} ɔ^{0}! kiu$^{21/22}$miã^{21} ɔ^{0}！" i^{33} son^{21} ləʔ^{0} tsi^{42} siã$^{33/22}$sə^{42} tseʔ$^{45/2}$ kuã^{21} nẽ^{0}, kʰuã$^{21/22}$ to$^{32/0}$ tʰĩ$^{33/22}$ hə$^{42/33}$ten^{32} lə^{0} u$^{45/21}$ tseʔ$^{45/2}$ ke$^{24/21}$ heʔ$^{45/2}$po^{24} lia$^{45/21}$ lə^{0} tseʔ$^{45/2}$ ke$^{24/21}$ tsiau$^{32/33}$kiã^{32}。tsiu^{21}si^{45} tsi^{42} ke^{0} tsiau$^{32/33}$kiã^{32} nã$^{21/45}$ hə^{21} hua^{42} kiu$^{21/22}$miã^{21}。hɔʔ$^{45/2}$en$^{33/22}$ mã^{32}siɔŋ^{21} ka$^{32/4}$ tsi^{42} kiɔŋ$^{33/22}$tsĩ^{21} ta$^{32/4}$kʰi^{0}, tseʔ$^{45/2}$ tsĩ^{21} tso^{45} kʰɯ^{21}, heʔ$^{45/2}$po^{24} bo$^{24/21}$ kʰuã$^{21/22}$ tieu^{45} la^{0}。

有一工，伏英遘南天门去拄蘑菇。泼空听叨有侬喝："救命噢！救命噢！"伊顺叨即声息一看呢，看倒天许顶咯一个箬婆掠嘞一个鸟囝。就是即个鸟囝那货喝救命。伏英马上佮即弓箭搭起，一箭乇去，箬婆无看着啦。

有一天，伏英去南天门拾蘑菇。突然听见有人喊："救命啊！救命啊！"她顺着这声音一看呢，看见天上一只老鹰抓了一只小鸟。就是这只小鸟在喊救命。伏英马上把这弓箭搭起来，一箭射去，老鹰不见了。

tsiau$^{32/33}$kiã^{32} laʔ^{45} kə^0 tʰɔ^{24} lə^0, pian$^{21/22}$ sen^{24} tseʔ$^{45/2}$ ke^{24} hɔŋ^{42} kʰi$^{32/33}$ken^{21} e^0 tsa$^{33/22}$bɔ$^{32/33}$kiã^{33}. i^{33} kaʔ$^{32/4}$ hɔʔ$^{45/2}$en$^{33/22}$ tã^{21}: "lɯ^{32} bian^{32} kiã^{33}, gua^{32} si$^{45/21}$ sã^{33}tsʰen$^{33/22}$suã^{33} suã$^{33/22}$sen^{24} e^0 tsa$^{33/22}$bɔ$^{32/33}$kiã^{32}, tai^{21}kiã^{32} tʰɔŋ$^{32/33}$si^{45} hua$^{42/33}$ gua^{42} 'sã^{33}tsʰen$^{33/22}$ kɔŋ^{33}tsu^{32}'。hɯ^{42} ke^0 heʔ$^{45/2}$po^{42} si^{45} iau$^{33/22}$kuai^{21} pian^{21} e^0, i^{33} kʰa^{21} siɔŋ^{33} lə^0 gua^{32} len$^{32/33}$tia^{42}, bo^{42} kaʔ$^{32/4}$ gua^{32} lia^{45} kʰɯ^{21}tsue$^{21/22}$ i^{33} e^0 lau$^{45/21}$mã^{32}。sia^{21}sia^{21} lɯ^{32} kiu^{21} lə^0 gua^{32}。ken$^{33/22}$au^{45} zu$^{24/21}$ko^{32} u$^{45/21}$ siã$^{42/33}$ kʰon$^{21/22}$lan^{24} e^0 sɯ^{21}, lɯ^{32} lai^{24} tsʰə^{21} gua^{32}。lɯ^{32} kʰia^{45} tsi^{42}lo$^{45/0}$pʰa^{42} sã^{33} e^{21} tsʰiu^{32}, hua^{42} sã^{33} siã$^{33/22}$ 'sã^{33}tsʰen$^{33/22}$ kɔŋ^{33}tsu^{32}', gua^{32} tsiu^{45} kʰia^{45} lə^0 lɯ^{32} ben$^{24/21}$tʰau$^{24/21}$tsuĩ^{24}。" tã^{21} liau^{32} lə^0 tsiu^{21} bo^{24} liau^{32} lə^0。

鸟囝落嘞涂咯，变成一个□起劲呃查某囝。伊佮伏英咀："汝免惊，我是三清山山神呃查某囝，大囝统是喝我'三清公主'。许个箬婆是妖怪变呃，伊敲伤嘞我恁爹，卜佮我掠去做伊呃老妈。谢谢汝救嘞我。今后如果有什困难呃事，汝来揹我。汝倚即落拍三下手，喊三声'三清公主'，我就会倚嘞汝面头前。"咀了嘞无了啦。

小鸟落在地上，变成一个非常漂亮的女孩子。她对伏英说："你别害怕，我是三清山山神的女儿，大家都叫我'三清公主'。那个老鹰是妖怪变的，他打伤了我爹，要抓我去做他的老婆。谢谢你救了我。今后如果有什么困难的事情，你来找我。你站在这里拍三下手，喊三声 '三清公主'，我就会站在你面前。"说完就不见了。

kui$^{32/33}$ kan$^{33/22}$ i$^{32/33}$au^{45}, sã^{33}tsʰen$^{33/22}$ kɔŋ^{33}tsu^{32} pʰɔʔ$^{32/4}$kʰɔŋ$^{33/22}$ lai$^{24/21}$kau^{21} hɔʔ$^{45/2}$en$^{33/22}$ ben$^{24/21}$tʰau$^{24/21}$tsuĩ^{24}, i^{33} tʰua^{33} to^0 hɔʔ$^{45/2}$en$^{33/22}$ tsʰiu^{32} tã^{21}: "kiu$^{21/22}$miã^{21} ən$^{33/22}$lan^{24}, lɯ^{32} ke^0 tsai^{33}lan^{21} tsiu^{21} bo^{42} lai$^{24/21}$kau^{21} lə^0。hɯ^{24} ke^{24} iau$^{33/22}$kuai^{21} kaʔ$^{32/4}$ tsi^{21} siɔŋ$^{33/22}$ iũ^{45} ho^{32} la^0, bo^{42} tsʰə^{21} lɯ^{32} po$^{21/22}$siu^{24}。ken$^{33/22}$nuã^{21} an^{21} lə^0 i^{33} bo^{42} kaʔ$^{32/4}$ tsi^{42} suã^2 e^0 tsieu$^{45/2}$pʰiaʔ$^{32/4}$kʰan^{21} pʰa^{21} kʰui^{22}, hɔ^{21} tua^{21}tsui^{32} hua$^{32/4}$ kʰi^0 kaʔ$^{32/4}$ len^{32} tue^{21}hŋ$^{33/22}$ lə^0 sue$^{32/33}$ pĩ^{24} la^0, lɯ^{32} kʰuai^{21}kiã^0 kaʔ$^{32/4}$ gua^{32} tsau^{32}！"

几工以后，三清公主泼空来遘伏英面头前，伊拖倒伏英手咀："救命恩侬，汝嗰灾难就卜来遘嘞。许个妖怪佮箭伤养好啦，卜揹汝报仇。今旦暗嘞伊卜佮即山呃石□礤拍开，互大水发起佮恁地方咯洗平啦。汝快囝佮我走！"

几天以后，三清公主突然来到伏英面前，她拉着伏英的手说："救命恩人，你的灾难就要来了，那个妖怪把箭伤养好了，要找你报仇。今天天黑了它要把这山的石崖撞开，让洪水暴发把你们村子洗平。你快点跟我走吧。"

hɔʔ$^{45/2}$en$^{33/22}$ tã^{21}: "m̩^{21}! gua^{32} tieu$^{45/21}$ to^{21}kʰɯ^{21} kaʔ$^{32/4}$ tai^{21}kiã^{32} tã^{21}, kieu$^{21/22}$ en^{33} li$^{4/21}$kʰui^{322} tsi^{42}lo$^{45/0}$." sã^{33}tsʰen$^{33/22}$ kɔŋ^{33}tsu^{32}tã^{21}: "be^{21}ti^{45}, lɯ^{32} kaʔ$^{32/4}$ paʔ$^{45/2}$lan^{24} tã^{21}, iau$^{33/22}$kuai^{21} hiau^{32}lə^0 bo^{42} kən$^{21/33}$ka$^{33/22}$ hai^{21} lɯ^{32}." hɔʔ$^{45/2}$en$^{33/22}$ tã^{21}: "gua^{32} tseʔ$^{45/2}$ ke^0 lan^{24} tso$^{42/33}$su^{21} tseʔ$^{45/2}$ ke^0 lan^{24} tən^{33}, tsi^{21} si^{45} paʔ$^{32/4}$pʰə^{24}tʰiu^{33}kən$^{33/22}$ gua^{32} bua^{24} lian$^{24/21}$lui^{21} tai^{21}kiã^{32}." tã$^{21/22}$ liau^{32} mã^{32}siɔŋ^{21} lo$^{45/21}$ suã$^{33/22}$. sã^{33}tsʰen$^{33/22}$ kɔŋ^{33}tsu^{32} lau^{21} lə^0 baʔ$^{45/2}$tsiu^{33}sai^{32} kuã$^{21/22}$ i^{33} lo$^{45/21}$ suã$^{33/22}$.

伏英咀："怀！我着倒去佮大囝咀，叫侬离开即落。"三清公主咀："呿拄，汝佮别侬咀，妖怪哓叻卜更加害汝。"伏英咀："我一个侬作事一个侬当，就是剥皮抽筋我无法连累大囝。"咀了马上落山。三清公主流嘞目珠屎看伊落山。

伏英说："不！我得回去告诉大家，叫他们离开这里。"三清公主说："别，你告诉别人，妖怪知道了更要害你。"伏英说："我一人做事一人当，就是剥皮抽筋也不能连累大家。"说完马上下山。三清公主流着眼泪看着她下山。

tue^{21}hŋ$^{33/22}$ lə^0 tai^{21}kiã^{32} tʰɔŋ^{32} tʰau^{33}tʰau$^{33/22}$bue$^{21/33}$bue^{32} li$^{24/21}$ kʰui^{33} lə^0 hə$^{42/33}$tsʰu^{21}, hɔʔ$^{45/2}$en$^{33/22}$ tseʔ$^{45/2}$ ke^0 lan^{24} tsau^{32} au$^{45/21}$bə^{32}. tsi^{42} si$^{24/21}$hau^{21} tʰĩ^{33} i$^{32/33}$ken$^{33/22}$ an^{21} lo$^{45/21}$lai^0 lə^0. hɔʔ$^{45/2}$en$^{33/22}$ ɔŋ$^{32/33}$ sã^{33}tsʰen$^{33/22}$suã^{33} tsau^{32}, pʰa^{42}sən^{21} kʰɯ^{21} tsʰə^{41} sã^{33}tsʰen$^{33/22}$ kɔŋ^{33}tsu^{32}. kʰiã^{33}kʰiã$^{33/22}$ si^{45} pe$^{24/21}$ kə$^{21/22}$ lən$^{45/21}$ tə$^{21/22}$ suã$^{33/22}$, tsiu^{21} kʰuã$^{21/22}$ i^{33} lui$^{24/21}$kɔŋ^{33} kʰon^{21}kʰon^{21} tan^{24}, paʔ$^{32/4}$sen^{24} baʔ$^{45/2}$baʔ$^{45/2}$ tsʰua^{42}, tsiu^{21} tʰiã^{33} i$^{33/22}$ "hɔŋ^{33}lɔŋ^{22}" tseʔ$^{45/2}$siã^{33}, tʰĩ^{33}pɔŋ$^{33/22}$ tue^{21}liaʔ^{45}, tua^{21}tsui^{32} kaʔ$^{32/4}$ tueʔ^{21}hŋ$^{33/22}$ lə^0 e^0 lan$^{24/33}$ke$^{33/22}$ tʰɔŋ^{32} sue$^{32/33}$ pĩ^{24} tsʰiɔŋ$^{33/22}$ bo^{24} au^0 la^0. hɔʔ$^{45/2}$en$^{33/22}$ tsʰon$^{32/33}$ to^0 tua^{21}tua^{21}sue$^{21/22}$sue^{21} sĩ$^{33/22}$miã^{21} kiu^{21} to$^{32/0}$ lə^0, tsiu^{21} tsʰieu^{21} kʰi^{32} lə^0.

地方咯大囝统偷偷昧昧离开嘞许厝，伏英一个侬走后尾。即时候天已经暗落来嘞。伏英往三清山走，拍算去揓三清公主。欶欶是爬过两垜山，就看伊雷公困困瞋，北神密密掣，就听伊"轰隆"一声，天崩地裂，大水佮地方咯呃侬家统洗平冲无呋啦。伏英忖到大大细细生命救到嘞，就笑起嘞。

村里大伙都偷偷离开了家，伏英一个人走在后面。这时候天已经暗下来了。伏英往三清山走去，打算去找三清公主。刚翻过两座山，就见雷公轰鸣，闪电阵阵，只听得"轰隆"一声，天崩地裂，洪水把村里的人家都洗平冲没了。伏英想到大大小小生命得救了，笑了起来。

iau$^{33/22}$kuai^{21} tə^{21} lə^0 tua^{21}tsui^{32} au^{21}bə^{32}, tsau$^{32/33}$ kau$^{21/0}$ tue^{21}hŋ$^{33/22}$ lə^0 tseʔ$^{45/2}$ kʰuã^{21}, bo$^{24/21}$ tseʔ$^{45/2}$ ke^{24} lan^{24} e^0, kʰi$^{21/22}$ lə^0 saʔ^{32}, bo^{42} kaʔ$^{32/4}$ hɔʔ$^{45/2}$en$^{33/22}$ tseʔ$^{45/2}$ tsʰui^{32} tʰon^{33} lo^{45}kʰɯ^{21}. i^{33} kʰuã$^{21/22}$kĩ^{21} hɔʔ$^{45/2}$en$^{33/22}$ tsau$^{32/33}$ kau^{21} sã^{33}tsʰen$^{33/22}$suã$^{33/22}$ suã$^{33/22}$pʰia^{32} lə^0, en^{21} kʰi$^{32/0}$ iau$^{33/22}$hua^{32}, tsʰui$^{21/22}$ kʰan$^{33/22}$ tʰɔ$^{21/22}$ tsʰɔʔ$^{32/4}$lai$^{24/0}$ ɔ^{33}hon$^{33/22}$, hua^{42} siã^{33} "pian^{21}", hɔʔ$^{45/2}$en$^{33/22}$ tsau$^{32/33}$ be^{45} ŋiãu^{45} la^0, pian$^{21/22}$ sen^{24} lə^0 tseʔ$^{45/2}$ ke^{24} tsieu$^{45/2}$tʰau^{21}kɔŋ$^{33/22}$, tsi^{42} ke$^{24/0}$ tsieu$^{45/2}$tʰau^{21}kɔŋ$^{33/22}$ tsi^{21}si^{45} kau$^{21/22}$tseʔ$^{32/4}$ku^{32} sã^{33}tsʰen$^{33/22}$suã$^{33/22}$ e^0 "lɯ$^{32/33}$sen$^{24/21}$hɔŋ$^{33/22}$". au$^{45/21}$ben^{21}, tsi^{42} suã^{33}kʰa$^{33/22}$ e^0 tue^{21}hŋ$^{33/22}$ tsiu^{21} kieu^{21} pĩ$^{24/21}$kue$^{33/22}$.

妖怪缀嘞大水后尾，走邁地方咯一看，无一个人呃，气叨煞，卜佮伏英一喙吞落去。伊看见伏英走邁三清山山口嘞，用起妖法，喙空吐出来乌烟，喝声"变"，伏英走唸口啦，变成嘞一个石头公，即个石头公就是邁即久三清山的"女神峰"。后面，即山骹呃地方就叫坪溪。

妖怪跟在洪水后面，走到村子里一看，没有一个人，气得很，要把伏英一口吞下去。他看见伏英走到三清山山崖上，使出妖法，口吐黑烟，喊声"变"，伏英走不动啦，变成了一块大石头，这块大石头就是现在三清山的"女神峰"。后来，这山下的村子就叫坪溪。

四　紫湖闽南侬呃来历

tsʰen$^{33/22}$ tiau^{24} son^{21}ti^{21}、kʰɔŋ^{33}hi$^{33/22}$ nĩ$^{24/21}$kan$^{33/22}$, tsen$^{24/21}$ sen$^{24/21}$kɔŋ$^{21/22}$ kʰɔŋ$^{21/22}$tsʰen^{33} kʰɯ^{21} lə^0 tai$^{24/21}$uan$^{33/22}$。tiau$^{24/21}$ten^{24} bo^{42} kʰon$^{21/22}$ si^{32} tsen$^{24/21}$ sen$^{24/21}$kɔŋ$^{21/22}$, lo$^{45/21}$ sen$^{21/22}$tsi^{32} kau$^{21/22}$ hɔʔ$^{32/4}$kian^{21} ian$^{24/21}$hai$^{32/33}$ hu$^{32/33}$ kuĩ^{21}, huaʔ$^{32/4}$len^{21} tsʰen^{33}pĩ$^{33/22}$, kʰo$^{21/22}$ hai^{32} sã$^{33/22}$pa^{42} li$^{32/33}$ lai^{45} bo^{42} tsʰen$^{33/22}$ kə^0 bo$^{24/21}$ tseʔ$^{45/2}$ hɔ^{21} lan$^{24/21}$ke^0。u$^{45/21}$ hɔŋ^{42} tsue^{21} lan^{24} tsiu^{21} ha^{21} i^{33} tsʰen^{33} tsʰoʔ^{32}lai^0 lə^0。

清朝顺治、康熙年间，郑成功抗清去嘞台湾。朝廷卜困死郑成功，落圣旨邁福建沿海府县，发令清边，靠海三百里里卜清嚯无一户侬家。有口秭侬就互伊清出来嘞。

清朝顺治、康熙年间，郑成功抗清去了台湾。朝廷要困死郑成功，下圣旨到福建沿海府县，发令清边，靠海三百里内要清得没有无一户人家。有很多人就被清出来了。

tən$^{33/22}$si^{24}, tsieu$^{45/21}$kɔ$^{32/33}$kuĩ^{21} u$^{45/21}$ tsaʔ$^{45/2}$pue$^{42/33}$ ke^{24} m̩^{21} tan$^{24/21}$ sĩ^{21} e^0 kiaʔ$^{32/4}$pai^{21} hiã$^{33/22}$ti^{45}, sĩ^{21} gan^{24}、len^{24}、tan^{24}、tiũ^{33}、gɔ^{24}、ɔŋ^{24}、sɔ^{33}、lau^{24}、 ŋ²⁴、iu²⁴、kɔʔ² tsi⁴² tsua⁴²tsue²¹ sĩ²¹。hiã³³ᐟ²²ti⁴⁵ tai²¹kiã⁴⁵ i³³ gan²⁴ᐟ²¹ hui³³ᐟ²²liɔŋ²⁴ ui²⁴ᐟ²¹tʰau²⁴, huan³²ᐟ³³kʰɔŋ²¹ muã³²ᐟ³³tsʰen³³ᐟ²² tsen²¹ᐟ²²hu³², bo²⁴ᐟ²¹ sen²⁴ᐟ²¹ kɔŋ³³ᐟ²²。sen²¹ᐟ²²tsi³² lo⁴⁵lai²⁴ᐟ², bo⁴² kaʔ³²ᐟ⁴ en³³ tai²¹kiã⁴⁵ lia⁴⁵ kʰɯ²¹ tsə⁴⁵ᐟ²¹ kɔŋ³³ᐟ²²pan²⁴。

当时，石鼓县①有十八个怀同姓呃结拜兄弟，姓颜、林、陈、张、吴、王、苏、刘、黄、尤、郭即哞秼姓。兄弟大囝以颜辉良为头，反抗满清政府，无成功。圣旨落来，卜佮個大囝掠去坐公房。

当时，石鼓县有十八个异姓结拜兄弟，姓颜、林、陈、张、吴、王、苏、刘、黄、尤、郭这么多个姓。弟兄们以颜辉良为头，反抗满清政府，没成功。圣旨下来，要把他们大伙抓去坐牢。

sen²¹ᐟ²²tsi³² kau²¹ᐟ²² lə⁰ tsieu⁴⁵ᐟ²¹kɔ³²ᐟ³³kuĩ²¹ tan²⁴ kuĩ²¹kuã³³ᐟ²² tsʰiu³² lə⁰。ho³²lə⁰ tsi⁴² ke⁰ tan²⁴ kuĩ²¹kuã³³ᐟ²² tɔŋ²⁴ᐟ²¹tsen²⁴ᐟ²¹ kʰɔŋ²¹tsʰen³³ᐟ²² i²¹ᐟ²²suɪ²¹, i³³ kaʔ³²ᐟ⁴ sen²¹ᐟ²²tsi³² a⁴² lə⁰ sã³³ kan³³ᐟ²², len²⁴ᐟ²¹gua²¹ pʰai²¹ᐟ²² tsʰiu³²ᐟ³³e⁴⁵ᐟ²¹lan²⁴ tua²¹ᐟ²²sen²¹ kieu²¹ᐟ²² en³³ tai²¹kiã³² kʰuai²¹kiã³²ᐟ³³ tsau³²。

圣旨遘嘞石鼓县陈县官手咯。好叨即个陈县官同情抗清义士，伊佮圣旨压嘞三工，另外派手下侬带信叫個大囝快囝走。

圣旨到了石鼓县陈县官手里。幸亏这个陈县官同情抗清义士，他把圣旨压了三天，另外派手下人捎信叫他们大伙快走。

hɯ⁴² tsaʔ⁴⁵ᐟ²pue⁴²ᐟ³³ hiã³³ᐟ²²ti⁴⁵ tsʰua²¹ kʰi³² hə⁴²ᐟ³³tsʰu²¹lan²⁴ kuã³²ᐟ³³ken³² tʰau²⁴ lə⁰ tsʰoʔ³²ᐟ⁴lai²⁴ᐟ⁰。puã²¹ᐟ²²lɔ²¹ lə⁰ tseʔ⁴⁵ᐟ² tiau²⁴ᐟ²¹ tua²¹kʰue³³ᐟ²² nuã²⁴ to³²ᐟ⁰ lə⁰ kʰɯ²¹ᐟ²²lɔ²¹。u⁴⁵ᐟ²¹ tseʔ⁴⁵ᐟ² ke²⁴ kieu²¹ tsiɔŋ³³san³³ᐟ² e⁰ tʰe³³ᐟ²²tson²⁴lan²⁴ᐟ⁰ m̩²¹ kiã²¹ kuã³³hu³² tʰai²⁴ᐟ²¹tʰau²⁴, kaʔ³²ᐟ⁴ tsaʔ⁴⁵ᐟ²pue⁴²ᐟ³³ hiã³³ᐟ²²ti⁴⁵ en³³ tsua⁴² tsue²¹ lan²¹ tʰɔŋ³² tɔ²¹ kə²¹ᐟ²² tua²¹kʰue³³ᐟ²² kʰɯ²¹。tsaʔ⁴⁵ᐟ²pue⁴²ᐟ³³ sĩ²¹ e⁰ lan²⁴ tʰau²⁴ tsʰoʔ³²ᐟ⁴ ho³²ᐟ³³kʰau³², tseʔ⁴⁵ᐟ²lɔ²¹ tsau³², tsʰə²¹ to³²ᐟ³³ kan³³sai³³ᐟ²² tan³³ᐟ²²paʔ³²ᐟ⁴ pĩ³³ᐟ²² e⁰ sã³³tsʰen³³ᐟ²²suã³³ᐟ²² suã³³kʰa³³ᐟ²² tsi⁴² tseʔ⁴⁵ᐟ² tə²¹ bo²⁴ᐟ²¹ lan²¹ hiau³²lə⁰ e⁰ sɔ³²ᐟ³³tsai⁴⁵, kʰia⁴⁵ lo⁴⁵ᐟ⁰lai⁰。au²ᐟ⁴⁵ᐟ²¹ben²¹, tsaʔ⁴⁵ᐟ²pue⁴²ᐟ³³ sĩ²¹ tsiu²¹ kaʔ³²ᐟ⁴ tan²¹ kuĩ²¹kuã³³ᐟ²² aʔ³²ᐟ⁴u⁴⁵ hɯ²⁴ ke⁰ tsiɔŋ³³san³³ᐟ²² ken²¹ᐟ²² ui²⁴ᐟ²¹ ən³³kɔŋ³³ᐟ²², tʰɔŋ³² tu⁴⁵ᐟ²¹ tʰiã³³ᐟ²² tʰau²⁴ hə³²ᐟ³³ten²⁴ uã³³ᐟ²² lə⁰ en³³ e⁰ sen²⁴ᐟ²¹ui²¹, tən²⁴ᐟ²¹nĩ²⁴ tian³²ᐟ²² kʰi³²ᐟ⁰hiũ³³ᐟhə³² tsi²¹ᐟ²²pai²¹。

许十八兄弟曳起许厝侬赶紧逃嘞出来。半路咯一条大溪拦倒嘞去路。有一个叫章三的推船侬怀惊官府剐头，佮十八兄弟個即哞秼侬统渡过大溪

---

① 紫湖闽南移民祖籍多为福建永春县。永春县域于五代后唐长兴四年（933年）始设县，称桃源县，后晋天福三年（938年）改为永春县。因县治曾设石鼓地方（今永春县石鼓镇），故紫湖居民称祖籍也讹称石鼓县。

去。十八姓呃侬逃出虎口，一路走，揎倒江西东北边呃三清山山骹即一垛无侬晓叻呃所在，徛落来。后来，十八姓就佮陈县官抑有许个章三敬为恩公，统伫厅头许顶安嘞侢呃神位，长年点起香火祭拜。

那十八兄弟带着家人赶紧逃了出来。半路上一条大河拦去了去路。有一个叫章三的撑船人不怕官府杀头，把十八兄弟他们这些人全渡过河去。十八姓的人逃出虎口，一路走，找到江西东北边的三清山山脚下这一块没有人知道的地方，住了下来。后来，十八姓把陈县官还有那个章三敬为恩公，都在厅堂上头安了他们的神位，长年点着香火祭拜。

tsiu²¹ ãi⁴², en³³ tai²¹kiã³² tuɯ⁴⁵/²¹ tsʰuĩ³³/²²li⁴⁵ tsɯ³³gua²¹ e⁰ sã³³tsʰen³³/²² suã³³/²²kʰa³³/²² kʰui³³/²²tsoʔ⁴⁵, sĩ³³kən³³/²²huã³²/⁴ge²⁴. sã³³/²²pa⁴² kʰa³²/⁴ ke³³/²² nĩ²⁴ tsaʔ⁴⁵/²kui³²/³³ tai²¹ lan²⁴, kau²¹/²² tseʔ³²/⁴ku³², tuɯ⁴⁵/²¹ sã³³tsʰen³³/²²suã³³/²² tan³³/²² lan²⁴ sai³³/²² pa³²/⁴ si²¹/²²ben²¹ tʰɔŋ⁴⁵/²¹ si⁴⁵ tã²¹/²² hɔʔ³²/⁴kian²¹/²²hue²¹ e⁰ lan²⁴。 tsɯ³²/³³ɔ²⁴、hɔŋ³³/²²len²⁴ tseʔ⁴⁵/²tai²¹ u⁴⁵/²¹ sã³³ban²¹ lan²⁴, pa⁴²/³³hon³³/²²tsi³³/²² kau³²/³³tsaʔ⁴⁵ i³³/²²siɔŋ²¹ tʰɔŋ³²/³³ si⁴⁵ tsuan²⁴/²¹tsiɯ³³hu³² kaʔ³²/⁴ i³³ e⁴⁵/²¹tue³² e⁰ kui²¹ lə⁰ tsʰian³³/²²i²⁴ lai²⁴/⁰ e⁰。tsi⁴² tsua⁴²tsue²¹ lan²⁴ eʔ³²/⁴teʔ⁴⁵ tã²¹ tsɔ³²/³³tsʰu²¹ e⁰ kʰiũ³³/²²kʰau³², sen³³/²²ua⁴⁵ po³²/³³liu²⁴ lə⁰ ben³²/³³lan²⁴lan²⁴/⁰ e⁰ hɔŋ³³/²²tsɔʔ⁴⁵ seʔ⁴⁵/²kuan²¹。tsɯ³²/³³ɔ²⁴、hɔŋ³³/²²len²⁴ aʔ³²/⁴ u⁴⁵/²¹ hɔŋ⁴² tsue²¹ kɔ³²/³³kian²¹/²² tsiɔʔ³², pi³²/³³zu²⁴ tua²¹kuɯ³² e⁰ bən²⁴/²¹tsʰiɔŋ³³/²²ke⁴², tʰɔ³²/³³siã²⁴ e⁰ gan²⁴si²¹ suɯ²⁴/²¹tən²⁴, hɔŋ³³len²⁴ e⁰ tsiɔŋ³³si²¹ suɯ²⁴/²¹tən²⁴ kaʔ³²/⁴ ɔŋ²⁴si²¹ suɯ²⁴/²¹tən²⁴, kʰen²⁴/²¹suã³³ e⁰ siau²⁴/²¹tsʰu²¹ lau⁴⁵/²¹tsʰu²¹, tʰɔŋ³²/³³ kʰuã²¹ lə⁰ tieu⁴⁵ ben³²/³³lan²⁴ e⁰ taʔ⁴⁵/²se⁴²。tuɯ⁴⁵/²¹ hɔŋ³³/²² len²⁴, tsau³²/³³ kə⁰ tsi⁴² tsʰĩ³³/²²tsieu⁴⁵/²¹pan²⁴ pʰɔ³³ e⁰ lau⁴⁵/²¹ kue³³/²²lɔ²¹ lə⁰, kʰuã²¹ lə⁰ tieu⁴⁵ uan²⁴/²¹tsuan²⁴ si⁴⁵/²¹ ben³²/³³lan²⁴ taʔ⁴⁵/²tian³² e⁰ tua²¹/²² siɔŋ³³/²²pan²⁴ e⁰ lau⁴⁵/²¹tsʰu²¹。tsi⁴² hua⁴² ke⁰ tsʰu²¹ tʰɔŋ³²/³³ u⁴⁵/²¹ tua²¹/²² tʰĩ³³tsĩ³², tsʰa²⁴/²¹tʰiau⁴⁵ hə³²/³³ten³² tʰɔŋ³²/³³ kʰuã²¹/²² lə⁰ tieu⁴⁵ kɔ³²/³³tai²¹ tsuan²⁴/²tsiu³³ e⁰ bɔʔ⁴⁵/²tiau³³/²²。

就安，侢大团伫千里之外呃三清山骹开族，生根发芽。三百较加年十几代，遘即久，伫三清山呃东南西北四面统是咟福建话呃侬。紫湖、枫林一带有三万侬，百分之九十以上统是泉州府佮伊呃底下县咯迁移来呃。即即哇秭侬一直咟祖厝呃腔口，生活保留嘞闽南侬呃风俗习惯。紫湖、枫林抑有□秭古建筑，比如大举呃文昌阁，土城呃颜氏祠堂，枫林呃钟氏祠堂佮王氏祠堂，琴山呃邵厝老厝，统看叻着闽南呃特色。伫枫林，走嘱即青石板铺呃老街路咯，看叻着完全是闽南特点呃带厢房呃老厝，即许哇个厝统有带天井，柴柱许顶统看叻着古代泉州呃木雕。

就这样，他们大伙在千里之外的三清山脚下开族，生根发芽。三百多年十几代，现在，在三清山的东南西北四面都是说福建话的人。紫湖、枫林一带有三万人，百分之九十以上都是泉州府和它下面县里迁移来的。这么多人一直说老家的口音，生活保留了闽南人的风俗习惯。紫湖、枫林还有非常多的古建筑，比如大举的文昌阁，土城的颜氏祠堂，枫林的钟氏祠堂和王氏祠堂，琴山的邵家老房子，都看得见闽南的特色。在枫林，走在这青石板铺的老街道上，看得见完全是闽南特点的带厢房的老房子，这些房子都带这天井，木头柱子上头都看得见古代泉州的木雕。

主要参考文献

曹树基：《中国移民史》第六卷，福建人民出版社 1984 年版。
陈昌仪：《江西省方言志》，方志出版社 2005 年版。
侯精一：《现代汉语方言概论》，上海教育出版社 2002 年版。
胡松柏：《赣文化通典·方言卷》，江西人民出版社 2014 年版。
胡松柏等：《赣东北方言调查研究》，江西人民出版社 2009 年版。
教育部语言文字信息管理司、中国语言资源保护研究中心：《中国语言资源调查手册》，商务印书馆 2015 年版。
林宝卿：《闽南方言与古汉语同源词典》，厦门大学出版社 1999 年版。
林华东：《泉州方言研究》，厦门大学出版社 2008 年版。
林连通、陈章太：《永春方言志》，语文出版社 1989 年版。
厦门大学中国语言文字研究所汉语方言研究室：《普通话闽南方言词典》，福建人民出版社 1982 年版。
汪凤刚：《玉山县志》，江西人民出版社 1985 年版。
王建设、张甘荔：《泉州方言与文化（上、下）》，鹭江出版社 1994 年版。
游汝杰：《汉语方言学导论》，上海教育出版社 2000 年版。
玉山县地名办公室：《江西省玉山县地名志》，内部刊行 1983 年版。
袁家骅：《汉语方言学概要（第二版）》，文字改革出版社 1989 年版。
詹伯慧、张振兴：《汉语方言学大词典》，广东教育出版社 2017 年版。
詹伯慧：《汉语方言与方言调查》，湖北教育出版社 2001 年版。
张嘉星：《闽方言研究专题文献辑目索引》，社会科学文献出版社 2004 年版。
张振兴、李琦、聂建民：《中国分省区汉语方言文献目录（稿）》，中国社会科学出版社 2014 年版。
中国社会科学院和澳大利亚人文科学院：《中国语言地图集》，香港朗文出版（远东）有限公司 1987 年版。
中国社会科学院语言研究所、中国社会科学院民族学与人类学研究所、香港城市大学语言资讯科学研究中心：《中国语言地图集（第 2 版）》，商务印书馆 2012 年版。
中国社会科学院语言研究所：《方言调查字表》，商务印书馆 1983 年版。
中国社会科学院语言研究所方言研究室资料室：《汉语方言词语调查条目表》，《方言》2003 年第 1 期。
周长楫、欧阳忆耘：《厦门方言研究》，福建人民出版社 1998 年版。
周长楫：《闽南方言大词典》，福建人民出版社 2007 年版。
周长楫：《厦门方言词典》，江苏教育出版社 1993 年版。

陈章太、李如龙：《论闽方言的一致性》，《中国语言学报》1983 年第 1 期。
丁月香：《江西玉山县紫湖闽南话语音研究》，南昌大学硕士学位论文，胡松柏指导，2017 年版。
胡松柏：《〈汇音妙悟〉音系在赣东北闽南方言中的表现》，《中国音韵学研究会第十一届学术讨论会、汉语音韵学第六届国际学术讨论会论文集》，香港文化教育出版社有限公司 2000 年版。
胡松柏：《从赣东北吴语方音看吴语、闽语的历史联系》，《语言研究》音韵学研究专辑，华中理工大学出版社 1998 年版。
胡松柏：《赣东北方言濒危现状述略》，《赣鄱语言学论坛（第一辑）》（胡松柏主编，中国社会科学出版社 2016 年版。
胡松柏：《赣东北汉语方言接触研究》，暨南大学博士学位论文，詹伯慧指导，2003 年版。
胡松柏：《赣东北闽南方言的否定词及其与本土闽南方言的比较》，《第十一届闽方言国际学术研讨会论文集》，厦门大学出版社 2013 年版。
胡松柏：《赣东北闽南方言动词体貌的考察》，"第十一届闽方言国际学术研讨会"宣读，漳州，2010 年。
胡松柏：《赣东北闽南方言略说》，《方言》1998 年第 2 期。
胡松柏：《赣东北闽南方言铜山话研究》，厦门大学硕士学位论文，周长楫指导，1999 年版。
胡松柏：《赣东北闽南语的文白异读及其演变》，《台湾语文研究》第五卷第一期，万卷楼图书股份有限公司，2010 年版。
胡松柏：《赣东北闽语与赣东北吴语的词汇联系》，《闽语研究及其与周边方言的关系》，香港中文大学出版社 2002 年版。
胡松柏：《赣东北铜山闽南话的语音特点》，《第五届国际闽方言研讨会论文集》，暨南大学出版社 1999 年版。
胡松柏：《汉语入声消失过程在赣东北闽南话中的表现》，《语言研究》增刊，华中理工大学出版社 1994 年版。

胡松柏:《江西横峰县姚家闽语中的赣语性成分》,《上饶师范学院学报》2002 年第 4 期。

黄典诚:《闽语的特征》,《方言》1984 年第 3 期。

李如龙、陈章太:《论闽方言内部的主要差异》,《中国语言学报》1985 年第 2 期。

林连通:《福建永春方言词汇（一）（二）》,《方言》1987 年第 4 期、1988 年第 1 期。

罗杰瑞:《闽语词汇的时代层次》,《方言》1979 年第 4 期。

彭水琴:《江西玉山县紫湖闽南话语法研究》,南昌大学硕士学位论文,胡松柏指导,2017 年版。

宋婕妤、胡松柏:《赣南闽南方言的分布与源流》,《赣南师范大学学报》2020 年第 2 期。

宋婕妤:《赣南闽南方言安平话语音研究》,南昌大学硕士学位论文,胡松柏指导,2014 年版。

谢留文:《江西省的汉语方言》,《方言》2008 年第 2 期。

颜　森:《江西方言的分区（稿）》,《方言》1986 年第 1 期。

张振兴:《闽语的分布和人口》,《方言》1989 年第 1 期。

后　记

我的闽语"情缘"

因为参与福建省的语保工程项目检查、验收活动，这几年我先后去了好几次泉州。初到那边，我用闽南话与福建的同行套近乎说："我亦是泉州侬"。他们以为我是在厦大读硕士时学的闽南话，话学得蛮像，人却有假冒之嫌。我只好自报家门以正视听。我这个江西老表血缘上真的有泉州人的成分，所说的闽南话还是正宗的泉州音，打小就会，可不是临时模仿几句拿来忽悠人的。

这里算是晒一点个人的家乡和家族的信息了。我的出生地是江西广丰的枧底地方。这个赣东北县际交接区域的小镇，居民历史复杂。下面不妨迻录我为家乡一处水利景观所撰记叙文字的片段以作说明：

> 武夷北麓，信郡①南缘，峰间林际，有泉孕焉。于是一流潺湲迤逦，两岸次第开阔。经饶县②，入丰邑③，生面别开。涧水汇成大溪，溪畔蔚现坦畈。是谓之枧溪。枧溪西行北折，有山临水。山水间，街市呈，名曰枧底。……有宋之时，即聚村落。徽、抚、建、泉诸州，移民迁来，绵延千年，遂成乡镇。民众口语，主操广丰乡音，福建、南丰、麻山诸腔，亦兼通行。吴侬软语，并行闽语、赣语，先祖辗转迁徙，遗迹犹存。……
> ——《枧溪赋》（胡松柏）

就我家乡一带的情况看，乡间至今基本维持着自然村聚姓而居的人口分布格局，自然村仍然是语言通行和传承的社区单元。枧底镇58个自然村中一小半通行县内主流方言本地话"广丰腔"（属于吴语上丽片），通行"福建腔"（属于闽语闽南片）的有24个，通行"麻山腔"（有的叫"南丰腔"，属于赣语抚广片）的有9个。

---

① 今上饶市（设区市）辖域旧为信州。
② 原上饶县，现改置上饶市广信区。
③ 原广丰县，现改置上饶市广丰区。

我家在镇政府所在地的枧底街上。所谓"街",是相对散布的自然村而言的乡镇中心村落,众姓杂居之地。上世纪70年代我在大队(今行政村)小学做民办教师时还兼着生产队(今村民小组)的出纳。我还清楚地记得一横一直的丁字街,直街、横街各为一个生产队,总共68户人家,不到300人口,却有21个姓氏(只算户主,不考虑娶进的女子)。除了王姓(镇内大姓)24户、黄姓7户、陈姓5户,纪吴周三姓各4户,蔡程姜三姓各2户以外,其他鲍何胡廖刘梅全肖徐杨余张等姓各只有1户。从各家家庭成员母语情况看(也不考虑娶进的女子),除了大部分属于说广丰腔的本地户以外,有福建腔户12户,麻山腔户6户。

　　我家系曾祖父于民国初年从抚州南城县迁来广丰,经县内两地辗转,至祖父时三迁来到枧底。我祖父的岳家梅姓也是南城籍,早于我家迁来枧底街。岳婿两家都是经营药业由南城(南城的"建昌帮"药业明清时盛极一时)往外移民的,也正因为同乡同行之缘而联姻。祖父迁家到枧底,是为了照应岳父去世后的岳家帮忙打点药店生意。由于商贸移民是散户型的,没有那种家族聚姓而居的自然村作"语言根据地",我家的"南城腔"只保持到祖父,祖母她们梅姓因为来广丰早,则更早便丢失了南城腔。因为祖母说广丰腔,我父亲便在语言上成了正式的"广丰侬"了。

　　枧底街地方不大,地理位置旧时却还很要紧。1942年太平洋战争前夕,因为日军侵入,县政府曾一度西撤来驻。因为再往西,便可经上饶县入武夷山进入闽北。枧底街众姓杂居,多也与商贸活动有关。我外祖母娘家杨姓一家是外祖母的父亲为开金银铺迁来的;我外祖父何姓一家迁来的情况与我祖父相似,外祖父开的是杂货店。此外,街坊中还有开小饭店的,开屠宰店的,开豆腐坊的,开剃头店的,开布料店的,开裁缝店的,开木匠铺的,开锡箔店的,开草鞋店的,还有做道士的,做吹鼓手的,教私塾的,等等。

　　自然村作为一个封闭的社区,其内部通行语都是居民的母语。枧底地方那些内部通行福建腔、麻山腔的自然村,居民都属于双语人群,社区内说母语,在社区外则说广丰腔。与下面的自然村不同,众姓汇聚的枧底街上则同时通行广丰腔、福建腔、麻山腔,说福建腔、麻山腔的居民自然能说广丰腔,说广丰腔的不少人也耳濡目染而会说福建腔、麻山腔。

　　我家与外祖父家隔街斜对,3岁时父母带我干脆就住到外祖父家去了。外祖父何姓一族早在明正德年间(1506—1521)从福建建宁迁来枧底以西10里的上饶县乌门楼,说的是麻山腔。外祖母娘家杨姓一族也在清康熙年间(1662—1722)从福建泉州迁来枧底东南10里的上饶县枫岭,说的是福建腔。我们家庭内部用语是麻山腔;福建话则是部分成员的用语:住家只隔了几个门面的老外婆（母亲的外祖母）来家总是与外祖母以福建腔唠叨家常。这样，我在学龄前所习得的语言，就有了三种，依运用能力和使用频度，其排序是：广丰腔——麻山腔——福建腔。

我9岁时，因父亲工作调动（他是医生），家搬到了枧底东北15里的横山公社（今横山镇）。政府驻地廿四都是一个近万人的通行福建腔的集镇。我们家在这里一住6年，在与同学伙伴厮混的过程中，我的福建腔得到巩固加强也有一些改变，成了"廿四都福建腔"（各地的福建腔彼此有差异）。

1966年我去江西最北长江边上一座小城上学，1968年学还没上完又在下放的大潮中返乡回到枧底。再后成家了。岳家是同村的，当地王姓，家人说广丰腔。但我连襟五人，那四位都是母语说福建腔的。枧底的福建腔母语人口超过了总人口的三分之一。在从前那种近距离通婚的状态下，婚姻网络中多数乡民都会与闽南移民后裔有或近或远的联系。我祖母的娘家梅姓是南城籍，而祖母的母亲则是邻村铜山的闽南陈姓人。巧的是，内子的外祖母娘家也是铜山陈姓。这样，从父系血缘算是南城籍的我们家，三代人在母系血缘上都有闽南移民的先辈：我父亲的外祖母，我的外祖母，我儿子的曾外祖母（母亲的外祖母）。

至1977年恢复高考并于次年春上学，我在家乡又实实在在地生活了10年。接触面更广的社会生活，使我个人用语的多方言排序成了：广丰腔——福建腔——麻山腔。我的福建腔调整稳定在了"铜山福建腔"的状态。

以上枝枝蔓蔓地数来，说的是我与闽语的"缘"。下面再说说我与闽语的"情"。

1981年我上饶师专毕业，留校任教语言学课程，结合教学作些科研便就地取材从方言着手。我陆续对赣东北地区的方言作了面上的调查，了解到闽南话是赣东北分布区域最广、使用人口最多的一类方言岛。同时还发现处于吴语区西南一隅的广丰腔与闽语也有诸多联系（例如脚都叫"骹"），这使得我在考察第一母语广丰腔的同时觉得也有必要好好关注闽南话。正是出于这样的考虑（当然还有解决自己学历短板问题的功利考虑），我在上世纪90年代便考去厦门大学读了方言学的硕士学位。

长期生活于多方言地区，我对方言濒危现实有着深刻的感受和认识。眼下家乡的广丰腔、福建腔、麻山腔都在趋于衰微。不过作为本地主流方言的广丰腔，其衰微只表现在语言特征消磨而与共同语趋同，而这种渐变是长时期的，至少在可以预见的未来广丰腔不至于变得与普通话一样。然而福建腔、麻山腔则不同，半个世纪过去，随着人口代际更替，枧底街能说福建腔、麻山腔的只剩了寥寥几位高龄老者，而且基本上没有了使用空间。枧底街周边的福建腔自然村和麻山腔自然村，青年以下人口的母语保持也都已经出现显见的危机：那就是母语方言逐渐被广丰腔所替代，而不仅仅是母语方言面貌的颓变。

2015年开始参与语保工程，我一直没有承担具体的方言点调查任务。到2018年，在工程的支持下，我申请并获批了调查前述横山镇廿四都福建腔的濒危方言调查课题。找到60年前的同学作调查，话听起来还是那个话，好像变化不大。可最大的问题是，课题规定要调查的口头文化项目，包括谚语、歌谣、谜语、故事以及属于语言成分的成语、歇后语、惯用语等，收集就非常艰难。最后只能勉勉强强地算是完成课题任务。这表明方言濒危首先表现在方言文化内容的消失。而我们保护方言资源的最终目的，就是为了保护传承方言所承载的方言文化啊。环顾现状，令人感慨唏嘘！

厦门大学是闽语研究的大本营。在依山滨海的厦大美丽校园我呆了4年（读硕之前还进修了1年），在著名的闽语学者周长楫教授指导下完成了以铜山闽南话为题的硕士学位论文。周老师建议我在此基础上对赣东北闽南话作更深入的调研，完成更有分量的研究成果。二十余年来，老师的交代一直萦于我怀。现在紫湖闽南话一书即将付印，虽说对照最初的计划已经打了不少折扣，总算可以聊复师命了，自己似也有了松一口气的理由。

如今社会上开展语言资源保护蔚成风气。自幼习得的吴、闽、赣三种方言，当是我与生俱来的家传资源，若付闲置，那便是大大的浪费。退休之后，个人的时间安排有了更多的自由。到目前为止，福建腔的专著写作算是完成了，广丰腔的撰稿计划正在实施之中。只是麻山腔这些年一直较少关注，具体的作较大研究的计划尚未拟就，也不知什么时候能够开始着手调查和撰稿。看来自己与方言的"情缘"还是一时难了，只有在已经走过四十年的方言调研路上继续前行，才不负当年入行此专业的初心。

是为自勉。

胡松柏
二〇二一年七月二十六日于南昌